新时代 北京卷
教育文库

北京市京源学校

京源故事

白宏宽◎主编

李 伟 董 冉◎副主编

中国言实出版社

图书在版编目（CIP）数据

北京市京源学校：京源故事 / 白宏宽主编. -- 北
京：中国言实出版社，2023.11
（新时代教育文库. 北京卷）
ISBN 978-7-5171-4660-5

Ⅰ.①北… Ⅱ.①白… Ⅲ.①中小学教育—文集
Ⅳ.①G63-53

中国国家版本馆CIP数据核字（2023）第213757号

京源故事

责任编辑：史会美
责任校对：王建玲

出版发行：中国言实出版社
　　地　　址：北京市朝阳区北苑路180号加利大厦5号楼105室
　　邮　　编：100101
　　编辑部：北京市海淀区花园路6号院B座6层
　　邮　　编：100088
　　电　　话：010-64924853（总编室）　010-64924716（发行部）
　　网　　址：www.zgyscbs.cn　　电子邮箱：zgyscbs@263.net

经　　销：新华书店
印　　刷：北京虎彩文化传播有限公司
版　　次：2024年1月第1版　　2024年1月第1次印刷
规　　格：710毫米×1000毫米　　1/16　　34.5印张
字　　数：580千字

定　　价：89.00元
书　　号：ISBN 978-7-5171-4660-5

本书主编简介

　　白宏宽，北京市京源学校校长。从1978年参加工作至今从教45年，是京源学校创始人之一，先后担任这所学校的书记、校长。力行全面发展教育，倡导践行"以学校的全面发展，促进和保障师生的全面发展。以全面发展的学校，培养全面发展的学生"。

　　他认为校长最重要的品质是热爱与忠诚，最重要的品格是坚定与坚守，最重要的能力是关于学校发展的战略决策力。最有价值的人生是毕其一生做一件有意义的事，对于他来说这件事就是办一所好学校。

文库编委会

主　任：顾明远

编　委：（按姓氏笔画排序）

尹后庆　代蕊华　朱卫国　朱旭东

李　烈　李有毅　吴颖民　陈如平

罗　洁　姚　炜　唐江澎　韩　平

褚宏启

总　序

党的二十大报告中指出，"高质量发展是全面建设社会主义现代化国家的首要任务"、"教育、科技、人才是全面建设社会主义现代化国家的基础性、战略性支撑。必须坚持科技是第一生产力、人才是第一资源、创新是第一动力，深入实施科教兴国战略、人才强国战略、创新驱动发展战略，开辟发展新领域新赛道，不断塑造发展新动能新优势"。为深刻领会以习近平同志为核心的党中央作出这一战略部署的深义和赋予教育的新使命新任务，加快建设教育强国，加快推进教育高质量发展，展示新时代我国基础教育的发展变革和取得的重大成就，中国言实出版社策划、出版了"新时代教育文库"丛书。

进入新时代以来，教育系统全面贯彻党的教育方针，落实立德树人根本任务，培养德智体美劳全面发展的社会主义建设者和接班人；促进教育公平、提升教育质量，加快推进教育现代化，办好人民满意的教育。教育的中国特色更加鲜明，教育面貌正在发生格局性变化。新时代以来，我国教育普及水平实现了历史性跨越，更好地保障了人民受教育的机会；教育服务能力稳步提升，为国家重大战略实施和经济社会发展提供了强大的人才和智力支撑；教育改革开放持续深化，服务全民终身学习的教育体系进一步完善。"新时代教育文库"丛书记录了、见证了基础教育事业的发展变革，对研究我国基础教育具有一定的史料价值。

本丛书选题视野开阔，立意深远。丛书以地区分卷，入选学校办学特色鲜明、教学教研成果突出，既收录了办学者、管理者高水平的理论研究创新成果，也收录了一线教师对课堂教学的真实感悟案例，收录了一线管理者的成功经验总结，这些，对基础教育工作者、研究者具有一定的参考价值。

是为序。

著名教育家，中国教育学会名誉会长、北京师范大学资深教授

2022 年 12 月

前　言

北京市京源学校建立于1996年，即将迎来"而立之年"。

"而立之年"当是相对成熟之年，其重要特征就是有了对学校使命的清晰认识和担当使命的行动自觉。

当代中国学校最重大的使命就是培养时代新人。时代新人应兼具担负中华民族伟大复兴历史责任和创造自己幸福人生的双重能力。京源学校将这种使命认知表达为他们的育人目标：培养具有真、善、美品格，有能力担当民族复兴大任和创造幸福生活的高素质人才。京源学校对使命的自觉担当表现为创造性地实施"全面发展教育"。

与京源学校"十五年一贯制"相适应，其"全面发展教育"首先指向从幼儿园至高中整个基础教育阶段的全过程。他关注的是一个成长连续体，即学生成长的连续与学校教育的联系的有机融合，既充分关照各学段学生成长特点，又强调一贯，注重学段衔接，用完整连续的系统教育克服学段分割对学生成长连续性的割裂。其次指向学校中的全体成员，对每一个人负责，关注每个人的成长，努力促进每个个体的充分自由发展。最后，指向"德、智、体、美、劳"诸育并举与融合，关注全人，追求人的全面和谐发展，努力培养人格健全、体魄健壮、德才兼备、人文与科学素养并重的人才。

京源学校实施全面发展教育有两个关键举措，这就是"一贯"和"丰富"。"一贯"强调幼、小、初、高一气贯通，整体育人。其育人目标、办学理念、个性特长培养一以贯之，保证学生成长是一个连续而完整的过程。"丰富"强调以教育内容、教育手段、教育资源、教育环境的丰富性保证人的全面发展和个性发展的需要。"丰富"还有一个意义就是给学生提供尝试发展的机会，让学生在尝试中发现自我，有助于学生确定自己的发展方向。高质量教育的一个重要标志就是能最大限度地为学生提供丰富的课程和教育内容、手段、环境、工具等资源条件。

"而立之年"当是精神和筋骨壮硕之年。京源学校在近三十年的奋斗中铸就了自己富于理想、开放创新、和谐民主的文化特质。

这是一所有着理想主义色彩的学校，他始终在追寻教育的本质和理想境界，追求教育的至善至美。建设"一流学校""精心育人的学校""全面发展的学校""学术型学校"，京源学校总是适时地、不断地为自己树立新坐标，前面总是有一个愿景、一个图腾吸引着他不懈前行。

开放、创新表现在他如饥似渴、孜孜以求的学习态度。他始终把学习作为推动自身发展的基本手段，致力于把学校打造成学习型组织。他乐于接受一切先进经验，同时乐于敞开自己，与同行分享自己的成果。他主张办没有建设围墙的学校，积极统筹和利用社会资源，倡导把"整个世界变成学生的课堂"。京源学校坚持以改革促发展，大胆地进行课程创新实验，创造出"现在进行时课程"、"第三学期课程"、"博物馆课程"、中小学一体化德育与心理系列课程和一批经典教育活动案例。他提出"提前半步"的创新主张，勇立教育改革潮头。

京源学校努力营造党政和谐、干群和谐、师生和谐、家校和谐、制度和谐、人与环境和谐、人际关系简单平等、团结合作的氛围。学校实施民主管理，校务公开，集体决策，倾听群众意见，不断改进工作方式，接受群众监督，全校上下为着共同的理念和愿景而努力。

"而立之年"当是小有成就之年，在近三十年的奋斗中，形成了符合教育本质要求、广大师生普遍认同的教育理念：为人的终身发展和一生幸福而努力工作，努力创造适合孩子的教育，努力建设全面发展的学校，致力于以学校的全面发展促进和保证师生的全面发展。

建设了幼、小、初、高一体化"纵向有效衔接、横向丰富多元"的课程体系和育人模式。

2021年发布了《京源学校全面发展教育纲要》，系统阐释了德、智、体、美、劳各育的育人目标、内容、实施路径和保障条件、评价机制，标志着京源学校五育并举、全面发展育人体系的完整建成，为全面贯彻党的教育方针，落实立德树人根本任务打下了坚实的思想和制度基础。

在近三十年的时间里，有上万名学生在这里学习和生活。许多孩子在这里度过了从幼儿园至高中十五年的整个基础教育的学业生涯，他们的成长、成才是京源学校最大的成就。

在京源学校即将迎来"而立之年"的时候，我们收集整理了以往时光岁月中发生在这里的一个个平凡却刻有这个时代中国基础教育改革发展印迹的故事，分为京源记忆、育人故事、多彩课程、教师成长四个篇章呈现给大家，算是为京源学校立下一块前进路上的里程碑吧。

白宏宽

2023 年 6 月 8 日

目　录

京源记忆

育人故事

多彩课程

教师成长

北京市京源学校
Beijing Jingyuan School

京源记忆

京源之"源"

白宏宽

1996年5月20日，北京九中五十周年校庆刚刚结束，时任北京九中副书记的白宏宽和副校长麻宝山分别被领导请去谈话：区委、区政府决定在石景山区东部的鲁谷开发区新建一所学校，委任二人分别担任这所学校的党组织书记和校长。领导讲：这个地区新入驻了新华社第二办公区、新闻学院、中国国际广播电台、市法检两院等一批中央、市属单位和中铁等大型央企，这个地区原本教育资源不足，缺少好学校，社会上加强东部教育的呼声很高，希望你们经过几年的努力，在石景山区东部再打造一所九中（九中是当时唯一一所市重点中学）。要求你们即刻到任，确保9月1日正式开学。

两人骑着自行车来到还是工地模样的校区，没有围墙，没有操场，教学楼矗立在野草丛生的一堆堆建筑渣土之中，相约而来的教育局一位副局长介绍说："这是小区配套建设的一组教育设施，一所中学、一所小学、一所幼儿园，西北边这栋楼是你们中学的。"看着呈"品"字形摆开，中间距离只有二三十米的这组建筑，白宏宽心中一动，"这所学校叫什么名字？""还没定呢，暂时先用工地号'905'代替吧，学校还没有注册登记，你们抓紧跑手续，定校名，立账户，不然都无法给你们拨经费，区财政给你们二百万元启动资金，你们马上组建班子，招聘教师，采购安装设备，准备招生。"

筹建一所新学校事务千头万绪，多项工作同时铺开，但给学校取个好名字，赶紧给他"上户口"，完成注册手续成了当务之急。为此，区政府还向全区发出了征名启示，但几个方案市教委都没有通过。市教委相关负责同志讲，按北京市地名办规定，要用地名命名学校。"905"坐落在京原路旁，排序京原路10号，所以只能叫"京原中学"。时任石景山教育局长的于美云同志提出，我们遵照市里规定办，但申请将京原路中的"原"加上三点水，改为源头活水之"源"。此方案寓意深长，也表达了我们的办学志向，把学校办成人才之源、文化之源，源远流长，长盛不衰。一番努力争取，直至石景山区委原副书记王建国同志亲自登门，找到他的老同学，时任市教委主任的徐锡安同志，才算把此事办成。1996 年 7 月 12 日，市教委批准"北京市京源学校"校名，为学校正式成立、开学创造了"名正言顺"的条件。

之后，书记、校长二位领导反复研究，深入探讨，征询各方意见，向区政府提出了整合区域内配套建设的教育资源，建设一所幼、小、初、高一体化十五年一贯制学校的请求，得到领导的鼎力支持，在 1996 年开办初中的基础上，1997 年学前部——京源中学附属幼儿园成立招生，1998 年小学部开学，1999 年高中部成立，并更名"北京市京源学校"。从此，京源学校像一条源远流长、奔腾流淌的溪水，翻滚着教育创新的浪花，勇往直前，汇入中国教育改革与创新的洪流，成为京西大地上深受政府信任和百姓爱戴的人民满意学校，造福桑梓，贡献社会，一批批优秀学子从这里汇入祖国发展的大江大海。

我与我的"帕夫雷什中学"

——一名新教师内心幸福感的独白

林 丽

记得入职后一次新教师座谈上，白校长突然笑着问我对京源文化的印象是什么？我拼命在脑海里搜索，想找什么华丽的词语来彰显一下自己的学识，但脑海里一下子跳出来的，只有"踏实"两个字，反复萦绕。怎么再找不出其他漂亮辞藻了？因为词穷？不，是因为京源把"踏实"做到了"极致"。

从第一次面试到日常工作，我无时无刻不感觉到"踏实"的氛围。

京源的"踏实"表现在她对外的"内敛低调"。在面试时，白校长并不多言，向我们描述了对京源学校的心理教育构想，让我们谈一谈自己的想法，招聘程序也极为简洁。我学习了七年教育学，对北京的很多学校耳熟能详，但对京源学校在石景山基础教育中的地位和影响力却似乎闻所未闻，学校给我的概念，就是一所处在创业阶段的基础学校。现在想来，京源从来不会特意去宣传自己、标榜自己，而是把时间和精力专注于积累。这是一所"内敛低调"的学校。

京源的"踏实"表现在对学生的"用心负责"。每一所学校都会给学生提供各种各样的机会，京源也一样，"雏鹰计划""翱翔计划"等为学生提供了诸多平台。有一个有趣的现象，各种各样的奖项好像总是那么几个拔尖的佼佼者获得，我把它归结为荣誉的"滚雪球效应"，但在京源，我发现很多时候选拔出的并不总是最精英的人才，选拔不是为了淘汰，更是给一个平台来培养学生，这才是真正的目的。学校在发展过程中往往会找一个抓手点作为特色来推广学校的知名度，但京源不要"宣传旗帜"，她的特色观是发展全面的教育。只有全面的教育，尽可能丰富的课程，才能为学生提供尽可能多的选择余地，为学生的个性发展提供更多的可能性。全面的教育是为了学生个性发展，这是一种负责的态度。

京源的"踏实"表现在对教师的"实在贴心"。在我的成长印象中，"校长"一直是个高高在上的概念，是学校最大的领导。在京源，这个大领导角色却成了教师队伍最积极的服务者。学校里最晚走的人一定是校长，大年初一值班的永远是校长。不患寡而患不均，京源学校给教师们提供了许多平台，更提供了公平竞争的机会，信息透明，机会均等。学校充分尊重教师的话语权，鼓励不同意见，教师们可以有自己的主张和立场。学校用心让每一位教师感到自己是受尊重的。

京源学校的"踏实"让一名新教师感到安全，很快就找到了归属感。

但现在，如果你要问我对京源文化的印象，最首先进入脑海的词语是"奋进"。京源学校是一所"踏实"的学校，那正是因为京源是一所有"追求"的学校，她坚持"教育理想"，她抓住一切机会在奋进，在她奋进的过程中，我看到了帕夫雷什中学的身影。

每一个教育者心中都有一个理想——帕夫雷什中学，这所乌克兰境内的十年制普通乡村学校在苏霍姆林斯基先生的带领下，成为孩子们的成长乐园，为学生建立了为数众多的课外活动小组，引导学生突出三项爱好：最喜爱的课外读物、最喜爱的学科、最喜爱的劳动创造项目。京源学校坚持为人的终身发展和一生幸福而工作的教育宗旨，坚持教育理想。在这里，我时时刻刻感到京源与帕夫雷什中学教育理念的契合。京源学校的图书馆堪比北师大教育系的藏书量，书籍、期刊、数据库一应俱全。劳动是京源学校的独特风景线，虽然有固定的保洁员，但京源仍坚持每周一次的大扫除，因为劳动具有教育心灵的作用。学校里特地开辟了两块菜园，由专业的生物教师带领学生社团进行实践和研究性学习，并且形成了成熟的校本课程。在京源，一星期开设四节体育课，包括乒乓球、体操、足球、跆拳道，等等，体育课保证了学生基本的锻炼时间。

以学生为教育对象，以教师为工作基础。京源在教师培养机制上特别强调文化引领和专业引领，搭建了各种继续学习深造的机制，邀请专家学者来学校讲学，派遣教师国内外考察学习，鼓励教师结合自己的特长、日常工作进行课题研究。每一位教师，只要自己愿意，总能找到成长的机会，避免固步不前导致的职业倦怠。在京源，我看到了一群真正在践行教育理论的人，慢慢地明白，做教育总要坚持点什么，总要追求点什么，总要热爱点什么。

虽然京源学校还非常年轻，但她的飞速发展引得越来越多的关注，开始由一所普通学校向优质学校转变，越来越多的机会出现在她的面前。面对各种崭露头角的机会，她依然低调踏实，不愠不火，不急功近利，从不美饰自己的历史，但她同时又充满了热情和上进心，不怯于向世人展现自己。这份从容也许正是因为内心对真善美教育理想的那份追求吧。

坦率说，初识京源，我的幸福感并不高。可能作为一名心高气傲的研究生，到中学任教总归有一种迫于现实的无奈，但在这十二个月的文化浸染中，我的幸福感不断提高着，我越来越热爱她。

因为，这里，踏踏实实地在做教育；这里，校长们在描述自己的教育理想时，眼睛中会闪烁打动人心的光芒；这里，理想有了现实的土壤；这里，是中国的帕夫雷什中学。我为这样一所学校而自豪，我为我的帕夫雷什中学而自豪。

我在京源十二年

谢欣然

那天，结束完毕业典礼，和同学们聚完餐回家的路上，一个人坐在公交车最角落的地方，突然眼泪就落了下来——这已经是我第三次从京源毕业了。

离别是悲伤的，然而这十二年来，有许多事情仅是想想就会情不自禁地微笑。所以，我写下这两个故事，作为我的京源生活的一个小小记录。

马小跳剧社

前一段时间收拾屋子时，偶然发现了一个笔记本。笔记本的第一页是用黑色马克笔写的一行字——赠予"马小跳剧社"所有社员。这把我一下子拉到了小学时光——有一次班里要开班会，老师安排我编排一个小品。我当时沉浸于《马小跳》丛书无法自拔，所以将小品中的人物都定为了书中人物的名字，也同时带有了名字所对应人物的性格。那是为了2008年奥运会编排的小品，所以剧情是围绕着运动开展的。我清晰地记得当同学扮演的毛超（马小跳的一位古灵精怪的朋友）假装气喘吁吁地冲过终点时，他可爱而又到位的演技让所有的观众哈哈大笑，爆发出潮水般的掌声。演出非常成功，这给了我极大的信心，于是，"马小跳剧社"也应运而生。

后来，我们接到一个新的任务：创作一部有知识含量的小品。经过商讨，我们将这部新剧命名为《眼镜风波》，后来也成为我们剧社的代表作。我们在这部剧中投入了大量的心血。这部剧总共四幕，每一幕都有完整的剧情，独立的场景，各式的道具。当时正是贪玩的年龄，但是剧社的成员们每天都把自由活动时间贡献出来一起编排这部短剧。这部剧的首演是在我们班，之后是在学校范围内表演，最后是在石景山区社会大课堂的舞台上。想来也很神奇，这样一个小小的班级剧社，最后可以走上区里的舞台，将我们的表演呈现给大家，这是建社之初没有憧憬过的。因为有了学校和老师们的支持，我们骄傲地以"马小跳剧社"这个名字站在更多人面前。

就是这样的一步一步积累，使我自己对编导这个行业有了一些朦胧的认识并产生了极大的兴趣。在初中时，我组织班级同学编演了一部与环保有关的小短剧《古树风波》；在高中时，带领全班，导演了一部法制微电影《网购风波》。我将这三部短剧归为我的处女作——"风波三部曲"，从中，我粗略地了解到编排一部完整的作品，在各个阶段分别要做怎样的准备。在今年四月份的时候，我参加了中国传媒大学文艺编导专业的艺考面试，并获得了该专业的艺考合格证。这是一个从马小跳剧社起发酵的梦想，虽然最后志愿报名时我并没有报文编，但是传媒会是我一直为之努力的方向。

游学活动

从小学到高中，细数下来，我跟着学校的队伍去过香港，用英语把自己的作品介绍给专家；去过云南，在滇池进行红嘴鸥环测，在专业实验室里进行DNA 提取实验；去过山东，爬了泰山吃了海鲜；去过湖南，爬了衡山吃了臭豆腐；还去过美国、澳大利亚……

如果在这些经历中选一个做代表，我会选择在西双版纳做实验的经历。整个实验是一丝不苟的，每一次试剂的添加以及提取量都是精准到小数点后两位的，每一次溶液间的混合与沉淀都是决定实验最终能否成功的关键。第一天早上 8 点我们就走进实验室，直到晚上 9 点才离开，那是我第一次完完整整地体验到真正的实验过程。即便我并不是一个理科生，也通过那次活动，学习到了严谨的态度以及一丝不苟的理性精神。这对我日后的学习起到了很大的帮助。

这些游学增长了我的见识，开拓了我的视野，同时也让我收获了旅游所不能获得的宝贵经历。记得当时从云南回来，同时期也有一个同学去了云南。她的云南行是游山玩水的观景之旅，而我的云南行却是一次不折不扣的科学之旅。我们俩互相交流了一下心得，笑称感觉去的不是一个云南。所以，我们称这些行程为游学，而非旅行。

在我人生十八年的时光里，在京源度过了十二年。这十二年来，学校看着我长大，我也看到了学校的一步步发展，我为我是京源人而感到深深的自豪。

我的几个"第一次"

周春红

我是京源学校的第一批教师，见证了京源学校从小区配套学校成为全国教育系统先进集体的历程，而我作为其中的一分子，也从一名普通教师成长为一名特级教师，我与学校共成长。

第一次坐飞机

京源学校成立于 1996 年，当时只有初一年级四个班，直到现在我都清晰地记得麻校长、白书记（现在的白校长，当时是学校书记）在全体教师会上为大家描绘学校蓝图，在全体学生会上亲自部署工作。作为班主任，我带领学生用锯末擦拭楼道的情景仿佛就在昨天……1997 年暑假，学校特意安排我们四个班主任到黄山实践考察，奖励我们平日的辛苦付出。这是我生平第一次坐飞机，要知道在当时坐飞机是一件非常令人羡慕的事情。特别是在飞机上我还经历了"日月同辉"的景象，令我终生难忘。虽然是一次只有我们四个班主任的行程，但校领导为我们安排得十分充实，我们需要背着行李旅行，直到今日我还清晰地记得当时看日出的兴奋、樵夫担重担上山的汗颜、在黄山之巅回望来时路的壮观……行程中每日都在不停地爬山，真是很累！但每次回忆我都充满了幸福感与自豪感，并油然而生一种感恩之情。带着这份领导、同事对自己认可的感恩之心，回到学校后继续投入到繁忙的工作中。

第一次做竞赛

至今我还记得开学前，麻校长语重心长地对我说："一所新学校要想打响，必须有特色。经学校研究，学校要主打数学竞赛，由你来教，希望能尽快出成绩。"听了这话我一下紧张起来，要知道在此之前，我并没有做过学生竞赛的教学工作，但我别无选择，只有义无反顾地投入到工作中。我十分感谢学校特聘的张平波老师，他是九中退休的数学老师，为人和蔼、工作思路清晰，特别是他有丰富的竞赛教学经验，每周都为我精心设计一篇数学竞赛题，既是学案也是教案，让我的竞赛教学少走了很多弯路。其实为了做好竞赛工作，我做了大量的竞赛题，真切感受到竞赛内容与课堂教学内容的巨大差异，所以在工作初期我采用通常的做法，也就是每周一到周六（当时为六天工作制）讲教材要求的数学教学内容，在周日的时候专门给学生讲数学竞赛内容。随着教学的开展，我渐渐发现有些竞赛内容跟日常教学有内在的联系，于是我把这些竞赛内容有意识地与日常教学有机结合，能在课上讲的尽量课上讲，这样不仅节省时间，还加强了学生对竞赛内容的重视度。到了初二年级"华罗庚杯"数学竞赛，我班就有 2/3 以上的学生获得市级三等奖以上，这在石景山区也很少有。为此，学生们提议让我奖励他们出去玩一次，我立刻应允并于那个周末带全班同学到玉渊潭公园打水仗。当时真是年轻无畏呀！全班四十来个学生，四至六人一条船，七八条船在湖里用船桨相互拍打，溅起的水花引来孩子们欢乐的笑声。我更是成为大家攻击的对象，不一会儿我就浑身湿透，好在那天阳光明媚，时间不长衣服也就干了。回家的路上同学们兴高采烈，我却发现路人看我的眼光有些异样，我问学生为什么？有的笑而不答，有的说没有什么。回到家脱下衣服，我才惊讶地发现。我的白裙子后面锈迹斑斑。原来打水仗时，水溅到船上，小船设施陈旧，锈迹就印在了衣服上，而我那天恰好穿的是一件纯白色连衣裙，格外明显，难怪路人投来不解的眼光——这也成了我和学生一起回忆的"最尴尬的快乐"。

第一次同课异构

2015 年 12 月，我作为"北京市中小学名师发展工程"第二期学员到深圳中学做同课异构，正是这次经历让我对数学教学有了更深度的思考。记得当时的课题是《平面向量基本定理》，由于当年我并不任教这个年级，而且由于教学进度不同我已经无法在我校进行试讲，虽然自己有一定的教学经验，但作为北京名师班的学员初次到陌生的学校给陌生的学生上课，我还是惴惴不安，于是我把教学设计发给了当时的实践导师——海淀区教研员张鹤老师。张老师没有对我的教学设计做过多评价，而是邀请我参加交大附中老师一节同课题的区级公开课。我本是抱着学习的态度想听听张老师对这节课的高见，没想到最后的点评环节张老师竟然点了我的将，让我大吃一惊，我只好把自己对教材的理解、学生情况分析，特别是本节课的重点落在定理的发现与推导的想法、做法和盘推出，没想到得到张老师的大加赞赏，并鼓励我：你就把你的想法讲出来即可。可以说正是这次研讨经历促使我后续参加了张老师一学期的青年教师教研活动，让我见识了海淀老师的成长过程。到了深圳中学，一共安排了三名教师同上一节课，除我之外的其他两名都是来自当地不同学校的教师。可以说我与其他两位老师上课风格完全不同。概括地说：其他两位老师都是提前发的学案，课上老师带着学生把定理的要点梳理一下，就开始例题、练习，不同的地方就是选题的角度、梯度、难度，老师的点评总结，教学重点都落在了定理的理解与应用解题。而我的课堂满堂都是对平面基本定理本身的学习，学生通过课堂导入自己发现、归纳出定理，并独立完成定理存在性、唯一性的证明。其实唯一性的证明，对学生来讲还是有很大难度的，但是在我的引导下，学生们都用自己所学的知识完成了证明，但课堂上学生已没有时间做一道例题。课后，老师对此发表了不同的看法，大致可分为三类：一部分老师认为推导过程应该讲，而且要让学生亲身经历体验数学研究的过程；一部分老师认为可以讲，但不宜篇幅太大，毕竟学生要学会做题；还有一部分老师认为可以不讲，只要让学生练会了就可以，因为高考并不考定理证明……那天的研讨很激烈，也很深入，引发了老师们对数学教学价值的深度思考。就定理教学而言，我认为如果有可能，应该让学生像数学家一样经历数学问题的发现、归纳、证明的过程以及应用，这样对学生数学学习思维品质的提升一定是有好处的，事实证明这样做也是非常正确的。作为教师，在教学中首先应该思考的是教什么，这需要老师的站位有高度，即数学观到位。其次再考虑怎么教，这需要老师的教学设计有意义，即有教学的逻辑。因此我在教学中一直遵循"基于问题情境，明晰数学本质"的理念。

第一次高端培训

2014年5月，年近五十岁的我经石景山区教委推荐，通过北京市考核选拔后入选"北京市中小学名师发展工程"第二期学员，这是一项高规格的培训项目，学员为来自全市各中小学不同学科的一百名教师。每位教师配备一名理论导师（首师大教授）、一名实践导师（特级教师），要求学员在两年的学习过程中完成一项课题研究、至少两节市级公开课，可以说机会难得又"压力山大"。不说公开课的选题、准备，我的结题报告就改了八版。这次培训经历让我备受折磨却又收获满满，我亲身感受到了首师大的教授们对学术研究的科学态度和严谨规范的学术作风、海淀特级教师们对教材的独到见解与把控教学的能力。在此期间我还聆听大师们的讲座，他们对国家教育政策的解析、教育改革实施问题的剖析，特别是全国优秀教师的案例分析让我对教育有了更深刻、更立体的认识。

不同学校、不同学科的一百名教师齐聚一堂，分享彼此的教学实践，畅谈职业理想，让我看到别人的优秀，愈发激励自己努力前行，也引发自己对教育教学的深度思考。

数学教育的本质是什么？通过教学实践我认识到，数学知识本身非常重要，但数学知识所承载的思维方法更重要。学生毕业多年之后日常生活用不着太多复杂的数学知识，但观察、处理事务时会经常运用数学思维，因此在教学中教师要有意识地进行数学思维的教学。

数学课堂应该是什么样的？我想这是每一个数学教师都思考过的问题，作为数学教师，对于数学学科的思维特点、整体知识脉络以及结构，都要有自己的思考和理解。教师既要能以学生的角度去认识、理解所教授的知识，感受学生可能遇到的问题，又要能站在比较高的角度认识、理解教材，挖掘出教学内容真正的教育意义。教学中要和学生分享的是：你是怎样学习的？你是怎样提出问题、思考问题、解决问题的？当把数学教学放在一个学术的高度去对待时，我们教给学生的数学就更能够接近其本质，学生才能从数学教学中受益。

什么样的教师是优秀的教师？我想，引用苏霍姆林斯基的话非常贴切："你不仅是教课的教师，也是学生的教育者，生活的导师和道德的引路人。"一名优秀的教师在师德上要立德树人、教书育人；在专业上要博观约取、厚积薄发；在工作上要孜孜不倦、不断进取。

教师的职业生涯会有很多个第一次，这些第一次可能是教师生活中的关键事件，也可能是教师不断获得成长的助推器，回顾自己几十年的教学经历，我感受到做一名成长型教师的充实和幸福，面对每一次的机遇和挑战，我都选择迎难而上不断挑战自我。成长在路上，我会一直努力。

教育，时时在线

安丽萍

最近，白宏宽校长正在策划一部有关京源学校经典教育案例的故事丛书，特别邀请我参与其中的创作，我欣然应允。当我开始认真地回顾过往，竟也有很多精彩而又难忘的教育瞬间纷至沓来。我想择其一二做一个简单梳理，以此致敬我所从事的神圣的教育事业，感恩曾经给予我巨大帮助的学校领导和各位同人。

故事一 "安老师，我就选您了！"

2011年底，我作为区人大代表正赶上地方的换届选举，当时京源学校有十余名年满十八周岁的高三学生，这就意味着作为中国公民，他们可以享有选举权和被选举权了。白校长想利用这个机会，让他们亲身感受我国这一重大的政治活动，同时也利用这次投票选举之际，为他们举办一次别开生面的成人仪式。就在选举的前一天，学校组织学生和部分老师参加了本区人大代表的见面会，我以新一届人大代表候选人的身份参加了这次活动。会上学生和老师们热情高涨，就他们关心的问题不断向代表提问。其中，有一位学业优异的学生问道："请问一定是党员才能当选代表吗？"我首先回答说："我无官无职，无党无派，但我是上一届的人大代表，同时又是新一届人大代表的候选人……"还没等我说完，这个学生马上说："安老师，那我就选您了！"话音刚落便引起一片笑声、附和声并伴随着一阵掌声。其实这个学生的回答很有代表性，下面的反应也能表明一种态度，虽然隐晦但大家都心知肚明，这种并非发自内心的掌声和拥护，一方面说明他们对我国的根本政治制度——人民代表大会制度不是很了解，另一方面这里隐含的潜台词也反映出当下年轻人对我国民主政治制度的理解并不全面，甚至在盲目的东西方比较中存在认识上的偏差。

按理说，这段历史我们在高一第一学期就学过了，高二政治课也讲过，但为什么还会出现这样的知识盲区和思想上的认识误区？作为教师首先应该自我反思。第二天，选举工作正式开始，在投票之前，学校先为年满十八周岁的学生举行了隆重的成人典礼，白校长要求我在典礼上做一个简短发言。作为人大代表，同时又是历史教师的身份，我抓住这一契机，特别介绍了我国人民代表大会制度的相关内容，并现身说法，列举一些学生熟悉的例子，比如学校大门前的路灯安装，改善学校门前的排水设施，增建绿地停车场，及时与有关部门沟通解决学校对面的人民渠河水污染问题及加装安全护栏，对学校食堂及周边小餐馆、超市实行突击性卫生检查，包括定期与本社区选民见面沟通、交流意见，等等。我有意识地将这些事例和教材中的《新中国的民主政治建设》一课的相关内容联系起来，让学生通过感受发生在自己身边的具体而微的"小事情"，了解人民代表大会制度的产生方式、工作特点、主要职能、运作方式等，拉近历史与现实的距离，使学生能够真切、感性地了解这一政治制度。通过补充人民代表大会制度产生的历史原因，加深学生对"人民代表大会制度是我国的根本政治制度，是人民当家作主的根本保证"这一结论的理解。追根溯源，只有当学生理解了具有中国特色的政治制度是基于国情的正确选择，才能给予尊重和认同，从而进一步提升对我国民主政治特色的认识。

但我也知道，在学生成长关键时期所缺失的重要一课，不可能在如此短的时间里完全补上。鉴于此，亡羊补牢，我在之后的教研活动中，马上组织本组老师重新备课，并推荐了相关内容的书籍、文章进行深入阅读研讨。其中，2010年全国人大关于修改《中华人民共和国全国人民代表大会和地方各级人民代表大会选举法》（以下简称《选举法》）的决定，我觉得就是一个很好的教学资源，现实感强，很具有说服力，建议老师们了解并补充到课堂教学中。根据《选举法》的修订，选举人大代表的城乡人口比例从最初的8:1修改为1:1，也就是说在我国实行城乡按相同人口比例选举人大代表，"同票同权"终于变成了现实。这次选举法的修订，在我国民主政治发展中具有重大意义。之所以提到这个例子，就是要让学生深刻感受到中国共产党不断总结经验教训，显示出勇于自我修正、不断改进、发展完善，积极探索和构建适合我国国情的政治民主化新路的决心和勇气。"制无美恶，期于适时，变无迟速，要在当可"，在政治文明多元化的当今世界，老师有责任更要有能力引导学生在唯物史观的指导下，揭示历史发展规律，认识到人类社会发展的统一性和多样性，理解和尊重不同类型的文化传统和优秀文明成果，既要具有开放的世界眼光和胸怀，又能够从发展的角度理解并认同具有中国特色的社会主义政治制度，并对之充满自信。帮助学生树立正确的世界观、人生观、价值观和历史观，这样培养出来的人才能具有现代公民应该具有的公民素养和公民意识。从历史认识层次来看，也是遵循了事实判断到成因判断再到价值判断这样一个螺旋上升的过程。

这件事虽然过去很多年了，但每当想起依然感触很深。中小学生道德价值观的多元化是目前存在的真实状态，以价值观传递为主要特征的教学遭遇到价值多元的困扰也是无法回避的。比如，学生在课堂上提出与教材编写意图相左的意见；老师试图以"主导价值"收拢教学，但学生却"道而不同"；学生对"主导价值"提出疑问，教师避而不答或顾左右而言他，不予指导；教师不考虑学生的想法，代学生进行价值选择、做出价值判断，等等。可以说，价值多元的出现客观上使教学中的德育问题复杂化了，原有的传递、灌输的方法显然不足以应对复杂的现状。作为教育工作者，面对这样的现象一定要避免简单说教，需谨慎对待。正如皮亚杰所说：教育就是连接双方的关系——"学生"和"价值"，"一方是成长中的个人，另一方是社会的、智慧的和道德的价值，教师要负责把由他启蒙的那个个体带进这些价值中"。历史教育的价值和意义就是要"切实而有效地帮助学生正确地理解生命意义、探究生活真谛、领悟人生智慧"。

故事二　金隅夺冠啦！

2012年3月30日，北京金隅挑落七冠王广东东莞银行，首捧CBA冠军鼎。那一晚，对北京球迷来说，是一个欢笑与泪水交织的不眠之夜。

我不是球迷，连假球迷都算不上，记得那天晚自习后回到家里已经9点了，正赶上儿子在看球，并激动地要我与他同看。我因为第二天一早还有课，手里的作业还没处理完，就敷衍着说："明天要讲卷子，我今晚得判出来，你看球我听球，不耽误。"儿子狠狠甩出一句："哼！在自己家门口打球都不看，除非不是北京人。"这都上升到了性质问题，我想了想，还是决定放下手里的活"被"看球。说实话，正赶上双方争夺冠军最惊心动魄的时刻，看得我也血脉偾张。北京终于夺冠啦！在颁奖环节，儿子又适时地给我补习有关篮球的基本常识，老马的传奇经历，我也听得津津有味。第二天一早就是高三文科班的连堂大课。我走进教室，漫不经心地问："昨儿回去看球了吗？"全班先愣了一会儿，紧接着就像打了鸡血一般狂呼起来，如同开了闸的洪水，与这场球有关的话题溢满了整个教室。待大家稍平静些，我现学现卖，再加上早晨听来的新闻，开始谈起了马布里。尽管很多学生知道，但还是听得饶有兴致。突然我话锋一转，问了一个问题："昨晚在颁奖时，冠军奖杯是个鼎，球场解说员还说老马高举冠军鼎，成就了他的一个梦想，但他未必知道这个鼎的含义。那咱们在座的各位，你们知道这个鼎的含义吗？你又能说出多少与鼎有关的成语呢？"学生们到这时似乎反应过来，不过还是热烈地讨论着，说着与鼎有关的成语……

鼎在中国有着悠久的历史和丰富的文化内涵。我带着大家一起回顾并补充了有关鼎文化的历史知识。这是与高考相关的必备知识与拓展，又是能力与素养的必要补充。鼎被视为传国重器、国家和权力的象征，"鼎"字也被赋予"显赫""尊贵""盛大"等引申意义。与鼎有关的成语就更多了，如一言九鼎、大名鼎鼎、三足鼎立、鼎力相助、春秋鼎盛等。鼎又是旌功记绩的礼器。周代的国君或王公大臣在重大庆典或接受赏赐时都要铸鼎，以记载盛况。这种礼俗至今仍然有一定影响，如为庆贺联合国五十华诞，中华人民共和国于1995年10月21日在联合国总部向联合国赠送一尊青铜巨鼎——世纪宝鼎。西藏和平解放五十周年庆典之际，中央政府向西藏自治区赠送"民族团结宝鼎"，矗立于拉萨人民会堂广场，象征民族团结和西藏各项事业鼎盛发展。此举意义深远，文化内涵丰厚。

我接着又追问第二个问题：在最后一场比赛，北京球迷表现出良好的素质，外援马布里还表示愿意成为中国人。对此，你能否用北京精神（爱国、创新、包容、厚德）做一解读？学生们的兴致极高，经过一番热烈的讨论，我最后总结道："三千多年的建城史和八百五十余年的建都史，不仅赋予了北京辉煌灿烂的历史文化，也培育了北京市民胸怀坦荡、文明有礼的优秀品质，弘扬友爱、奉献、互助的人文精神，不断彰显人文关怀的内在品质。北京以自己宽广的胸怀和开放的心态吸引、融合着各地区各民族的文化，不同国度、不同民族、不同区域的人，都能在北京寻找到发展的机会。在广纳海川的同时，北京同样为自己赢得机遇和未来。"

上课伊始，由一场看似与历史课无关的球赛牵引出一串问题，并适时迁移到历史知识的拓展与人文素养的培养上，整个过程看似无心却是有意，将学生的兴趣点和对现实的关注，巧妙地融合在历史课堂教学中，让学生在一种真实的情境中，在快乐的体验中有了成就感和获得感，教育的力量也就润物无声地渗透进学生们的心田。

这两个小故事都是侧重于教学资源的开发、选择与运用，都是在坚持课堂教学真实、有效、自然的原则下，帮助学生找到历史与现实的结合点，密切与现实生活和社会发展相联系。通过这种具有个性化的教学资源，试图让学生在体验、感悟中学习知识、提升认识，汲取历史智慧，提高人文素养。"处处有资源，无处不教育"，只要做一个有心人，教育就能时时在线，就能随时随地发挥其特有的魅力和功能。在春风化雨般的滋养下，终有一天我们会看到一个个顶天立地、大写的"人"走出来。

不做教育的"浮萍"

吴春萍

每次接任新的年级时，我总会这样向学生介绍自己："京源诞生的那一年，我成为了教师。"1996 年 7 月在北京师范大学取得硕士学位后，我放弃了进入科研单位的机会，成为了石景山区第一个到中学任教的研究生。虽然旁人多不能理解我的选择，但那时的我却倔强地认定，站在讲台上的生活才更有意义。如今，已有二十七年教龄的我回看当年，梳理成长路上的大小故事、历数一路走来的无数收获与感动，我终于可以回答当年那个年轻稚嫩的教师梦：感恩、无悔。这二十七年里，京源学校从当初的一所新建校跻身北京市名校，我也从当初的一名稚嫩教师成长为北京市特级教师。

故事一 教育的"点捻儿"——学生带给我的启发

2002 年，我教初一。10 月份，我要代表学校为全国各地的教师上一节研究课，题目是"探究影响蒸腾作用的因素"。设计这节课时，我决定尝试"探究性教学"，当时这种教学方式在全国才刚刚起步。我的设计是，改变学生被动学习的局面，让学生成为探究知识的主体。为此，我把学生分成几个小组，每一小组独立负责研究一种影响因素。其中，选择"湿度"这一因素的研究小组带给了我意外的惊喜：我本来为这一因素预设的参考方案是，选用两株植物，一组置于湿度较大的环境中，另一组置于湿度较小的环境中，最后来比较两株植物蒸腾作用的大小。然而，这组学生却在课堂上拿出了一套比我的预设更加简洁精巧的设计方案：只需要取一株植物放在一个密闭的环境中，随着植物蒸腾作用的进行，密闭环境中的湿度会逐渐加大，因此测量同一株植物的蒸腾速率随着时间的变化，就可以完美地满足实验要求。如此优秀的实验设计在本节课中还不止一个。课后，一位听课的老师主动对我说："这种课程模式把我的兴奋性都调动起来了，一节课不够，你应该上连堂课，让学生的能力充分展示出来！"

这节课后，我开始思考教师的角色到底是什么。德国哲学家雅思贝尔斯曾经说过："教育的本质是一棵树摇动另一棵树，一朵云推动另一朵云，一个灵魂召唤另一个灵魂。"正是这节课让我对这句话有了切身的体会，我意识到，教育不是填鸭的苦工，而是点捻儿的艺术。只要把孩子们脑海中的"捻儿"点着，他们就会还给老师一个个惊喜。那么教师又该如何实践这种"点捻儿"的启发工作呢？在这种思考的指导下，我积极开展"探中学""做中学"的教学实践，让学生在探究中领悟知识、提升能力、形成品格。真正的思考状态，才是学生最好的学习状态。

故事二　技艺与功夫——同事带给我的激励

成为特级教师之后，帮助年轻教师成长成了我的一项新责任。2019 年，在区教委的帮助下，我成立了包含六名成员在内的特级教师工作室，还和八位校内外教师签订了师徒合约。仅近五年内，这些年轻老师中就有三位在北京市教学设计评比中获一等奖（该奖项一等奖每年全市仅六名），有五位青年教师成长为区级骨干教师。

"我选择了教育，可教育是否选择了我？"这是我的徒弟金红铃老师多年前刚刚走上讲台时发出的一声叹息。彼时她刚刚开始执教，在工作中遇到了很多挫折，面临对于未来泛泛的想象，难免感到迷茫。我非常理解年轻老师的这种感受，但我却知道，想要对抗这种迷茫，不是和她分享多少大道理，而是使她真正踏踏实实去做好自己能做的事情，从讲好下一节课开始、向着讲好每一节课努力。

因此，在带她的一年里，每节新课我们一起备课，然后各自按备课思路写出教学设计、做出 PPT。之后，我去听她的课，她再来听我的课，课后我们再一起讨论，比如，为什么选用某个素材、结合这个素材要设计什么问题、通过这个问题要达到什么样的目标，等等。讨论之后，马上就修改教学设计，下一节再按新的教学设计上课。这样，设计指导课堂，课堂完善设计，形成了一个高强度的"设计—检验—提升"的循环。就在这个脚踏实地的循环中，金老师一节课一节课地脚踏实地完成了学生到教师的角色转换，也终于慢慢克服了自己作为新手老师时不自信的心魔。就在前段时间，金老师还对我说："人到中年，愈加意识到您当年手把手教我上课，特别特别难得。您对事情的投入和认真是值得我终身学习的。"

我的特级教师工作室里还有另一位年轻的生物老师金莉。2018年她被抽中参加区里"中小学教育教学设计与课堂教学"大赛。为了帮助她备赛，我们两个人一起一遍遍地磨课，最终她获得区双项一等奖，后又获得市一等奖。她在工作总结中写道："师傅严谨治学的态度深深地感染了我。我最开始还只是不好意思偷懒，但后来却慢慢养成了认真勤奋的习惯，这一点比其他收获更重要。"

来自年轻教师的反馈让我相信，教学不仅仅是一项工作，更是一种功夫。在教学生涯中，经验和技巧可以言传，但是对待教学的态度却只能身教。教学是一项需要终身琢磨的艺术，我也希望我能够在教学实践中，通过和更多年轻老师的合作，一起打磨自己对待教育的功夫之心。

写作这篇文章时，正值高考期间，我在朋友圈看到一句祝福："与其将高考当成改变人生的一次投机，不如利用高考在足够年轻的时候体会一次全力以赴。"我认为这句话里的"高考"可以替换为任何一份工作。如果要对我二十七年以来的工作留下一个评语，我会自豪地写上"全力以赴"。从走出校园时倔强的选择，到作为青年教师的上下求索，再到和整个团队一起砥砺前行，我都想尽力走出那条属于我自己的路，不想成为教育的"浮萍"。我全力以赴地对待教师这个职业，而教师这个职业也给我带来了无与伦比的尊重和幸福，让我的人生实现了最大的价值。

良师在侧

——京源学校建校二十周年有感

张佳璐家长

我家孩子从幼儿园，到小学，再到初中，一直就没有离开过京源学校，现在已经是京源学校高一年级的学生了。

当年孩子上幼儿园时，幼儿园正在搞"攀登英语"的教学实验课，孩子对语言的学习一下子就有了兴趣。那时幼儿园的老师利用课余时间去接受"攀登英语"的培训，回来再按标准教孩子们，真的是非常辛苦，感谢老师们的启蒙教育。

也正是因为上了京源的幼儿园，才让我们家长有了是不是可以在这儿接着上小学的念头。因为孩子的户口在西城区，本来就是打算回西城区上学的。在小学部招生的时候，我们陪孩子一起参观了教室、综合楼、宿舍，孩子一下子就喜欢上了这里。学校的硬件设施没的说，那软件呢？孩子小时候，我总是开玩笑地跟她说：你们这一代，以后就是高知低能的一代。每当这时她都会好奇地问我：妈妈，什么是高知低能？我就笑着跟她说：就是头脑很聪明，四肢很笨，什么都不会干。孩子也总是嘟着嘴反驳我：才不是呢？当年给我们介绍学校课程设置、使用的教材和学校办学理念的是小学部的数学老师李志蕊，也是后来孩子的数学老师和班主任。李老师告诉我们学校是怎样抓学生们的素质教育、动手能力和表达能力的，我们一下就放心了。

十三年来孩子在京源学校学习，培养了她独立自主、敢于表达自己的性格，也培养了她敢于尝试的动手能力。一直记得白校长在年级家长会上的一段话：现在的孩子们生活条件太好了，以至于好多孩子"五谷不分，四体不勤"，这不怪孩子，要怪家长、怪老师，所以学校在操场旁边特意开了一小片地，种上各种蔬菜，给学生们创造学习的机会。学校带孩子们走出校门，参加中科院组织的科普夏令营、登泰山、参观孔庙、组织专题辩论赛、自己做PPT讲演稿……孩子们眼中没有了"不可能"，每一次的成功都是对他们的激励和积累。

　　十三年来，京源成就了朝气蓬勃的学子们，同时我们也见证了京源的成长。建校二十年来，京源不断地改革、创新，不断地创造一个个新高度，教育出一批批优秀的学生。在京源建校二十周年之际，我们真心地祝福学校越办越好，培育出更多的优秀人才。

紫竹兰花

葛金胜

　　京源学校书画院有很多盆紫竹兰花，每年都会静静地绽放好看的小紫花，这些紫竹兰花的故事很传奇，因为它们是由二十七年前的同一母株繁衍而来。1997年，北京金帆书画院石景山分院设在京源学校，第一届初中美术班有个叫胡婧的同学从姥姥家剪来一株紫竹兰花枝，扦插到花盆里美化书画院环境，这花生命力奇强，很快就长出新芽，它年年生长，我们年年扦插……紫竹兰花从此一直默默在书画院绽放着多彩的生命。书画院的艺术教育也如同这紫竹兰花一样，二十七年来茁壮成长、出新出彩、硕果累累。

　　那个当年的初中小姑娘胡婧同学如今生活在英国，从事国际间文化艺术方面的合作交流工作。二十七年来，从京源学校书画院走出去的同学很多已经卓有成就。宋茜毕业于清华大学美术学院，分配在大益集团，陶艺作品入选全国美展并且多项产品设计荣获国际国内大奖；裴季桐毕业于中央美术学院并留学德国，油画艺术作品崭露头角；张沐辰毕业于中国人民大学，入职到北京工商大学从教，如今是国内知名的青年装置艺术家；戴晶晶作为中国戏曲学院青年教师入选2022年度北京市属高校教师队伍建设支持计划优秀青年人才名单；王莹分配在故宫博物院从事艺术方面工作；李泽远毕业于北京服装学院，为追求她的服装设计艺术之梦如今远赴欧洲深造；张晨毕业于中央美术学院设计专业后成立了自己的设计公司，还有很多同学大学毕业后分配到海淀、西城、东城、朝阳等北京各区从事中小学美术教育工作，仅回到本区中小学校任教的京源学子就有十五名之多，成为了石景山区一支年轻向上、后劲十足的美术教师队伍。另外，孙毅还在本区建立了自己的美术学校，在校外美术教育领域耕耘多年，极有社会影响力。

从 2003 年学校第一届高三美术生毕业至今，京源学校美术班已毕业整整二十届，保持 100% 升学率。迄今为全国高等艺术院校输送了四百五十一名美术专业人才，其中考入中央美术学院二十一名、清华大学美术学院十八名。富于京源学校特点的美术特长人才培养模式显现出明显优势，学校金帆书画院已成为北京市重要的美术教育试验基地。

学校是如何让书画院的艺术之花常开长盛的呢？

一、确立创建美术特色教学模式、培养新型 美术专业人才的教育观念

1997 年北京市学生金帆书画院石景山分院在学校挂牌伊始，学校便抓住机遇发展美术教育，确立了从初一到高三六年一贯的美术特长人才育人制度。我带领团队在实践和教改中创建并完善了适合本校的美术特色教学模式。一是坚持立德树人，以美育人。本着面向全体又尊重个性、专业学习和文化素养齐抓并进的教学原则，在京源学校美术教学中，除了美术高考必备的素描、色彩、速写、设计等课程的实践和探索，还拓展了国画、书法、篆刻、陶艺、版画、动画、欣赏及校外美术实践等学习领域，这些课程的开发有利于培养具有审美和人文素养的高素质美术人才。二是创设专业课和文化课相融合的特色课程体系。在开足开齐国家规定的美术课程之外，对初、高中教材进行了重组、拓宽和补充，开发了适合本校学生特点的校本教材，并依据学生的身体年龄和心理年龄，制定了美术生各年级的美术课程内容。在不影响学生文化课学习进度和课时总量的前提下，采取集中时间、模块授课、课堂教学与课外实践相结合等的美术教学方式，创新了美术特长生专业课程与文化课程相融合的特色课程模式，也打破了艺术生偏专业轻文化的魔咒。以文化课高考改革近三年为例：2020 年高三全班文化平均 532 分，2021 年高三全班文化平均 559 分，2022 年高三全班文化平均 537 分。在艺考改革的新政策下，2021 年国佳洋和张笑语两名同学以专业和文化双优的成绩考入清华大学美术学院，体现出较好的综合素养。

对于美术特色模式的创新，早在 1997 年北京市学生金帆书画院第一届工作会议京源现场会上，与会专家便做了肯定并提出建议；2003 年在京源学校召开"北京市京源学校艺术特色教学暨《灵性的舞动》出版座谈会"中，人美版

教材编委会杨东藩做出了指导性意见；另外，原中央美院院长靳尚谊和原清华美院院长常沙娜也亲临学校参观指导教学工作；首师大常锐伦教授在其《学科教育学大系——美术学科教育学》著作中引入了"京源学校美术加强班"的上课案例并受到好评。书画院特色教学成为促进全校美术教育的龙头，这一教学模式也在区域其他学校推广，为石景山区美术教育事业的发展起到了引领和示范作用。

二、建设一支注重专业素质提升、乐于奉献美育的教师队伍

京源学校重视艺术教育，更注重艺术教师队伍的建设，不断提升艺术教师教育软硬件环境，培养了包括我、邱康、马明月、任峥、黄博翰等在内的一批热爱学生、甘于奉献的美术教师。

我始终热爱着最初选择的艺术教育事业，热爱着求知若渴的孩子们。二十七年来，几乎每个周末、假期都是和美术班学生"泡"在一起。每当看到孩子们喜悦和激动的笑脸，总是觉得虽苦尤甘，再累亦荣，学生收获了成功，自己收获的不正是他们吗？！

我深深地感受到教育就是一种"爱"的传递：

首先，不断发现，发现孩子们的闪光点。对待每一个学生，做到因势利导、尊重个性、鼓励进步、走进心灵……是我教育教学的"法宝"。

马丹霓是 2005 年考入中央民族大学的一名美术特长生，如今她自己也在从事专业美术教学工作。她曾经深有感触地发给了我这样一段文字："如今学生经常问我，为什么他们画什么样我都不骂他们，画什么样我都鼓励他们。哈，这招儿可是跟葛老师学的，现在给学生讲评画时第一句永远是：不错，有很大进步，但是如果……会更好。遥想当年我选择京源学校美术班完全是因为爱好摄影而要补充一些绘画知识，也成了美术班里唯一一个没有基础、悲催的'小尾巴'，第一次削铅笔我都像使剪子的节奏。哈哈，永远记得初三那个假期，葛老师接手我们班的色彩课，我拿色彩画作业给葛老师看，葛老师第一句是：嗯，不错，你现在水平达到班里中游了，如果……就更好。心里这个美啊，回家跟老爸说，葛老师今儿夸我来着，虽然我并不自信达到班里中游水平，但我还是很开心！也就是那个假期看见自己的色彩画居然被葛老师装裱画框上墙展示了，这下我和我的小伙伴们都惊呆了！从此之后必须最早到画室、最晚离开

画室，睡前要看看美术书，绘画贴在大衣柜上，写着作业都能转过头看看哪儿不好，对于绘画的热情和兴趣与日俱增，努力升入了京源学校高中美术班，最终考入了心仪的中央民族大学美术系……"

学生的点滴进步，老师的鼓励表扬，永远是教学中最好的良药。每个学生潜意识里都有被肯定、被尊重、被认可的欲望，也许老师不经意的一句赞美，都会给学生带来不一样的影响和记忆，抑或从此改变他的一生！

另外，不断学习，潜心教育教学改革实践。将美术教学研究中的实际问题转化为科研课题，并带领教师们攻坚克难。从"十五"到"十四五"，我主持国家级课题一项、参与市级课题七项、参与区级课题两项。《京源学校美术课程建设》《探索普通中学"美术特色教学"模式　造就艺术特长人才》《永远的记忆——画首钢》《基于区域拓展校外美术教学资源，培养学生爱艺术、爱家乡的生活态度》《基于首钢结缘"双奥"的美术教育实践活动探究》等教改案例在市、区基础教育教学成果评选中分别获奖。我注重课堂知识与社会生活相联系的美术实践教育，2010年在首钢主流程全面停产之际，我带领学生多次走进首钢"画首钢"，精选的一百幅作品出版了画集，并在首钢文馆举办了"永远的记忆——京源学子百幅画作献首钢"画展。2018年在首钢转型发展和冬奥组委进驻这个时间节点上，我又多次带领学生走进首钢，以"冬奥花开新首钢"为主题，编著了校本教材，并于冬奥会倒计时一百天之际在冬奥组委对面展厅举办"画冬奥·画首钢"画展，孩子们用画作向冬奥会献礼。

还有，不断充电，特别注重提高自身美术专业能力。我始终坚持绘画艺术创作活动，作品多次参加美协举办的画展并多次举办个展。2013年以"静默往事"为主题创作的一百幅个人绘画作品，分别在中国农业大学艺术馆和北方工业大学艺术学院举办画展。从教二十七年我独立编著出版了六部教学研究的书籍，建设了学校美术特色教育课程体系。2003年个人画集《灵性的舞动——葛金胜水粉艺术》由中国书店出版；2007年个人编著《美术特色教学作品集》由文化与艺术出版社出版；2011年个人编著《永远的记忆——京源学子献给首钢人的敬礼》由接力出版社出版；2013年个人画集《静默往事——葛金胜水粉艺术》由北京艺术与科学电子出版社出版；2017年个人编著的《北京金帆书画院美术课程——素描》和《北京金帆书画院美术课程——色彩》由北京艺术与科学电子出版社出版。

我年复一年地坚守在教学第一线，伴随着一拨又一拨莘莘学子走上艺术成才之路，自己也一步步走入了正高级教师队伍行列。2021 年我被聘为北京市教育学会美术教育专业委员会理事，还获得北京市优秀教师、北京市骨干教师、北京市师德先进个人、北京市教育系统"育人"先锋、首届石景山区"四有"好老师年度人物等多项荣誉称号。

紫竹兰花粗放耐养，扦插的新枝常常比老枝长得更加壮实、旺盛，愿它继续伴着书画院的成长，一直花开不断、芬芳四溢……

"务实"又"务虚"的白校长

卢涤非家长

二十年，栽下的小树已然成荫；二十年，头上的青丝也已花白。我们家和京源学校有缘，而且是二十年的缘分。

当年我在新闻学院求学，正南二百米就是刚刚创办的京源学校。后来，我参加工作后又在附近安家落户。直到孩子上幼儿园，才知道京源学校的校长姓白。京源学校从幼儿园到小学到初中到高中，都归白校长管，所以，虽然我们几乎没见过他，但总觉得，他创办这么一个"大摊子"，着实不易。

孩子上小学了，终于，在一些活动的场合，我看到了"只是百闻难得一见"的白校长。那时他是一位浓眉炯目的中年人，虽不苟言笑却没有盛气凌人之态，讲话极朴实坦诚，没有夸夸其谈之言。看得出来，这是一位务实的校长。

果然，在务实的白校长的带领下，京源学校从籍籍无名到小有名气，再到成绩斐然成为京城名校；我的家庭也与她一起成长：孩子在京源幼儿园度过了四年快乐时光，加上小学六年、初中三年，如果高中再上三年，他就是京源学校校籍最长的学生之一了！

可白校长也"务虚"，以至于颠覆了我多年形成的对家长会的印象。多年以来，我们的经历固化了对家长会的认识：我们家长关心的是孩子在学校的表现，更关心的是孩子的成绩。所谓的家长会，不就是评判孩子的优缺点吗？不就是评讲学习成绩的好坏吗？家长们每每开会总要面对孩子的成绩和表现，有喜有忧，苦乐不均。

可白校长主持的京源学校家长会，不务这些"实"，只务一些"虚"。一次，白校长召开初二年级的家长会，面对二三百名家长，他讲的却是"习惯"。

他说的不是孩子如何如何，而是家长应该如何如何，真开的是"家长会"！他说，作为孩子的第一任教师，父母首先要树立正确的教育观念，从自身做起，培养习惯才是教子王道。他提出要"知子""正己"。"知子"就是要了解孩子，懂得孩子成长的规律，按规律办事；"正己"就是要以身作则，因为父母是孩子首先仿效的对象，言传不如身教。

这些理念对我们家长产生了潜移默化的影响。在中考百日誓师大会上，我有幸受邀与同学们谈心，以"资质平平"的曾国藩年轻时早起苦学为例，鼓励孩子们养成良好学习习惯。"其实，决定你考试成绩的，不是技巧，而是习惯。决定你人生高度的，不是技巧，而是习惯。"我由白校长的教育理念进一步发挥说，"比如，读书有气质，练字有颜值，这两个好习惯，就值得你们拥有！"

白校长的这些理念一坚持就是二十年，他从建校伊始就组织举办了"青春一封信——14岁生日主题班会"活动，二十年来，那定格了十四岁温暖亲情的"一纸家书"，感染了一届又一届京源学子与他们的家人。时代变幻颠倒不了成长的年轮，与时俱进成就了经典德育案例。白校长说，既要坚守传统，又要勇于创新。近年来，"游学""学农"等社会实践活动一经推出，孩子们欢呼雀跃受益良多，连家长们都成了学校的拥趸。

临近考试季，白校长又拿出他务实的一面，在中考百日誓师大会上，他鼓励孩子们："一天查补一个漏洞拿回一分，那么，中考时就能增加100分！"

我们家与京源学校有缘，当然，也就与白校长有缘。趁着他主编的《在人生的春天播种》一书发布，我让他给孩子题个字。他戴上花镜，在书的扉页上写下了："祝卢涤非同学健康成长，一生幸福。"我想，这也是他对所有京源学子的祝福吧。

我与京源

张笑宇家长

二十年，对一个学校来说，不算长也不算短，京源学校从 1996 年成立至今，我作为一名普通的孩子家长，见证了它的成长和壮大。

每个孩子都像一棵小树苗，要细心呵护，剪枝浇水，还要有充足的阳光才能保证其健康成长。学校的教育如同阳光普照大地，给这片森林里的每棵小树以充足的养分，家长的剪枝浇水就好似给我们认养的树苗以专心的爱护和独特的教育。

2005 年我的孩子三岁半，清楚地记得，那天我骑着车子带着笑宇走进了京源幼儿园，我看出孩子很喜欢这里。一位老师带着我们去了办公室，一位温柔漂亮的老师（后来才知道这就是园长）拿着手中的小猪钥匙链问笑宇："这是什么呀？"——从此我们开始了与京源至今十一年的缘分。京源幼儿园注重培养孩子兴趣和良好的生活习惯，在娱乐中学习，几乎每个月都要请家长一起参与园里的活动，与孩子一起互动做游戏，与家长沟通幼儿教育的方法，让孩子从小就有我们都是大家庭里的一员的思想，逐渐在幼儿时期就培养了孩子的责任心。

三年的幼儿园生活过得很快，孩子顺利地走进了京源学校小学部。小学的生活丰富多彩，丰富的中华传统文化国学课程让孩子们了解祖国文化的博大精深，从小树立爱国思想；邀请外教老师到校授课，让学生不出国门就了解了世界；家长和孩子一起定向越野，锻炼身体、交流感情。

2014 年的秋天，孩子入选了京源的翱翔实验班，翱翔计划是市教委对京源教育的一种肯定。走进中学生活，原以为学习会越来越紧张，看着别的学校的学生每天早出晚归，作业一大堆，自己的孩子却轻松无比，家长们都迷惑过，可白校长的一番话让我们豁然开朗——其实教育不只是为了提高成绩，京源教育出来的学生将来某一天走上社会，永远不会被社会淘汰，不光工作好，还要让他们生活得更好，适应社会，有独立生活的能力。这种教育方式和开拓精神，让我们深受裨益。学校给了学生充足的课外时间，让学生外出游学科考，让学生在"科学家身边成长"，在科学研究过程中熏陶，培养学生的科学态度、科学素养、创新意识和实践能力；让学生去学农——种蔬菜、蒸馒头、照顾小动物等，既教给了学生们劳动的技巧，又使他们感受生活与学习的不同，锻炼了自理能力，为在未来生活中独立奠定基础。

最让我感动的是在孩子十四岁时，学校开展了"青春一封信——十四岁生日主题班会"活动，家长、老师和孩子都参与其中。这次活动拉近了孩子和我的距离，我们袒露心扉，说出各自心里的小秘密，通过交流，我觉得孩子真的长大了、懂事了，我们更加深入地了解彼此，心灵更加贴近。

我们是幸福的，至今为止，在京源的学习中，曾经或正在陪伴孩子的三个班主任每一个都是最优秀的教师，幼儿园的郭老师，小学的刘咏梅老师，以及现在的刘莎莎老师，我很庆幸！她们是孩子们的老师，更像是他们的妈妈，爱孩子、耐心、细心、无微不至，比我这个亲妈还懂孩子的小心思。我想，这就是一个优质的学校培养出来的优秀的教师应该有的品质吧！也是在她们的熏陶影响之下，孩子从小就立下了当一名老师的志愿，她说："我要考个好大学，将来还要回到京源学校来做老师，我喜欢这里的一切！"一个学校在一个幼小的心灵里如此美好，我想这就是京源学校的独特魅力吧！

校园变身教学植物园

赵　爽

京源学校是一座花园式学校，在校园绿化、美化过程中，特别注意了植物种类的多样性。这是多么好的生物教学资源啊，作为生物教师，我们希望充分利用好这一条件，把校园变成一座教学植物园。

最初，我是在生物课堂上带着学生走出教室，让学生们分小组选择他们喜欢的路线在校园中进行植物观察，制作各种形式的观察路径图，并展示汇报交流。一些喜欢植物的学生报了生物兴趣小组。我们一起查找资料为校园植物挂牌，捡拾落叶制作精美的叶画，感受着校园植物四季的美丽。在此基础上，我们组建了校园生态社团，在社团活动中，学生逐渐掌握了一些较简单的植物识别方法，尝试着从相对专业的角度去区分一些常见的易混淆的植物。例如，从花瓣数量、枝条颜色形状及内部结构等，区分都在早春开花的迎春和连翘；从树皮颜色裂痕、每束针叶长短数量等区分四季常绿的油松和白皮松。

为了更全面地了解校园植物现状，更准确地认识校园植物的种类、特点、作用及其分布情况等，我和学生们想为学校编写《校园植物名录》，从而更好地开发和利用校园植物资源，也希望我们的研究成果能为学生、老师们了解校园植物提供参考，为学校的生物学教学以及将来的绿化工作提供科学翔实的资料。

本着锻炼、提高学生实践能力的目的，我们从比较熟悉的植物开始，先到校园中做好植物的观察记录，再根据名称上网查找相关资料，然后通过与观察内容的比对从中筛选出正确的信息。当网上没有或资料不完备时，我们就参考《北京常见植物》《北京植物检索表》等书籍来补充相关内容。对于不认识的植物，学生最初想通过检索表或植物志进行查找，但复杂的查找体系使他们遇到了困难，而且有一些是新的栽培品种，很难查到。在学校的帮助下，学生咨询了栽种植物的绿化工人，并借来了《园林绿化》等专业书籍作为参考。有些仍然不能确定的，我们就请来石景山区绿化办公室的专家给予指导。为了更清晰地展示出植物的整体和局部特征，方便其他人参考识别，我们还向爱好摄影的老师学习了植物拍摄技巧，拍摄了不同季节的植物照片近千张，绘制了校园植物分布图，力求能够最细致、真实地展现校园植物的种类和位置。

经过一年多的努力，共 101 页（两万七千多字、一百六十多张照片）的京源学校《校园植物志》编写完成。这个过程不仅激发了我们关注校园、关注生活的热情，更锻炼了我们不断坚持、遇到问题想办法解决的坚韧意志，同时也培养了我们分工合作、寻找利用社会资源等多方面的能力。每当看到同学、老师们翻阅《校园植物志》，观察校园植物时，我们心中都无比快乐。

在京源学校这座教学植物园中还有着很多值得我们去继续探索的课题，如校园植物病虫害现象、校园四季植物摄影、校园野生植物的利用等，我期待着更多的学生在这里实践收获。

2011年"六一"前夕，作为"六一"儿童节的礼物，北京海洋馆向学校的同学赠送了几条锦鲤，引发众多师生兴趣，每日前来观赏和投食饲喂者无数。当时初二（5）班的吴梦若同学在语文老师贺海竹的指导下，写下了这篇小作文。学校将此文刻于石上，立于池旁。

锦鲤安家记

操场东望，紫藤繁秀，过斗折长廊，见一小潭，水波映翠，云影徘徊。小荷水草，下蔽锦鳞，往来沉浮，其乐无穷也。

辛卯年夏，北京海洋馆赠锦鲤数条。小潭添丁，喜气洋洋，或鱼或人，皆陶陶然，欣欣然。

锦鲤，体修长，色明艳，素来为人所爱。饲之，投以菜叶、鱼虫、饭粒即可，饵勿过量，亦不可投油腻之物。

若夫波清景明，锦鳞竞跃，戏于莲叶之间，乃京源之奇景矣！

"四勤五分田"

白宏宽

京源学校的西北角有一块不大的田圃，一年四季，景色更迭，春天绿油油的头茬韭菜，夏天一串串红红的辣椒，一个个或长或圆黑紫油亮的茄子，藏在叶蔓之间绿生生的黄瓜，秋后田埂上露出半截的青萝卜和圆滚滚的大红色卞萝卜，到了冬至时节依然翠绿生长的大白菜，总能吸引来或惊喜、或好奇、或赞叹的目光，让人驻足忘返。还常有人忍不住拔上两棵大葱，随手摘把辣椒，揪根黄瓜，不使化肥，不用农药的绿色生态地里长出来的东西让他们随手搓巴搓巴就放心地直接入口大快朵颐。偷嘴的鸟儿总能发现脸蛋刚刚变得粉嘟嘟的西红柿，捷足先登地来尝鲜儿。

在中心城区的校园里有这样一个小菜园的恐怕不多见，起初也是按照一般学校里的花池来设计建造的。生物老师找校长说学校里要是有块地让孩子们体验体验稼穑之乐就好了，校长深以为然，于是花池变身菜圃，师生们在这一方不大的田园里忙着、累着、盼着、乐着。一些在成绩上找不到存在感的同学在这里却收获着自己的乐趣和价值，从而后进变先进。许多高中生学习压力太大的时候就跑来这里用劳动和汗水减减压，师生们亲切地把这里叫作开心菜园。北京市资深的特级教师王能智先生欣然为小园子题词："四勤五分田"，即言其地块小，更言其意义大。

时光荏苒，二十九年中在菜园里忙碌收获的人换了一茬又一茬，但园子从未荒芜，学校想办法不断地开发一些边角地，如今已经形成了数百平方米

的种植园，为学校劳动教育提供了新天地，在其间忙碌和快乐着的人越来越
多了。

果实累累

二〇二二年六月一日
王德庄

"开心园艺"二三事

金红铃

2010年开心网大流行，很多学生都在网上种菜偷菜，为什么不弄一个现实版的"开心菜园"？心动不如行动，在学校的支持下，"开心园艺"社团成立了，每个学期都有二十多个学生加入这个社团。不知不觉，六年过去了，过程中有很多有趣有料的故事。

一、春·种

1.翻地

春天是播种的季节，春回大地，我们就开始了春耕。我们是用铁锹翻地的。刚拿到铁锹时，我们很兴奋，但是由于没有经验，使不上力气，我们翻地的深度不够，有时候需要返工。李子汉有次翻地，第二天手都起血泡了！血泡破了，露出红红的肉，很惨烈！因为平时我们的手做的唯一"工作"就是"写字"！哪出过这么大的力气。翻地也有很多乐趣，我们一字排开两头开工，等到胜利会师，特有成就感；有时候还会翻出蚯蚓，亲眼看到蚯蚓钻地，一会儿就不见了踪影……胆大的男生还会抓取一条，观察半天，老师会告诉我们农村很多人挖蚯蚓钓鱼呢。大家都好奇，蚯蚓对菜是有益还是有害，老师会卖关子地问我们，蚯蚓在地里钻来钻去，这个地会怎么样？我们异口同声地说："千疮百孔！"老师又问，一块地土壤很疏松，还有很多蚯蚓粪，你们说这个菜会长得好还是差？我们一下心领神会，乖乖地把收集的蚯蚓又都放回地里。看来蚯蚓是多多益善啊。我们翻地，就是充当一回"蚯蚓"啊！

2.播种

等菜地整理好，浇完水就是播种了。我们都觉得菜地的种子太小了，很多比芝麻还小呢！一不小心就从指缝里溜走了。撒种子最难的是做到均匀，因为老师说撒不匀的话，等出苗后，间苗补苗的工作就很麻烦，而且幼苗移栽死亡率还高。我们都喜欢种马铃薯，因为马铃薯是块茎繁殖，个头大，一个一个定植，容易得多。花生也是我们的最爱，因为花生米一个个胖墩墩，很可爱，剩余的花生种子我们还可以吃！生的花生米虽然不如熟的香，但是因为我们都没有吃过生的，所以觉得很好玩。

3.移栽

种植过程中最"脏"的工作是移栽。有些菜我们是先育苗，再移栽到地里，如莴笋、辣椒、黄瓜、茄子等。为了保证成活率，移栽前坑里必须先浇水，所以移栽时土是湿的，黏黏的土沾满了双手，脸上也不知何时添了一道道泥印，让人忍俊不禁！虽然移栽结束，我们一个个都脏兮兮的，但是看着绿绿的稳稳的菜苗，我们都非常开心！

二、夏·养

1.浇水

浇水是一个系统工程，我们有专门的浇水小组，有人负责接水龙头，有人负责看着沿途有无漏水，有人负责移动水管头。水龙头有时候由于水压过大而崩开，水管也因为老化而出现小孔，所以我们会立刻用透明胶布补上。而且水管不能老放在一个地方，那样会浇出一个大坑！

浇水需要耐心，要等水渗下去，不能贪快，那样表层土虽然湿了，但是根系喝不到水就等于白浇！每次浇完水，总发现地里一层白沫，觉得很好奇，问老师才明白，原来水进到土壤里，土壤孔隙里的空气就被挤出来了，形成大量的气泡，所以我们会看到一层白沫沫，白沫沫越多，说明土壤越疏松。每次浇完水，最好都松一次土，这样有利于菜的根系的呼吸。

夏天不光人会渴，菜苗们也需要经常浇水，浇水是养护中最重要的一项工作。不过水也不是越多越好，最好不要有积水，否则菜就涝死了。有年夏天大雨，我们由于高考放假不在学校，等我们回到学校，有些娃娃菜涝死了，地上部分开始好好的，后来叶子枯黄萎蔫，挖出来一看，根都烂了。有句农谚是：

"有收无收在于水!"可见排水和浇水都很重要呢。

2.除草

夏天温度高,不仅菜长得又快又好,很多杂草也疯长,所以养护工作第二重要的就是除草。首先,必须区分草和菜!最难的是在韭菜地里拔草,因为很多野草的叶子与韭菜的叶子很像,多是狭长形的。没有菜的地方野草一般长得欢,而野草多的地方菜一般又矮又少。这就是植物之间的战争啊!此消彼长,好不热闹!生物书上讲光合作用的时候提到植物之间会争夺光,不仅如此,野草还会和菜苗争夺水和肥呢,所以野草必须及时清除,否则会绞杀菜苗。

由于我们的菜地不用农药和除草剂,除草也基本是手工操作,所以工作量还蛮大的,好在一群人,说说笑笑,时间过得快。还有一些同学负责将我们拔的草清理走,老师说不清理出去,一下雨它们可能又活过来了。手工除草最大的好处是连根拔起,正如俗话所说:"斩草不除根,后患无穷。"所以有时候为了防止拔草时不能将草连根拔起,我们会先浇水再拔草。看到杂草被我们拔起堆成小山,还是很有成就感的。

3.搭架子

最有趣的当属搭架子了。像黄瓜、豇豆等藤本蔬菜,需要搭架子。搭好架子后,我们会把黄花藤或豇豆藤扶上架子,之后它们就会自己往上爬了,它们会螺旋着往上爬,让人感到很神奇。西红柿也需要搭架子,要不果实会把植株压垮。

三、秋·收

1.收花生

秋天是收获的季节。每年九月,收花生的时刻都是最有趣的。男生们负责拔花生,女生们负责摘花生,之后大家一起洗花生、煮花生和吃花生,好不快活!以前一直以为花生是"根"不是"果",待到自己亲手拔花生和摘花生,才得以清楚地看到花生的确不是根系。由于花生的壳是网纹状,所以清洗起来很费劲。煮花生的时候,我们几个人围着电磁炉,口水流了一地,想这花生咋还不熟啊。吃花生的时候,大家都赞不绝口,一盘花生很快就下肚了,煮花生的速度赶不上吃花生的速度啊!赶上大丰收,很多同学还会送给自己的班主任和好朋友吃。

2.挖红薯

挖红薯超好玩。有人用锄头，有人用铁锹，有人干脆用手！因为怕用工具把红薯挖破啦！他们会顺藤摸"薯"，看到红薯后，便用双手小心翼翼地将周围的土刨开，将红薯拔出来！如果拔出一个大红薯，脸便笑成了一朵花！举着大红薯给同学们看，其他人见状也纷纷扔掉工具，用手刨红薯！原来手除了用来写字，还可以用来刨红薯！哈哈哈，大家笑成一团。

四、冬·藏

冬天，我们会把各种晒干的种子收藏起来；冬天，我们会做很多探究实验，如探究种子萌发的条件，探究叶绿素的形成条件，探究鲜花和水果保鲜的条件；冬天，我们会去做一些市场调查，如蔬菜价格、有机食品调查、食品添加剂调查等；冬天，我们会把水管收起来，以避免冻裂；冬天，我们会把种植工具都收起来，期待春天的到来！

"开心园艺"社团就是这样的一个大家庭，在这里，我们体验农耕，收获快乐！

笔记大自然

郭　锐

　　每到社团活动时间，都会看到孩子们三三两两的身影，在校园的树底下、草地上、鱼池旁，或站，或蹲，或趴在树干上，手握一支笔，面对着一片叶，面对着一只虫，在本子上安静地勾画着……这是我的"绿之芽"社团的孩子们在做"笔记大自然"。

　　2009年，我开设了"绿之芽"社团，我们的研究对象是校园里那些不言不语的树木、花朵和小草，让孩子们在四季更替中观春芽稚嫩，夏花绚丽，秋实硕美，冬枝坚韧，培养学生的观察力。

　　如何让学生们静下心来观察，开始我尝试着让孩子们去用摄影拍照的方式记录植物四季的变换。几个月过去了，枝条从光秃秃到长出叶子，到开花，当学生把一组照片播放给我的时候，我看到了一个动态的过程，我很高兴。但是当我问："这株植物的芽长什么样子？""它的叶子边缘有锯齿吗？""它的花蕊是什么样子的？"孩子们却沉默了，他们只是用镜头记录了这个过程，却没有真正地去观察，也不知道怎样观察。

　　这件事让我十分困扰。有一天，我看到了美国著名的自然观察家、教育家——克莱尔和查尔斯的著作《笔记大自然》，作者为大自然做笔记的方法和亲近自然、享受生活的态度深深地感染了我。书中写道："用照相机拍照的瞬间，你是在用自己的眼睛看，还是用那一个个框子，隔开了自己与自然的距离？"我眼前一亮，我们要教给学生的不正是学习的方法和生活的态度吗？从此我尝试带领学生进行"笔记大自然"的活动。

　　为了获得直接经验，开始活动之前，我尝试面对一张白纸、一棵不会说话的植物，用笔和线条来描绘我观察到的细节。面对一片小小的叶子，我反复画了四遍，才把观察到的细节完全表达清晰。带着这些经验进入课堂，当我跟学生说我们要进行这样的观察，他们都摇头表示这太难了，他们说："老师，我画不好啊！""老师，我画得太难看了。"……于是，我把我画的给他们看，我告诉他们，要做的只是把观察到的植物特征呈现在纸面上，要的是准确，而不一定是绘画的技法。这幅作品不是单纯的绘画，还需要记录时间地点和天气，以及观察时的细节及感悟，这才是为大自然做的笔记。

　　就这样孩子们走进校园里，开始在一张张白纸上勾画。我和他们一起画，一起讨论观察到的植物的各种特征。我们用眼睛看，用手去触摸，然后记录下来。当一段时间过去后，每位同学手里的一张张白纸都变成了一册册的"连环画"，孩子们对所观察的植物的特征都能够详尽地描述。

　　每位同学观察的结果及记录的笔记风格各异，张苔丝同学观察玉兰，她记录了玉兰开花长叶的整个过程，用手触摸花苞上的绒毛，推测这些毛毛茸茸的壳是用来保护玉兰花顺利度过冬天的，并记录在纸上；外壳褪掉了，花苞在不断长大，在她的画上你可以看见花开的过程。王景润同学观察圆柏，这是一种一年四季变化很细微的植物，但是他看到了圆柏有两种类型的叶子，他将鳞片状的叶子解剖，描绘了那一片片小小的鳞片如何排列，并尝试寻找鳞片叶和刺状叶在圆柏枝条上生长的规律。张雨婷同学观察月季，她记录了幼嫩枝条和老枝条的差异，她还特别关注了月季茎上的刺，绘画加文字描述，让观看者能够一目了然，嫩刺呈红色，柔软，老刺呈深绿色，坚硬，学生说她一直认为月季枝条的刺都是尖尖的，很扎人，直到近距离触摸了才知道有这么大区别。

　　社团里还有喜欢昆虫的同学，他们不再简单地去捉虫子，养虫子，而是开始耐心观察，趴在树上，趴在地上，不怕弄脏衣服，不怕腿被石子硌得生疼，他们追随着一只只小虫子，为它做笔记，勾画出它们在自然中的样子。他们拿着自己的笔记相互切磋："你看我找到了一只瓢虫的幼虫，我还去找了它们的卵，我帮这只瓢虫勾画了生活史。""你看这只蜡蝉的斑点还很有规律呢！""你看这只蚂蚱的腿真的很健壮，我第一次这么近距离地观察它们！"……这样的笔记和交流成为这些"昆虫少年"非常享受的一件乐事。

"笔记大自然"带着孩子们走出教室，走进自然。在自然的世界里，孩子们能够用一双发现的眼睛去观察，向自然学习，拜自然为师，学生在观察、捕捉、记录、感受、积累中成长。

学农小记

申　亮

带孩子们学农，趣事良多，不记录下来委实可惜。

一、田园记趣

当学生走到田间地头时才发现，种花生并不像想象的那么田园秀美、诗情画意。天那么热，太阳射出滚滚热浪，阵阵袭人，让人头晕目眩。天热倒在其次，关键是不知如何播种，不知播种程序的先后，虽然老师也讲了，但还是一脸茫然。后来有人负责分工，秩序才井然起来。

女生负责剥花生。小盆里放着一些花生，学生端着小盆找个阴凉的地方坐下，开始动手。后来有学生偷偷告诉老师，有人偷吃。有个调皮的学生走到那帮女生跟前说，老师说了，这些种子怕虫子吃，都是拿药喂过的，你们没吃吧？女生一听，大惊失色，呀！我吃了一个，不会有事吧？我吃了三个，怎么办呀？这个男生装作事态很严重地说，你们怎么什么都吃呢？吃一个那同学，你赶紧给家里打电话；吃三个那同学，你还有什么后事要交代的吗？那两个女生吓得脸都白了，最后还是那男生忍不住大笑起来，事情才露了馅。

负责耕种的男生此时正干得热火朝天，有的翻土，有的耙平，有的开沟，有的撒种。虽然动作不标准，但都做得特别认真。一丝风也没有，汗水滴滴答答顺着头发流淌，淌在身上，衣服都湿了；滴到地上，化作了同学们辛劳的见证。

有学生说，老师您看，那边给苹果疏果的人好清闲啊！在果农师傅的讲解之后，学生都三五成群，围着果树干活。有的学生动作僵硬，摘一个果，就顺势扯下来一些枝叶。果农师傅说，你这样不对，我再示范一下你看看。说着就要动手，却被旁边一个学生拦住了，说，杀猪焉用宰牛刀，有事弟子服其劳，师傅您旁边看着，我给他们演示就行了。然后一脸得意地对同学们说，看着啊，就这样揪住果，看清楚啊，我要揪了。同学们都屏息凝神，眼珠一错不错。就见他左手捏着枝条，右手揪着果往下一拉。同学们哈哈大笑，原来他扯下了好大一枝，枝上足有十来个小苹果。

二、课堂记学

有一门课程叫学做小茶人，其实就是茶艺。走进茶室，里边的环境和装饰让学生赞叹不已，清静优雅，古香古色。下午天热，学生心里有些躁，但是感觉那里比外边要清凉一些，情绪也慢慢平静下来。

一位身着茶青色汉服的老师款款走到茶几旁坐下，开始演示茶艺。洗杯、取茶、冲洗、沏泡，动作准确而娴熟，姿势优美而秀雅，这时耳畔传来《渔樵问答》的悠悠琴声，舒缓而古雅。一阵清风拂过窗外的竹林，吹进教室，清爽怡人，学生们都陶醉了，有的望着窗外的竹林冥想，有的看着茶艺师发呆，甚至还有个学生太沉醉，手里的笔掉在桌上，才回过神来……

品茶需要时间，不如拿起一瓶冰红茶来得便捷，所以人们总嫌麻烦，殊不知这正是品茶的妙处。鲸吸一瓶冰红茶是为了解渴，而品茶则是可以静心养性的，因为烹茶的过程虽长，却正可以利用这时间，专注于每一道程序，从而将芜杂烦闷的冗事排挤出心间，于调节身心大有裨益。

下课后老师问一个平时特顽皮的学生，何以这节课如此安静，他这样解释：往常进快餐店心急火燎，匆忙难安；今天见到茶艺表演，每一个动作都看得特别仔细，心不知不觉就静下来了。老师告诉他，这就是品茶的魅力所在。

茶圣陆羽《茶经》云，采茶之日"有雨不采，晴有云不采"；又云，煮茶时"其火，用炭，次用劲薪"；再云，"其水，用山水上，江水中，井水下"。

《警世通言》里说，王安石生病，用三峡当中的中峡之水煮茶方可医治，于是托家在巴蜀的苏轼取些中峡之水来。没想到苏轼在船上心事重重，一直到下峡才想起王安石所托之事，没办法，就取了下峡之水想蒙混过关。结果王老先生吃第一口茶就发现了这并不是中峡之水。

其实，又有多少人能辨别这些微乎其微的分别！人们只是把自己的理解和情感倾注在了茶上而已，人们享受的就是吃茶的过程。除了茶本身的效用之外，文人们赋予了茶太多的文化韵味和情怀。品一杯茶，就是品一部中国文学史。

终于，在茶艺师的指点下，同学们也亲手沏好了一杯龙井。有个学生将一杯茶奉给老师，老师闻着杯中那股清香，不觉陶醉，想起了评剧《桃花庵》中茶倌的那句京白：扬子江心水，蒙山顶上茶，顶上雨前一壶诶……

一周时间转眼就过去了，时间不长，经历却多。付出了艰辛，流下了汗水，品尝了喜悦，此行不虚矣！

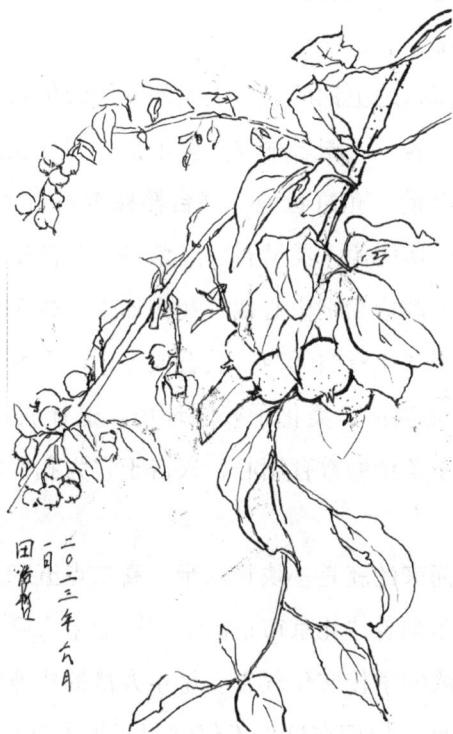

京源石头记

吕俊荣

阳春三月，校园里各色花儿含香绽放。走在校园的角角落落，白校长兴致勃勃地给我这个地理老师讲述着校园中各种各样的石头的来历和如此布置它们的意图，希望我写一篇《京源石头记》。

京源校园里石头多，地上铺的、墙上贴的、用天然石材创造的各种景观随处可见，岩浆岩、变质岩、沉积岩种类齐全丰富，简直就是一座小地质博物馆和地质科学园。道路台阶、鱼缸鱼池、亭台楼榭等石材大量使用，形色各异，建筑效果美观大方、结实耐用；灵璧石、红紫晶、汉白玉、片麻岩、花岗岩等各类石头形态各异，景观造物别出心裁、栩栩如生；校名石、校训石、文化石等书香气息浓郁，校园文化浸润无声，点石成金，以石育人。凝练了校园文化内涵、丰富了校园文化生活、美化了校园环境。这让我这个地理老师赞叹不已，兴奋不已，赞叹于学校的教育用心，兴奋于它为我们学科实践活动提供的资源价值。

踏进校门，迎面而来的就是一块长八米，高二点五米，重达五十多吨的河北青龙的花岗石，正面刻着"北京市京源学校"七个大字，苍劲有力。笔架般安卧的姿态，透着浓浓的学校文化气息。每年大量的毕业生回校看望，这里一定是留影拍照的打卡地。他们在这里不仅学习了课本知识，更学会用眼观察、用心思考的学习技能和求真尚美明德至善的人性芬芳。

校园里的石头不仅是景观，更是通向知识的阶梯。通过社团和选修课，同学们不仅基本辨别了三大类岩石，还理解了岩石的形成过程和发展历史，领悟了校园文化。教学楼前的花岗岩石刻"开卷有益",提醒同学们书山有路勤为径;至善楼前的太古宙片麻岩大石头,与上面的自然图案"世界地图"浑然一体,希望同学们拥有胸怀世界和放眼全球的眼光;明德楼后面的条状大石头是层理构造的沉积岩,层层叠叠,告诉同学们"脚踏实地""积跬步成千里"的重要性;小花园中竖立的变质岩上刻画的"悟""和"等字体告诉同学"由量变到质变"的道理;还有求真楼四层的形色各异的矿物标本,这些都是同学们求真探索地理知识的源泉活水,把孩子们带入了知识的海洋。"老师,这些石头怎么辨别呢?"2019年考入上海复旦大学,常回母校分享学习经验的魏佳睿,当时在社团时就总爱问岩石问题。"岩石的颜色、结构、硬度、组成等方面是不一样的,你认真观察对比就会发现很大的不同。"在认真细致的观察中,在与同学的交流探讨中,在老师的循循善诱中,问题逐一迎刃而解。"校园里的各色石头,为我们学习地质地貌提供了大量的素材,为我们校园生活增添了无穷乐趣。"

校园里的石头还是同学取景绘画的绝好素材。门口两侧各有一块沉积岩,西边灵璧石造型独特,像一位怀抱孩子的母亲;东边停车场的石灰岩,像一头威风凛凛的雄狮。"不仅要认真观察,还要用心体会,大胆想象。"2017年考入清华美院的高彧彬同学深有感触地说。"校园里有各色石头,为我们提供大量的绘画素材,如果说美术课上的知识功底为我们打下坚实的基础,那科学社团为美术绘画锦上添花。现在清华美院不仅重视审美能力,也越来越重视科学素养,如2016年清华美院专业考题《失重》。我特别想念当时的定向越野、会说话石头等社团,不仅有趣,还学到不少地质地貌的科学知识。"

徜徉在学校的地质长廊,您会感受亿万年来生物演变的漫漫地质历史长河;漫步在鹅卵石铺成的蜿蜒小道,您会涤荡于永定河的桀骜不驯和川流不息;坐在大理石砌成的知止亭旁,您又会有专心致志,心静如水的人生思索;肃立在红紫晶花岗岩铺就的升旗台上,您会对冉冉升起的国旗有无限的敬畏和触动……石头文化呈现在校园的每一个角落,面面墙壁会"说话",角角落落见"真知"。

校园中各色石头汇集成知识的"源泉",必将激荡探究创新的"活水"。知止亭旁有吴梦蓉同学撰写的《锦鲤安家记》的力作；"四勤五分田"旁有战瑞同学关于鹅卵石对降水下渗作用的海绵校园建设思考；凹凸的沉积岩旁有孙葳同学对京西古道凹坑的探索……

京源校园里的石头，释放着独特的神韵和魅力。远远望去，镌刻在操场北面花岗岩上的绿色"源"字，跃然而出，绿意盎然，生机勃勃。

二〇二三年五月十一日。

高瑞琪。

其实我想说

宋建华

和京源有缘。那还是 2005 年，我便开始参与学校中校园环境的设计建设，清楚记得，校领导在建设中会格外提到多用自然石点缀环境。是的，石头是最具可塑性的，就像一个个学生，你发现它的特点，把它放置在恰当的环境，它就马上神采奕奕地展现自己的独特，竹林旁，步道间，水塘边，画亭中⋯⋯

记得曾让学生们画过一个题目《奇石，我想说》。在京源学校里，每一块石头似乎都被赋予了个性和意义，它们或依于草间树下，或独立于校门前。一个镌刻的"悟"不知是否开启了学子的智慧，而另一块卧石上的"智仁勇"，似是寄托着母校对孩子们的无限期许，而有幸承载京源校名的巨石，成了一届届学子合影的明星⋯⋯

2015 年我受聘成为这所学校的美术老师，带着学生们采风校园风景，是我的主要课程。从此，校园中的花草树石、亭台楼宇就成了我们入画的素材，更是孩子们寻找美，描绘美，升华美的艺术天地。

在同学们的画作里，您会遇到几株梧桐掩映方亭，一泓秋水丝云空行，而这竹丛间水岸边方亭下的风景，都是校园环境的美术元素，是孩子们心里感受到的美。

是的，这就是我所认知的那个育人校园，虽然说不上能像园林般的步移景异，但也真的是无处不焕发着勃勃生机以及管理者的巧思。

好的教育应该是化平凡为神奇，让每位懵懂少年开窍、明理，让心智与美相伴成长，将眼中美化为心中美，修养未来并最终分享于社会，这大概就是教育中的环境育人。

是的，美无处不在，而每一个被画入画面的校园风光，都被学生们赋予了源自心底的美的意义。

抓虫子

朱　然

忘了是初一还是初二，也忘了是春天还是秋天，我在鱼塘边的大叶黄杨丛中抓虫子。要问为什么嘛，其实不是因为什么"培养善于观察的习惯"等高尚的理由，仅仅是因为我想要在教室外溜达溜达。我看见了一只螽斯，手欠去抓它。还好，手欠的不止我一个人，还有张雨亭，这使得我看起来不像是一个傻子。

青绿色的树丛中，隐藏着无数的螽斯和蟋蟀。但是知道它们的存在是一回事，看见并抓到它们就是另一回事了。树丛是绿的，螽斯也是绿的，如果它们不动，即使它们趴在你的眼前，你也未必能发现。不过，我们自有办法——拿一根树枝，向树丛中一扫，螽斯生性胆小，若有风吹草动就会跳起来。于是，一群翠绿色的水花从青绿色的海洋中跳了出来，两个像疯子一样的人向着绿点的落处扑了过去，又激起更多的水花……

抓虫子的过程是很让人兴奋的，但也很消耗体力，所以玩了一会儿，我们就在池塘边休息，顺便清理刚才的战利品。张雨亭把螽斯放在左侧胸膛上，骄傲地挺起胸脯，像是一个戴着勋章、打了胜仗的将军一样。的确，在刚才那场"战役"中，她的战利品比我多多了。她也发现了这一点，而且，她还发现了原因——我的"武器"仅仅是一个两厘米高的木头盒子的底。"把你的木头片给我一下，我给你改一下。"她对我说，于是我便把木头片给了她，第二天，我收到了一个她编的笼子。

现在，那片大叶黄杨已经随着水池的翻修而被铲除，我也离开了京源学校，同学之间的联系已经几乎消失，唯有那个笼子还在我的身边。

学校助我做"创客"

陈其昌

刚上高一的时候，我随老师赴长白山开展科考活动，当我们穿行于长白山原始森林中时，遮天蔽日的树木挡住了我们的视野，我便突发奇想：假如能换个视角，从高空鸟瞰我们的世界，必能从中获得更为整体、更为丰富的认知！

回到学校后，我有幸遇到了同样感兴趣于航空遥感的宋波老师，我们决定创建一个天眼航模遥感社团！起初的社团只有一名社员，由于招不到社员，社团几乎面临"关门"；为了扭转这样的局面，我们在运动会上拉横幅，社团招新季在整个校园张贴广告，并到其他社团"挖墙脚"。经过一番努力，我们最终拉起了自己的队伍。在这些社员中，很大一部分是连物理还没有学的初一新生，于是我又充当起老师，每次活动前认真备课，将空气的相对运动原理、伯努利定理等知识变得简单易懂，讲给我的社员们。在这个过程中我不光锻炼了表达能力、组织能力，更加深了我对这些理论的理解。

组织起了自己的团队，我们便开始挑战最初的课题，准备给自己开个"天眼"！最初我们采用的是固定翼运载方案，这样的方案看似优点不少，但一到动手就发现了问题：首先，固定翼飞机本身对起降场地要求严苛，在北京这样高楼林立的城市中很难找到合适的起降场；其次，由于知识的缺乏，我们飞机的配置很不合理，飞机动力不足，还由于布局问题，带来了很多气动方面的困扰……上述的诸多缺陷最终导致这架被我们寄予厚望的飞机，在首次试飞中飞行了几圈后就在我们充满希冀的目光中猛地发生了剧烈的滚转，紧接着我们眼巴巴地看着失控的飞机无助地栽向了地面。

在这次惨痛的失败后，我们潜心进行了分析，将目光移向多悬翼飞行器：这种飞行器同直升机一样可以垂直起降、悬停，还没有直升机复杂精密的机械结构，刚好可以弥补固定翼的不足，于是我们决定采用多旋翼飞行器作为后续研究的平台。有了上一次失败的经验教训，制作前我们做足了功课，自学了飞行器飞行动力学与航空遥感等方面的大学教材，并且参考了网上的一些方案，力求把计划做到万无一失，学校又一次向我们提供了研究经费，使我们得以继续研究。

然而，在设备陆续到货开始着手组装以后我们才发现，事情没我们想得那么简单，实践中的问题又一次接踵而来：比如，给电池换插头，所有人都知道红色正极黑色负极，但还是把电池焊反了，导致一插电飞机就起火冒烟，刚买回来的减震云台就被强大的电流把印刷电路板上的铜丝都烧得卷了起来。另外，我们所购买的电路产品质量参差不齐，调试时经常蹦出一些完全无法预料的故障，比如，有一次一块飞行控制器无论如何也连不上 GPS 卫星，查阅了很多技术文档也没有解决，随后拆开外壳，发现厂家竟然把两个焊点焊在了一起……类似的问题还有很多，为了解决这些问题，我们还在宋波老师的建议下学习了清华大学慕课课程——基础电路原理，从而能更为得心应手地分析、维修故障电路。

通过不断地实践、摸索，我们"天眼看世界"的设想终于成真，下面为大家展示的照片就是我们使用六旋翼无人机第一次从高空鸟瞰我们日常生活的学校的景象！

首次通过"天眼"计划的无人机从空中鸟瞰我们日常生活的校园

实践中我发现多旋翼无人机也并不完美——它的滞空时间及航程都太短

了，于是我们又决定自己研制一种垂直起降无人机。我进行了大量文献检索，发现目前主流的几类垂直起降无人机都有比较明显的缺陷：例如，类似"大鹏"垂直起降无人机那样直接把四旋翼与固定翼简单结合会带来更多负重；V-22鱼鹰运输机的机械结构复杂可靠性低，维护难。最终我把目光锁定在了一种研究相对较少的"尾坐式垂直起降无人机"上。为此我自学了《航空模型空气动力学》、SolidWorks建模及其仿真组件使用、《C++ Primer》、单片机、利用Protel99SE进行电路设计与PCB板绘制，等等。一本本厚厚的教材几乎占据了我全部的课余时间，但是我乐此不疲。深夜坐在书桌前，看着代码一次次地编译失败，CFD模拟始终达不到安全水平，我焦急但不急躁；午休时站在操场上，新制作的样机一切换到垂直/平飞姿态就翻了跟头，我失落但不气馁！我从不把失败看成挫折，而是当作研究中的必然步骤，用平常心面对。我们认真分析每一次坠机的闪存记录，仔细回忆系统崩溃前的每一步操作，对我来说，失败不可怕，从每次失败中都能总结出一点点经验，离成功更近一步！我强迫自己从一页页的英文文献中寻找解决问题的蛛丝马迹；一个个深夜在GitHub、Google Groups上与全世界的"技术宅"们热烈讨论……这一切的付出都让我感到充实与快乐，因为我热爱我正在做的事情——设计属于我自己的飞机！

终于，苦尽甘来，我研制的无人机在经历了几代试验机的改进后最终定型，成功闯入第36届北京市青少年科技创新大赛终评，并在北京市决赛中获得第二名！

经历了无人机的成功，我逐渐领悟到创客的精髓：在生活中发现问题并着手去解决它。例如，研究中有时需要测量曲线的长度，最开始我使用的是柔性的皮尺，但皮尺使用时通过手将尺子与曲面进行拟合，不光耗时费力，而且会造成较大的误差。之后我购置了一种光栅式的测距笔，它通过对滚轮上均匀分布的光栅进行计数达到测量的目的。但在使用中发现由于测距笔角度变化依然会带来较大的误差，并导致我费了九牛二虎之力加工的零件相互之间全部无法配合。我通过互联网了解到相关知识，根据高中课本所学过的霍尔效应我提出了自己的设想：研制一款自动倾角补偿接触式电磁感应防水测距笔。我选择在学校的物理实验室利用霍尔元件亲自进行初步实验，论证了我采用霍尔效应的原理具有较高可行性；之后我自学了51单片机的C语言编程，并在宋波老师的推荐下自学了清华大学的慕课课程——电路原理，还自学了电路设计与仿真软件的使用。

最终，通过我们社团的共同努力，这台测距笔的理论原型机实验获得了成功，我撰写了专利申请，并获得国家知识产权局授予的实用新型专利授权通知书以及专利证书。

有了测距笔这种研究性学习模式的成功摸索，我又从亲戚密码被窃受到启发，设计出了偏振式隐私保护显示器；从参加学校组织的"埃博拉离我有多远"主题翱翔特别论坛，提出了微针贴片疫苗的设想，并且都获得了国家实用新型专利授权。一本本专利证书不光是对我创客成果价值的肯定，更是对我在研究中逐渐充实自己的探索过程的见证！

感谢京源学校在过去的六年中给予我的教育与机遇，学校对学生活动的大力支持不仅仅培养了我的能力，更让我找到了自己的人生方向：成为一名飞机设计师。在京源丰富多彩的创客经历也在自主招生中助了我一臂之力，目前我已经如愿被南京航空航天大学·飞行器设计与工程专业录取，即将开始我追求梦想的新征程。而在京源学校的故事，也将被我永远铭记。因为，这里是梦开始的地方！

天台夜景

王文智

三天前，收到一条微信。

——老师，我的大学尘埃落定了。

——清华？

——是的。

学生是王安磊，三年前的中考状元。

这是我京源六年生活的结尾。曾经的心愿由学生完成，大概也是另外一种意义的巅峰。

综合楼顶天台，那个银色的天文台，那一片大约有二百平方米的楼顶开阔地。

六年的时间，天文社团学生换了六届，来来去去大约二百人。这些聪明的孩子们，一个一个，我都忘不掉。我们一起守候在这片露台，看云遮雾罩之后忽然出现的日食，看望远镜中梦幻的月亮，看灯光暗去之后璀璨的夜空，看京源学校最美的风景。

三个学生，铸成一段往事，永珍不忘。

第一个学生：刘睿祺

很多老师认识的学生，学校天文台台长，嘻嘻哈哈地带出整个天文爱好者团队。一天到晚咧嘴微笑的大个子，幽默开朗甚至比聪明好学更让人印象深刻。

2010年夏天，刚入职的那个暑假，在还不认识学校同事的时候，就随着十二个孩子前往青岛，开始这些孩子的第一次天文夏令营。这是一次完全由学生主导的夏令营。完全由学生提出建议、策划、联系旅游公司，最终申报外出，其核心组织者就是刘睿祺。

青岛夏令营，是我在京源指导的四届天文科技夏令营的第一届。那些当年在青岛的马路上嘻嘻哈哈、开心快乐的孩子，现在大都已经大学毕业。萌萌可爱的戴铭萱，奋斗在中医药大学的图书馆实验室里。全知全能的大神边中平，在法国的大学里继续追寻青春的梦想。梦想着成为民族企业家的刘睿祺，在这个暑假之后就走出清华的校门，继续走在为自己铺设的光明之路上。

第二个学生：王安磊

王安磊考上清华的消息在学校传播开来的时候，很多老师竖大拇指。初一年级，在一次校内天文观测活动之后，我给大家布置任务，每个学生写一篇或长或短的文字。王安磊的作业写得非常认真，格子纸上工工整整、洋洋洒洒写了五六页。因为这篇文章，我和这个孩子有过一次聊天。

——你想象过自己的未来吗？

——想过，小学一年级的时候，我和我爸订过一个计划。

——什么计划？

——我家是门头沟的，小学在门头沟上；初中来石景山最好的初中，就是京源学校；高中我希望可以更进一步，去城里；大学希望是清北，也可能会出国。

小学一年级的孩子有这样清晰的计划，让我很震惊。

2011年暑假，第二届天文科技夏令营，刘睿祺准备高考，进入闭关阶段。我一个人带着十三个学生前往坝上草原。王安磊是这支小团队的核心。

坝上草原的三天时间，大约会成为这些孩子永恒的记忆吧。这是一次完全没有任何商业介入的夏令营，所有的路线、住宿、吃饭全部都靠自己来定。

晚上搬着望远镜到山顶上，一边观星，一边唱歌，一边看远远的度假村里的烟花；凌晨早早地起床，在迷蒙里爬上矮矮的山顶，等待日出；白天就在附近采集植物、捕捉昆虫制作标本。

第三个孩子：夏榕蔓

这六年时间里，感谢学校提供的平台，我得以接触很多别的校区和学校的学生。小院士科学院的课程体系里，有一门叫"跟着智哥玩天文"，这是一门为小学五六年级开设的课程，每每到了寒暑假，都会有以前上过课的孩子问我：大智老师，今年还可以上您的天文课吗？

因为这个问题，在去年的寒假期间，在学校的大力支持下，我面向石景山区的小学天文爱好者开设了"玩天文冬令营"。加上观测活动在内，一共上了八次课，从行星到恒星，从使用望远镜到晚上识别星空。有四五十名学生报名参加，许多孩子因为名额问题遗憾没能参与。

在这些孩子里，有一个小学部三年级的小姑娘名叫夏榕蔓，格外引人注意。长长的头发，乖巧的笑脸，每一次课都认真地听，慢慢地记，下课了跟到办公室问来问去。这个孩子让我看到了未来的希望。

六年的时间，我看到很多，学习很多。学校也给我很多外出培训、学习的机会，让当初那个生涩的年轻教师变得成熟。六年过去，我的教育生涯画上一个逗号，开始下一段人生旅程。京源学校的天文活动，不会因为我的离开而中断，相反，在宋秋宾师妹的指导下，孩子们会得到更好的指导。我也会时常回来，这是我工作生涯起步的地方，我的根在这里。

我会怀念综合楼顶的天文台，怀念那些永远不会忘掉的孩子，怀念那些在十一点才离校回家的夜晚。这里是京源学校，这里是我永远的故乡。

智哥和他的天文故事

柳佳欣　　陈宇珂

在美丽的大京源，有这样一位老师：他是北师大天文系毕业的学霸，也是个狂热的天文爱好者；他谈笑随和、平易近人，也总是一丝不苟、认真严谨；他一直坚持做科普宣传，组织多次天文活动——他就是王文智老师，同学们都亲切地喊他"智哥"。大家在他的指导下，开启了对天文的兴趣，更从他身上获得了坚持的动力。是什么让他永远保持对天文狂热？又是什么引领着他在这个领域坚持做教育工作？我们不妨来听听智哥和他的天文故事。

我们的采访地点，是位于初中楼四层的天文教室。这是一间特别的教室，可以模拟夜晚的黑暗，借助球幕观看日升月落、星河流转。这让我们自然而然地发问："在您的学生时代，是什么让您接触到了天文，又是什么让您开始热爱天文呢？"

智哥望向窗外，沉思片刻后回头笑笑说："你们去过农村吗？去过草原吗？我小时候住农村。当时的农村，灯光很少，天空很暗，星空很漂亮。在满月的时候，在安静的夜里，明亮的月亮照耀地面，投下长长的冷清的影子，非常美。在夏天的晚上，一家人睡在屋顶平台，看星起月落，老年人会提起星星的名字，会讲民间流传的久远的传说故事。牛郎，织女，八角琉璃井……这是我一开始对于天文的接触。"

确实，美丽的星空会吸引每一个人。那么智哥上学时候有关学习或天文活动的故事又是怎样的呢？

"信息时代的城市孩子，恐怕没有办法理解二十年前农村的'贫乏'，各种贫乏。不说手机，那时候还没有。单说图书馆，在城市里有很多，但在我们那个地方，'杞人忧天'之地，大宋皇城开封周边，很难找到一个图书馆。虽然很希望，却很难找到自己想看的书。购买、借阅、流转，甚至手抄，都很难。运气好的是，初中时候，从一个现在已经记不得的老师那里，借到一本《自然》，32 开的小本，白色的软封皮，绿色的题字。这本书很有意思，看了很久。对于天文的兴趣，就是由这一本书正式引发。"

"说到故事，确实有一个小故事，很有趣，至今无解。在 2002 年 8 月 28 日晚上，好多人看到在西北方向低空，有一个篮球大小的明亮物体慢慢移动。UFO? 对。谁都不知道是什么。大学同学有一个重庆女生，后来偶尔说起，告诉我她也看到了。她当时在重庆，我当时在开封，横跨一千公里的距离。"智哥这样说。

我们都连连感叹，这更是引发了我们对这个问题的好奇，迫不及待地问道："那么您是怎么想到把自己的兴趣爱好当作今后的工作，在大学中学习的？"

他眉宇间掠过一丝怀念之感，思量片刻，便从另一个故事说起。上大学时候，智哥开始参与一些天文活动，当时去过一个叫石塘路的地方，是密云县（现密云区）一个民俗村，坐落在山坳之间。去的时候要乘坐绿皮火车，三个半小时，在太阳落山时才抵达那个小火车站。住宿是大通铺，每天晚上十块钱。天气好的时候看星星，天气不好就篝火，唱歌交友，一群学生穷开心，穷嘚瑟，真是一去不返的好时光。有一年看狮子座流星雨，天气微寒，每个人索性披着被子出去，在玉米秸上聊着，看了半宿。

"对，这就是为什么我毕业之后，依然留在这个领域，做起了天文教师的工作。因为这个工作，真的好有趣味！"

我们也被智哥的描述深深吸引，又继续问道："您后来一直在从事科普工作，这么多年来，您有没有感到过厌倦？又是什么力量在推动着您做这些义务的科普活动呢？"

智哥笑了笑，那笑容无比的轻松，又是无比的满足。他认真地看着我们，说："萧伯纳在《萧伯纳论莎士比亚》中说，对我来说，人生不是什么'短暂的烛光'。人生就是一支由我此时此刻举着的辉煌灿烂的火把，我要把它燃烧得极其明亮，然后把它递交给后代的人们。这是我的信念，并且希望得到别人的认可。我还希望能有更多的人学习天文，有好的导师来指导。做了这么多活动，我想在这个科普圈子里做一些事情，指引一些孩子。"

我们恍然大悟，原来不管身处在怎样的岗位上，都要有着一份属于自己的坚守，智哥更不例外。"嗯，所以这份坚持中，不仅仅有着热爱，还有着对于自己的事业的责任。您能不能简单地说一说您组织过的科技活动呢？"

智哥随手拿过书架上的一本本校外活动的策划案和资料，边翻边说："我们组织同学走出学校，走进社区开展'路边天文'活动，吸引了很多社区居民参与，老人孩子都被吸引到望远镜周围，倾听同学的讲解。作为指导教师，我感到莫大的光荣和骄傲。从2010年暑假开始，我们组织同学进行了天文夏令营。我们曾经去过青岛海边、内蒙古草原，东北五大连池，也曾经策划过遥远的大西北之旅……"

我们听了，眼睛里都放着光，心里更涌现出了对这些活动的无比向往。"那真是太好了！那么我们再来说说有关科学认识以及学习生活吧。前些日子，网上有篇文章讲到，不是所有人都能做科研。那么您是否鼓励青年学生今后以科学研究作为终身工作？对于科学，您有什么认识？"

智哥微微扶一扶额，想了一会儿说："如果有这个能力，当然是可以的。现在有些人的目标只是'钱多一些再多一些'。以后会有更多人为自己内心生活，而不是为了钱生活。"

我们都赞同地点点头，同时对智哥更加敬佩了，也不禁感慨道："是啊，这也算是一种生活境界了，要有这样的生活态度才能获得幸福。那么，关于我们的学习，您认为是广泛涉猎比较好，还是深度钻研某一方面比较好？"

"应该是兼顾。在年龄小的时候，你可能会对什么都喜欢，但是从中选出真正的爱好，并且坚持下去，其实并不是一件很容易的事情。如果你真心喜欢什么，不管是从博学的角度出发，还是从深入的角度出发，只要有兴趣，就去花时间花精力了解、学习。你不一定非要从中得到什么。趁年轻，多接触不同学科、不同领域，为将来的选择做准备。"

"好的，我们知道了。那么您对于我们这一代的青少年有什么期望？"我们抛出了此次采访的最后一个问题。

智哥用笔轻轻敲击着桌面，思考了一会儿说："我不敢说，我觉得每个人的生活应该自己去过，为了自己去活。我也是在自己的生活和学习中不停摸索的'新一代'，只是比你们大了几岁而已。"

无比眷恋地放下手中的笔，我们这次的采访任务也结束了。但是王文智老师所说的话依旧在我们脑海里回荡。他对于梦想的坚守,对于工作的努力以及对于公益的认真都是我们远远达不到的,而这些也注定了王文智老师在天文这方面有着无穷的力量与信心。这好像并不只是一次简单的采访工作,在采访他的同时我们也上了一堂课,一堂有关于自己梦想和学习的课,我们也相信,王文智老师的精神一定会感染更多的同学,为他们的成长路上点亮一盏明灯!

叶浩彤 于京源作 二〇二三/九月二十一日

模拟联合国

董　冉

模联，即模拟联合国，是由青少年扮演不同国家或政治实体的代表，围绕国际上的热点问题召开的会议。勇为人先的京源人，在这项活动刚于国内兴起之时就加入到了模联大家庭中，和全国乃至全世界的学子一起磨砺，并肩成长。从初生牛犊的校园兴趣小组，发展壮大成为多次参加全国乃至世界性会议，并取得优异成绩的学生社团，一路走来，我们经历了许多，也收获了许多……

知难而进　不懈求索

在模联会议中，因为议题多样，会涉及许多专业的知识和问题，学生要进行学科的融合，专题的探究，面临和常规学习完全不同的新挑战。记得那是北京市第三届中学生模联大会，会议的组织方特别设立了一个"历史危机委员会"，以1911年辛亥革命期间南方的革命党人和北方的袁世凯所进行的南北议和会议为背景，同学们代表当时参会的不同历史人物，把自己放入历史环境之中，体会当时的决策，探讨历史发展的走向。这个委员会不同于我们以前参加过的联合国委员会，不论是形式还是内容都非常具有创新性，而分配给我们的人物，又是史书中着墨甚少的安福系代表——法学专家方枢。

由谁来代表这个人物，着实令我费了一番踌躇，谁可以胜任呢？社团课上，我认真审视着每一位同学，一个熟悉的身影映入我的眼帘——阳继煜，这个面庞清瘦、眼神坚毅的男孩子，很有思想，又肯钻研，并且热爱历史，还有那颇有民国知识分子遗风的倔强竖立着的发型——对，就是他，这真是最合适的人选！我把情况告诉他，问：愿意参加吗？有没有信心？他稍微思考了一下，随即坚定地回答：好的，我一定好好准备！听到他的这句话，我心里有了底——不是犹疑不定的畏难推脱，也不是盲目拍胸脯的打包票，——没选错人！

因为题目难度很大，准备时间就显得非常紧迫，我们几乎是一有空就在一起讨论，寻找资料，发掘线索，还向历史翁老师积极请教，得到了许多专业指导。一天中午，阳继煜急急地来找我：老师，我发现一部很有价值的文献，对研究议题很有帮助，但网上没有全文，一些历史书籍里也没有，该怎么办？我认真考虑了一下，这样的历史文献，要想找到可靠的出处，恐怕只有到文献最齐全的国图了，于是，我们马上约定，下午放学之后直奔国图。可是没想到，到了国图之后才发现，他未满十六岁，不能进入文献区阅览，我们很着急，不会白跑一趟吧？这时，恰好旁边有一位工作人员，我们连忙上前向她说明情况，看能否通融，没想到这位老师不仅愿意帮忙，而且非常热心，主动帮我们用内网查询资料，最后还帮我们影印了所需的文献……临别，她特别感慨地对我们说，很少看到中学生就这么认真踏实去做研究，小伙子将来一定有前途！——这句话，给了我们很大触动，确实，探索和钻研的精神，对学生来说是多么宝贵的品质啊！

因为有了前期充分的准备，在会场上，阳继煜担任的方枢代表，不仅在外形谈吐上像极了一位民国法学专家，对当时历史情况和走向也了然于心，在各派之间合纵连横、游刃有余。他的表现获得了委员会主席的高度评价，并获得了市模联"最佳角色扮演奖"。

知难而进，不懈求索，是模联人的特质，而这种历练也让他们在今后的道路上走得更好、更远……

脱颖而出　走向世界

2012 年 8 月，为了选拔赴美国纽约联合国总部参加模联峰会的代表，外研社举办了"蒙特梭利模联全球青少年峰会"全英文选拔赛，来自四中、八中、清华附中和 101 中学等诸多名校的二十多个代表队参加了比赛。我带领着我校初二年级的曾馥萱、车一果两位同学参赛，说实话，参赛前，我的心里很忐忑，因为我校的模联社团是针对高中生，而此次比赛对象是初中同学，因此这两位同学是刚刚由初二年级推荐而来的，没有经过系统的培训，而距离选拔赛，已经不到二十天了。

为了抓紧这有限的时间，让她们尽快了解相关知识，提高英文口语水平，我制订了详细的培训计划，利用期末考试后到比赛前的假期时间，程序、语言双管齐下，让两位同学在短时间里对模联流程和专用口语都有了较熟练的掌握。比赛当天，在笔试和演讲环节，两位同学表现得非常不错，到了议会制辩论阶段，双方讨论的话题是古建筑是否应该保留，我方抽到的是一个相对不利的观点——不应保留。这与我们平时的观点不太一致，两位同学在思考论点的时候，遇到了困难，一度被对手压制，中场休息时，我提醒她们，辩论的利器是什么？以子之矛，攻子之盾，借力打力，让对方心服口服。两位同学一点就透，在后半场成功地抓住对方"只有保留古建筑才是尊重文化"这一论点，反问对方，为了尊重古代文化，是否我们现在还应该住在山顶洞里？此言一出，在场的中外评委都纷纷点头，非常认同，最终我们在议会制辩论环节取得了全场的最高分，成功取得了纽约峰会的入场券。赛后，一位英国专家还特意找到两位同学，赞赏她们在辩论中的机智表现，她们也因此信心大增。

2013年4月，我们来到纽约联合国总部，终于真正置身在了联合国大会庄严肃穆的会场中，与全球九十多个国家的优秀青少年一起，为了世界的和平与发展，投入到激情澎湃的商讨和辩论之中。作为场上为数不多的中国面孔，两位同学在纯英文的环境中丝毫不怯场，积极发言，主动合作，获得了主席的赞许，她们提出的议案也获得了多数代表的支持。最终，由两位同学起草的议案在投票中顺利通过，并被提交给联合国秘书长潘基文，存档于联合国总部，让世界听到她们的声音。

两位同学在她们的感悟中写道：当我们手持京源学校的校旗，站在诞生过无数影响世界决定的联大会场中，我们感受到的，是无限的骄傲和自豪，也是无限的责任和期望，那一刻，我们真正明白了，世界的明天，在我们肩上……

作为模联社团指导教师，我经常能最真切地感受到模联给同学们带来的巨大变化。记得有一位同学是这么总结自己的模联经历的——"第一次听见模联，还以为是魔术社团——'魔联'，但是经过两年的模联经历，我想说，虽然这不是一个变魔术的地方，但却是魔术般地把人变得更优秀的地方。"的确，模联是一项太有魅力的活动，每一个参与者都会被她所征服，在付出的过程中也收获更多。心有乾坤，追梦未来——是我们京源模联的社训，To be a better me，做更优秀的自己——是我们京源模联人追求的目标，今天，模联让我们成长，明日，我们为京源增光！

"模联"的魔力

陈敬梓

模联是有魔力的。这魔力拉着我走进模联并难以远离。

一、结缘"模联"

最初对"模联"的了解从第六届石景山区模拟联合国大会开始。

"陈敬梓，现在咱们班有一个去观摩模联的机会，你愿不愿意去？"班主任刘老师问我。对于模联我只知道全称是模拟联合国，具体是什么并不清楚。因为我本身对于国际问题也比较感兴趣，于是抱着一探究竟的态度答应了下来。

这一届区会的承办校是景山远洋学校，在学校门口，我便感受到了"高大上"的气氛。志愿者在校门前接待、指引到来的参会人员。开幕式上，石景山区各校的优秀中学生身着正装，济济一堂，谈吐非凡。在会场当中，代表们挺拔如松，象征着国家的尊严；纵横捭阖，维护着国家的利益。美国代表动议的步步紧逼、中国代表发言的温文尔雅都令人印象深刻。他们的眼界和认识给我留下了深刻的印象。这让我了解到，国际政治原来可以这么学。

从这次会议开始，我便与模联拴在了一起。

二、融入模联

在高一选社团时，我毫不犹豫地选择了模联社，并被推选为副社长。将近一年的时间悄然而逝，我们对模联也有了更多的了解。斗转星移之间，又到了区会的日子。代表学校参加区会成了我们这届社员的任务。当立场文件写作等准备工作落在自己手里时，才发现实际情况远比想象的复杂。"为什么欧盟的文件全是英文而且没人翻译过？""这议题和日本有什么关系？"一些之前没有想到的问题都出现在我们面前，从开始的手忙脚乱到最终通过自己翻译、向老师请教、与同学讨论等方法解决了问题，我收获了很多。在这之中，老师们热情的帮助，同学们热心的解答都给我留下了深刻印象。

模联的魔力把我俘虏了。除去在学校参与模联活动外，2015年暑假我还参与了"握梦"夏季峰会。在美国国会参议院会场上，我作为明尼苏达州议员参与会议。"十一"假期，我和毛安琪共同代表俄罗斯，在安理会会场与诸国进行博弈与争夺，并获得了"最佳文件写作奖"和"最佳代表团奖"。会前的准备、会上的交锋、会后的谈笑风生让我感受到模联并不只是学生们模拟的政治博弈，还有会议过程中积攒的深厚友谊。"国会的共和党人"在会上并肩作战，会后仍时常联系，"安理会的美国和俄罗斯代表"在会上针锋相对，会后就坐在一起畅谈古今。在这学术氛围和人情味儿的拉动下，我真正地融入了模联，爱上了模联。

三、心系模联

高二时，很多同级的同学已经离开了模联社，但是我仍然心系模联没有放弃。因此在招新时，我和毛安琪使劲儿张罗。以下是我们招新广告语的节选：

> 高一的同学们，京源模联招新，在线选课时选择即可报名，先到先得。模拟联合国（以下简称模联），是一项高端大气上档次、简约时尚国际范儿的活动。所谓高端大气上档次、简约时尚国际范儿，便是穿上一身帅气西装，装成大人模样，作为一个国家或地区的外交官讨论世界大事。想想看，当别人的争论停留在盛饭插队时，你在讨论如何应对伊斯兰国的恐怖主义威胁，一下子就有一种俯视众生胸怀天下的感觉。

最终，我们通过理想现实搭配，华丽朴实齐飞，真挚玩笑并重的宣传带来了新一届的社员，但是对于新成员的培训也是一大难题。首先就是培训的出勤问题，因为参加模联的都是非常优秀的同学，所以一些人往往也是其他活动的骨干，在社团时便总有人来不了。面对这些问题，我们一方面帮忙为他们请假，另一方面随时欢迎他们来补课。其次就是模联活动的基本流程的培训比较单调枯燥，我们用课堂讨论和设计一些活动的方法，调动大家的积极性，通过让大家参与课堂活动，掌握基本流程。这些措施让我们的社团活动渐入佳境。

"这届区会九中可能办不了，因此交由本应承办下一届的咱们学校。"听到老师的话，我和毛安琪都蒙了。距离区会已经不远，我们学校却突然接到承办任务，可谓是时间紧任务重。在压力下，我们和秘书处的其他同学积极联络协调，在周末加班加点。我们与德育处一同定制国家牌，我们与董老师一同培训志愿者，我们与秘书处一同设计代表牌。还有我们就手册、参会证明、奖状的设计与秘书处、广告公司、老师们进行了多次双边、多边协商，经过各方的充分讨论最终成形。经过一个半月的紧张筹备，第八届石景山区模拟联合国大会获得圆满成功。各方均对本届区会给予高度评价。

现在我已经是高三的学生了，但"模联"依然牵着我的心，当别人都在报班冲刺高考的当口，我还是禁不住报名参加即将于7月31日—8月3日举行的"握梦2016年模联峰会"。

如果有人问"模联"有什么东西如此吸引你？不知引用我和毛安琪同学在招收新社员时的演说词是否可以回答您的疑问？

我不想说能使人立下济天下苍生的宏伟志向，培养人的责任感之类的遥远未来。模联就是一个让你的高中生活能更加丰富的一个活动。参加模联大可以只抱两个目的，玩得开心，学点东西。会前准备查阅文献时，可能会感到整个人都是崩溃的，但当在会场你手中有别人没查到，别人不知道的文件时，顿时就会有一种自豪感。模联可以让你学会如何得体地待人接物，学习基本的外交礼仪和措辞，对日常生活有着重要指导作用。一场大会更是广交人脉、收获友谊的充分条件。和这些朋友或许难以再见，但是想起和他们一起熬夜写决议草案，在会场相互支持，在闲聊中秀节操下限就会自然地微笑。在几年或者几十年后若能碰面有一句真挚的问候，这便是专属于模联人的友谊。在筹备中增长见识，在交锋中产生友谊，在活动中增强责任感。

君不见勇者先身于危难，挽狂澜于兴衰之时。君不见智者运筹于帷幄，博棋弈于纵横之间。在模联，你可以重识故友，结识新朋；你可以交流思考，分享心声；你可以商求合作，企划竞争；你可以与同僚相谋，与实世共通。当你在参与磋商中得到支持与共识、当你在面对危机时用最妥善的处理得到认可与称赞、当你用发言与文件对问题的解决做出贡献，每

新时代
教育文库
北京卷

一次模联的体验，都不会是一次走秀与过场，都会使你在身临其境中体验世界、感受人生。以良思为基石，以笔纸为枪盾。如果心向远方，即不必裹足滞步；如果胸怀大略，便不该闭口绝言。纳贤士于学子之间，培英才于慧者之中。

这便是模联的魔力。

"同传互动"课

宋 蕊

  2015 年 8 月，我收到了"中美文化交流基金会"为期半年赴美访学的邀请函，兴奋和激动之余，内心又充满了忐忑和焦虑，学校会批准我此次的美国之行吗？我鼓起勇气走向校长办公室，将我请假求学的想法告诉了白校长。校长听后对我说：不要请假了，这半年算学校派出学习，学成后回学校把美术课上得更好些。这个结果真是令我喜出望外。

  受到鼓励的我回忆起 2015 年暑假在法兰克福施耐德美术馆参观的经历，当时，我将馆藏的精美作品以及有关文字介绍和我的感想、体会转发到微信朋友圈中，不曾想，有许多学生和同事与我互动，对传来的内容做各种提问和评价。这给了我很大的启发，这种方式不拘泥于课本知识，可以将我的感受与学习成果随时随地与学生和老师们交流分享，既开阔了学生眼界，教学方式又灵活多样，如若将这种模式移植到美国的著名美术馆和大学里进行，我的旅程也会更有价值！

  在图书馆张亚莲老师、计算机组肖敦红老师和德育处王珏老师的帮助下，我们建立了"艺术鉴赏之旅"微信群，有师生九十余人参与其中，我还邀请了清华美术学院的李家骝副教授、天津美术学院的郑岱教授、中国美术馆的张帆副研究员和今日美术馆的徐荟荟老师这四位专家在群里共同参与评论。

  2015 年 9 月 12 日，我的美国学习与远程教学之旅开始了。在那里，我将主要精力集中在学习专业知识和实验同传互动课程上。第一次正式课程定在北京时间 9 月 26 日，晚 10 点钟，地点是被誉为世界四大艺术殿堂之一的纽约大都会美术馆。北京与纽约的时差是 12 个小时，大都会开馆时间为上午 10 点钟，也就是北京时间晚上的 10 点钟，开馆即开课，这样做，既不会特别影响学生的作息，同时，也可避开游客高峰。9 月 26 日正值中秋节假期，碰巧是我的农历生日，我希望自己能在这个特殊的日子做一件有意义的事情。

为了给 26 日的同传互动课程做好准备，9 月 20 日，我第一次来到纽约大都会博物馆参观。此行的任务，一是寻找最佳路径，因为大都会博物馆馆藏种类丰富，作品时代跨度大，展示空间广阔，如果不仔细研习展馆地图，很难顺利地走到目的地。二是将要讲授的主要作品提前用手机拍好照片，如果在互动时来不及拍照，就把已拍好的图像传送过去，以避免由于时间限制而出现问题。

26 日早晨 9 点 16 分，我下了地铁，步行前往大都会博物馆。一边走，我一边将路边的好景致拍摄下来转发到艺术鉴赏之旅微信群中，以便做上课之前的热身。9 点 49 分，我到达大都会美术馆外，一边排队等待着开馆，一边又将美术馆的外观及其旁边的场景照片发到群里，引发了议论的话题：有的人问，为什么这里警车一片？是治安不好，还是附近有一个警察局？又有的人说，博物馆旁的热狗摊看似就像我们的煎饼摊。看到这些有趣又随意的回复和评论，我仿佛也轻松了起来，不过，手还是略微有些颤抖，因为毕竟有九十余人在等待我每一次发送的照片、文字和每一个问题的回复。

进馆后，我首先向大家讲解如何以专业的方式参观美术馆：第一步，要购买一本该馆的指南手册，因为书里会为读者介绍建馆的历史背景和主要藏品的来龙去脉。而后，根据参观者喜爱藏品的种类选择展厅，最好以展品的历史顺序进行参观。我选择沿着时间的轨迹为同学和老师们介绍作品，因为在平日的美术鉴赏课上，我就是以这种方式教学的。

古埃及是人类文明的发源地之一，所以我最先带领大家参观古埃及展区，展品主要来自埃及遗址中发掘出土的文物，具有十分珍贵的考古价值。我将莎草纸画、壁画、渡船雕塑、贵族假发、纪念碑式的人体雕塑、木乃伊和丹铎神庙等图片发送到群里，一路上回答着各种问题。其中我们探讨了木乃伊棺椁中为何有绘画、石像的头颅为何是猫科动物、美国人是如何将整座神庙搬置到展厅等问题，这个时候，群里便开始热闹起来，同学们也敢于在老师面前竞相发言了。

接下来进入中世纪展厅，学生和老师们被原来安置在教堂中的彩色玻璃画迷住了。一小时后，大家随我穿过拜占庭展厅来到大都会博物馆的精华部分——油画展区。这里拥有丰富的 17 世纪荷兰收藏和西班牙之外的最优秀的画家埃尔·格列柯及戈雅的绘画作品。在介绍到法国绘画时，同学们对达维特的《苏格拉底之死》很感兴趣，李伯超同学告诉我，他们在历史教科书上也曾看到过这幅图画。

当走到西班牙展厅时，我将一幅埃尔·格列柯的作品作为有奖问答题发送过去，请大家将作者的名字推测出来，同传互动课结束时公布答案。每一次有奖问答我均会遵循这样的原则：首先，猜测的画家是在课堂上讲述过的，其次，作品不是其代表作。我的用意是让猜测人通过观察作品的风格来判断出画家是谁。

在意大利厅，我为大家传去拉斐尔和提香的作品。后来，又参观了佛兰德斯、荷兰展区，主要介绍了维米尔、伦勃朗和17世纪荷兰静物画派、风景画派画家的作品。在讲述完收藏在德国展区的荷尔拜因笔下的肖像作品时，学生张典说出了在此之前的有奖竞猜答案。此时已是11点43分。我想，就让这节课在此结束吧，毕竟北京已是深夜，我在大都会博物馆购买了一张雷诺阿的《海边》明信片回国后送给张典。

当时间过了12点，也就是北京时间的中秋节真的来了，群里一片欢腾，大家互相送上祝福，我为参加同传课的学生感到高兴和骄傲，他们在两个多小时的时间里始终精力集中地关注着每一个细节，也许因为这是第一次尝试，有些学生难免怯场，只选择了默默地在一边观看，但是，我将他们的好奇心打开了，在接下来的日子里，他们成为互动课程的主体，督促着我完成了（至少从现在来看）一件件无法想象的事情。

在此之后，我又运用了在线同传和非在线同传两种形式为学校的同学们共教授了二十四节鉴赏课。在访美的日子里，我和我的微信平台上的同学、老师们在纽约大都会美术馆、纽约现代艺术博物馆、纽约公共图书馆、波士顿美术馆、华盛顿国家美术馆、费城美术馆、哥伦比亚大学、宾夕法尼亚大学、康奈尔大学、哈佛大学、西点军校、纽约联合国总部等著名博物馆和文化历史遗迹等留下思考的印迹。美术鉴赏同传互动课程是一种新的教学模式的探索，我会将它在今后的教学实践中继续完善和提高，也会继续结合互联网技术和新的教学理念不断探索新的教学方式和方法，期待呈现更好的教学效果。

让世界听见我的声音

刘立娟

我喜欢这样的午后，阳光温暖，有红彤彤的铺满墙的爬山虎，有黄灿灿的随风摇曳的银杏树，耳边轻送着柔美的音乐和学生们清脆、甜美的声音，我们的校园广播电台正在播音。

孩子们为自己的广播电台取名为"向日葵"，希望自己能够像向日葵一样永远追逐希望和梦想。还记得刚刚加入广播电台的初一新生王冉说过："我想要让世界听见我的声音！"

广播电台采用"自组织自管理"的模式，学生们保有最大限度的组织权和管理权，能够充分发挥学生们的主动性。他们通过民主投票选举出自己的管理机构和台长、副台长。节目的制作与播出采用栏目负责制，竞聘选出的各栏目负责人负责该栏目的整体工作。广播电台以栏目为单位，各栏目之间相互独立。在各栏目内部，人员分工明确，采访、编辑、播音各司其职。教师在广播电台的运行中只起引导和辅助的作用。"向日葵"开播伊始，学生们便自发开设了十六档栏目，在每周一到周五的早、中、晚三个课余时间段播出，栏目种类涵盖了新闻、音乐、体育、文学等。学生们在实践中自发建立了保障广播电台稳定运营的各项规章制度及激励措施。

利用中国国际广播电台的资源，"向日葵"不但在硬件建设上实现了高标准、高品质，在软件方面也更加专业化、规范化。学校聘请中国国际广播电台的专家作为顾问，定期为学生们进行播音、编辑、采访、设备操作等各个方面的专业培训。学生们还到国际台进行参观学习，现场感受专业的播音过程。国际台深厚的广播历史、专业的播音环境和主持人们精彩的播音都变成了学生们独特的课程。

"向日葵"开播不到一年时间，便涌现出了一批精品栏目。如以播报校园新鲜事为主题的《早安，京源》栏目，不但在校园中颇受欢迎、知名度高，更在区组织的广播电视作品大赛中获得优胜奖。"向日葵"广播电台也获得了区教工委授予的"星级社团"称号。如今的广播电台日益壮大，影响也不断扩大，广播电台的小播音员们屡次被邀请参与到北京市各广播电视台的节目中，成为了有一定知名度的"小明星"。广播电台还积极参与学校各项大型活动的采编和广播工作。在2013年4月学校举行的大型活动"世界地球日"和"世界读书日"中，向日葵广播电台配合中国国际广播电台对校园活动实况进行了全程直播和全球转播。

同时，向日葵广播电台的小播音员受邀和国际台著名主持人大鹏以及歌唱家陈思思一道，就"世界地球日"活动进行专题播报。参与过全球转播工作，现在已经上初二的王冉一脸自豪地说："我真的做到了让世界听到我的声音！"

学生们的内心是丰富的、缤纷的，有着强烈的沟通和表达的意愿。作为教育工作者要学会倾听，善于放手，懂得帮助。教育需要一种默契："我所给予的正是孩子们所渴望的。"

我的生涯规划故事

李泽远

真正开始了解生涯规划，是在高一入学之前的生涯规划课上。心理老师的深入讲解和丰富的拓展活动，让我从那时起真切地感受到未来的职业道路与人生的联系，愈发明确了每个时期要达成的目标。如果用一句话概括生涯规划课带给我的启示，那就是——梦想＋现实＋决心＝我们想要的生活。

梦想是规划，现实是反映，决心是行动，生活是状态。

梦想是规划，现实是条件。当我们有了规划，有了实现规划的现实条件，就要下定决心，努力达成。每个人都渴望实现自己的梦想，渴望享受美好生活，但毕竟现实总是充满变化，阻碍又总是太多，我们不能确定下一步是迈向康庄大道，还是掉进大坑，因此很多人都会在实现梦想的道路上徘徊迷茫。生涯规划课让我更清晰地规划了自己想要选择的道路，更清醒、更坚定、更努力。

第一个选择：选择美术。大概从幼儿园开始，我就对衣服有着相当狂热的爱好。而第一次接触到服装设计师这个职业，大概是无意中翻到了 *Vogue* 杂志，里面的时尚元素深深地吸引了我。为了这个梦想，我走上了美术生的道路。那是一段艰辛的时光，充斥着困倦、疲惫、压抑、痛苦，可是为了心中那渺小渺茫的梦想，我从未想过放弃。当我每次遇到难处和障碍，就会想，如果我现在连这点困难都无法克服，将来做了服装设计师，面临的一切一定会更加艰难，我该怎么挺过去？

第二个选择：选择北服。高中毕业那年，我放弃了 211、985，拿着 664 分的高考成绩来到北服，为了实现那个从小的梦想——成为一名优秀的服装设计师。拿到录取通知书的那一刻，我第一次觉得那个看似遥不可及的梦想竟然已经离我这么近了。当我终于敲开了梦想的大门，觉得身上有了新的力量，人生似乎也有了新的开始。

第三个选择：选择留学。大四上学期，我亲手签下放弃保研的承诺书，去拼命争取结局不明的留学申请，因为在中学时我就决定一定要去欧洲——这个时尚的发源地学习，这样才能更好地成为一名合格的服装设计师。当时也有老师找我谈了几个小时来分析保研的利和出国的弊，记得当时老师问我："你是想面对一个完全不确定的，还是把握能牢牢抓在手里的？"说实话我确实有了一些动摇，因为之前艺考的经历就不是很顺，我也是真的害怕最终会竹篮打水一场空。我回去之后考虑了很久，最终仍然决定坚持自己最初的选择。

其实这些选择早在生涯课上就已有所规划，让我颇为欣慰的是，这些在当时看来不太成熟的规划竟然都在某种程度上实现了，或许真的应了那句：念念不忘，必有回响。追寻梦想的路上难免会有黑暗，面对选择时也难免会摇摆和犹豫，这时便问问自己的心，你的心会告诉你，你的光在哪里，走出去，就亮了。成功的定义，取决于你想赋予人生的意义，以及你对自己的要求。

找回自我

郭　晴

我是高二的学生郭晴，从小就喜欢美术，文化课之余进行专业的美术学习，一直到我升入京源初中的翱翔班。爸妈因为我考入翱翔班而倍感欣慰与自豪，而我也有那么一些得意。但慢慢地，我发现自己不太适应翱翔班的学习与生活，成绩每每不尽如人意。郁闷的时候，我就画画，画画可以让我忘却烦恼，忘却一切，全身心地投入其中。我开始萌发了转入美术班的念头，但父母一听就露出失望与遗憾的表情。我也就没有再提过，但心里一直埋藏着这个愿望。

中考终于结束了，我也终于迈入了京源高中的门槛，但我忧心忡忡，未来高中三年该如何度过，我很迷茫。正在此时，学校为我们新高一的同学举办了"生涯规划夏令营"。正式开营前，老师首先为我们进行了生涯测评，然后为我们上了《生涯发展要素：家庭、社会资源》与《专业、大学调研与测评操作指导》两课，老师为我们发放了生涯手册（一），让我们根据生涯测评与调研，对自己与自己感兴趣的职业、专业进行探索与分析。

认真完成了生涯手册（一），我初步确定了未来职业方向：动画、漫画设计。带着问题与期待，我开始了为期五天的夏令营之旅。

开营仪式上，白宏宽校长"为理想而学习"的讲话为我点燃了理想的火炬。三位优秀学长为我们做了"高中对我的影响"报告，其中宋茜学姐给我留下了深刻的印象，她于2005年考入清华大学美术学院，2009年荣获"清华大学优秀毕业生"称号，现在自己开了一家艺术创意公司，她真是我学习的榜样。

此时，我拿到了生涯手册（二），这个手册与夏令营每一天的活动紧密结合，有夏令营内容安排表、生涯决定流程图、高中生涯规划、我的成长足迹记录、生涯每节课的学案等，非常具体实际。其中还有京源高中课程说明与德育课程说明，让我对高中课程与活动有了清晰的了解。

第二天晚上，我拿着测评报告找到心理老师林丽做了咨询。老师耐心地听了我的问题，看了我的测评报告，询问了我的美术学习经历以及画画时的状态，并让我举生活中的例子来发现自己真正的兴趣与能力。我发现，自己喜欢钻研的是与实践生活联系密切的现象，如自然界中的小奥秘，蛋糕是如何做出来的等，不喜欢钻研抽象的、复杂的理论知识；喜欢实践的也都是与美术有关系的活动，如陶艺、美术手工等。看来，我在美术方面确实是既有兴趣又有能力，而且与我的未来职业理想也是一致的。老师与我共同分析了家人的顾虑，我意识到，这些担忧也是要考虑的地方，比如，就业方向狭窄，未来发展的不确定性与艰难性，在做决定前要考虑到。最后，老师建议我可以去咨询美术老师，或者先跟着美术班进行一段时间的专业学习，了解自己目前的水平，同时也看看自己适不适应美术班的生活，全面了解相关信息之后再做决定。做转班的决定前要与家人进行沟通，使自己的想法以及自我特质让家长充分地了解到，取得家长的支持。做完咨询，我有一种豁然开朗的感觉，未来的高中生活似乎也开始变得美好而清晰。

在后面一系列的课程中，我跟随老师探索自我、学习抉择、制定目标，完成高中生涯规划，过得充实而快乐。最后一天的闭营仪式上，同学们"走向三年后"的激情演讲让我心潮澎湃，更加期待即将到来的高中生活。

夏令营期间，我咨询了美术老师与美术班班主任，他们对我也给予了支持与肯定，让我对自己转班的想法更加坚定。然后，我将自己的想法、夏令营带给我的一切与父母做了充分沟通，父母终于同意了！我非常开心！

开学后，我成功转到了美术班，现在专业美术在班内居于中上水平，老师觉得我很有天赋，学习成绩也在班内前5名，还当了班长，感谢生涯规划夏令营，感谢老师，感谢京源，让我快乐而充实地学习生活着。

难以忘怀的母校和金帆书画院

宋　茜

现在细数，我离开北京市京源学校已有将近十八年的时间了，但在京源的六年时光仍然令我十分想念！曾经在京源学校度过的每一天都那么美好，我和同学们一起努力学习、快乐成长，有多少欢声笑语宛如昨天，仿佛就在眼前。

由于从小喜欢画画，1999 年 9 月，我进入了向往已久的北京市京源学校初中部，因为这里的金帆书画院为爱好美术的学生设计有特别的课程，它让我的爱好成为特长。

初中毕业，2002 年 9 月我又顺利地考入了京源学校的高中部，丰富了知识，我积极参加学校组织的各种课外文化活动以及社会实践活动，随着年龄的增长，我拓宽了视野，丰富了知识。其间，我担任了学生会宣传部长的工作，学习之余，积极组织和参与了很多有意义的宣传活动，受到各方面好评。由于我是美术特长生，平时要分一部分精力练习绘画，正课时间就要更努力学习文化课，由于努力，自己的学习成绩一直在年级名列前茅，在高中阶段被评为"优秀团干部"和北京市"三好学生"。这些成绩，都与学校良好的教育环境和老师的悉心培养分不开。

美好的往事化成绚烂的彩虹永驻于我的心间。进入京源学校学习，我有两方面的特别感触：一是提高了我的文化课成绩，通过老师的言传身教，我懂得了我们为什么学习，以及在我们人生的成长阶段，如何打好坚实的文化基础和树立远大的奋斗目标。二是使我能够更加系统地学习艺术，在老师的精心指导下，我对艺术愈发产生浓厚的兴趣，较之以前所上过的美术班，金帆书画院的教学更加讲究提高学生的人文素质和艺术修养，而不是应试技巧，特别是节假日，给予学生大量的艺术实践和自主创作机会，处处以学生为本，充分调动学生学习艺术的积极性。学校千方百计为每一个特长生铺就个性发展和艺术成才之路，多年来，每届的艺术特长生都能够考取北京及全国多所高等艺术院校，而我也于2005年顺利考取了理想的清华大学美术学院。

京源给予我们的不仅仅是知识和技能，她更教会我们如何去面对困难、克服困难，锻炼自己的品格，让我们获得更多的是一种自我成长、解决问题的能力。

在大学里，没有堆积如山的练习题，没有老师每天的陪伴与叮咛，没有每天排得满满的课程，一切都要靠自己去掌握和规划，如何安排好自己的学习和生活成为我们每个人的思考重点。由于中学养成的良好习惯，我很快适应了大学新的学习节奏与生活环境，并不断充实和完善自己，提高自己各方面应变能力。在大学四年的时间里，无论是在学业上，还是在社会实践上，我都取得了丰硕的成果，为更好地服务社会做好了准备。

我取得的这些成绩还是要感恩京源，因为她让我铭记一句受用一生的嘱咐——态度决定一切！这句话是校长在一次全体大会上所说的，当时我就把这句话写在了自己的记事本上，时时刻刻地提醒自己。毋庸置疑，态度是人生旅途中永不衰竭的原动力，而对于一名正处于快速成长阶段的学生来说，态度则变得格外重要，它是一个人力量的源泉，决定一个人的成长发展方向，更能让人为着目标而积极奋进。

北京市京源学校"求真、尚美、明德、至善"的校训，也一直激励着我不断向前……

在京源的六年，深深地影响着我！

在这里，我获得了知识，获得了能力，获得了坚韧执着的人生品格。在这里，我学会了乐观，学会了理解，学会了宽以待人的处世之道。在这里，更让我起步以自信的状态来面对外面的世界，在复杂的环境中不断坚持和锤炼自我。在这里，我也插上了为艺术奋飞的翅膀……

作为一名京源人，我为我的母校感到骄傲！

每个努力的人都会闪光

——我和学生公司的故事

左　佳

平凡人也可以闪闪发光吗？

在我十六七岁正青春的时候，未来、人生、梦想……只有一个模糊的轮廓。我要成为什么样的人？做什么样的工作？我充满期待又迷茫无措。幼儿时期，我的梦想是成为一个歌手，当我长大一点，这个梦想迅速被五音不全的现实打败。"中二病"时期，成为一个作家变成了我新的念想，于是我开始学写诗歌。但诗人毕竟不是一个稳定的职业。

进入高中，在京源的生涯夏令营中，我学习到要系统且有条理地做人生的规划，于是，一项具体且现实的人生目标——赚钱，赚大钱被列入了我的未来计划。成为一个商人，或者说女企业家，成为了我未来职业的头号选择。于是，在高中选择社团时，我毫不犹豫地选择了学生公司，这段经历也成为我人生中非常宝贵的财富。

在学生公司的社团课程中，我接触到了新奇的商业知识，了解了公司的架构和基本的运营法则，也体会了当"小老板"的乐趣。我很幸运，在经过选拔和考核后，争取到了千飞乾途学生公司的"继承者"身份，成为了"有望在京源成为百年老字号"的某一任 CEO。我还记得那天，老师在班里宣布了我竞位CEO 成功的好消息，一同到来的喜讯还有老师亲自交托的上届千飞乾途的"巨额"启动资金：红包 200 元。我和讲台下的三个小伙伴：千飞乾途的骨干力量CFO、COO、CTO 相视而笑。我在心底做出了庄重的承诺：要认真运营千飞乾途，再把它好好地交到下一任手里。

之后，我们便开始了艰难的创业之路。一切都是从无到有：投入资金、共担风险、制定战略、选择产品、线上采购，线下销售……高中部一层大厅是我们的固定展位，午休的时候，操场和庭院里也有负责流动展位的"同事"忙碌的身影。文具类的产品最为热销，线上大量采购降低了成本；以周边文具店的价格为基准，以稍低的价格在学校出售，便能形成垄断；一同竞争的只有同期的学生公司，只要在选品上有所差异，就不会亏本。上了大学后，经济学课程的学习让我明白这是寡头垄断市场，也让我对这一时期懵懂中应用的价格策略有了更深入的认知。当大学课本上的知识和过往的经历重叠，我惊奇地发现，原来我早已拥有了超越同龄人的知识和经验。

应用薄利多销的策略，我们迅速赚到了第一桶金，开始迈向创业的第二阶段。在老师的帮助和指导下，我们开发了精油皂、精油香薰等校园文创品，食堂回收的橘子皮是我们制作精油的原料。我们信心满满地制作了公司年报，参加一年一度 JA 学生公司"未来企业家峰会"的入围选拔，本以为十拿九稳，却无奈落选。这让我们看清现实：创业不是容易的事，一山更比一山高，只有抱着不断学习的心态，才能一直成长。山重水复，柳暗花明，那年北京赛区入围的一家学生公司放弃了去上海的参赛名额，这一名额就顺位落在了我们身上。那个夏天，大半个暑假里，千飞乾途的伙伴们都自愿聚在学校，为上海的比赛做充足准备。窗外是蝉鸣和晚风，窗内是埋头苦干的我们。在燥热的夏日里，努力和好运相伴，最终我们也在上海的赛事中如愿以偿地获得了满意的成绩。

学生公司小小的成功经历，让我建立起人生的"正循环"。在每一个人生的十字路口处，都能勇敢地向自己喜欢的方向迈进。大学我选择进入经管学院，高中提升的能力、积攒的经验，辅助了我专业课程的学习，我也有幸被保研到中国传媒大学继续深造。去年，我开始做非遗的保护和传承，拜访非遗传承人、设计非遗文创、运营自己的手工账号，还开起了电商，学生公司的经验让我的新创业路顺风顺水。

我想，每个平凡人生都能承载梦想的重量，每一个努力的人都会闪光。愿我们都不被生活打败，愿好运常伴努力之人身旁。

我是一道微光

李小琴

我是一道微光，总想把每个人的内心照亮。

我是一道微光，肩负使命"空降"，游历京源半载，得阅语文组风光。用心集录片段，欲与众亲分享。

—— 题记

获赞之后的微光

【秋高气爽，午饭后，"管得住嘴儿却迈不开腿儿"的李老师回到办公室。好奇地拿起本组新发行的核心刊物《微光（第一卷）》。】

李老师（由信手翻开到细细品读）：呵呵呵……呵呵……

小王老师（推门入，见状，轻笑）：哟，在用功哪，还这么高兴！

【旁白】闻言，李老师很开心——因为办公室总算有人回来啦，她总算可以抒发抒发感慨啦！

李老师（急切地）：快，快看，组长写的新书，上面有那首嵌入了咱全组人名的诗！还有他自己写的多首诗，还有……

小王老师（惊奇地凑近）：真的？！（说话间已开始与李共同进入"奇文共欣赏"状态）

【旁白】也许就是从此刻始，语文组内拉开了为《微光（第一卷）》点赞的序幕……

话说这点赞热潮一直持续到不久后的一次"短、平、快"的组会。组会开始，王组长简短地介绍了《微光》第一卷的来历后，开始切入正题。

王组长（面带笑容）：以后咱组还会有《微光》第二卷、第三卷……那就得仰仗各位啦，期待各位每月交一篇在教学过程中的……

【旁白】话听至此，全组顿悟：原来如此呀！竟突然觉得《微光》（第一卷）除了像块美玉，还像一个……此刻，窗外晴朗的天空似乎真的有朵云（估计不是白色的）飘过！

从此，王组长繁忙的日常工作又多了一项——开动脑筋，变换手法催促《微光》稿件；从此，每逢月底，大家看到某人的飞信就开始精神紧张；从此，不断有人说梦里见到了组长——讨要《微光》……

点缀梦境的微光

【旁白】虽时不时有人在办公室提及组长深入梦境征收《微光》，但"压力"也都在"难友们"的一番劝慰后"化为乌有"了，当然，最终还是以按期或延期上交《微光》了账。直到那日，点缀了多人梦境的《微光》竟掀起了小小的波澜……

适逢难得的周五，又是一番"春和景明"的胜景。可语文组308室内的几位同志并未被美景诱惑，依然专注地与案头的作业塔、资料库、教案纸斗智斗勇，战至半酣。

【上午9点左右，本组美丽动人活泼开朗的小孙老师率二弟子至308室执行任务。二弟子开始数报纸，小孙老师飘至308里间跟新近获封的"邓校长"拉话儿，分享昨晚奇特的梦境！】

小孙老师：昨儿晚上我梦到组长了……

邓老师（还算淡定，大概因为这不算是新话题）：哦，我昨晚也梦到组长啦。是不是组长也催你交《微光》呀？

小孙老师：不是！

【旁白】等小孙老师充满感情绘声绘色地把她的梦境描述一遍后，大家纷纷称奇！此梦境果与先前众人倍感"亚历山大"的梦境不同，大概可归为"个人崇拜"类！也许称为"粉丝"类梦境更贴切！一番详论之后，小孙似乎心愿未了，就勇敢地"闯入"语文309室"直面惨淡的人生"去了！

语文组309室，王组长面北窗而端坐，玄色的背影一向是挺直的！（这就是所谓的"正襟危坐"吧！）

小孙老师：组长……

（后据小孙老师说，组长闻声转身后，直接跟她探讨起了昨天语文组承办的"世界读书日"诵读活动。难怪呀，王组长大概正在整理昨天诵读活动的资料准备上交，而小孙老师恰好是昨天活动的美女主持。）

小孙老师（毅然打断沉浸在工作中的组长）：组长，咱们能不谈公事儿吗？

王组长（应该有点儿诧异吧）：不谈公事儿？

小孙老师：昨天我梦到你啦……还有邓老师也梦到你啦……

王组长（忙摆手）：别……别……打住，打住！……咱还是说说你的《微光》啥时候交吧！

【旁白】王组长的断然"堵截"，固然让说梦心愿未了的小孙老师异常遗憾；可没有机会看到王组长当时的表情，让当时在备课室苦敲《微光——不，舍得》的王焱老师更遗憾！不过，这一结局倒是引发了吴美恩老师的神点评！当小孙老师回308室转述王组长让她交《微光》这一桥段时……

吴美恩（笑靥如花）：哈哈，这就是"王顾左右而言他"！

（邓、王、李等齐笑，真是忍不住啦！尤其是最近不堪"孔孟专题"折磨的李老师，"王顾左右而言他"一句，一下让她有了灵感。）

李老师（眼睛离开作业本，转身笑道）：吴恩这句点评太经典啦！我准备把它写成《微光》，就叫《王顾左右而言他》！刚才在309跟鸣鸣聊"孔孟专题"时，组长还拿《微光》和孟子的"仁政"做类比哪，最后还想起我们没交4月份的《微光》……

【旁白】接下来，李老师的《微光》该写些什么成了另一个"议题"。大家开始纷纷回忆，"挖出"与《微光》相关的精彩瞬间，无私且无畏地支持李老师的新作——《我是一道微光》的创作。挖着挖着，不由觉悟：原来，《微光》在语文组已经无处不在，已经如此深入人心！甚至有人感慨：语文组已经是"沐"光之城了（这也给鸣鸣老师找到了《微光》选题）；有人"高呼"：请把我埋在这"微光"里（暂且就别追究她是出于假意还是真心了，知道这份激情可贵就是啦！呵呵！）。

话说正当大家群策群力沉浸在《我是一道微光》的集体创作中心无旁骛时，与鸣鸣结伴儿参与课间操跑步的小冯老师现身啦！

小冯老师：刚才我跟鸣鸣在操场跑步……

【旁白】她讲"故事"的话音刚落……

邓老师（果断地布置任务）：冯文写篇《微光》吧，就写你跑步的事儿！

吴老师附和道：对，写篇微光吧冯文儿！

小冯老师（惊诧）：啊？又要交《微光》啦？跑步也要交《微光》？

【旁白】其实，自《微光》驻组以来，"神出鬼没，防不胜防"早已是它的个性标签了。

防不胜防的微光

【旁白】时间转回半小时前。语文组309室。安静如常。

李老师（一脚跨进309的门，一边寻找）鸣鸣？鸣鸣？在吗？

鸣鸣老师（应答，嗓音柔和）：哎，在呢！

李老师（打王组长端坐的背影后走过，来在鸣鸣办公桌侧）：我把"孔孟专题"的设计初稿整理出来了，你先看看，琢磨琢磨在哪儿跟现实材料勾连比较合适。

鸣鸣老师（插优盘，拷资料）：好，孔子的"仁"还好说，孟子的"仁政"咋跟现实联系呀？

李老师（沉思着，走到鸣鸣桌子对面）：应该也可以吧，比如孟子"仁政思想"里的"与民同乐""以民为本"……仁政思想在当时被认可，却没人真正施行，就是因为它施行起来有难度……

鸣鸣老师：……

李老师：要行仁政，国君就得把民众的利益放在前面，就得约束自己，与民同乐……

【旁白】正当张、李二人交流之时，王组长竟然转身参与了讨论！（这可是很少见的，不，应该说是很罕见的！数次经验证明：王组长有专心手头工作屏蔽周围干扰的"特异功能"，一旁的讨论再热烈也不能干扰到他的"入定"状态！有数次我们在讨论中遭遇困境向他求助，他都得让我们"交代"一下该问题的背景——因为他根本不知道我们之前在讨论什么。）

王组长：仁政难以实施，就像《微光》难收一样……行仁政要先考虑百姓的需要，教学写《微光》也是要先读懂学生……这样一层层类比下去……

【旁白】王组长的一番类比立马成功地把鸣鸣老师拉出了"孔孟专题"，顺利进入《微光》运行轨道！

呜呜老师：你们的《微光》又交了？！

李老师：你交了？这个月的（《微光》）？！

呜呜：没呀，我还以为你们都交啦！

【旁白】俗话说：一语惊醒梦中人。李老师和呜呜老师的题外数语"惊醒"了沉浸在茫茫课海中的王组长。

王组长（笑着从椅子上站了起来，以手拍脑门儿）：哦，对啦，4月底啦，该收新一期《微光》啦，差点儿忘啦！

【旁白】接下来，呜呜老师开始自责，李老师开始帮她自责！

看看，这就是《微光》神出鬼没的精彩瞬间。无处不在的它会随时跳出来触动你内心那根儿敏感且脆弱的弦儿，"吓"你个措手不及！当然啦，按照老子"祸福相依"的原则，时常让我们焦虑的它必然也会有可爱的一面！比如……

立驱沉闷的微光

【某春日清晨，308室内，光线有些暗淡，N个书架和办公桌上众书本及书本上众灰尘的味道，各个角落里残存杂物的味道……你中有我，我中有你，配合默契，静静弥散着。】

【旁白】按惯例，家离学校最远的邓老师又是第一个到的办公室，并利索地进入了工作状态。当然，他也习惯性地忘记了打开窗户通风！（古语云：近朱者赤！跟王组长同头儿工作三年多了，她在业务方面的能力与日俱增，单拿议论文写作来说，如今的邓老师绝对得王组长真传，在解读作文材料，提出"上位统摄"观点方面，她是驾轻就熟的。各位如若不信，请看本组某美女老师的评价：邓轶兰是中"王氏病毒"最深的！但话说回来，邓老师就是没有学到王组长的另一专长——到办公室先通风换气。）

（也有早到习惯的王组长脚步轻盈地穿越空旷的外屋，踱了进来。）

王组长（习惯性地微笑着，早晨也不例外）：邓轶兰在呀，你们屋的气氛咋这么沉闷呀？

邓老师（抬头）：就是因为你进来了，气氛才沉闷的呀。（赞一个，为这个机智的回答！）

王老师（依然微笑）：瞎说，怎么可能呢，我是带着满身微光进来的！

【旁白】王组长此言一出，相信308的沉闷立马就败给"微光"了吧！本就机智的邓轶兰越来越机智，原因何在？看出来了吧，各位？

听罢王组长的名言，忽然记起很久很久以前的两句歌词：我从山中来，带着兰花草。不由想模仿一下：我从来处来，带着束"微光"！王组长和"微光"还有《微光》，那就是"三位一体"的呀！

【旁白小结】从"不明觉厉"到"人人参与"，从"压力山大"到"从容自娱"，从感叹"江郎才尽"到"灵感再临"，《微光》也算是渐渐照进语文组每个人内心了，2015年4月24日组内的创作热情和欢乐氛围就足为明证了吧！王焱老师《不，舍得》一文"微光"四射，引出了冯文的两篇日本精品游记，当天就让王组长进账颇丰；再加上小孙老师的《语文组梦中的烛光》，后续李老师的《我是一道微光》，鸣鸣老师的《"沐"光之城》……说题记中"微光"得遂所愿是不是也不为过呢？！

李大爷退休记

白宏宽

2016年9月开学初的一天，在京源学校干了十三年勤杂工的李大爷找到校长说："校长，我要回老家了，学校这份工作您找个人接了吧。"校长看着老李湿润的眼神和黑红的脸膛心里怦然一动，一股不舍之情涌上心头。白校长是2003年由书记转任校长的，老李也正是那一年来到京源学校干勤杂工的。十三年每天早晨白校长见到的第一个人是老李，每天晚上给校长打开大门目送校长离校的也是老李。有时天太晚了，老李还要上楼看看，催上一句"校长，该回家了"。逢年过节白校长总想着给老李送上瓶"二锅头"，老李家里来人带来酸菜、奶皮之类的特产也不忘让校长尝尝，两人就像老哥俩。老李一口浓重的内蒙腔，听他说话一半靠猜和看，看脸色和眼神儿。老李喜欢听别人喊他"李大爷"而不愿听"老李"，尤其是年轻老师和学生，谁要叫他老李，他会生气，"老李是你喊的吗？"平日里老李跟谁生了气，吵了嘴，总是找白校控诉一番，白校长几句劝解也总会让他心平气和。十三年的相处让他们之间有了信任，有了依赖，有了难以割舍的感情。

"怎么了，李师傅？""儿女们说我岁数大了，不让干了，说该回家看看孩子，享享清福了。""李师傅，再陪我两年吧，再有两年我也该退休了，到时候咱俩一块走。""不行呀，岁数大了，腿脚不灵便了，孩子们说学校对咱不错，咱也别哪天出个啥事给学校添麻烦，不干了！趁着身体好还能看看孙子，也到处走走看看。"白校长心里又是一动：是呀，老李在这儿一干就是十三年，从没离开过学校，过年过节都是儿女们来看他，而他从未回过家。老李要走让他心里酸酸的，老李一家人的善良和通情达理让他心里暖暖的。"您的儿女们想得周到啊！"白校长没有了再挽留的理由，于是问："那您准备什么时候走？""就到这个月底吧，您也抓紧找个接班的人，这一摊子没个可靠的人不行呀。"

"李师傅要走了！"这消息很快传遍了校园。一石激起千层浪，平静的京源校园被李师傅要走的消息搅起了一层层情感的波澜。

想到"内蒙古的冬天很长很冷"，校办和学生处的王珏、李伟、郭锐、林丽、黄海群、于冉给李师傅和他的老伴每人送上一套保暖内衣。他们希望"大爷大妈能够记住京源学校还有他们的一群孩子"。

体育组的帅哥靓女们买了一个大蛋糕，为李师傅过了一个具有纪念与象征意义的六十六岁生日，小伙子们像抬轿子似的抬起老李在操场上隆重地行进、照相。老李脸上洋溢着幸福与荣光，双手抱在胸前，像"皇帝"坐在"龙辇"上一样。

刘莎莎一家三口特意前来与李师傅夫妇合影留念，送上全家的祝福和感谢。张如、小阎两位电教老师为老李夫妇拍了一组组校园纪念照。赵钱孙李，周吴郑王……许许多多与李师傅有过交往的老师都以各种方式表达着对他的留恋与不舍。

学生们更是创意无限：他们出小报；用五颜六色的彩纸写留言；画漫画；一些学生还写了上千字的纪念文章，最后为李师傅制作了一本厚厚的纪念册。

这里我海边拾贝一样撷取几段让各位看看孩子们的情怀。

"李大爷：您好！自从得知您要离开学校的消息，同学们非常不舍……您也如同我们的老师一般，教会我们要爱护学校的一草一木，教会我们把环境打扫干净。京源永远是您的家，我们爱您。"

"忽然听说，李大爷要离开京源学校了，鼻头忽然酸了一下。班里的门坏了找李大爷来修；空调出了问题请他来检查；除冰铲雪大扫除找他要工具；班里收集的一箱箱旧瓶废纸请他帮助卖掉……我在京源学习六年，李大爷早就成了我们在学校生活的一部分，离别一词从来没想过。"

"您是我们心中万能的'超级大爷'，无论是教室的门窗，还是桌椅等设施被淘气的我们次次弄坏，您都没有怨言地及时把它们修好，您的身影陪伴了我们三年，如今您要离开了，请让我们对您为我们的付出说一声：'谢谢您，李大爷'，我们永远记得您！"

"李大爷，您也许不认识我们，但我们记得您，您说着一口我们听不懂的方言细细地叮嘱这，指教那；您总是拿着大扫帚默默地行走在校园里，就为给我们提供一个干净的学习环境，一些同学把您写进作文里，说您是最值得敬佩的人，以后我们在校门口再看不见您的身影了，但我们不会忘记您的质朴和不求回报的付出。"

"李大爷，每天进入校园，迎接我们的都是您辛勤的劳动，您浇花除草，修门窗，通下水道，无所不能，虽然我们听不懂您的乡音，但是您的笑容温暖着我们的心田。您是校园里的劳动模范，是京源学校的一道风景线！我们会记住您的淳朴，学习您对本职的尽心尽力！"

那几天，李大爷成了京源学校一个个微信群里的主题，给李大爷的祝福、为他拍的照片刷爆了京源所有的"朋友圈"。

李大爷着实被这浓浓的情感熏得陶醉不已，他激动而骄傲地拉着一个又一个校干部的手说："我的这份待遇，你将来退休的时候也不一定享受到。"激动归激动，陶醉归陶醉，一个老者内心的冷静却无法改变，当白校长想借机再挽留他时，他握着校长的手说："天下没有不散的筵席，落叶总要归根呀，回家啦，有时间到内蒙古时来找我吧。"李大爷确实要走了。

9月30日，是李大爷在京源学校的最后一个工作日。学校为李大爷举行了简短而隆重的欢送仪式。仪式上，白校长向李大爷颁发了学校历史上第一份"荣誉员工"证书，师生代表分别发言，学校操场上的掌声潮水般一浪高过一浪，没有人鼓动，没有人号召，这掌声是从师生心底爆发出来的。最后白校长讲话，他眼圈湿湿的，操场上的师生由于有一定距离或许看不到，但微微有些抖动的声音，却掩饰不住他内心的激动。他说："一位伟人说过，一个人做一件好事不难，难的是一辈子做好事，不做坏事。李大爷十三年如一日，以校为家，从不计较分内分外，上班下班，只要他能干的就会主动去干，从不用人吩咐。门窗坏了、水管漏了他是修理工；养花种草他是园艺工；他随时手拿笤帚身背垃圾箱，是全天候的清洁工；学校有建设装修他又是义务监督员；看到学生淘气捣乱他就会上前去管教，这时他就像是一个教导员；学校三万多平方米的建筑面积，每天等老师、同学们都走完了，他要细细地巡查一遍，逐个把各栋楼的每扇门锁好，有时半夜电子报警器突然报警，他一定认真排查，找出原因才肯安心再睡，这时他又负起了安保的责任。有些干部、老师工作忙不能按时从幼儿园接孩子，或接了孩子还有工作没做完，只要说一声'大爷，您帮个忙'，他就给接，给看护，直到老师忙完工作为止。十三年他修理过多少门窗，换过多少个坏了的水龙头，通过多少次下水道，没人统计过；为哪些老师照顾过小孩，他也说不清，帮助过多少学生他也没记着；他认为这一切都是他该做的。同学们尊敬他，老师感激他，因为他尽职尽责，因为他助人为乐。"说到这儿，白校长的情绪越发激动起来，"什么是平凡而伟大？李大爷就是一个平凡而伟大的人，他干的事是平凡的，平凡到我们许多人不愿去干，不屑去干，放不下身段去干，而他的内心是伟大的，伟大到我们许许多多自命不凡的人难以企及，李大爷就是以这样的平凡而伟大赢得了全校师生的尊敬和爱戴。"稍稍平静了一下感情，白校长接着说："今天我着实被感动了，感动我的有李大爷，还有你们——我们全校的师生们，你们给了一位普通劳动者以最崇高的尊敬和礼遇，你们让我看到了京源人的重情重义，让我看到了我们这所学校的伟大——尊重劳动，尊重劳动人民！"白校长的讲话结束了，激动的泪水也模糊了他的双眼，他忙弯腰，鞠躬，以掩饰他的激动。暴风雨般的掌声又一次席卷了整个操场，李大爷手捧着"荣誉员工"证书被师生们簇拥着去拍照留念，享受他的荣耀。

晚间，白校长、简书记等几位主要校领导与李大爷话别。李大爷回顾起他的经历说："我三十几岁从内蒙古来北京打工，三十多年的时间走过许多单位，在京源干的时间最长，因为这里的领导老师和学生都尊重我，看得起我。我是一个临时工，可是你们不把我当外人，信任我，照顾我，学校发的福利有老师的，就有我的。人这一辈子挣钱多少没什么，最重要的是让人看得起。学校办得好，我脸上有光。孩子们、老师们喊我大爷、爷爷，我心里甜呀。大家纷纷说：'学校办得好，有你李大爷一份功劳。'李大爷心里很受用，嘴上却不住说我一个勤杂工能做啥呢，是你们抬举我。"不知不觉夜色已经很晚，依依惜别之情却越说越浓，最后还是白校长说，让李师傅早点休息，明天一早还要赶路回内蒙古，说着拿出两瓶酒送给李大爷，"这些年光请你喝二锅头了，这回要走了，我这有两瓶三十年陈酿的汾酒给你带上，请老哥以后喝酒的时候能想起我"。李大爷抓着白校长的手，嘴里念叨着："你看这，你看这，要走了我没什么给你，你还给我酒。以后来内蒙古呀，我请你喝酒。"

第二天一早五点钟，白校长赶到学校门口，接李大爷的车已经整装待发，又是一番惜别，车子开动了。李大爷这样荣耀地结束了他的职业生涯，回老家去享受天伦之乐了。

团委书记那十年

李　伟

2006 年我大学毕业，回到母校工作，至今已有十七年。十七年中，我连续十年担任校团委书记，回想这段时光，有很多经历值得纪念……

时刻准备着

2013 年 10 月 1 日，京源学校的十二名少先队员来到天安门广场，他们作为全国少先队员的代表要在人民英雄纪念碑前站少年先锋岗。

为了站好这班岗，这十二名少先队员同学每天早晨、中午、放学后都会进行严格的仪式训练：齐步、正步、敬队礼……一个简单的动作要练习上百次。为了点燃同学们的激情，我召开了一个小型的动员会，会上，我为同学们讲解了人民英雄纪念碑的碑文：

"三年以来，在人民解放战争和人民革命中牺牲的人民英雄们永垂不朽！三十年以来，在人民解放战争和人民革命中牺牲的人民英雄们永垂不朽！由此上溯到一千八百四十年，从那时起，为了反对内外敌人，争取民族独立和人民自由幸福，在历次斗争中牺牲的人民英雄们永垂不朽！

"同学们在人民英雄纪念碑前站少年先锋岗就是希望少先队员继承革命传统、坚定理想信念、争当中国特色社会主义事业合格建设者和接班人……"孩子们热泪盈眶，更加意识到肩上光荣的责任，在后面的练习中更加全情投入、一丝不苟。

10 月 1 日清晨，小雨突如其来，秋风令人瑟瑟发抖……

早晨，我还没到校，手机的短信一条接一条："老师，我到学校了。""老师，您什么时候来呀，我们小组已经齐了，我们把白手套都带上啦！"……但我心里却有点打鼓，这天气，还能站吗？这时，教委领导给我打来电话，告诉我如果雨不停，就取消今天的活动。可到了学校，却发现这十二名队员们齐刷刷地站在体育馆门口，兴奋而激动的样子，丝毫没有受到天气的影响，仿佛他们头上的那朵云并没有下雨。

"同学们，天气不太好，如果一会儿雨不停，咱们就不去了！"

"啊？不行，老师我们不怕下雨，咱们去吧。"同学们异口同声——我拗不过他们，披上雨衣，我们出发了。时值早高峰，我们等了三趟地铁才挤进了车厢，几个男生拿着旗杆，被挤得满头大汗。到了天安门西，十二名少先队员精神抖擞，他们整理好队服、红领巾，戴好白手套，穿好雨衣，排成两路纵队，在大队旗的指引下迈着整齐的脚步向人民英雄纪念碑走去。一路上，雨越下越大，同学们却成了雨中一道特别的风景，引来路人的关注。

终于走到人民英雄纪念碑前，风在广场中央变得越来越大，连男生们都被吹得直打晃，更别说站上去了。

武警战士走过来说："老师，现在风太大了，根本站不上去，让同学们回去吧。"

"叔叔，没事，我们不怕冷，让我们去吧。""对，我们练了好久，哪怕站一分钟也行。"同学们还想做最后的争取。

"不行不行，同学们，风太大了，上面的风会更大，你们根本站不稳，会有危险！"——遗憾写在这十二名同学的脸上。这时不知是谁提议："老师，那我们给人民英雄纪念碑敬个礼吧。"这个提议得到了大家的一致赞同。他们站成一排，整理着装，反复将胸前打湿的红领巾捋顺。把雨伞放在一边，就在这风雨交加天气里，向人民英雄纪念碑敬献了少先队员最崇高的敬礼。此刻，我脸上不知是泪水还是雨水，顺着脸颊扑簌地流下来，甚至忘了给这十二名同学照相留作纪念。

一位同学在感想中这样写道："每次来到天安门，我都会远远地眺望人民英雄纪念碑，没有想到有一天我会如此近距离地靠近它，虽然没有站上去，但是却真正地体会到它是那么高大、雄伟！那一刻，我觉得身为一名少先队员是多么的光荣！"

十四岁的故事

2016年12月5日，江苏凤凰教育出版社的雷老师打来电话："李老师，咱

新锐 教育文库 北京卷

们学校青春一封信活动的书已经印刷完成了，我马上就到学校给您送样书。"

不久，一本淡绿色封皮、写着《在人生的春天播种——十四岁，写给青春的一封信》的书摆在了我的面前。我轻抚着这本包含着京源人教育智慧与心血的书籍，她记录着一项从学校建校以来坚持了近二十年的活动——青春一封信主题活动。

12月16日，京源学校2016年青春一封信主题活动拉开帷幕，这也是这项活动开展的第二十个年头。这一天，我们邀请了曾经参加过这个活动的学生、家长、教师代表，以及采访报道过这个活动的媒体代表，举行了小型的青春一封信主题活动的座谈会。座谈会上，学生、家长、老师和媒体们讲述着一件件与十四岁有关的故事……

"感谢京源学校，作为石景山区的一位教育工作者，我同时也是京源学校的一位家长……"思绪拉回到了2012年的初二（1）班十四岁主题活动的现场。烛光中，同学们纷纷打开家长写给自己的信，一个小姑娘同其他同学一样，打开妈妈写给自己的信，读过信之后，她和妈妈抱在一起，眼泪模糊了视线。妈妈送给她一个精致的小盒子，打开盒子，小姑娘会心地笑了。我猜小盒子里的东西一定很好看，漂亮的胸针？值得收藏的硬币？

座谈会上，家长继续讲述着："当时，学校还特别邀请家长为孩子准备一份特殊的十四岁生日礼物，我女儿对语言特别感兴趣，恰巧有一次我在北外开会，获得了一枚北京外国语大学的校徽，于是我就把这枚校徽当作生日礼物送给了女儿。希望她有朝一日能够考上北外，来学习自己喜欢的语言。我特别要感谢京源学校的这个活动，因为此时此刻，我的女儿正坐在北外的教室里，今年高考她的第一志愿就是北外，她如愿考上了理想的大学。"听到这里，四年前的疑问打开了，原来，那是一枚满载着父母期望的校徽，那是一枚播撒在孩子心田里的理想的种子。

告别少先队

《中国少年先锋队章程》第十条规定："超过14周岁的队员应该离队，由大队举行离队仪式。"

每年的6月1日，我都会带着初二年级的同学们到八宝山革命公墓举行离队建团仪式，用这样的方式度过他们的最后一个"六一"儿童节。这个活动也是"青春一封信"主题活动的延续。

为什么要在八宝山革命公墓举行离队建团仪式？这也是我的疑问。记得我第一次举行离队建团仪式之前，由于不熟悉场地，我事先来到了八宝山革命公墓。

八宝山革命公墓苍松翠柏，宁静肃穆，庄严雄伟。任弼时、陈云、聂荣臻、闻一多、齐白石……每一座墓碑上的名字都是那么刚劲有力，一座座墓碑就是共和国的一座座丰碑，它们彰显着革命英烈为祖国牺牲生命的义无反顾和对共和国建设的赤子之心。墓碑无言，却昭示着生命的意义。我终于明白在这里为初二年级的同学们举行离队建团仪式的原因：摘下红领巾的同学们，面对着为了新中国的成立奉献青春和生命的老一辈革命家，戎马一生的老将军的墓碑，通过了解他们的生平事迹，一定会对自己的人生价值和未来的人生道路有激励的！

6月1日那天，仪式正式开始之前，我就集合好了队伍，为了追求效果，进行了两遍彩排。正式活动开始了，从摘下红领巾，再到团员宣誓都很顺利。仪式结束后，我就把同学们解散，让他们抄写墓志铭之后就离开公墓。活动结束了，可是就是觉得这个活动欠点火候儿。回到学校，白校长找到我，语重心长地和我说："今天的活动，总体来说不错。但是我建议你下次不要彩排，要让同学们的情感通过你设计的活动自然而然表现出来。摘下红领巾，应该是一种什么样的心情？在八宝山革命公墓，面对着这些墓碑，同学们的表现应该是什么？离队建团仪式一定要有神圣的仪式感，这样同学们才会从心底里将自己的情感释放出来。"

白校长的一番话，解开了我的困惑。我找来刚刚活动的视频，回看整个活动。我发现同学们在摘下红领巾的时候并不是很伤感，相反他们的动作很快；两名同学在敬献花篮时的动作也不统一，缺乏仪式感；仪式结束后，我的本意是让同学们在抄写墓志铭的过程中体会革命先辈的人生意义，可是大部分同学却潦草抄完，应付差事后一溜烟地回家了……

我反复看了几遍视频，又发现了一些问题。我也明白了作为一名团委书记，在设计活动时一定要从学生的角度出发，这样的活动才有意义。于是我在第二年初春就开始着手准备新一届初二年级的离队建团活动。在白校长的提议下，在3月刚刚开学，我们就在初二年级当中开展"最后一次以红领巾的名义"的公益活动，并请同学们设计自己的离队纪念证。同学们设计的离队纪念证都十分精致——有的以海魂衫为背景，鲜艳的红领巾飘扬在胸前；有的将自己小学入队时的照片贴离队纪念证上；有的将团徽和队徽设计在离队纪念证上，表达自己对共青团的向往。同学们都最后一次以红领巾的名义走进社区、"小飞象"培训中心、公交场站等地广泛开展公益活动。

又是一年的"六一"儿童节。八宝山革命公墓庄严的墓区中，一群戴着红领巾的少先队员们正凝望着墓碑，他们怀着敬佩之情默读着碑文，认真地抄写墓志铭并献上一束鲜花，有的同学正用自己的画笔临摹着墓碑，有的同学用少先队员独有的方式，恭敬地向着墓碑行上一个队礼。在少先队的鼓号声中，少先队员们会聚到任弼时同志的墓碑前，在激昂深情的《献花曲》旋律中，两名少先队员代表迈着整齐的步伐，缓步走向墓碑，将花篮摆放到基座前，花篮的红色缎带上写着"人民英雄永垂不朽"八个金色大字，一朵朵盛开的鲜花散发出缕缕清香，寄托着全体少先队员对革命先烈的无限敬仰和无尽怀念。在少先队的鼓号声中，队员们最后一次以少先队员的名义将手举过头顶，深深地敬上一个队礼，并高呼——时刻准备着。伴着队歌温暖的旋律，队员们怀着不舍的心情轻轻地摘下红领巾，捧在手中，轻柔地把它抚平，小心翼翼地装进红领巾珍藏封中，告别陪伴自己七年的伙伴，有的同学甚至流下了激动的眼泪，表达着对红领巾的不舍。

从星星火炬到闪闪团徽，这是一个人在学生时代最美好、最灿烂的时光。回想起我的学生时代，是京源用这样富有意义的活动在我成长阶段打下青春的烙印，而回到母校工作，我幸运地从事着共青团和少先队的工作，将这份温暖与光芒传递给更多学子。如今，我已经从团委书记的岗位转岗成为一名党务工作者，但我仍然会带着共青团独有的热情去努力工作，因为那段时光是人生中最美的时光，那段经历永远激励我前进！

"申帆"

董艳杰

至今还清晰地记得，在 2021 年 11 月的一个下午，我跟随白宏宽校长、简道寅书记、小学王琦校长、幼儿部马小娜园长，坐在北京市金帆京剧团申办评审现场的答辩席上，专家在听完学校的汇报发言后，提出了很多问题，白校长和我都简明而恭敬地一一作答。答辩尾声时，一位专家评委说："白校长，我们很震撼，京源学校每个学生都能演唱 1—2 首京剧唱段，让我们深刻地感受到学校在京剧普及教育方面做出的努力，那您作为学校的领路人，能不能也在现场给我们唱一段京剧？"只见白校长面带微笑，沉着冷静地站起身来，右手拿起话筒，对着台下的专家、领导和与会人员，说："谢谢您！我很乐意给大家唱上一段，那我和我的团队就给大家带来一段《智取威虎山》中的'今日痛饮庆功酒'吧！"话音刚落，书记、校长、园长和我都站了起来，我们五人站成一排，在白校长的带领下，大家齐声高唱这段戏："今日痛饮庆功酒，壮志未酬誓不休，来日方长显身手，甘洒热血写春秋！"大家的演唱声音嘹亮，高亢激昂，精神抖擞，在最后那句"写春秋"的拖腔中，大家还神奇般地一起伸出右手做起了动作！当我们演唱完，答辩现场台下响起雷鸣般的掌声和叫好声，我真的特别激动！原因是我们从未排练过，没做过任何准备，我真的以为让校长现场演唱，会是个尴尬的局面，会让白校长下不来台，没想到白校长不光唱了，还带着整个团队一起演唱，还把这段戏的气势表现出来，真的是"金帆不评誓不休，答辩会上显身手"啊！

那天的答辩会上没有一所学校像京源学校这样阵容强大，京源学校的现场答辩成了我们京剧教育老师圈里的一段佳话！

发布金帆结果那天，我哭了！我是个干劲十足，轻易不会掉泪的女汉子，但在那一刻，我的眼泪喷涌而出，脑海里一直在浮现一首歌，那就是 Beyond 的《不再犹豫》，我在朋友圈里写道："一路走来，心潮澎湃，坚守梦想，不忘初心，感恩所有……"

回顾京源京剧教育发展之路，真的是百感交集！我是 2014 年调到这所学校的，已经三十六岁的我早已过了拼命的年纪，而我却像一个新参加工作的年轻人一样冲劲十足，因为我看到学校对我的支持，看到还未见面就已经修建好的京剧教室，你必须在这里倾尽所能，才能对得起这份工作。至今我都清晰地记得，我的京剧团由最初只有四个人到今天三百一十六人的规模变化；最初我自己一人兼教四大行当，辅导十四个班演十四段不同的剧目，召开了第一届京剧专场，到今天每年一次"芳华系列专场"，每年一部原创京剧的盛况；从 2015 年拿到国戏杯第一个金奖到如今每年包揽所有市级赛事金奖，连续两届获得全国中小学艺术展演活动一等奖；从教师团队最初只有我一个人到今天来自国家专业院团十八名外聘专业老师团队的形成；从三个月排一部原创京剧到六十天演出八场不重样的高质量节目，创下中午合排下午就能演专场的奇迹，还有开发了覆盖中、小、幼全学段的京剧课程体系，这其中，经历了很多很多！

当然，申帆之路并非一帆风顺，也经历了伤痛和泪水。2017 年，凭借两朵小梅花，京源学校在京剧教育圈内名声大噪，为第一次申帆创造了机遇。学校还因北京市艺术节金奖《巾帼英姿》节目，入选了"静静地绽放——金帆三十年庆祝活动"，成为所有参演学校中唯一还不是金帆的演出单位，但这突如其来的荣誉对于刚刚组建京剧团不足三年的我们来说，确实还不够火候，学校京剧教育的根基还没有牢固稳定，所以，我们经历了 2017 年第一次申帆失败的苦痛！

在申帆失败的打击下，我好像丧失了斗志，没了劲头。至今还记得那天早晨，在学校食堂，白校长对我说："小董，你先吃早饭，我和书记等你，不着急，待会儿带你去幼儿园。"就是这样一句家常普通的话语，像一股暖流焐热了我的心！在白校长带领下，我们来到幼儿部，马小娜园长带我们参观了幼儿园的课堂，从那开始，我开始教授幼儿部京剧！"叫张生隐藏在棋盘之下"，我带着三十个活泼可爱的小姑娘，学唱《红娘》这段戏，虽然我教过小学四年级、初一初二年级、高一年级，但幼儿我是第一次接触，慢慢地，我找到了感觉，我教授的《红娘》一段也成功地登上了区教委庆祝"六一"主题活动的演出舞台，这给了我极大的信心和鼓舞！也建立起幼小初高学段一体化京剧育人模式，后来，我们又登上了 2019 新年戏曲晚会的舞台，那一年，我带着孩子们见到了习近平总书记！

"金帆"是一块沉甸甸的牌子，它需要科学、严谨、系统的管理模式，需要稳定、高效的团员梯队构成，需要"行当齐全"，需要"剧目丰富"，更需要禁得起"考验"和"检测"。在成为"金帆"的那年起，我们认真总结带团中的优点和不足，整改每个细节，从团队教师构成到金帆团员梯队构建，从课程设置到剧目选择，从管理模式到定期考核，金帆团正在一步步地走向正规化、系统化和科学化！如今，我们能在六十天完成八场不同节目的高质量演出，能在短短两天完成新作品的教授和登台，能在京剧团开设之余增设鼓乐和民乐团，这一切的一切，都说明我们进步了！

办好"金帆"，是我们的责任，以"金帆"带动整个学校艺术教育的发展，让京剧教育真正惠及每个学生，让学生从京剧中收获快乐和成长。未来，我们将坚守初心，不辱使命，为培养中华优秀传统文化传承人和传播者而努力奋斗！

难忘的京源时光

高易等

春华秋实，桃李芬芳，又是一年榴红荷翠的六月天，又是一个充满不舍与依恋的毕业季，此时，让我们相约即将展翅高飞的莘莘学子，和他们一起聊聊成长中那段难忘的京源时光。

高三（3）班　高易

回想起高考查分的那一天，我还是觉得有一些梦幻。一直以为是 12 点查分的我在仍处于高考后的放松状态下接到一通陌生电话。在教育考试院老师告知了我的成绩后，我们全家人都有点不真实的感觉。后来又拨了回去反复确认过后才放下心来。虽然目前还不能知道自己的具体分数，但是这通电话，这份成绩给我在京源的六年学习时光画上了超乎想象的圆满的句号。之后，我相继收到了两所梦想中的学校递来的橄榄枝，我真的感到特别幸运。此时此刻，我最想说的就是——感谢，感恩。

在京源度过的六年时光是幸福而充实的：可能很难让人相信，在这六年中，我没有上过任何学科的课外辅导班，只是踏踏实实地跟着老师们学习，从初中到高中，我遇到的每个老师都是负责、认真、敬业，对学生充满关爱的，取得今天的成绩，首先要感谢他们的悉心培养和指导。

在京源的时光，我有一个特别明显的感受，不管是学习还是活动，都是具有连续性的，一以贯之的。初中时，经历过初高中六年大循环的老师会有针对性地指导我们养成良好的学习习惯，做好初高中学习的衔接，学校的各项特色活动，我们从初中就开始积极参与，继而不断积累经验，不断进步。伴随我们成长的心源心育系列课程，更是让我们在不同的年纪得到了不同的心理指导，帮助我们顺利地度过了青春期，学会和父母相处，学会规划自己的未来。

严格来讲，我不算是学霸，而是一个兴趣广泛、爱玩爱实践的探索者，感谢母校，这六年中为我提供了丰富的机会，让我能够尽情去发展我的兴趣爱好。我参加了翱翔计划，湖北恩施、山东、重庆、北京门头沟等地的科学考察活动，都让我对科学研究有了初步的了解；加入了校团委这个大家庭，与成员们一同组织校团活动，公益跑、义卖、向贫困小学捐款，在奉献爱心的同时实现个人成长。与友好学校澳大利亚文法学校师生为期两周的交流让我拓宽了自己的视野和见识，一年一届的戏剧节、篮球赛、足球赛、歌手大赛、舞蹈大赛、声音模仿秀等丰富多彩的活动让我能尽情展示风采，收获快乐。是京源，让我遇到了更好的自己。

高三（2）班　孙葳

从初一到高三，我与京源相伴已有六年时光，而今终将离别。乍回想京源，一时只有个模糊的影子，同刚升初中时对京源的印象别无二致——新。

京源的新，新在理念。我记得曾碰见在其他地方读高中的同学，偶然间谈起体育课来，他只跟我说："我们体育课和课间操老被占，特别是高三，大家都不怎么出去。"这不禁让我想起在京源一节不落空的课间操和体育课。与传统的理念不同，京源传达给我的理念是，学习不是一味扎在椅子上学，增强体质，劳逸结合，或许事半功倍。

京源的新，新在思维。曾经幻想的在课堂自由使用电子设备以辅助学习，在高中阶段竟出乎意料地得以实现。观看PPT、拍下例题课后思考、改作文、写小测、倒计时……有了学校新颖的教学思维的支持，我的学习效率在pad的帮助下大幅提升，卓有成效。

京源的新，还新在视野。当学校不拘泥于一方课堂，而是放开我们，带领我们五湖四海地游学，接触大学和高端实验室，我才能领会到自己身处何方，将要去向何处。

京源用她独特的理念和方式、多彩的活动引导着我，让我也像她那般常思考，常尝试，常看，常新。除了每天的照常学业，还有无数的活动、社团，以及那些参与其中，或喜极而泣，或扼腕叹息的日夜。忘不了学校带着我们参加的翱翔计划，那是我第一次自己进行小课题研究，云里雾里，问着老师，查着文献，吭哧着难懂的软件和公式，熬着熬着，渐渐地也摸清了门道。如今回首，却无比感谢学校给我的这次机会，因为经过翱翔计划，我得到的不仅是论文的雏形、查资料的方法，更是求知求真的快乐，是学有所成的满足。

我也参加过不少京源的社团，与我结缘最深的应当是天文社，从初一下半学期入社，到高三还不时去观测活动里凑凑热闹，看着群里的动向。我有时想，天文社之于我最重要的是什么？应当是知识。毕竟，天文属于课外内容，多了解一分，便多涨了些认识。但也不全是这样：天文社让我习惯地仰望夜空——一个让精神得以休息的方法。在高三晚自习后回家路上，我总不自觉地抬起头认星座，把视野从眼前的失意或得意中移开，享受片刻的专注和安静。

让回忆慢慢散去，眼前又是脚下那条无比清晰的路，路端矗立着地质大学的校门，远处依稀可看见自己在崇山峻岭中奔忙的影子。今后，要在自己喜欢的学科里，一直走，不负自己的曾经。过去的万般酸甜苦辣，都将慢慢封存。离别之日，我背负着京源给我的烙印，继续向前，不说再见。

高三（3）班 乔琳

从初一到高三，我在京源度过了六年时光，我认为京源学校让我度过了一段充实而有意义的学习生涯。从懵懂少年到有志青年，六年间，"京""源""学""校"四个字一直伴随我成长。

"京"："京"是京畿，我们在课余时间有丰富的活动。比如，走进工程院，爬长城，学农。开拓了学生的视野，丰富了知识。"京"是京剧，学校注重发扬京剧，经常组织学生学习京剧，有利于学生传承优秀的中华传统文化。

"源"：我认为"源"是做人之本，学校除了教授学生知识，还教会了我们"真善美"。

"学"："学"是课堂学习。京源的学习氛围很好，同学们都在努力踏实地前进着，老师们陪伴同学成长，"梅姐"严谨，"军哥"幽默，谢老师简洁，王老师细致……老师们个性不同，但有一点相同——认真负责，教学有方。"学"是研究性学习。高中以来，我们接触研究性学习，尝试写小论文，提升思维。"学"是游学。这是我很喜欢的一项活动。初一时我与同学们前往云南游学，初二时与同学们来到湖北游学，高一时与同学们去到河南游学，一次次文化、科学之旅让我开阔视野，增长见识，收获友谊。

"校"：学校的活动令人难忘。翱翔论坛，戏剧节，足球赛，篮球赛，校园歌手大赛，乐器大赏……这些活动让我们有机会展示自我。学校也有各种社团活动，我参加过春芽剧社、翰墨京源书法社，时常陶醉在艺术的海洋中。美丽的校园令人难忘，鱼池的锦鲤荷花是别样的风光，操场是运动健儿挥洒汗水的运动场，知止亭与冰场是古朴与现代的碰撞。我在初一时就惊叹于食堂可口的饭菜，高三时仍留恋京源朝霞与晚霞的流光溢彩。

我在京源学校度过了精彩的中学时光，如今要满载知识与回忆告别母校，愿京源越来越好！

高三（2）班　刘可心

时间会回答成长，成长会回答梦想。随着高考落幕，惊奇地发觉自己在京源六年的日子已经不知不觉随风而过。

追梦路上，京源学校既是我的引路人，也是我的陪伴者。校园的最大特点就是积极、活力。八九点的早晨，总会见到全校排舞的青春身姿和并肩跑步的整齐队列，绿茵操场的每一天都充满着积极向上、活力十足的气氛，是校园里鲜有的风景线。

成长路上，学校对我最大的帮助是安排了负责任、教学水平高的教师团队对自己进行多年连续培养，每一个老师都抱着"为孩子的终身发展和一生幸福"的教学目标进行教学，从不放弃任何一个学生，也一直耐心、负责地答疑解惑，高三答疑区老师们的忙碌身影仍然历历在目，为自己的学习道路及时扫清了障碍。

陪伴路上，京源有许多丰富的活动。其中给我印象最深的是初一远足卢沟桥与高一远足李大钊烈士陵园。我在参加这两项活动的过程中都经受了将近二十公里的长途跋涉，不仅带给了我身体上的磨砺和精神意志上的洗礼，也让我更加切身体会到先烈们长征路上的艰难，受到革命精神的感召。这样的活动于我来说具有终生难忘的特殊性和人生新阶段的转折性，从身体及心灵上让我蜕变。学校里我最喜欢的社团是木刻版画，让我这个非美术生有机会接受美育，从而也学习到木刻这种新的艺术形式，也让我的冬奥木刻版画有机会在 2022 年亮相。

最后，我想对生活了六年、陪伴我追梦成长、难以割舍的母校京源说一句：感恩倾心相助，志之所趋无远弗届；祝愿桃李成蹊，发扬踔厉以兴邦国。

高三（2）班　史昊洋

我在京源度过了六年美好的学生生涯。我喜欢学校积极的氛围，喜欢融洽的师生关系，更感激学校提供了和谐的成长环境；中考后，有的老师会和我一起进入高中，因此在初高中过渡阶段老师便能基于初中三年对我的了解提出建议，帮助我快速适应高中节奏。德高为师，身正为范，在京源的六年，我深刻体会到了老师们身体力行地为我们做出榜样，引领我们成长。记得刚上高一时不适应，数学考了倒数，我找到李军老师，想问提高的方法，他让我写出自己十个需要改进的缺点。我回家纳闷了半宿：我问的不是怎么提数学成绩吗？第二天带着疑问找到李老师，他告诉我："学好数学要先学会做人、先拥有好的品质。"李老师用他自己的行动为我们做出了榜样——他说做人要勤奋，要求我们三年坚持做好一件小事。他自己每个工作日早上六点半就来到办公室，等着给早到的同学提前判作业，之后要求大家当场改错。他讲课时的课本不只有五本必修，还有他的经历、理想、读过的书和看过的风景，他会用朋友间的语气和我们聊天，分享。他将我们举到他的肩膀上，让我们汲取他的人生经验和教训。

感谢母校六年来的培养，让我有机会在中学时代收获丰富的经历。未来我计划参军投身国防，希望不会辜负母校的培养。希望母校越办越好！

高三（1）班　李兆妍

在我与京源相处的六年时光里，对京源最深的印象莫过于那丰富的社团活动和社会实践活动。我曾在航模社领略过天空的风采，在天文社探索过宇宙的奥秘，在生化实验室研究过分子的微观世界，也曾在手工社折过彩纸，在版画社刻过木板，在京剧社画过脸谱，还曾在定向越野的课堂上手持指南针，在校园中徘徊，寻找隐秘的打卡器。这些丰富多彩的社团，无论是作为学习生活外的调剂，还是作为扩大交际圈的平台，甚至是作为我怀着好奇去确认自己是否真正热爱这一领域的工具，都可谓大有裨益。我始终感念京源，提供了如此多的选择，以供我充分地去了解与发现不同的领域的特性，让我在选择大学专业时不那样茫然失措、眼花缭乱。

除此之外，京源秉持着"为了人的终身发展和一生幸福"的办学理念，采用一贯制连续培养的策略，在初三时便向我们渗透一些高中的知识，让我们更好地和高中接轨，适应高中紧张忙碌的学习节奏和学习强度。并让老师们继续在高中带领我们前进，这样不仅为我们避免了更改教学风格的不适应感，并且方便老师们根据学生过往的学习情况，制订更加具有针对性的教学方案。

时光匆匆，转眼已是六载春秋流逝。六年里，京源承载着我的太多太多的记忆，她看我在操场挥洒汗水，看我在角落掩面哭泣，看我一天天成长，也终将送我远航。愿二十五岁的京源仍有着少年的蓬勃朝气，到中流击水，浪遏飞舟；也愿之后的京源学子都能扶摇直上，鹏程万里。

高三（1）班　柴胤峰

我在京源一共度过六年的学生生涯，也就是初中和高中都是在京源学校学习的。我在班级中担任班长的职务。

学校在我看来最大的特点是活动丰富，在各方面培养学生的能力，除了学习能力以外还有组织能力、管理能力，甚至是歌唱、舞蹈、表演才艺等。这样的特点让我们不必一直沉浸在单调枯燥的学习中，而是劳逸结合，既能调节心情，又能提高学习效率。

我在京源度过了初中和高中，能够特别明显地感受到京源的一贯制连续培养方式的优势，我还记得，在高一开学之前，学校就组织生涯规划夏令营，请来了学长学姐们为新生介绍大学生活、如何选专业，以及如何平衡自己的兴趣和学业。对于刚步入高中生活的我们，这样系统化、个性化的介绍和分享无疑是打开了一扇窗户，让我们看到了高中三年可以尝试和努力的方向，也对大学充满了美好的憧憬和期待。老师还带领我们整理高考改革对我们的影响，鼓励我们把握高考改革的优势，充分利用高中的资源，使我们在高考后填报志愿时有更多的选择和机会。我也是在这次生涯规划的课程上确立了自己报考地球物理和地质学专业的志愿，也确实在高考后实现了自己的目标。

为了让我们提前适应大学的学习，学校还为我们设立了大学先修课社团，我选修的是化学先修课，从中我学习了大学的化学知识，《普通化学原理》《无机化学》《基础有机化学》等大学教材也在先修课中学习了几章。对高中生来说，自学或是跟老师一同钻研大学教材是件比较艰难的事情，但我甘于享受这一困难而有趣的过程，凭借自己的查阅和跟老师的讨论中学习到的知识，带来的满足感和成就感是不同于课堂上学习到的知识所带来的，它能激发我求知探索的欲望，鼓励我不断向未知、高远的学科知识前进。

我想对母校说：感谢六年的栽培，让我找到了自己的兴趣，也找到了我愿意为之奋斗一生的专业。走出学校我会以京源学子的身份和标准要求自己，让别人看到京源学子的风采。祝母校桃李满天下，才俊如星流，在新的一年再创辉煌。

高三（4）班　国佳洋

在京源的六年，我不光增进了知识，还收获了许多人生锦囊。我认为学校最大的特点就是关注学生的长远发展。初一刚入学，学校就组织全体学生完成学习型家庭档案，致力于培养学生成为终身学习型人才。在日后的学习生活中，学校也处处贯彻这一理念。在京源，成绩并没有成为评判一个学生好坏与否的唯一标准，学校还设立了文明礼仪之星、京源之星等多个荣誉称号，从多个方面肯定学生。我还清晰地记得高中入学前的生涯规划课程，使我从考上高中的小小胜利中迅速清醒过来，重新规划高中生活，继续放眼前路。在众多班校会中，"人的一生将如何度过"主题班校会给我留下了深刻的印象，我第一次开始思考个人的长远发展，树立起远大的理想。我还记得班主任曹老师教育我们"你只负责精彩，上天自有安排"，不必在意别人言语，为自己而活，解开束缚，前方一定有春暖花开。

学校对我成长最大的帮助就是使我可以站在"巨人的肩膀"上，回望过去，探索未来。在六年连续的学习生涯中，我获得了完整、连贯的教育。首先从同学上来说，我们班大部分同学都从初中升到了高中，班集体比较完整，同学们之间形成了深厚的友谊，在最后的高考冲刺阶段大家齐头并进，携手并肩。我们的班主任也从初中开始一直陪伴我们，我们既是师生关系也是朋友和伙伴，通过六年的朝夕相伴，大家心有灵犀，拥有十足的默契。这样连续性的教学方式形成了京源学校特有的文化环境，使我与学校之间形成了稳定的联系，我也更加有归属感，成为了真正的京源人！

除了踏实的学业和精彩的活动之外，学校还特别注重培养我们的社会责任感，我印象最深刻的便是前往河北蓬头小学进行捐献善款活动。学校组织三十多个同学前往河北保定，和蓬头小学的孩子们一起画画，一起做游戏。我了解到这些孩子家里没有劳动力，生活的基本费用都得不到保障。我们募捐的钱可以发挥一点光和热，让他们在艰苦的生活中获得些许温暖，继续接下来的学习生活。"故大德者必受命"，像这样的志愿服务培养了我乐于助人、热心付出的良好品德，提高了思想境界，使我终身受益。

此时此刻，我最想对母校说：感谢您！六年来的风风雨雨已经度过，学校已经成为我的第二个家，紫藤萝花，知止亭……家中的一切令人难忘。祝愿母校越办越好，桃李满天下！

许多毕业生把母校形容为成长的助推器、人才的创造营，京源给了他们孕育梦想的天地，也给了他们实现梦想的舞台，在"K-12"体系下，京源"纵向有效衔接，横向丰富多元"的课程体系，以"整体课程"育"完整学生"，实现"完整学生"全面而有个性发展，成就了一批又一批的优秀青少年。

旧岁已展千重锦，新篇更进百尺竿。高考，虽是人生一战，但也仅是人生一站。聚是一团火，散作满天星，相信这些在京源沃土上成长起来的优秀的毕业生，在他们前行的路上，一定会带着京源赋予他们的智慧与力量，长久地走在求真、尚美、明德、至善的路上，肩负起历史赋予他们的伟大责任，成为担当民族复兴大任的时代新人。

北京市京源学校
Beijing Jingyuan School

育人故事

十四岁的故事

冉 阳

十四岁，是一个金色的年龄；十四岁，是一个充满无尽幻想、无限憧憬和无限希望的年龄。每个孩子，都拥有着属于自己的"十四岁的故事"。

在北京市石景山区京源学校，每一位孩子都有一个关于十四岁的特别的故事。在他们十四岁的光阴里，会有一个关于两封信的故事。这是两封称呼不同、内容不同、笔迹不同的信件。一封是孩子写给父母的，一封是父母写给孩子的。

这是学校以"青春、理想、责任、期望、报答"为主题，以"十四岁集体生日"班会为主要形式开展的"青春一封信"主题教育活动。学校自建校以来一直坚持在初二年级开展此项活动，并把它作为课程纳入了学校工作中，写入京源学校德育大课表，使之成为学生人生成长中的必修课。至今，"青春一封信"主题教育活动已有十四年之久，共有一百个班级，九千八百二十名学生和家长参加了此次活动。

抢在人生的"春天"在孩子心田播下种子

"儿子，虽然平时爸爸不善于表达，但我是爱你的。你两岁的时候得了急病，爸爸送你去医院，那种心疼和焦急现在都难以忘记……不管任何时候，爸爸都要守护你，哪怕是付出自己的生命。"近日在京源学校初二（1）班的主题班会上，一封父亲的信还没念完，全班孩子已经泣不成声。这场题为"青春从这里起飞"的十四岁主题班会，是京源学校"青春一封信"教育活动的第一百场主题班会。

初二（1）班班主任在与家长的多次沟通中了解到，班中同学与父母经常出现小摩擦。有的是因为父母不了解这个时期孩子的特点，过于"干预"同学的空间，有的则是因为同学"无理取闹"的心理。但是在这些同学的内心，都能明白父母对自己的爱，只是缺乏沟通和表达。

所以班主任便将这次主题班会的重点定位在感恩教育，帮助学生与家长进行良好的沟通，本次班会的出发点与十四年前学校开始启动这项活动的初衷不谋而合。白宏宽校长说：十三四岁的年纪，是孩子们世界观和人生观开始形成的关键期，也是他们从少年到成年的过渡时期。在这个时期里，随着文化知识、社会经验不断丰富和积累，生理机能逐渐成熟。他们分析、理解和判断问题的能力迅速提高，意志和思维能力也不断加强。因此，他们心理上就产生了强烈的"成人感"，迫切要求摆脱父母、师长的看护和自己的从属地位，独立自主生活。但他们的社会阅历毕竟太少，还缺乏社会责任感和义务感，个人发展不容易与社会要求一致，有时甚至因为一种故意的"违拗"心理造成与成人对立的独立。如何根据孩子们的心理特点，既肯定他们的独立意识，又能引导他们树立高尚的理想，培养较强的社会责任感，成为京源学校的教育者们认真思考的一个问题。

为此，京源学校积极探索学生心理，不断加强教育实践，开展了"迈好青春第一步"的系列教育活动。据京源学校团委书记李伟介绍，学校在积极开展青春期知识普及教育的同时，开办了家长学校，充分发挥家长在青春期教育中的重要作用。

三方共同努力促成青春一封信

与家长良好的沟通与协作，为学校进一步开展教育工作奠定了良好的基础。学校团委创造性地组织开展了"青春一封信"活动，邀请家长在孩子即将十四岁的时候，以饱蘸深情的笔墨给孩子写一封信，把他们的青春故事、养育孩子的艰辛、对孩子的挚爱和期盼化作感人的文字，并精心为孩子选送一件有纪念意义的青春礼物。

白宏宽校长说："孩子们的情感最丰富，也最易受感染，他们会在惊讶中、感叹中感悟父母的嘱托，了解'责任'的含义，从而立下雄心壮志。而且，两代人的感情也会因这封信得到更好的沟通，为我们以后教育孩子奠定良好的基础。"

学校意识到，这项活动能否顺利进行有赖于学生、家长与学校的密切配合。于是，学校开展了一系列的工作。

首先是对班主任进行培训，让教师清楚为什么要在初二年级开展这样的教育活动和活动的心理学、教育学、社会学依据，并组织教师研讨活动设计，还让班主任了解在活动中的角色和作用等。

其次，学校召开了"青春一封信"家长启动会。启动会上，学校的专职心理教师向家长介绍青春期孩子的特点和教育方法，以及如何发挥家长的教育作用，在青春期阶段帮助孩子树立正确的理想和信念。

在此基础上，白校长全面介绍了"青春一封信"活动的目的和方法，并请家长们积极配合。学校给每位家长都写了一封信，信中这样写道："我们都曾有过青春；如今又有了正值青春的孩子……我们都希望自己的孩子志向宏远、品行高洁，希望我们密切配合，共同创造良好的育人环境。"

在与教师家长做好沟通后，学校把最终的落脚点放在了对学生的培训上，学校也要求孩子们给自己的爸爸妈妈写封信，感谢爸爸妈妈的养育之恩。

创设主题班会，每个人都在收获成长

"青春一封信"活动所有的筹备和召开充分调动了学生的积极性。每个班的班会都让所有的同学参与。班会的整个过程是由学生自己设计的，在准备过程中也培养了学生们的主动参与和自我教育意识。从邀请函到海报的设计，从晚会场地的布置到设备、音乐的调试，从一个个精心的节目编排、制作背景幻灯片到主持人的串词，从邀请学校领导、教师和家长到生日蛋糕的设计采购，同学们都满怀着激情。通过班会的组织也让教师和同学们发现了班级中的不少人才，每个孩子都在这个过程中得到了历练和成长。初二（3）班的周齐同学这样告诉记者："在班会的组织筹备中，我承担了很多烦琐但不起眼的工作，一开始我还有怨言，但当班会结束，同学和老师纷纷向我致谢时，我才意识到自己和自己所承担的工作的重要性。通过这些我懂得了责任。"

在同学们自己设计的十四岁集体生日会上，孩子、家长、教师围坐在燃烧的十四根蜡烛前。悠扬舒缓的乐声中，班会拉开帷幕，从刚刚出生时婴儿的啼哭到无忧无虑的童年玩耍的照片，从由小到大逐渐成长的脚印到父母日渐增多的白发，大屏幕上显示的画面让在场的每个人的思绪回到了从前。烛光中孩子的眼中饱含着感动的热泪，他们纷纷回忆自己的成长历程，诉说父母对自己的无限关爱。家长们则讲述养育孩子的故事，故事平凡却感人。

之后，家长和同学互换信件。怀着无比激动和好奇的心情，学生们打开了父母写的信。一封封浸透着父母们无限深情和殷切希望的书信深深地打动了学生们的心。烛光中，孩子们手捧着父母的来信，泪水忍不住夺眶而出。他们在惊讶与感叹中领悟了父母的嘱托，了解了责任的含义。

在班会上，每个孩子还收到了家长精心挑选的一份特殊的生日礼物，或是父母年轻时的一页日记，或是一个贴满儿时照片，并由母亲赠言的笔记本，或是一本有意义的书籍……一件件小礼物在平凡中蕴含着深意，寄托着父母的厚望和深情。班会上，班主任也送给全班同学一份生日礼物，并鼓励同学们树立正确的理想，珍惜闪光的青春年华，用自己的奋斗回报父母的恩情。在班会的最后，学生们用哽咽的话语真切地表达着自己对父母养育之恩的感激、对青春的挚爱、对未来的追求以及立志成才、回报父母的决心。

事实上，通过这样的活动，收获和成长的并不只是孩子，很多家长也受益匪浅。学生家长李景富这样写道："这是一场身份平等的对话，这是一场化'辈'为友的熟悉，父与子，母与女，彼此之间就不应该有什么代沟，只可惜以往我们过于自信于这种天然的父子、母女关系，而忽视了我们的交流，谢谢这样的主题活动给我们提供了一个传情达意的机会。"

好雨知时节，当春乃发生

如今，"青春一封信"活动得到了家长、学生的充分认可。团区委、区教委领导也充分肯定了学校开展此项活动的意义和效果，认为此举是青少年教育的有效途径的探索，"青春一封信"活动还获得了中宣部全国青少年思想道德建设创新奖。

谈到"青春一封信"的成功因素，白宏宽校长总结了三方面的经验：第一，以情动人。活动紧紧抓住父母与孩子之间的骨肉深情，用真情打动人。第二，"一封信"架起了父母与孩子感情沟通的桥梁，为他们提供了彼此互相倾诉心里话的媒介。"写信的方式虽然古老，但大多数父母和孩子却都很新鲜，新鲜感会增加吸引力。另外，写信这种方式可以让写信的人有充足的思考时间，不受环境等不确定因素的干扰，充分酝酿感情并字斟句酌，完美表达出来，而且落在纸上的文字可以反复阅读，细心体味，并永久珍藏。"第三，"在初二年级，孩子们步入十四岁，在心理、生理发育高峰时开展这样的活动，应该说正是时候。孩子们成长的需要，父母和教师寻找适合的教育方法的需要，都交汇于此。正可谓'好雨知时节，当春乃发生'"。

今年的深冬，京源学校的校园里依然上演着关于"十四岁的故事"，活动过程中，几乎所有的参加者眼睛都是湿润的，有的人还抑制不住，泪水扑簌簌地流下来，人们的脸上因激动而放射着光彩。在这光彩中，看到的是理解、感动，是孩子们开始懂得回报、义务和责任含义的庄严，是家长和老师看到这份庄严的欣慰和笑容。

在京源学校，十四岁的故事每年都会发生……

学生是主人

于 舟

在京源学校，校团委和学生会是两个"神奇"的学生组织，这两个组织承担了京源学校百分之九十的学生活动。作为团委书记，我在推进这两个组织持续前行的过程中时常被"吐槽"或者是被"嫌弃"。因为在这两个组织里，我这个团委书记是他们团队里的"老年人"。

心情也有盲盒

学雷锋活动是团委每年工作的重头戏。一个周六的上午，团委的干部们开会讨论策划案时问我："老师，今年能不能增加一个心情盲盒的活动？"

"心情盲盒？跟活动主题有什么关系吗？"

"老师，您得跟得上时代啊，心情盲盒就是将自己的烦恼写下来，由其他同学随机抽取，随机回答。"

"老师不是能为你们解答很多困惑嘛，为什么要同学回答啊？"

"哎哟，老师啊，同龄人的回答才更有同理心啊！"

那时的我并不知道什么是心情盲盒，也不确定这个活动能不能引起学生们的兴趣，但是学生的理由确实符合学雷锋的活动主题，那就试试吧！

结果，活动效果超出想象。每天都有很多同学来活动现场看一看，还有些学生会寻找自己提出的问题是否被回答了。让我很意外的是高三的学生对这次活动非常感兴趣，他们似乎很喜欢给学弟学妹当"人生导师"。纸条上的回答非常温暖，很多回答让我看到都是豁然开朗的感觉。

【有关于身体健康的】

问：长了个小肿瘤，要做手术，好害怕啊……

答：没事，我高二那年左小腿也长了一个纤维瘤，小手术不用担心的，切掉就好了，切完照样生龙活虎地出去玩。提前祝你做完手术的暑假玩得高兴！

【有关于学习困惑的】

问：如何保持学习动力？

答：如果只是学习疲惫了，休息休息也无妨。"歇歇脚继续跑"，有时也能让你对未来充满期待，高三的我也经常发现自己没有动力，这时我就会想一想自己的未来、喜欢的老师、身边的朋友，或是每一次通过努力取得的小进步，都能成为你的 motivation。

问：很喜欢的学科遇到了困难，可是选考实在不想放弃这科。

答：若是文你仅需看课本，若是理你可以多刷题问老师。难不可怕，怕你不用心。加油！

【有想要寻求支持的】

问：感觉高考离我越来越近，好焦虑怎么办？

答：不要害怕！不留遗憾就好！高考不是人生的终点，相信自己是最大的黑马！

问：马上要月考了担心自己会失利，让爸妈失望。怎么办？

答：尽自己最大的努力就好，月考只是一次检测，找出问题是主要目的，放平心态，加油！

简简单单的问题，从同龄人口中说出解决方案，感觉却是完全不一样的。学生的困惑让学生去回答，学生的想法只有学生最了解。在一次次问答中，孩子们体验着帮助别人的快乐和被安慰的温暖。匿名提问，匿名回答，不评价对错，也不过问姓名，只传递温暖和关心，这不就是新时代的学雷锋吗？

我们要有自己的公众号

随着时代的发展，平面媒体已经难以满足我们获取和表达信息的需求，微信公众平台成为传播信息的最重要的途径之一。

"老师，咱们能申请一个自己的公众号吗？"

"咱不是有学校的公众号吗？为什么要再弄一个？"

"咱弄个小号吧，学校的大号太正式了，我们想发一些学生喜欢的。"

"好，那我去请示一下！"

带着学生的愿望，我去请示学校书记，书记一下子被这个创意吸引了，并对公众号进行了"重要批示"：用学生的话讲学生的事儿。

至此，"京源团委学生会"微信公众平台正式成立。最开始的几篇文章都是由我来编辑的，学生说于老师编辑的公众号"闪烁着夕阳的光辉"。好吧，既然你们这么"嫌弃"我，那就自己来！带着"赌气"的情绪，我把公众号的选题、撰写、编辑的工作全部交给了学生，团委学生会也成立了专门的"新媒体编辑部"，全权负责每一期公众号的制作与宣发。他们开始寻找校园中学生们喜欢的趣事，认真撰写文案、自学编辑。

渐渐地，公众号中出现了很多非常有意思的话语："为你最爱的美食疯狂打Call！""酱油炒饭稳居 C 位！""我熬的不是夜，是孤独""问君几多愁，恰似不穿秋裤遇寒流"……除了文案的创新，编辑也"不甘示弱"地加入了很多表情包，虽然有些搞怪，但确实能够更准确地表达情绪和状态。几期公众号一发布就有了上千的转发和阅读量。幽默的表情包，诙谐的语言，适当的调侃，这才是中学生的"语言体系"，也是他们真正喜欢的表达方式。悄悄地说，京源学校大号的阅读量比团委学生会的小号可差远了。京源团委学生会公众号成立五年了，我们今年又设计了"源气满满"和"源气十足"的京源专属表情包，下载量达到三千余次；同步创建了京源团委学生会的视频号，发布学生自己制作的视频作品，观看量高达三万余次。

通过微信公众号和视频号的创立，学生们用自己的话语体系讲故事，推送他们喜欢的事情和新闻，也真正实现了用学生的话讲学生的事儿。

The moment

疫情如寒风吹动了我们本来平静的校园生活，让同学们很容易产生困扰、迷茫、孤独等负面感受，但是又不知道该跟谁说，怎么说。在关注到身边的人或多或少都受到了情绪的困扰后，校团委决定去关注同学们的心理状态，帮他们释放压力、排解情绪、重拾快乐。

校团委策划组织了"The moment"活动，通过分享身边的小确幸来传递温暖。从"拾起生活中的美好"，到"这是我想要分享给你最高级别的浪漫"，再到"无数个瞬间我希望你每一刻都温暖"三期推送，收获两千多的浏览量。

"五十多岁的人了，从河北驱车三个多小时跑来北京。肩上扛着一百斤的大米，手上拎着油。这是爱我的老爸，在家待了不到十分钟，就又摸着黑回到了河北。说真的，十八岁的人了，还是泪奔。谢谢我的老爸，爱他。"

"吃了一个巨甜的橘子。"

"朋友把我叫下来祝我生日快乐，隔着小区的栅栏将生日礼物送给我，随后匆匆离去，留下了一个潇洒的背影，我站在寒风中，莫名有点感动。"

让我们惊喜与感动的是，转发推送没多久，一位同学在朋友圈评论道："最懂我们的永远是校团委。"我们真的做到了，我们用学生容易接受的方式引导他们发现"光"，用学生喜爱的途径引导他们分享"光"，并真真切切地起到了效果。

团委小熊

我们想通过团委的渠道帮助需要慰藉和关怀的同学们，于是我们就讨论能不能做出一个"树洞"供同学们倾诉烦恼。我们先是确定了树洞以提问箱 App 为载体，又琢磨出了树洞的规则。可是——

"如何能让同学们信任我们呢？"

"怎样才能拉近我们与同学们的距离呢？"

首先，得找一个大家熟知的、可爱一点的标志物来充当"我"这个身份。自然而然就想到了校服熊。但普通的一只校服熊不能很好地体现团委的身份，"团委小熊"的 IP 就此得来（我们还给团委小熊设计了"熊设"：热心帮助同学的棕色嗷呜怪兽）。

但是，只有一腔热血是远远不够的，我们还需要了解心理学的知识，才能够切实地帮助到同学们。于是我们联系了心理组的何老师，进行了一场"朋辈心理辅导"讲座，了解到了给予共情、不要给予个人建议、不要评判、不要解释、先处理情绪再解决问题等"八条戒律"，朋辈辅导原则让我们受益匪浅。

准备工作完成后，开始运营！每天我们把来信汇总起来发在树洞工作群，大家集思广益，给同学们认可与鼓励，为他们排忧和支招。很快，小熊的树洞就满满当当了。

【有关于学习问题的】

"小熊，我现在初二了，还有一年就要中考了，可是我还静不下心来学习，总想着玩手机，我该怎么办啊，我想考上高中。"

"小熊，感觉最近居家学习完全把规律打乱了，而且临近期末考试一点儿都没有紧张感，有没有提起学习兴致的好方法啊？"

【有关于人际关系的】

"被同学讨厌了怎么办？"

"小熊，我要不要做一个很温暖的人？如果做了温暖的人我会很辛苦，可是好像大家会更喜欢温暖一些的人啊。"

【有关于感情问题的】

"小熊，喜欢和爱孰轻孰重？"

"熊，中学阶段该谈恋爱吗？"

【有关于家庭矛盾的】

"小熊，家人总是不理解我，我该怎么办呢？"

"小熊小熊，因为爸爸的原因，我留下了心理阴影，我在家生活不下去了，怎么办啊？"

【有关于价值观的】

"小熊，假如在考试的时候，有同考场的同学用手机作弊，并且有一两个同学都看到了，你会怎么做呀？尽管模考是自己的事儿，但破坏考试秩序的行为是不是应当被检举呢？可是我又有点担心。"

"小熊呀，我的压岁钱都买了648了（648：游戏充值术语），现在我爸给了我一个本子，要求我记账，写清楚每笔交易，还要定期查账，我该怎么办啊？"

"小熊，妈妈去世了，我感觉好迷茫。"

"小熊，我们应不应该过洋节啊？"

【当然，也有来感谢小熊的】

"Hi，小熊，我是一个以前找你提问过的同学，看到小熊又回来了，我也来跟小熊说声谢谢！小熊的'话风'真的好暖，当时一下子把我治愈了。而且小熊的回答很有效，对我很有帮助，这次考试和上次比进步挺大的，尤其是物理、化学都超八十分啦。总之真的很感谢温暖的小熊！很感谢温暖的校团委！居家这么久非常想念京源美丽的校园，希望能早点回去。"

"以前找小熊提问过，感觉小熊真的好暖，回答给了我很大帮助，谢谢小熊，提前祝小熊新年快乐啊！"

同学们提出的问题五花八门，这也充分体现出同学们对于团委小熊的信任。而我们也是每个问题都会进行仔细的讨论和分析后给出答复。

就这样，从设想到实践，团委小熊顺利地运营起来，在这里，团委的成员们成为一道道温暖的光，照入同学的内心。

咱就是说，上操能换音乐了

"希望学校能定期更换上操音乐！"

学代会经常收到很多学生提案，这条是在整理提案的时候看到的，并成为第二天学生会例会的主题，即"有没有必要定期更换上操音乐"。没想到这个题目一抛出来，就引发了学生会干部的激烈讨论。不，是强烈附议。那咱就干！文艺部部长第二天就找到体育组组长商议此事，在得到了体育组组长的支持后，学生会开始大刀阔斧地干起来。

很快，第一期宣传推送发出来了，立刻受到了同学们的关注，一晚上就达到了两千多次的阅读量。不到三天的时间，文艺部就收到三千多首投稿歌曲。我被学生们的热情"砸蒙了"。

怎么筛选歌曲？多久更换一次歌曲？什么类型的歌曲适合全校播放？什么节奏的音乐适合跑步？每人可以投几首歌曲？这一系列的问题扑面而来，让我有点焦虑，但没想到学生会一次例会全给解决了。

首先，学生会分成了四个小组，把推荐频率很高的歌曲筛选出来交给体育部；体育部的同学边跑步边听歌，最后发现 BPM 在一百五十左右的歌曲与跑步最搭（BPM：每分钟节拍数，区分歌曲节奏的指标）；体育部选出的曲目再交由宣传部审核歌词内容，最后再交给文艺部的同学，由其交给体育老师在上操的时候播放。当歌曲播放出来的时候，很多同学鼓掌欢呼，听着自己喜欢的歌曲，跑步也变得更有力量了。

京源学校定期举办的学代会和团代会都有提案环节，每一份提案都会交给校领导，学校也会根据学生提出的意见和建议进行调整和修改。让学生参与学校的建设，参与学校活动的策划设计才是真正的以学生为主体。而学生会的同学就是全校同学的代表，回应同学们的需求、将同学们的愿望落实是对学代会使命的践行。

自由与自主

几则小故事不足以说清校团委和学生会的"神仙"，学生总是给我无尽的惊喜，很多老师也在跟我说："你这个团委书记可真棒，设计了这么多有意思的活动。"说来惭愧，我在这个过程中只是起到支持和引导的作用，真正好的创意和想法来自于学生。

我的支持与引导主要是给学生提供自主成长的环境，让学生"自由生长"，这是因为我相信团委学生会的干部能够自我服务、自我教育、自我管理。

这份"笃信"来自于哪呢？来自于京源学校给了我这个团委书记自主的成长环境。无论是白校长还是简书记，抑或是黄校长，都给我很大的发挥空间，在我每次提出"新奇"想法的时候，得到的都是弥足珍贵的支持和鼓励，还有耐心的指导与提醒。学校信任我，我信任学生，这种信任是自上而下层层传导的，自主的成长环境本身就具有传递性，从这个意义上来说，我只是信任与自主的传递者。

心里话大声说

王宏甲

基于当今的学习压力从小学开始就很大，京源学校小学部开展了"心里话大声说"的活动。这个活动是请每个学生把心里最想说的话大声说出来，别憋在心里，别等出问题了再去问为什么。可是，怎么能让孩子说出来呢？

小学部女校长李晓军决定给孩子们创造一个隆重的机会。老师们把全体小学生集中在大操场上，再把小学生逐一请到学校最高一层楼的阳台上，让孩子独自面对着大操场上的全体同学，使劲说出心里最想说的话。

要让操场上的每个同学都听见，就真的要大声说，甚至大声喊。当孩子站在高高的阳台上，头顶辽阔的蓝天，俯瞰着操场上的全体同学，把积压在心底的话大声喊出来，那是什么情景？

京源学校的这项活动开展得有点名气，中央电视台来拍他们的活动了，我现在记述的就是他们这次电视采访的部分镜头。

那天，前来采访的节目主持人叫欣欣。采访车开进京源学校后，李晓军校长与师生们迎出来，场面立刻就热烈起来。

活动开始，欣欣在学校最高一层楼的阳台上主持节目，参与活动的学生逐一站在栏杆后一个安全的位置去"大声说"。

学生来了。第一个是男孩，他站上去了，接着就冲楼下大操场的同学们大声喊道："同学们，你们好！我叫刘博远，是三（1）班的同学，我想对我们班的季然说，我跟你老发生矛盾，我想跟你说声对不起，希望你能够跟我和好！"

他的话音刚落，楼下操场传来一个孩子更加使劲的喊声："我——也——这——样——想——"这孩子就是季然。季然张大嘴巴使劲喊，以至把眼睛给闭上了。

第二个男孩没报班级，没报姓名，上去就说："我现在写作业很慢，我以后想当一名记者。"说完他就下来了。主持人欣欣上前采访他："你为什么想当记者？你认为记者是什么样的？"

男孩说："我特别佩服记者，因为只要有人说句话，记者马上就能记下来。我要是有记者的本领，考试就不会来不及了。"

接着上去的是一位女孩，她没报姓名，只说："我是二年级（1）班的学生，我想对刘小双说，刘小双谢谢你！我是新来的，你平时对我特别好，我希望能和你做一生的好朋友。"

操场上掌声雷动，掌声传到了高高的阳台。

又一个男孩上去说："大家好！我是三（2）班的张丰豪，那天竞选小队长，我觉得我能行，我就毛遂自荐，可是最后我没被选上。我下学期一定要当上小队长，你们能选我吗？"

操场上许多小嘴巴齐声喊道："能——"

老师们也乐了：你看这孩子多聪明，他用这机会拉选票！

又一个男孩上来了："我是二（2）班的鞠爱国，我想对我的妈妈说，我的作业我不想星期五全部写完，能让我星期五、星期六两天写完吗？"

欣欣上前采访鞠爱国："你为什么不想星期五写完？星期五写完了，星期六、星期天可以去玩呀！"

鞠爱国说："阿姨，我没时间玩。星期五我回家老困，我写一些作业可以，但老写我就写不好了。"

欣欣问："是不是因为学了一周，到星期五很累了？"

鞠爱国说："是。"

请你留心，他是二年级学生，到周五他很累了，双休日是他该休息、该玩的，但现在他请求让他把作业分周五和周六两天做完。周日他要做什么，没说，只说我没时间玩。

欣欣这时似乎有点意识到了，她主持的其实是个有点沉重的节目，孩子把心里话简简单单地说出来，仔细体会，便能感觉到一种忧伤。欣欣说："妈妈正在看节目，妈妈能听到你的请求，来，你看看妈妈，冲妈妈笑笑！"

接着是一对双胞胎兄妹一起站到了那个高高的讲台上。哥哥先说："我是三（1）班的李仁杰，我想对我妹妹说，以后要听我的话，你以前老不听我的话。"

妹妹接着说："我是三（1）班的李仁笑，我想对我的哥哥说，我想当你的姐姐，不想当你的妹妹，你要听我的。"

这妹妹的心里话把大家都说乐了。接着欣欣采访这对双胞胎，问到哥哥比妹妹大多少时，男孩说："我比她大一刻钟。"

孩子们的心里话各种各样，起初能听到孩子说："我希望我的学习成绩能提高，长大后如愿以偿""我想对我的爸爸说，多给我买些书，让我多长知识"，说到后来，孩子们似乎越说越大胆，越说越真切，看来是真把积压在心底的话说出来了。比如，一个女孩，当中央电视台播出她的心里话时，观众看到画面上的她孤零零地站在阳台上大声说："我想对我爸爸妈妈说，求你们以后别再吵架了，行吗？"

女孩最后那句"行吗"，听起来就像哭，这画面和声音通过电视向全国播出去了，让人感到一种强烈的震撼。

当今学生心理承受的压力是多方面的，而学习压力是最直接的压力。老师们要努力使孩子的学习成绩上去，又要设法释放孩子们的心理压力，想了许多办法，这个"心里话大声说"活动是其中一例。当我们赞扬这个活动时，也由这个活动看到了另一面，那就是我们现行的教育需尽快改变。

压力之下

王宏甲

访问了张逸民院长后，我去访问了京源学校。

这里是王能智老师的试验田之一。这是一所集婴幼园、小学、初中和高中于一体的寄宿学校，1996 年建立。

当年开学不久，有学生跳起来在崭新的白墙上踩了一个鞋印，校长和书记做出一个决定：全校学生排队去参观那个"鞋印"。

接着有家长来信说："学校的任务是让孩子学习好，你们组织参观那个鞋印也就行了，还组织讨论，那不是占了学习时间吗？"甚至问："你们是学校还是党校？"

学校让学生每个星期一做大扫除，有的学生弄脏了衣裳，鞋也湿了。又有家长来信来问："孩子在你们学校，是学生还是清洁工？"

在京源学校，我认识的第一人就是在前面那个座谈会上已经见到的曹彦彦。某天上午，在她的办公室，我们再次见面。

下课铃声一响，她的办公室就来了许多学生，总围在她那台电脑旁……这时刻她的办公室实在不像个副校长办公室。曹彦彦并不在意，好像早就习惯了。

她的办公室依然人进人出。她刚才说到家长们参与意识都很强，对教学的一举一动监督得都很厉害，现在她接着说：

"孩子还在小学一年级，家长们都高瞻远瞩地看到了高考。每个家长都关心孩子的考分，我们每个学期结束也发分数条，好像教育的成果最后就全体现在分数条最后一栏的总分上。"

"你们学校有厌学的孩子吗？"我问。

"有。压力对学生、老师都普遍存在。"

"你是说压力与厌学有关?"

"这好像不单单是我们教育领域的问题。家长下岗,邻居某个大学毕业生找不到工作,都会让初中生感到压力。压力对学生好像无孔不入,单靠我们想改变,很难很难。"

曹彦彦还说,有位母亲讲,当你听说清华、北大的学生还没毕业用人单位就预订了,可从一般的大学毕业,到人才市场还没开口,人家一个牌子立那里,叫你"免谈"的时候,你啥感觉?现在孩子还小,知道得少,你不使劲督促,等他知道就晚了。不是说"少壮不努力,老大徒伤悲"吗?于是,家长们感到督促孩子还不够,就督促学校。

上课铃声响了,学生们又潮水般退去……望着静下来的办公室,我说,我想接触一下你们的初中生。

她说,好呀!

就愿跟陌生人聊天

我的爸爸妈妈对我的学习非常重视,平常不让我看电视,周末了,我看个动画片他们还唠叨半天。不看电视也就算了,就连平常我看的课外书也被他们收起来。一回家就把我关在屋里让我学习。我出去倒口水喝,我妈也说:"浪费时间,你不会把开水瓶提进去?"都说要全面发展,我给我爸我妈说了,他们也不听,我该怎么办?

这是京源学校初三的一位女生写给心理学女教师张郁茜老师的信。张郁茜也是王能智主持的"石景山中青年骨干教师进修班"的学生,但在王能智还不认识张郁茜时,早在1997年建校第二年,京源学校的白宏宽书记、麻宝山校长就亲自到大学毕业生中去招来了张郁茜。

这是一个很有现实意义的举动,基于两位校领导的共识:当今孤独、苦闷的中学生有许多心理问题,我们必须为学生物色一位心理学教师。

张郁茜是安徽省淮南市人,在北京师范大学毕业时正为自己的去向发愁,因为许多学校更关注的是中考、高考要考的那些科目的老师。中考、高考都不考心理学,许多学校也没有设心理学课,她毕业了向何处去?突然,她遇到京源学校的两位校领导专门来物色心理学教师,并被选中了。

"这是你的办公室。"白宏宽书记说。

"就我一人的办公室？"张郁茜问。

"对呀！"

真是太意外了。因为她已经看到，全校各科教师都是多人共用一个办公室。校领导不但给她配备了单人的办公室，还配上了沙发和电脑。她得到的是独一无二的环境。

"学校给我这个环境是为学生考虑。"张郁茜告诉我。

"怎么说？"我问。

"你想，学生心里积压着许多隐秘的话，跟家长、跟班主任都不便说，能在大办公室里说吗？这就需要一个让他们感到安全的环境，来这里可以一对一地跟心理学老师说，配上沙发，有助于进一步让学生放松。"

学校在初一就开设心理学课，让学生初步了解心理学并建立对心理学老师的信任。此后，从初二到高三不再开设此课，但全校学生都可以用各种方式与张郁茜老师交流，如写信。

请看另一位女生写给张郁茜老师的信：

> 父母很爱我，一日三餐，无微不至。晚上我做作业，他们怕影响我，连电视也不看。但我们就像生活在一栋楼里的陌生人。
>
> 出去散步的时候，天黑了，我爸我妈走在前面，我独自在后面尾随，就这样绕了一大圈又回到家。大家都不说话，我觉得压抑极了。吃饭时父母也说：好好吃饭，不要说一些无关的事。
>
> 什么是无关的事呢？父母就认为，只要是跟学习无关的就是无关的。他们说：有事说事，没事写你的作业去！我想跟他们说些话，常常一开口就被堵回来，我在家里非常孤独。

张郁茜与学生的交流形式多样，常常也用 E-mail 交流，如果需要直接交谈，就在信里约见或打电话，一切看学生需要。学生来信大部分是用化名，也有少数同学哪怕谈自己早恋中的苦恼，也很勇敢地用真名。

我在张郁茜那里看到学生们各种各样的化名：冰凉心情、失落女孩、米老鼠、天堂鸟、秋思、荷花、矛盾、小蜜蜂、小猫咪、梦雪儿、流川枫、樱桃小丸子、灌篮高手、F、L……其中有不少是动画片中主人公的名字。也有的同学不署名，只在最后写上："一个想倾诉的学生""一个不需要回音的学生"，等等。

张郁茜给他们回信，也使用他们的化名，学校传达室窗外的小黑板上常常能看到诸如"冰凉心情、小猫咪，有你的来信"这样的提示，使用该化名的同学知道是张老师的回信，就可以到传达室去按约定的"口令"领取。不愿意让别人知道自己心事的同学，连张郁茜老师也不知对方是谁，交谈就在悄悄中进行。

张郁茜独特的工作做得颇有影响，家长们都知道学校有个像心理医生那样的心理老师，家长有问题也来找张老师，于是张郁茜办公室的沙发上也经常接待一位又一位家长。

我问："来访的，哪个年级的学生家长最多？"

张郁茜随口就说出："初三。"

一天，有位母亲来咨询。

她说："我的女儿放学不回家，总去网吧。我们找遍了附近的网吧，已经两次在深夜把她揪回家。可她还是要去。初三了，学习这么紧张，怎么办呀？"

"您别着急，坐下来，慢慢说。"张郁茜说。

这位母亲坐下了。

"您跟她好好谈过吗？"

"谈过呀！她爸跟她说，你有什么想法可以说出来，我们好好谈谈。她不吱声。她爸又说，我们是平等的，你有什么话可以说呀！她还是不说。她爸又说，比如你可以说说，你为什么一定要去网吧？她就说了。"

"她怎么说？"

"她说她也没干什么，就是上网聊天。她爸问，聊天？聊什么天，跟谁聊天？她说我也不知道，陌生人呗。她爸说，跟陌生人聊天？她说，就是陌生人。她爸说，跟陌生人聊天那么重要吗？她说，这是我的事。她爸说，你什么事，非去不可吗？她说，我跟人约定的，不能不守信用。你听听这是什么话！"来访的母亲说，"她爸说，你跟网上的陌生人约什么定，约定干什么？她说我说过了，没干什么，就是聊天。她爸说，网上那么复杂，你跟陌生人聊什么天，有什么意义？她爸气得给了自己一巴掌。女儿就哭了。我们再说什么她不听也不说了。第二天还是要去网吧。她还小，要是被人骗了，怎么办？而且中考就要来了，怎么办？"

张郁茜说："您别着急，咱们商量商量。"

与父母签约

张郁茜说："不是您一个孩子这样。您刚才也说到了平等，您想知道孩子们是怎么说的吗？"

"怎么说的？"

"他们说现在很多家长都有平等观念，但家长那'平等'的后面是有陷阱的，等到孩子把自己的秘密说出来，家长就开始批判了。他们说这还是个'不平等条约'。"

来访的母亲认真听了，说："这些孩子，还真能说。"

张郁茜说："孩子们认为，家长像这样越往平等靠，就越显得不平等。他们认为家长没有理解平等的实质，平等不是摆个平等的姿态就平等了。你看孩子说的是不是也挺有水平？"

"那怎么办呢，就由她去？就让她放了学去跟陌生人聊天？"

"恐怕要先跟孩子建立真正的交谈，是交谈，不是谈话，不是领导跟下级谈话的那种谈话。不是你说得对我就赞扬，你说得不对我就批评。要真正了解自己的孩子，并不容易。家长都认为，我是看着他长大的，我还不了解他？实际上我们的思维，我们的判断，可能跟孩子完全不一样。"

"我还要怎么了解她呢？"

"咱们就事论事。你们家有条件上网吗？"

"有。"

"她为什么不在家里上？"

"我们不让她上。"

"为什么？"

"这不是要中考了吗，上网浪费时间。"

"初三、高三的孩子孤独感更强，更需要倾诉。他们往往不怕浪费时间。你不让他们上网，他坐在那里一下午、一晚上，什么也看不进去，什么也做不了，那才是浪费时间呢！"

"按您这么说，还得让她上？"

"您不是希望女儿放学了能回家别去网吧吗？那第一步就先让她回家，让她在家里上网。您可以试着和女儿达成一个协议，或者说，试着真正与女儿平等一回，那就有可能出现变化。"

几天后，张郁茜接到那位母亲打来的电话。

对方说："我们签约了。"

"是吗，怎么签的？"

"我们同意女儿每天在固定的时间里在家上网，女儿承诺不去网吧。双方签字画押。"

"真签字画押？"

"是的。"

"执行得怎样？"

"起初以为孩子不会接受，没想到她一下子就接受了。执行起来也不困难。女儿说，早这样，多省事，也省得我出去乱跑。"

就这样，实现了第一步——女儿回家了。

可是，父母仍操着心。她交的网友究竟是谁，女儿为什么迷上跟这个陌生人聊天？"这个陌生人到底用什么魅力迷住我的女儿呢？"

张郁茜说："您看，这个世界很值得了解吧，现在那个看不见的陌生人是不是也引起了您的好奇？我建议您可以跟女儿聊一聊了。"

"怎么聊？"

"用感兴趣的语气问问，网上都认识些什么样的朋友？不是质问，不要谈学习，不是表现对她的关心，而是表现出您对网络的兴趣，是您想知道这个您不了解的世界。"

过了几天，家长又打来电话。

"我跟女儿聊了。没想到她认识的网友不止一个，有好几个，真吓我们一跳。我问，你们都聊些什么呢？女儿说也就发发牢骚，聊些日常琐事，也挺无聊的。女儿说是'无聊对无聊，互相聊一聊'。"

再后，母亲就与女儿讨论：网上的朋友与生活中的朋友有什么不同？女儿说：网上的朋友虽然无话不说，但那是虚拟的，真有事也不敢找对方帮忙。现实中的朋友，则怕受他的伤害，不敢畅所欲言。

电话里，那位母亲还对老师说，原以为女儿就像个小羊羔，很容易被人骗，现在发现女儿其实也很懂得防范。再后来，发现女儿上网的时间短了，或者不上了，偶尔上网也不是与人聊天了。

张老师说，因为您与孩子建立了沟通，孩子减少了孤独感，上网聊天就不那么迫切，甚至也不需要了。

后来，这位母亲再次来与张郁茜老师"聊天"，一是向老师表示感谢，二是还有担心，她说："这回，我没跟女儿谈学习，她自己就投入学习了。"

"这不是更好吗？"张老师说。

"那她哪天又自己变回去了呢？"

这真是一个有趣的问题。

这位母亲还对张老师说："这回我和她爸都没跟她讲什么道理，她自己就变了，这能可靠吗？"

我不禁想起了何谓"家长意识"。我们平常在工作中也可能对单位的领导不满意，批评他们"家长作风"。但有时候我们也很习惯于说，在哪级哪级的领导下，思想觉悟得到提高，然后取得怎样的成绩，似乎如此才觉得这是成绩，否则有了成绩也好像是不可靠的。这种"家长意识"渗透到我们的家庭，在许多平凡、朴实，没有任何社会职务的父母的灵魂中也盘踞着的，在相当广阔的层面上构成我们社会的一种思想基础。

我也没想到，就在大人们谁也不觉得有什么重要的聊天里，潜伏着孩子们多么曲折的渴望。其实，他们喜爱聊天，折射出的仍然是巨大的学习压力和压力下的曲折寻求。

在张郁茜老师那里，我还读到这样一封信：

> 我叫"L"。
>
> 我有很多问题想问。
>
> 我从上初二起就很厌恶我们的班主任，想和她谈谈，但总是被她的话顶回来。我试过许多办法，都不见效。最后我只好用激将法，例如故意惹她生气，想让她把我拉到办公室，这样我就能和她谈话了。但她只是更懒得理睬我了，对我做的事、说的话，她只是说"你怎么那么多嘴呀"，就不理我了。我现在再也想不出方法来让她与我谈话了。我知道我不应该这样做，但我只想和老师之间的关系好一些。请您帮我想想办法。

读了这信，我想，这位自称 L 的学生说他"厌恶"班主任，其实是用词不当，在他内心深处，对班主任不仅不是"厌恶"，而且很有感情，所以一直渴望与班主任多说说话，即使到"再也想不出方法来让她与我谈话了"，仍然想和老师搞好关系。

这样的情况远非个别，L 的信只是一种典型表述。许许多多学生是在渴望与父母交谈、渴望得到父母理解，遭到失败甚至失望之后，认为老师该是能理解他们的，于是相当执着地寻求与老师的交流。此种寻求已不是寻求解决学习上的困难，而是更迫切地渴望解决心理困境和心理压力。如果在老师这儿也得不到解决，有的孩子就会不顾一切地到网上去寻求与陌生人聊天。

这种寻求，与其说是寻求倾诉对象，莫如说更内在的是在寻找自己……我是谁？我认识我自己吗？我怎么是这个样子的呢？

男孩女孩发育到初三，正是人和世界在他们眼里更加五彩缤纷的时期，是最有条件全面发展的"天生时机"。他们渴望多方面认识世界、认识自己和发展自己，他们的渴望从每个毛孔里都溢漾出来……但是，学习挡住了他们的去路。

父母那一代人在少年时唱过的"让我们荡起双桨"，至今唱起来仍会沉浸在美好的回忆中。这一代孩子唱这歌，虽然也感到挺美，但没有父母那一代人那么强烈的感受。这一代孩子，不少人对流行歌曲中那些表达孤独、寂寞、痛苦的歌曲更能产生共鸣，以致那些流行歌星发行光碟签名销售时，都市里会突然冒出成千上万狂热的中学生少男少女，大批警察不得不预先到现场维持秩序。

许多家长也不理解，说报刊上也说过，有的歌星连简谱都不识，甚至"五音不全"，装束男不像男，女不像女，声音嘶哑，既不好看也不好听，却火极了，成为许多中学生甚至大一、大二女大学生狂热的崇拜对象，这是咋回事呢？我想，负载着巨大的学习压力，心里积压着说不出的苦闷的学生们，需要那样嘶哑的甚至是歇斯底里的歌声来释放他们心底的痛苦，这大约是重要原因。

到了深夜，还会有大批女中学生聚在某位歌星居住的宾馆外，齐声高喊："我们爱你！我们爱你！"

在家长看来，这是令人欲哭无泪的。

在女儿看来，这是很神圣的。

许多父母感到不认识自己的孩子了。

说废话也是有用的

同老师们交谈，我得知，许多孩子在上初一时都对父母直接或曲折地表达过自己心灵的困惑，但许多父母除了在学习上不断给孩子"加强教导"之外，常常就是那句"好好吃饭，不要说一些无关的事"，一句话就把孩子堵了回去。

许多孩子也像 L 想方设法与班主任交谈那样，期望与父母交谈，却遭到父母一次次的"教导"甚至训斥，终于失望，于是什么也不说了，就这样到了初三。

中考的压力空前增大，孩子的学习成绩令家长的忧虑加深。父母发现孩子缺乏信心，而且不能专心，这时才猛然意识到孩子是一个独立的个体，有切身的痛苦，想和孩子深入地谈谈，但所谈仍是"学习、学习"……此时，往往是父母一开口，就被孩子堵了回来。

孩子不愿谈了。

一天，有位母亲来找张郁茜老师。

她说："我现在跟孩子说什么都没用。都初三了，他从来不想以后干什么，我跟他好好谈，可他连话都不想跟我说，就说'去去去'！"

"他以前也没有跟你说过以后想干什么吗？"张郁茜请她回忆。

她想了想，说："我问过他将来想干什么，他说想踢足球，我对他说，踢什么球，还是好好读书吧，考高中。"

"还说过什么吗？"

"后来，他又说想当警察。"

"你怎么说？"

"我说，你别胡思乱想了，还是好好学习吧，上高中、考大学！"

这位母亲还说，我正经跟他谈，可他就是不正经跟你谈，一会儿踢球，一会儿当警察的，不懂得好好考虑将来的前途。

张老师说，其实你的孩子已经在考虑了，他由于对将来考大学缺乏信心，所以在考虑上体校、上职高。在这个心理过程中，孩子把自己上高中的路放弃了，家长又把他上职高的路堵死了，他就走投无路了。

这并非一个家长遇到的问题。

在父母看来，唯有上高中、考大学才是光明大道，孩子不考虑上大学就是不考虑前途。有的父母退一步对孩子说，你先考上高中，先读，将来考不上大学再想办法。

可孩子觉得，考不上还学它干什么，那不是浪费时间嘛！孩子想的是：上了职高就早点毕业，早点找事做，也好早点报答父母。

可父母觉得，我们没想要你报答，我们这样苦口婆心为你着想说什么你都不听，这是自甘堕落。

许多父母因此觉得孩子上进心不强是压力还不够，应该再加压。而多数孩子觉得不好直接顶撞父母，最好的防御方法就是不回答，懒得说，"免得在你们这里受刺激！"

可父母觉得就是要刺激刺激他，把刺激当鞭策。

也有的家长把孩子带到一些很豪华的场所去，希望这样的场所能让孩子感到，如果你不好好学习，没有本事，将来在社会上的生活处境就会很差。

有位女生在给张郁茜老师的信中写道："我爸爸很有钱，他多次带我去一些高消费的场所，而且说，'孩子，你看看这个世界，你知道你现在是多幸福的吗？'可是我不想要这些，我就想让我爸下了班回家，同我一起吃饭，听我说话。"

是的，就这点要求，"听我说话"。张郁茜说，孩子的要求并不高，就希望你听她说说话。可许多父母不知道他们的孩子是孤独的、苦闷的。

"这时候，听她说说废话也是有用的。"张郁茜对家长这样说。

我童年的时候就经常听到这样的说法，"你们是身在福中不知福！"我们读过高玉宝的《半夜鸡叫》，听到了过去岁月中"我要读书"的呐喊。我们坐在新中国的课堂里，在少先队的旗帜下唱着《我们是共产主义接班人》，真的感到阳光灿烂，感到我们这一代是非常幸福的。"曾以为我们这一代会大笑着跑过我们的青春"，但后来经历"文革"，经历插队，我们走过了许多泥泞。

到今天，我们这一代家长，又觉得现在的孩子真是最幸福的了。学者们会说，知识是铺垫你通往未来的一条大道。可相当多孩子都感到大量的试题严严密密地砌垒起来的"知识"正成为阻挡他们前程的恐怖的高墙。

我也曾经想过，现在的孩子多是独生子女，父母都视为掌上明珠，应该让他们懂得艰难，经历一些挫折，为此也积极主张"挫折教育"。然而，挫折教育的目的应该是使他们在挫折中建立百折不挠的信心，可现在仅仅读书考试就使他们无数次受挫，防不胜防地受挫。对此，老师和家长们都采取了或鼓励或批评的种种办法，但实际效果却是：许多孩子的自信心非但没有建立，反而在一次次受挫中被严重挫伤，这就与人们通常说的"挫折教育"不是一回事了。

我比任何时候都更加清楚地看到，每一代人都会遇到新的问题，都有自己的苦恼和困境。今天，哪个孩子不考虑前途呢？社会在一天天缤纷，电视上的景象也一天天妖媚……这个世界是我的吗？社会已经给了他们很大的压力，很大的刺激。一个十四五岁的孩子，这是他弱小而最需要有人理解的时期，父母是最亲近的人，如果父母也不能理解，还不断给他施压，不断刺激他，有的孩子就崩溃了。

是的，我在访问中听到了"崩溃"这个词。我想，这恐怕言重了吧，就问老师。

老师说："崩溃"就是彻底放下来，不学，也学不进了。家长们不是总说"你要是考不上大学，就完了"吗，现在不学了，学不进去了，不就完了吗？

老师也说，你没看到报纸报道吗？过去高考落第后有自杀的，现在中考、高考还没考，就有自杀的，还有把母亲杀了的。这不是精神"崩溃"是什么？

京源学校组织过这样的班会，老师在黑板上写出一个供大家讨论的题目："将来怎样做父母？"

同学们看了，起初一惊，然后是笑。然后是反应非常强烈的发言。

女生会毫不羞涩地说，我要结婚、生孩子，然后如何让孩子有机会接触各种各样的事物。

"我要经常带孩子出去玩，开阔眼界。"

"我要经常和他聊天。"

"我不会老是命令他这不许干，那不许干。"

"我不会老是说他，你这干不好，那干不好。"

还有女生说："我不想生孩子，我想养小动物，我会天天好好地照顾它们，让它们快乐！"

"我不想结婚，我也不想当律师、医生什么的，我想卖花。"这个想法透露出的是学习太累，将来就卖花吧，那也许不要多少学问。

张郁茜告诉我，总的来说，同学们说的都集中地反映出：精神上、情感上的需求，比物质上的需求更重要。

心理承受能力

王宏甲

每年初一入学后，不少学生对班主任排的座位不满意，认为会影响到学习。这时就有家长来找班主任。

"我孩子视力差……"

"我孩子旁边坐的人他不喜欢……"

常常都会说到这个座位非常影响孩子的学习，孩子从来没有这样难受过，我们做孩子的工作也做不通，只好请老师帮忙换个座位。

班主任有时也给少数几个同学调了座位。这一调引起更多同学的不满。学生对座位的不满转移到对班主任的不满，抱怨集中到班主任身上，说班主任不公平。

这不是京源学校特有的现象，许多学校的许多班主任都遇到过这样的情况。京源学校的领导重视了这个现象，他们特意招来的心理学教师张郁茜，就在这时开始给初一学生上第一节心理学课，内容就是重新排座位。

张郁茜老师来了。

她说，听说有同学对座位不满意，现在班主任不在，同学们反映一下真实的想法，对自己的座位不满意的同学请举手。

同学们举起了手。数了数，全班五十人有三十人不满意。张郁茜在黑板上写上了"30"。

"既然多数同学不满意，大家今天就自己来排座位。排得好排不好没关系，试试看，你们看行吗？"

同学们问：要是排好了，算不算数？

张郁茜说：要是大家都认可了，为什么不算数？

同学们反应热烈，纷纷说那就排吧！

"但是，"张郁茜说，"我有一个条件。"

"老师，什么条件？"有同学问。

"你们可以充分协商，自行解决。不论有什么矛盾，你们别要求我当裁判。否则我一说话，就会有人觉得我偏心，不公平。大家要是同意，我们就开始。"

同学们说，同意，开始吧！

教室里立刻出现从未有过的景象，同学们相互商量，彼此讲条件，有的同学不仅安排自己，还安排别人，你坐这儿，她坐那儿……他希望他喜欢的人坐在他周围，有人同意，有人不同意，不同意的找他自己喜欢的人去了。

当大家都坐下来后，张老师说："现在，一个新的座位表产生了。请问还有没有不满意的？"

"有。"

"还有多少？我们再统计一次，不满意的请举手！"

数了数，还有十五人。

张郁茜说："刚才的时间也许不够充分，现在再给一次机会，同学们之间再相互协商、调整，争取让每个同学都得到自己满意的座位。开始。"

又一轮活跃的协商与调整。

再次坐定后，张郁茜问："还有不满意的吗？"

"有。"

张郁茜望着全班同学："再统计一次，不满意的同学请举手。还有十二位同学。"

"还要再来一次吗？"张郁茜问。

同学们说不用了，别折腾了。于是张郁茜让大家讨论：有没有一个座位表能让每个同学都满意？结论是：目前没有。

为什么没有？

教室的大小、通风、采光、座位的分布、与黑板的距离，这些都是客观的暂时不可改变的条件，同学们的内心愿望却很丰富。再有能力的班主任也设计不出一张让每个同学都叫好的座位表。

实际上，几乎每个学生都坐过自己不满意的座位。张老师又让大家讨论：当你坐在不满意的座位上，怎么办？

有同学说，我反复申请换座位，争取打动老师。

有同学说，凑合着坐。

有同学说，对座位的不满意会一直缠着我，让我没法专心听课。

还有同学说，我感觉自己突然孤僻了，不愿意理周围的人。

也有同学说，我会主动去适应我不满意的座位，渐渐发现这个座位的优势，并喜欢上它。

这堂课，同学们已分不清是排座位还是上心理学课，但这是一堂印象深刻的实践课，同学们体会到了：

你想得到的东西，得不到，不见得是别人的错。也不是你想得到的东西都能得到，得不到，不要把它压在心里成为一种心理障碍。要学会理解别人，与许多人共处。

张老师又让大家回顾，生活中还有没有遇到类似的问题让你很不满。同学们踊跃发言。

"我希望家里送我出国留学，但父母说没那么多钱。"

"我希望当班干部，但是大家不选我。"

"我希望生日那天得到某个礼物，但没有得到。"

……

张老师说，我们今天排座位也是一种对现实的认识，现实中可能存在很多你不满意的情况，当你处在自己不满意的环境中，怎样做比较明智？

在这里，张老师没说什么是不可能的，也没要求大家克制愿望。面对成长中的孩子，若使用太多"不可能"这样的词，会让学生感到没劲。张郁茜说，能不能用明智的方式去面对现实？这是积极的进取的状态，会召唤同学们走出埋怨情绪，走向建设自己。当明白了这些，你就增强了心理承受能力。较强的心理承受力就是重要的生存能力之一。若缺乏生存能力，就很难成才。

马兰的春天 / 清明即事

陈星彤

"你把自己留给一座小小山村，你把山村的孩子们送上最绚丽的舞台。你在这里出生，也在这里离开。山花烂漫，杨柳依依，为什么孩子的歌声如此动人，因为你对这片土地爱得深沉。"这是 2022 年感动中国人物颁奖仪式上写给邓小岚老师的颁奖词，我也是从这个时候才开始了解邓小岚老师和她的事迹。

2023 年的清明节，怀着对邓老师的崇敬之情，京源学校组织我们走进马兰村追寻邓老师的足迹。

接近马兰村，我们看到雄伟壮丽的太行山脉横亘在华北地区，绵延不断。初春星星点点的野花为雄峻的山峰添妆，散发着春天的热情。风景如画的马兰村坐落在这片山区，安静祥和。胭脂河水清澈见底，水流潺潺，静静地流过马兰村。

作为晋察冀抗日根据地的组成部分，马兰村是《晋察冀日报》的机关驻地。我们参观了报社原址，是狭小院落中一座破败凋敝的土坯房，昔日工作条件的艰苦可见一斑。第一本《毛泽东选集》在这里印刷出版。曾经有七位战士和十九位村民为了保护报社献出了自己宝贵的生命，邓小岚老师就是在那个年代出生在马兰村。

邓小岚老师退休以后又回到了马兰，十八年栉风沐雨，她一直扎根在马兰进行支教，教授当地孩子音乐，创立了马兰花小乐队和合唱团，将山里的孩子们送上最绚丽的冬奥舞台。她在这里出生，也在这里长眠，将生命中最后的时光无私奉献给了马兰。十八年光阴流转，十八年风尘仆仆，她让那个"沉默寡言的马兰村"学会了歌唱，让一群被深山环抱的孩子学会表达热爱，探索世界，这给她带来了快乐和满足。听白校长说，十多年前学校组织师生来过一次马兰村，只不过那次是来看望邓老师，而这次是来祭扫和追思。

"棠梨花映白杨树，尽是死生别离处。"我们和马兰小学的师生们来到七位烈士和邓小岚老师的墓碑前进行祭扫。气氛肃穆庄严，周围只有溪水流过和风拂过树梢的声音，仿佛在诉说着它们的思念。我们心怀敬意献上鲜花，鲜花簇拥着烈士们的墓碑，向长眠于此地的伟大英雄们诉说着人们对他们的敬仰和怀念。在邓老师的墓碑前，同学们朗诵了写给邓老师的诗歌《马兰花香》，既有对邓老师的追思和敬仰，又表达了向邓老师学习的决心和志向。邓老师的女儿刘明明老师向我们讲述了邓老师扎根于此地的一幕幕往事，邓老师将自己对亲人深沉浓厚的情感无私地传递给了马兰人民，用毕生心血造福马兰，致力于建设绿色马兰、红色马兰、音乐马兰。白校长最后也向我们讲述了邓老师作为一个伟大的人、纯粹的人，拥有真善美的灵魂，诠释了伟大的无私奉献的精神。同时，她在面临困难的时候积极寻找解决的办法而不是抱怨和轻言放弃。白校长呼吁我们向她学习，成为一个像她一样的人。

中午，我们来到了马兰小学。学校虽小，但是墙上画有富有童趣的音乐符号，增添了一所山村小学的生机和活力。我们给马兰的小朋友演唱了邓老师生前教授过的马兰歌曲，马兰的小朋友也演唱了邓老师教授他们的歌曲。小朋友们的声音空灵动人，他们原先眼神中的紧张和不安在音乐响起时瞬时转变为专注与陶醉。看到他们对于音乐的热爱，我更加深刻地感受到邓老师对于孩子们的影响之大。她在孩子们心中播种下的音乐种子，不仅让他们站在全世界面前，更在他们的心中播撒下了自信和希望，让他们从封闭走向开放。

下午，我们走过山路，来到了邓老师主持建设的月亮舞台。邓老师曾说："也没有什么特别的寓意，月亮就是月亮，在水里，在天上，在哪都能看见它。"这也是她最后倒下的地方。在这山水环绕的月亮舞台边上，师生们怀着崇敬之心表达了对邓老师的敬仰，纷纷立志要成为一个像邓小岚老师一样无私高尚的人，担负起时代重任，为国家为社会做出自己的贡献。

怀揣着对邓老师的敬仰，我不禁思考，该如何留住一个伟大的灵魂？如何做一个像她那样的人？做一朵马兰花，能忍受孤独，能耐住寂寞，不忘初心，不怕艰苦，执着坚守，无私奉献，去发光，去倾注热爱，在那些需要爱的土地上绽放青春光华，用不断的努力和不懈的奋斗，谱写生命乐章。

"后爸"

简道寅

这里的"后爸",是指中途接班的班主任。由于不同班主任的风格、要求不同,学生需要重新适应,所以往往反感换班主任,中途接班的班主任也因此经常被比喻成"后爸"。我来到京源学校工作的第一年就当上了"后爸",学生听说要换班主任,都埋怨着"我们原来的班主任多好啊,干吗要换班主任啊!"由一名漂亮的女班主任换成一名不熟悉的男班主任本身就是一件让学生抵触的事情,可想而知,一个戴眼镜的男性"后爸"是多么让学生厌烦。

记得我刚接手这个班级不久,学生都在教室里吃营养餐,我正好吃完午饭,来到教室欣赏同学们吃饭的整个过程。突然,班里有个叫小张与小伟的两名学生打起架来,看这情形,我赶忙上前将两人拉开。这时,在旁边的同学也都纷纷指责小张。我非常恼火,因为我接班以来他老是给我惹麻烦,前两天刚跟同学发生过冲突,还经常用粗话辱骂同学。

想到这些,我就气不打一处来,脑海里首先想到这个孩子怎么了?我将他拉出教室,劈头就问:"怎么每回都有你的份儿,你到底是怎么回事?快说,刚才到底是怎么回事?""是他先骂我的!"他态度特别强硬,"谁叫他多嘴,该打!""这是什么逻辑思想?怎么会有你这样的学生?"

后来,我们争吵得越来越厉害,而我的声音也一浪高过一浪,整栋楼都震响了,正当我犯难的时候,我们班的老教师翟老师走过来了。

他问清了事情的原委后,三两下就把这个问题学生搞定了。回到办公室,因为他一直带这个班的数学,所以对学生比较了解,于是他告诉我这名学生成长在单亲家庭,父亲不在身边,由母亲带大,平日母亲也不严加管教,所以导致他逞强好胜,与人针锋相对,脾气暴躁。对待这样的学生,你不能与他硬碰硬，应该找准时机让他主动承认错误，也就是设下"圈套"，让他自己说出错在哪里，一味地说教只是徒劳。

是啊，本来中途接班就非常不易，而我当时为什么只知道一味地强权"镇压"，而不知道静下心来，去心平气和地，设身处地地替他想想，问清缘由。心里顿时豁然开朗。

的确，每个学生都有自己独立的人格，都有个人的需要，都有自己的愿望和尊严。遵循学生身心发展的规律进行教育，在长期稳定的连续相处中，建立真诚融洽的师生关系是至关重要的。

学生犯一些错误是经常有的事情，关键看我们是怎么处置的。以往教师采取的方法基本有以下几种：惩罚、说教、找家长、给处分等，而这几种方法常常会使学生产生抵触情绪，并且也达不到让学生认识到错误的目的，我对这件事情的处理就是一个活生生的范例。

对于学生的思想工作，老师多让学生自己去说，让学生自己去检讨，教师适当地给予一些鼓励的话，效果会更好。

翟老师处理整个事件的过程就是用提问的形式，如"你想想，你一生气，你一不高兴就把气撒在他人身上，对吗？""你竟然跟老师那样说话，一个爱你的老师，对吗？""同学来到一个班，这本来就是一种缘分，多不容易呀，你不珍惜，行吗？""你妈妈含辛茹苦把你养这么大容易吗？她要知道你这些，她心里会怎么想？你也快成为一个男子汉啦，应该像个男子汉那样，勇敢去面对现实，去承担自己的责任，你知道吗？"……翟老师给学生说话的机会，而且态度温和，帮助学生找出错误所在，完全有别于一般的思想教育，然而，就是这种方法，取得了出其不意的效果。

根据小张的情况，我跟他进行了一次深入的谈话，用自己的亲身经历和切身感受去和他交流。通过交流帮助他认识到，一个人应该保持开朗、坦诚、自信、满足的心理状态，能够面对现实，善于从生活中寻求乐趣，对生活充满希望。在烦恼愤怒的时候，能够进行自我调节。此外，还要学会尊重他人，以诚相待。

由于小张的种种行为，同学们对他倍感失望，所以我把他的家庭实际情况向同学们做了介绍，有些同学听了他的经历很是吃惊，还有些同学流露出同情的表情，大家纷纷表示要帮助他恢复自信。

我了解到他曾经有两个很好的朋友，学习成绩比较优秀，三个人原来是那样的形影不离。自从他远离两位好朋友之后，变得更孤单了。我及时找到那两位同学，互相交换了意见，他俩决定主动回到小张的身边，帮助他提高学习成绩。经过一段时间的努力，小张的情况有了很大的变化，爱笑了，作业基本能够完成了，上课发言也比较踊跃，对于他的每一次点滴进步我都及时鼓励表扬。正是因为老师的鼓励，朋友的关心，同学的爱护，他的学习生活有了转变。通过这些不懈的努力，我们的心拉近了，最后，我们成为一对很好的无话不谈的师生和"朋友"。后来在一次测验中，他英语考了112分（满分120分），心里甭提多高兴了，我也非常高兴，在年级表扬会上，特意表扬了他，从此以后，他真的变了，变得自信了，变得热爱学习了，受到老师和同学的好评。

小张对我的教育变得乐于接受了，但他的不良行为还是在其他各学科中表现出来。于是我把他的情况向各任课教师做了介绍，共同商量对策。最后大家一致认为，应该对小张多加赏识，让他在赏识中奋进。这一方法非常有效。体育老师知道他爱运动，虽然体育成绩不很拔尖，仍破例吸收他为篮球队员；物理老师知道他基础差，主动帮他复习，从头教起……每个老师都赏识他的优点，他也认为自己回到了从前，开始对自己充满希望，逐渐克服自身的不足，上课积极发言，成绩取得进步。针对这种情况，我在班里大力表扬，取得了实效。

同时，小张的母亲看到孩子的进步，真诚地说："老师，您用真情开启了我们的心锁，真是救了我们一家子。我真服您了，您不仅教育了孩子，也教育了我，以后您有什么事就找我，我一定全力以赴。"自此，她把心思全用在了儿子身上，每次与我交谈都深深地责怪自己没有考虑到孩子的承受能力。为此她几乎天天到学校来了解孩子的情况，母爱的伟大在她身上彰显，所有老师也被她的行为深深感动。功夫不负有心人，在师爱与母爱的感召下，小张的成绩在初三一跃而上，名列全年级前列。

初三毕业，小张最终以优异成绩考入了一所北京市重点高中，实现了他的理想。世上无难事，只怕有心人，他的成功，使我认识到人民教师责任的重大。最近教师节收到他的来信："简老师，对您中途接班我们本来很逆反，但是通过我们的接触，我深深地感受到，能够遇见您，是我人生最大的幸运，在我心的海洋，您是灯塔，指引我的航向。您用您的爱心，唤醒了我对未来的期望。是您扶正了我这棵歪苗，让我沿着正确的方向成长，大恩不言谢，我永远也忘不了您的教诲，忘不了母校对我的教诲……"那一刻，我的眼睛湿润了，人生最美的遇见不正是如此吗？！

小张只是其中一个代表，在我接手班级后就预想到了学生们的反应，所以在日常的相处中，我努力让自己变得风趣幽默、善解人意。我相信，我给予他们尊重与理解，就能够换来他们对我的尊重与理解。正如我相信的，"后爸"当了一段时间，我和这些孩子们相处得已经非常好了，慢慢地，他们接受了我这个"后爸"。

这是我教育生涯中第一次当"后爸"的经历，虽然忙碌疲惫，但也收获了人生意外的幸福。后来，我又当过几次"后爸"，但是我不怕当"后爸"了，因为我相信学生的眼睛是雪亮的，你的付出他们能够看到。

教育，不仅是知识的传递，更是爱的传递。只要我们用心，用自己的一片真心去面对学生，想其所想，虑其所虑，和他们心心相印，就一定能摩擦出理解和信任的火花，就一定能唤起学生对自己的尊重和爱戴。作为一名"后爸"，更应该用自己的真心与付出换取学生的喜欢和信任，当学生们感激在生命中遇到了你，还有什么辛苦是不值得的呢？！人生最美遇见莫过如此！

山里的孩子缺什么

于　舟

京源学校有一项学生非常喜欢的活动——"积小善　成大爱"公益节。之所以是学生最喜欢的活动，是因为学校内的活动结束后，会带着筹集的善款到保定市神南县的北神南小学，与那里的小学生开展一天的活动。

城市里的孩子，走进山区的时候觉得一切都是那么新鲜和有趣。到了北神南小学后，就看到小学生们整齐排列地站在操场国旗杆下等待着我们。他们的眼神中有兴奋，有好奇，还有一丝腼腆。简单的捐赠仪式过后，学生们在老师的带领下去参观校园了。不一会儿，孩子们嬉嬉笑笑地回来了。

"老师，他们的教室好高级啊！"

"老师，他们那个实验器材比咱们的还多啊！"

"老师，他们的桌椅特高级，能躺下睡觉，我都没见过！"

学生们回来以后，都兴奋地跟我表达着他们看到的"先进"的设备和"高级"的教辅用具。其实我能听出他们背后想表达的意思：这学校设施挺好的啊，不需要我们的捐赠吧？没看出贫困的样子啊。

我听到这里笑了笑，并没有多说什么。看着孩子们回来了就招呼大家走进教室，进行手拉手的联谊活动。

在活动的破冰环节我要求大家跟彼此的伙伴分享一个愿望或者最近生活中做的一件很骄傲的事情。

"我数学考了 100 分！"

"我想上初中！"

"我想去看天安门！"

当学生们听到这些回答的时候，我能看出他们眼中的诧异和不解。上初中为什么还要考试？都六年级了，难道还没走出过县城吗？京源学生每天都正在经历的事情，却是北神南孩子的愿望和理想。

"老师，我怎么没看见他们的科学课、手工课啊，怎么都只有主科啊？"

"因为我们的师资不够啊，大家都不愿意到贫困县来当老师，都去大城市了，在国家政策的帮助下，能够开足开齐主科已经很不容易了。"

"哦，是这样啊，怪不得我询问我的同伴有没有什么爱好的时候，他都说没有。"

"在这几年国家扶贫政策的帮助下，学校的硬件设施已经有了很大的改善，教室有了多媒体设备，有了实验室和图书馆。但是有这些硬件还是不够的，更需要的是老师，带着他们开阔眼界，给他们讲授更多课本以外知识的老师。"

"我们最缺的是老师啊，考虑一下毕业后来农村当老师吧。"

教学主任的一句玩笑话解答了之前学生们对于北神南教学设施为什么这么"高级"的疑问，也直指农村教育的痛处：师资和人才的缺乏。

转眼，到了离别的时候，京源的学生拿出来自己精心挑选的礼物，有精美的笔记本，有书，还有全套的水彩笔。只见一个小朋友双手捧着个红透了的苹果，干干净净的，包着保鲜膜，一张写着"你好"的小纸条贴在上面。

"姐姐，送给你。"

还有的小朋友从包里拿出两个烧饼，把塑料袋整理平整后，双手递给了京源的学生。

"哥哥，这是县里最好吃的烧饼，我早上刚买的，如果是热的更好吃。"

此时，京源的学生看到了苹果和烧饼后，有些诧异也有些不解。但听到孩子们说，这是他们平时最喜欢吃的东西时，都特别开心地收下了。因为在这里，礼物的标准不能用金钱来衡量。

集合整队，要离开了，孩子们都在忙着交换联系方式。我一回头，看到一个小朋友紧紧地搂着京源的学生，在她怀里哭泣，一副依依不舍的样子。在路上我问她："她怎么这么不舍得你。"

"我就是陪她玩了一天。我也不知道她为什么这么难过。"

"因为他们的父母都在城里打工，能有个姐姐陪她玩一天，是很奢侈的事情。"

"原来他们最需要的不是金钱，而是陪伴。"

用心对待每个孩子

王　珏

在京源学校的教学楼墙壁上有一行醒目的大字：为孩子的终身发展和一生幸福而工作！这句话时刻提醒每个京源教师肩上的责任之重，同时也提醒我们要把以人为本落实到教育的方方面面。

做好班主任工作，最重要的是用爱心去对待每一个孩子，下面就是我在班主任工作中经历的三个真实的小故事。

老师，我给您鞠个躬

有一年，我接手了一个高中班，很快班上一个男生引起了我的注意。他不善言辞，缺乏自信而且偏激。经验告诉我，这种情况往往是其生活的环境给了他较大的刺激而形成了心理问题，如果不及时调整，将会影响孩子健康人格的形成。我决心要改变他，找机会和他交流。逐渐地我了解到，他是个单亲家庭的孩子，父母的离异给了他很大的打击。在家庭中因为缺乏被关注、被认可，造成自信心的缺失。为了帮助他恢复自信，我努力去发现他的优势，为他提供展示的机会。他对计算机感兴趣，我便让他做了电教委员，经常特意向他询问电脑问题，让他获得了成就感。他喜欢历史和地理，我便安排他为同学们做了一个"中日文化之我见"的讲座，让他获得同学们的认可。我让他参与班级活动策划，尊重并肯定他的意见，让他感受到成功。慢慢地，他的言语流畅了，朋友多了，脸上的笑容多了，做事情变得有主见了。

临近高考时，他父亲因病突然去世，我听到这个消息立刻去了他家，他一见到我便趴在我肩膀上哭了。他的舅妈说："看来孩子真的把你当亲人了，这事发生后他当着谁也没有哭过。"他来上学后，学生告诉我他不吃中午饭。我找来生活委员，帮他交上了饭费，并让生活委员告诉他是学校直接减免的饭费。一次我生病住院，全班同学都来看我了，他最后进到病房，没有过多的语言，临走他突然对我说："老师，我给您鞠个躬吧！"我看到他的眼睛是湿润的，从里面我读出了尊重、感激和真情。

一条短信

在我手机中，有一条短信多年来不舍得删除，"老师，初中时，在数学老师眼中我是一个成绩很差的孩子，可是您为我创造了奇迹！您就是我的神！我爱您！"这是高考后一个男生发给我的。

这位男生上高二的时候，我接手他们班，几次考试过后我发现他文科成绩很好，但数学成绩很差。对此他非常苦恼，束手无策。通过多次交谈，我发现他数学没有学好，是由于学习方法不正确，久而久之，他对数学从不感兴趣到抵触，最后发展到恐惧。我认为关键是要帮助他找到正确的学习方法，让他体会到学习数学的快乐。我从最基础的知识讲起，使他从一道题的成功、一次作业的成功、一次测验的成功，慢慢的对数学不再恐惧。一次开家长会，他的父母告诉我，他在家里说："为了王老师我也得学好数学啊！"最后在高考中他数学取得了 143 分的成绩，这才有了上面提到的那条短信。每当我疲惫时、心情沮丧时，我都会看看它，它已成为我继续奋斗的动力。

老师，我觉得您特好

我刚走上讲台时，接手了一个初一班，班里的一个男孩总是故意气老师，以把老师特别是年轻老师气哭作为自己的一种荣耀。我一视同仁地对待他，表现优秀，由衷地表扬他，犯了错误也会严厉地批评他。但表扬被他理解成讨好，批评被认为是找碴，我能够感受到他对我的抵触情绪。就这样，他毕业了。

又一个教师节到了，回母校看望我的居然有他！他对我毕恭毕敬，嘘寒问暖，倒叫我感觉有些不适应了。他看出了我的疑惑，主动说："老师，您原谅我，那时我不懂事，到了高中我才明白您的良苦用心，没有您的督促，我不可能考上重点高中，更不可能改掉身上的毛病。"他郑重地对我说："老师，现在我觉得您特好！"

　　爱学生有不同的层次和表现方式，它不是只需要温柔、和善，有时也需要严厉的爱。只要它是发自内心的，就会收获学生对我们的爱。

说说夏睿璟

蒋 霞

还记得新生入校第一天，年级还没有分班，按照到校的时间随意组合成一个临时班级，我注意到我负责的班里有一位男生特别活跃，休息时总喜欢围着老师转，对新学校的任何事都很好奇。然而在班级队列训练时却懒懒散散，经常受到教官批评，那时我就记住了这个特殊的孩子。在一周后的分班，我发现了他熟悉的身影，他快乐地和我打招呼：老师，咱俩真有缘。我呵呵一笑。为了更快地了解学生，我利用周末和开学前的几天时间和各位新同学的家长打电话沟通，其中有几位和夏同学同班或同校的家长友善地提醒我一定要多关注这位夏同学，说他在小学就没做什么好事，经常惹事，经常和同学闹矛盾，也经常被请家长，而且满嘴的谎话，小学班主任都拿他没办法。

在新班成立的第一天他就和一名以前同校的男生打闹起来，那位男生哭着跑向厕所，边哭边喊：老师，我要换班，我不想和夏睿璟同班。我在放学后把夏睿璟留下仔细询问情况，他告诉我，小学时学校没有人喜欢他，也没人愿意和他做朋友，班主任老师也不喜欢他，经常请他家长。我问他为什么会这样，他说：其实我也想好好表现，但同学们总欺负我，他们越欺负我，我就越想逗他们。从和他的聊天中，我发现他真的很聪明也很单纯，于是鼓励他：咱来到新学校，以前的所有恩怨都一笔勾销，在新学校新班级，一切都可以重新开始。我又给他介绍了一下我的带班理念和学校丰富的校园生活，我看到他的眼里露出一种期待并渴望的光芒。我继续鼓励他：可以看出来你很聪明，咱可以把自己的聪明用在帮助老师和同学们上，慢慢同学们就都会喜欢上你。他犹豫地点点头。接着在第二天的班委自荐活动中，他主动提出愿意当卫生委员，我毫不犹豫地同意了。自此，每天放学后他都会留下来陪着我一起检查值日，和我聊他每天的收获和他家里的情况，我也教他如何在班级管理好卫生。经过一个月的班委试用期，大家都投票同意他继续担任班级的卫生委员。那天他可激动了，和我保证：老师，我一定每天帮助您管理好班级的卫生。然后在每周的劳动课时，只要是干活，他都表现特别认真，不仅干好自己的那份工作，还辅助劳技老师分配和管理其他同学。每天中午他吃完饭就会去劳技老师办公室报道，看看老师是否有什么活要干。有一回竟然光着脚一瘸一拐地走进教室，说是去帮老师干活时掉到臭水沟里了。

记得有一个星期我因故不在学校，班级的一切工作就交给语文孙老师代替管理，等我回来，孙老师一个劲地夸奖夏睿璟同学，每天绝对会最后一个离开，盯着值日生做值日，然后关好门窗，等等。尤其是这个学期开学到现在，我看到了夏同学身上更大的变化，他不再每天不交或晚交作业了，每天早上也不见他迟到了，课堂会积极举手回答问题，也会主动帮助老师维护课堂秩序……这不，三月初时，他看我们班一直拿不到流动红旗，很着急，于是自己跑去德育处问明原因，回来便对自己的工作更加严格起来。考虑到班级有些同学不太会做值日，夏同学就主动地把所有做班级卫生的注意事项拍成照片，附上温馨的提示发在班级微信群里。他这种对待工作认真负责的态度让家长和老师们都为之点赞，同学们也都认可他的工作，在班级进行评选四个星的荣誉称号时，夏睿璟被全班同学推荐为班级的"乐于奉献之星"。

淘气包蜕变记

程　鹏

2021年，我又迎来了四十八个一年级的小豆包们。这些孩子的成长环境更为优越，家庭氛围更为宽松，也比我所带的任何一届学生都淘气。

体育课上，老师提醒他们："再闹就不能上课了。"他们回答："老师我们不上课，我们就要闹。"英语课上，有个淘气的孩子两次把脚偷偷伸到过道里，试图绊倒英语老师。语文课上，就在同学们书写生字、老师巡视的时候，有个女生用黑色的水彩笔把她的同桌涂成了满脸花。课间活动，面对着在楼道里执勤的班主任，几个淘气的男生仍然肆无忌惮地追跑打闹，任老师大声叫停也无济于事……

开学初，这样的戏码每天都在上演，真的让人心力交瘁。

一、安排座位有玄机，霸道小孩变学习"猛将"

上课偷偷伸脚想要绊倒老师的小文，坐姿总是懒懒散散，写作业的时候拖拖拉拉，还常常故意发出各种怪声，甚至还会欺负坐在他附近的男生，被他欺负的学生家长也会找到我要求给自己的孩子调换座位。

怎样帮助这个淘气小孩呢？转变他的突破口在哪里呢？带着思考，我开始关注这个孩子，仔细观察起他的行为，在本上做好记录。

突破口终于出现了！我发现小文和男孩子相处的时候喜欢动用拳头，简单粗暴，但是和女孩子们相处却很是融洽，说话轻声慢语，交往有礼有节，甚至很有耐心。在和女孩子们愉快聊天的同时还愿意帮助女孩子们做事，颇有小男子汉的风度和气度。

于是，在小文的前后左右都被我安排上了听话、懂事又具备管理能力的女孩子。在几个女孩子的影响下，小文放弃了要和男生作战的"斗志"，稳定踏实多了。

小组学习中，小文在几个女孩子组员间承担着重要任务，他在认真听讲的同时，也把自己的见解和组员进行交流，学习积极主动起来，成为了组内的"智多星"。

二、梦想激励作用大，"小特种兵"成班级榜样

胖乎乎的小宇淘气、话多，眼珠子一转就是一个鬼点子。而且这个小孩嗓门大、力量大，经常有孩子被小宇打疼了找我告状。

在一个阳光明媚的午后，我约小宇去操场散步、谈心。小宇主动和我说："老师，你知道吗？我最大的梦想就是当特种兵！"他望着我，眼神清澈，让我知道这个孩子是个富有正义感的小孩，而且梦想在他心里有着很重的分量。

我认真地对小宇说："你的理想特别伟大，老师和你一起实现，好不好？"小宇郑重地点点头。我们的"变形记"开始了！

变形记第一步，就是利用声音洪亮、有力，做动作标准的特点，让他成为班里的体委。自从成了体委后，小宇对自己的要求提高了，更加自律了，口令喊得有模有样，队伍带得整齐有序，多次受到体育老师的表扬。

紧接着，变形记在不知不觉中完成了第二步。小宇已经不满足于在上操期间发挥自己的作用了。他做事能力强又爱劳动，成为了班里打扫卫生的主力。同学们遇到困难也总去找小宇帮忙。大家都称他是班里的"小特种兵"。

"小特种兵"的称呼让小宇越来越自信，自尊心也越来越强，自我管理能力也随之增强了。上课"小特种兵"要认真听讲；写作业"小特种兵"要字迹最工整；就连跳绳，小特种兵都要最努力。

慢慢地，小宇由一个"打人"的孩子变成了同学们的"小帮手"，变成了同学们的小榜样。变形记第三步成为了小宇蜕变的终极版。

三、家校携手树品行，"孤独"小孩拥有好朋友

男孩小宁曾经偷拿别人的东西，他附近的同学都被困扰过，同学们开始对

他不信任，只要谁的东西找不到了，同学们都会怀疑到小宁身上。这是涉及品质和行为的综合问题，我必须和家长交流、沟通，家校一起统一战线、统一标准、形成合力、携手教育。

在没有告知小宁的情况下，我把小宁妈妈悄悄请到了学校。家长接待室里，我轻轻关好门，和小宁妈妈来一次"深度交流"。小宁妈妈满眼的焦虑，握紧拳头，眉头紧锁，声音沙哑："老师，怎么办？这个孩子是不是心理上有问题？竟然偷东西！我觉得太丢人啦！"

面对这个有些急躁的妈妈，我放缓语气，慢慢说道："小宁妈妈，不要过于焦虑。低年级的学生自我行为意识不强，是非观很薄弱，甚至没有边界意识。做了错事之后，害怕惩罚，不敢承认。现在这个阶段都是假偷行为，这种行为只要及时制止和引导，都能改正，且不会再有。愿不愿意和我一起联手？"

小宁妈妈抬起了头，眼睛有了光："老师，你说吧，咱们怎么做？"

于是，我们的"联手蜕变"之路开始了。

在征得小宁妈妈同意后，我开了一次主题班会，专门讨论"别人和自己"这种边界问题。在班会上，小宁一一归还了同学们的学习用具，并向同学们诚恳道歉。小宁也承诺要用自己的行动取得同学们的信任。任何事都不是一蹴而就的，小宁在后期还是出现了一两次"小事件"，但是，在同学和老师的鼓励下，小宁的不良行为确实得到了很大的改正。

我嘱咐小宁妈妈，我们要从心理上关注孩子的行为，但是在孩子面前要淡化这种错误，"于无声处"观察孩子的居家表现，采用正强化教育的方法，多多引导孩子树立"边界意识"。一个学期后，小宁的行为不仅得到了矫正，还交到了很多好朋友。

四、心理暗示正强化，价值体验成就"小学霸"

浓眉大眼的小浩总是透着一股机灵劲儿。确实，这个孩子特别聪明，学习能力和记忆力超强。因为酷爱读书，所以知识储备量很大。但是他却像个"骄傲的孔雀"不愿意听老师的建议，看不上同学的发言，自由散漫，随意说话，有时还会和老师唱反调。是让老师"既爱又气"的孩子。

针对小浩好学的特点，结合他好胜的心理，在一次班会课上，我在全班同学面前，特别授予他"小学霸"的称号，颁发了"小学霸"证书。自此以后课上课下都是如此称呼他。每当我轻声唤着"小学霸"，小浩的眼睛都会亮晶晶的，挺着胸脯，骄傲地回应"到"！

其实"小学霸"证书里是有着"玄机"的，那里面写着成为学霸的"秘籍"，也是对小浩的褒奖。第一条就是上课专心听讲，把简单的问题留给同学们去回答，而自己专门钻研那些一般同学不会的难题。第二条，作为班里"小学霸"，还会将自己学到知识教给其他同学，成为大家的"小老师"。

小浩对"小学霸"证书里的内容深深认同，真的在践行着。每次识记生字，小浩都愿意和老师一起探究汉字的起源，成为了汉字研究员。课下，他将自己讲解生字的视频发到班级微信群里，供大家一起学习。在课后服务的时间里，他还教同学们抖空竹、折纸、做数独，真的成为了大家的小老师。

价值感的体验让骄傲的淘气包成为了真正的小学霸。

就这样，我针对每个淘气包不同的特质和心理特点，对症下药、因材施教，终于瓦解了班级的"淘气"组织。

淘气包在蜕变，我也在成长。作为班主任，真诚是源，尊重是本，我们还要与时俱进、因材施教，永远思考、永远探索，永远在路上。

我与小豪

陈依伊

　　二年级时，我成为了小豪的班主任。他是个个子高高、虎头虎脑的男孩，有着浓浓的眉眼和一对喜人的小虎牙。一开始，他在班级中并不显眼，但一笔好字却给我留下了深刻的印象。小小年纪能把字写得刚劲有力，令我十分欣赏。但是当我看到他写字的过程时，心里却很难受。只见小豪一脸纠结，用小手紧紧地握着笔，指尖都泛着白；眉头紧紧地皱着，好像那本子上有他的仇人一样；额头上没一会儿就渗出汗珠。因为过于认真，他写作业的速度很慢，每写一个字总要反复修改。别人十分钟能写完的抄词，他需要二十分钟，有一半的时间是在擦掉不满意的字。每次作业后，他的桌子上就是一堆的橡皮渣。作为老师，虽然很乐意看到孩子能够认真地对待每一次作业，但还是要帮助他建立信心，养成少涂改，想好再落笔的习惯。

　　我拉着小豪的手，心疼地抚摸着他那因为用力过猛而弄红的手指，温柔地说："你写的字很漂亮，相信自己，不要反复擦，好不好？"小豪嘟囔着："我写不好就想重新写。"我鼓励小豪争取一次写好，还约定要是有很多擦了重写的地方就不能给书写星星了。

　　第二天，我发现小豪把上一课没有得书写星的抄词撕了，他又重新写了一遍。我仔细看了看，一处擦改也没有，但本子的厚度减少了很多，显然是撕了好几页。于是我找到他询问情况，他木然地看着我，说道："爸爸看到没有书写星，让我重写了，有擦改就撕了再重写。"说完眼睛又黯然失色了，我当场哑然。以后的作业，小豪基本很少出现擦改，速度也提升很多，但我却再也不敢轻易对他提出更多的要求。

　　每天放学，都是小豪的奶奶来接，我跟老人家了解到了一些家里的情况。

原来在上小学前，小豪的爸爸妈妈就离婚了，妈妈离开了北京，爸爸工作很忙基本顾不上照顾儿子的生活，却唯独对他的学习很重视，严格到近乎苛刻。爸爸要求小豪每次考试必须是满分，不然当天晚上不让吃饭，一周的娱乐活动也全部取消。得知这些，我陷入了深思，原来小豪的"病因"在这里……

　　家长会后，我请小豪的爸爸留下来，还没等我说话，他先焦虑地询问起儿子的学习水平在班里怎样？还说着小豪在家中如何贪玩、不努力……我眼中那个十分听话，也十分争气孩子在父亲眼中竟然一无是处。更令我心酸的是，一般的小朋友在家长和老师说自己的缺点时会辩解、会撒娇，但小豪却一言不发地听着，仿佛一个木偶，只在眉宇间显露出些许倔强，于是我便对他的爸爸说："小豪爸爸，孩子的学习成绩在班里一直名列前茅的，而且他是咱们班里最努力、最踏实、最自觉的孩子！但我和您一样，对他有着深深的担忧，他从不主动举手回答问题，小组讨论时也不愿发表自己的看法。"小豪爸爸斜睨了一眼自己的儿子，冷哼了一声说："是吗，我知道了。"看着他的表情，我顿感不妙，于是马上说道："您知道原因在哪吗？孩子不是不知道，也不是不想交流，更不是没有听讲，而是他不敢表达。他怕说错，担心和别人的想法不一样，孩子是没有自信。建议您尊重孩子的想法，多鼓励孩子，多和他聊聊天吧。"小豪爸爸的表情逐渐变得惭愧起来："好的老师，是我的问题，我会和他多交流的。"说罢便与我告别，带着儿子离开了。

　　我不知道，这一次的交谈，小豪的爸爸是否明白了孩子的敏感与偏执的原因，但我分明看到，小豪向我投来了感激的目光。从那时起，小豪渐渐地开始举手发言了。虽然一开始他总是盯着自己的书本不敢和老师同学有眼神交流，声音也不大，语气淡然得仿佛是在念经，但是在我表扬他思考角度全面，鼓励同学们发现他朗读字音的准确时，他的眼里有了自信的光。渐渐地，在大家的肯定中，小豪的脸上有了笑容，他也交到了亲密的朋友。

　　然而，成长的过程总不会一帆风顺。一天课间，小豪和同学发生了争执，当时他的手里正拿着铅笔，随手一挥，锋利的笔尖就给同学的手背上划出了一道伤口，孩子的肉皮细嫩，没一会儿就肿起了一大片。我迅速了解了事情经过，带受伤的孩子处理了伤口，而且联系了两个孩子的家长，说明了情况。由于不是故意伤害，且伤口不深，受伤的孩子的家长在了解到小豪已经道歉的情况下并没有追究。放学时，我将两个孩子和双方家长约到一起，原打算再让孩子们互相关心一下，家长当面说说话留个联系方式，但小豪的爸爸突然就打了自己的儿子一个巴掌！这可是在校门口呀！另一个小朋友的家长拦了拦，但见小豪的爸爸实在太愤怒只好先带着自己的孩子离开。小豪也不哭，仿佛一根已经过度拉伸而失去弹性的皮筋，面无表情地听着爸爸对他责骂。我见状赶紧让小豪的奶奶先带孩子进学校，让爸爸先回家冷静冷静。

到了办公室，奶奶拉着我的手边哭边说："孩子可怜哪，妈妈不管，爸爸就是这样打他，你说我一个老太太能干什么呀？"说完就转脸怒视着自己的孙子，"你说你拿着铅笔划拉人家干什么？你找什么事儿？"也要抬手打小豪。我立马把小豪护到了自己的身后，对奶奶说："你们这样当着我的面打孩子，是不想让我管了吗？还是你们对我有意见？"奶奶不说话，看着我又哭了起来。我接着对奶奶说："小豪不是故意的，他第一时间就去关心同学了，表达了自己的歉意。对方的家长不是也没有怪咱们吗？我们不能有问题就这样为难孩子呀！他做得已经很好了。"此时的小豪在我身后抖动了起来，我转头看他，他已经是泪流满面。奶奶声音颤抖着对我说："陈老师，这孩子可怜呀，您是除了我第一个这么护着他的人。谢谢您，谢谢。"我明白了奶奶的难处，也明白了小豪一直以来懂事的原因。

当天我把小豪和奶奶送回了家，叮嘱爸爸不要再因为今天的事情和孩子动手。随后我又返回学校，打开了家校联系簿，发现在小豪监护人那一栏只有爸爸，并没有任何关于妈妈的信息。

我忽然想到，小豪的妈妈也在班级微信群中，只是从来没有说过话。于是我主动添加了她的微信，向她了解情况。从妈妈那里得知，她现在独自在外省打拼，工作很忙，周末也没有时间来看儿子。虽然心里很挂念小豪，但是迫于和爸爸的关系实在无法修复，只能在微信群中默默关注。

第二天，我又找到小豪，和他边聊天边询问他关于妈妈的事情。孩子说道："虽然很想妈妈，但是妈妈也来不了。"之后便不怎么言语了，长长的睫毛在眼睑下投下一团阴影。于是我向他建议："妈妈其实也很想你，她想通过微信了解你。你愿意老师把你优秀的作业、精彩的表现发给妈妈吗？"小豪一下子睁大了眼睛，看着我，点了点头。

随后的日子，我会把小豪优秀的作业、充满想象的图画、带着巧思的手工、活跃的运动时刻发给他的妈妈，妈妈会趁着工作的间隙留言给小豪，我会在课间放给小豪听。渐渐地，小豪改掉了写字涂改的习惯，人也开朗自信了很多。我又一次与小豪的爸爸约好，进行了家访。这一次，我带着小豪书写工整的试卷、作品和各科老师发的小奖状。我和小豪爸爸沟通了我最近的做法，在看到儿子的进步与改变后，小豪爸爸对我坦言道："陈老师，其实对于他，我真的很愧疚，没能给孩子一个完整的家，我所做的都是希望他能更优秀。我也应该创造机会多让孩子见见他妈妈。谢谢您！"

在接下来的暑假，妈妈把小豪接到了自己所在的城市。通过朋友圈，我看到妈妈带他去了游乐园、海洋公园、博物馆，用不太娴熟的厨艺为儿子做了他爱吃的饭菜，带着小豪一起逛街买新衣服……每张照片上都有着小豪天真灿烂的笑脸。

我不禁想到，以前的小豪被赋予了太多的期望，得到的关爱却太少了。父母关系的疏远，把孩子只身一人留在了冷冰冰的世界。教师作为孩子生命中的重要他人，起到纽带的作用。我冲破障碍，走进孩子的家庭，也真正走进了孩子的内心，帮孩子重新搭建起亲子的桥梁。小豪不再羡慕他人，感受到自己也是被爱的，爱的阳光帮助他重新树立自信心。

接下来的小干部选举，小豪还被选上了"卷帘大将"的职务，每天负责开窗关窗、拉窗帘。他个子高高的，做起来得心应手。由于他的认真负责，同学们再也没有被寒风吹过、被刺眼的阳光晃过。小豪的心也渐渐地向我们敞开了。

此刻，窗外阳光和煦、微风正好。我看到一朵小花正在悄悄开放……

转"危"为"机"

何 虹

在一次心理访谈中，我无意中从同学的话语中得知小玉（化名）自伤的事情，这引起了我的高度关注。我立刻联系了德育主任，上报德育校长，建立了包括德育校长、德育主任、年级组长、班主任、心理教师、校医在内的关怀支持组，并研讨确定初步干预计划：年级内从关系亲密的知情学生开始逐一访谈，进行心理疏导安抚情绪，引导教育防止事态扩大；班主任与家长联系，了解情况，并邀请家长来学校，商讨孩子复课后家校如何协同支持。另外，召开班会简要公布事件，让学生安心，对班级学生进行教育，不再进行舆论传播，关爱支持小玉的班级生活，保证小玉复课后的关爱环境。

两周后，小玉的家长来到了学校。德育校长、德育主任、班主任等关怀支持组核心成员参加了会谈，交谈过程很融洽，大家商讨决定，班主任复课后帮助其适应；家长关注孩子情感需求，明确表达肯定；心理老师根据孩子需求提供心理辅导。

但是对于建议遵医嘱住院、服药治疗，医生评估平稳期时辅助心理咨询，家长并不认可，治疗过程中也出现了不配合的情况。我意识到说服家长支持科学治疗将是长期的工作，于是，小玉复课半月后，我和班主任再次邀请父母来到心理辅导室交流。

交流中我发现，小玉原来是担心吃药影响她田径队训练。我把最近了解到小玉出现幻觉和自伤的情况，以及不想住院的真实原因告知家长，强调遵医嘱服药、科学治疗是恢复的有效途径。这次会谈后，我们和家长真正形成了合力，共同促进小玉恢复问题的解决。

小玉是我工作以来遇到的最严重的危机个案，她表面阳光，内心却有着不为人知的纠结和痛苦，除了有自杀想法、自杀尝试，还有自伤行为，最严重的时候胳膊上有二十多处划痕。睡眠极差，期间还伴随反复的抑郁情绪和幻觉。

从开始跟进这个个案至今，我已陪伴了她十五个月。在这十五个月里，我倾听她对父母和爷爷奶奶的不满与控诉，倾听她对朋友关系的纠结心情，倾听她要求自己用各种辅导班填满周末，不允许自己松弛；倾听她在各种情境下都要表现好，担心失去已有的职位，被人取代，而疾病又让她力不从心，甚至上课都不能保证不睡觉；倾听她对自己前途的迷茫和焦虑……

在这十五个月里，我们经历了小玉拒绝服药、手抖、产生幻觉、幻觉致使自伤、幻觉引发愤怒差点伤人等情况。好在小玉主动求助，她不舒服，随时都可以来办公室找我。随着她危机状况的加剧，我的心也时刻牵挂着她，她不来，隔一周也会问问她情况。每一次的危机情况，我都会联系告知家长，关注监管。即使寒暑假，我们也不放松，每周我都会通过微信询问小玉的状况，如果情绪不好，就会约微信线上辅导，班主任则每周联系家长了解情况。

在这十五个月里，我们经历了孩子不服药、不住院，家长也反对服药和住院的情况，为此反复与家长交流了五次，因为危机情况联系告知家长七次。随着一次次的真诚交流，父母终于改变了"哄着、由着孩子"的态度，父母既表达关爱，又确立界限。

在这十五个月里，我们也经历了科任老师的不理解——孩子为什么上课睡觉、不做作业？为此我们逐一找科任老师解释，直到大家都能了解孩子的情况，支持和配合我们一起帮助孩子。

在这十五个月里，我们也经历了山穷水尽感觉很无力的至暗时刻，为此我们团队反复研讨了六次，组内研讨了三次，寻求专家督导三次。

在这十五个月里，我们也经历过柳暗花明又一村的惊喜。七个月后，小玉终于去住院治疗了，而且主治大夫是曾经给我们做讲座的医生，关于小玉的病情终于有机会与精神科医生直接沟通了。医生最新的诊断发现不是抑郁，也不是双相，更偏向于人格障碍，之前诉说的疾病症状都可能是她想象出来的，相比药物，更需要心理咨询。目前药物已经减到最低剂量，转为调节现在出现的情绪问题。

有了明确的诊断，也有了辅导的方向，从我陪伴小玉的第十次开始，我们才算进入了真正意义上的心理辅导。我跟她明确了界限，我可以给她提供的支持包括帮助她对自己更了解、提升她的掌控感和内在力量，我没有办法去帮她实现不参加考试、转学等心理辅导以外的期待，她也同意了。通过住院和服药治疗，小玉的情绪状态好转了，连班主任都发现眼里有神的小玉回来啦！

在这十五个月里，我们也经历了内心的煎熬，压力焦虑时时涌上心头，但也就是在这样的高压下，遇到问题处理问题，我们逐渐摸索出一套适合我们学校的危机干预流程（如图1、图2所示）。

高关怀学生的协同联动干预进程

图1　高关怀学生的协同联动干预进程

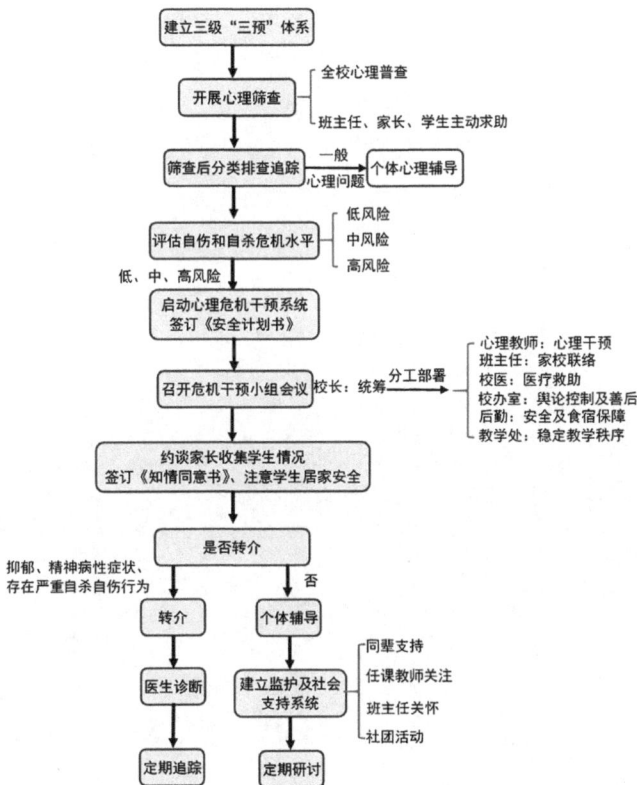

图2　北京市京源学校心理危机干预流程

这十五个月也让我深刻地理解到：心理老师在开展危机个案时不能一个人战斗，而是需要联动整个家、校、医系统，去调动一切可以调动的资源来帮助孩子渡过危机（如图3所示）。

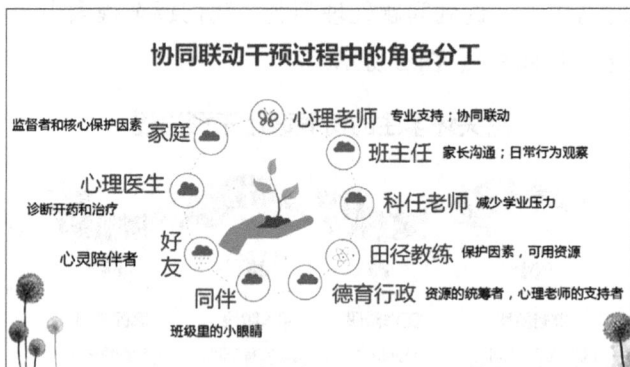

图 3　协同联动干预过程中的角色分工

每个孩子都是一颗珍珠

仇光霞

"小兰后来怎样？考上什么学校了？"2022年秋季的一个早晨，校园操场上，我碰到小兰（化名）的班主任王老师，向她询问小兰的近况。"她考得还挺好的，考上了××师范大学历史系，学考古学。""那还真是挺适合她的，可以发挥自己的兴趣和专长了，真为她感到高兴！"说着说着，我的脑海中浮现出第一次见到小兰的情景。

那是在2019年春天，因为在之前全校学生心理普查中她的孤独与焦虑值偏高，小兰参加了学校的一个合作项目——北师大心理健康服务中心的心理咨询与评估。我将她带入学校的心理辅导室，她做完评估出来后又主动找我聊起了自己的事情。她的眼睛很大很漂亮，但说话时眼神躲闪，经常看往别处，自顾自说，一直在跟我说自己非常喜欢的历史和地理，沉浸在自己的世界里。当时我感觉这个孩子比较独特，有种说不出来的特质。后来咨询师的评估结果是一般心理问题，我将结果和家庭教育建议反馈给家长后也就没有再特别关注她。

到了2020年初夏，小兰的班主任向我反映小兰有些厌学和焦虑，上课经常发呆，还出现特别的恐惧，比如，害怕床底下、卫生间有狮子和老虎；高一期间喜欢上一个历史人物，想穿越到那个朝代。我们判断孩子情况有点严重，马上联系家长，向其提供了心理治疗资源清单，建议家长带孩子及时就医与咨询。小兰最开始诊断为焦虑与抑郁，开始服药与做心理咨询，症状有所好转。但过了几个月后，班主任又向我们反映，孩子开始出现一些不遵守学校规则的行为，比如，正上着课突然就从教室里走掉，老师和同学们找半天才找到，自己对走掉也没有任何解释，跟同学交往也出现一些问题。我们赶紧建议家长再找别的医院或医生多看看。后来，小兰在北医六院诊断为阿斯伯格综合征加轻度抑郁。听到这个诊断结果，我们都有点蒙，因为之前没有接触过这种疾病，对其具体症状表现、治疗方法等还真不是很了解。我想，小兰的家长肯定更加着急。因此，我通过网络与专业书籍学习了这个病症的知识后，联系德育校长、班主任和孩子家长一起做一次家长会谈，共同帮助小兰面对疾病。

我现在还记得小兰父母走进心理辅导室时那殷切与焦急的眼神，那里面饱含着因对孩子爱之深而满溢的担心与不安。孩子父母都是高知，对学校教育很配合，这给我们的沟通打下了良好基础。班主任介绍小兰的在校表现后，她的父母述说了其从小到大的表现：小时候，小兰就不愿，或者说不会和同学交往，在路上遇见同学和她打招呼也视而不见，拍照经常不看镜头，也有玩得挺好的小朋友，但非常少，说话经常只单方面说自己喜欢的话题，很执拗，感兴趣的事物比较单一且特别痴迷，甚至想自杀穿越到自己喜欢的历史人物的朝代。

孩子妈妈说："对于之前小兰的这些表现，我都认为是孩子比较有个性，或者有些行为习惯上的缺点，我一直对她要求还比较严格，想各种办法帮助她改正这些缺点，没想到孩子竟然是得了这种病。真不知道应该怎么办了。唉……"针对小兰父母的焦虑，我首先向他们普及了阿斯伯格综合征的患病率、主要症状表现，并介绍了一些成功教育案例，让小兰父母看到这个病并不是一无是处和无可救药的，这样的孩子也有其独特的品质，各种症状通过积极的引导和治疗是能得到改善的。渐渐地，小兰父母的眼中闪烁出希冀的光芒，我们共同探讨了对于小兰的教育、治疗的建议和注意事项，同时，我建议家长带孩子去医院做一下危机干预评估。最后，我们达成了会谈的一致意见，小兰父母已经没有刚进来时那么无助与迷茫了，向我们表达了真诚的感谢。

后来，我和小兰妈妈通过微信、电话的方式保持着随时的沟通，也经常询问班主任小兰的近况。小兰的父母对孩子有了越来越多的理解与耐心，班主任、任课老师们也对小兰有了更多的宽容与帮助，当小兰心情不好时也会来心理辅导室聊一聊，做做沙盘。在大家的共同努力下，小兰顺利在学校完成了高二的学业，出于综合考虑，高三时小兰父母选择让其在校外参加培训学习。转眼到了高考的时间，我担任高考监考员时竟碰到了小兰，看到她淡定有序地书写着地理试卷，我的心里非常欣慰。后来，从她父母那里得知，小兰如愿考上了自己喜欢的学校和专业，我也由衷地为她感到开心。

　　每个孩子都是一颗珍珠，有着自己独特的光泽与质地，但是形成的过程却并不容易，有刺痛、有纠结、有包容……这些不仅需要孩子本身的努力与成长，更需要学校与家长以及社会的通力合作，给予孩子关爱与呵护，家校共育，让每个孩子都成为独一无二、璀璨夺目的那颗珍珠。

家长沙龙

林　丽

家庭是人心灵成长的土壤。作为心理教师，从业七年来，我和伙伴们在学校的支持下，一直坚持开展家长沙龙等活动，这中间有一些故事让我很难忘。

"我就想看看会把她逼成什么样？！"

这是一个美丽、时尚、年轻的全职妈妈。丈夫常年在外料理生意，女儿的生活主要由自己照顾，家庭富庶，却经常与上初一的女儿产生激烈冲突，她在家长沙龙后单独留下来找我。

她说，女儿的性格一点都不随她，拖拉、邋遢，上厕所要很长的时间，次数很频繁。她带着女儿去医院做了各种检查，排除了生理病症的可能，在多次劝说无果之后，就常常陷入愤怒的情绪中。她不能理解更不能接受女儿的行为，她神情激动地说："我有几次就不让她去上厕所，我就是要逼她，就是想看看会把她逼成什么样？！"

在那时，我突然觉得坐在我面前的不是一位母亲，而是一个赌气的女人。赌气是人由于觉得自己受到委屈等情况，在失去理性判断下的一种任性的发泄，一般发生在夫妻之间、子女对父母等。在赌气的状态下，人往往难以找到解决问题的灵活方法。

我把我的感受告诉了她，这位年轻的妈妈突然沉默了，沉思良久，她说自己在没有充分心理准备的情况下，年纪轻轻便做了妈妈，一直都是凭着直觉和习惯和孩子相处，从来没有想过妈妈需要什么样的智慧、怎么去看待孩子、怎么去和孩子相处、怎么运用成年人的思维能力和资源去帮助孩子。

奇妙的是，当发现了这些后，这个妈妈的面容变得轻松悦目了，眼中还闪烁出光芒。因为当她跳脱出由于亲子沟通的长久挫败产生的愤怒之后，她不再被卡在某个情绪点上，她看到了自己身上的资源、可以改变的方向，看到了未来的希望。

我经常会想起这个年轻妈妈的前后眼神变化，从无助到愤怒再到希望。没有天生完美的父母，但每一个父母都可以有力量变成更好的自己，让爱不伤人，让爱滋养心灵。

"我是绝对不会拥抱他的。"

这是我最挫败的一次经历。这个家庭中母亲自律、要求严格，父亲闲散、喜好花鸟，孩子在中学过得不太顺利。

这个孩子小学时成绩较好、擅长踢球、担任班级干部，在同学中有一定威望。小学六年级成绩下滑并且身材开始发胖。进入初中后，他没能积极地融入新集体，在班级中处于一个"尴尬"的位置——既不能凭借成绩、能力或性格等成为班里最受同学欢迎或最受老师重用的那几个焦点，又看不上其他的同学，尤其看不起成绩不好还"爱出风头"的同学。

每个人都需要找到自己的位置和价值，初中生更是这样。他们需要通过同伴的认可来认可自己。这个孩子选择的做法是，挑战班里一个因调皮捣蛋而闻名年级的孩子，于是，摩擦、打架时常发生，最厉害的一次甚至用刻刀去威胁对方。

我之前和这个孩子聊过两次，孩子都提到自己的家庭生活不快乐，觉得父母不爱自己，不照顾自己。在又一次因和同学冲突被班主任送到德育处后，教导员老师请这个孩子平复情绪，写一写最近发生的对自己有影响的事情。孩子写了七件事，满纸全是不快乐。而这七件事中有六件都是感觉父母不爱自己。

见到父母之后，我向他们反馈了孩子的感受和表现，帮助他们三人进行沟通。儿子埋怨母亲小时候将他送到奶奶家寄养，母亲表示很委屈，孩子从小都是自己亲手抚养，只是为了上小学方便送到奶奶家住。沟通出现了瓶颈。于是，我请孩子、妈妈和爸爸站起来。我先请妈妈拥抱孩子，告诉孩子"我是爱你的"。妈妈表情变得很严肃，很抗拒。妈妈说："我从来没有说过我爱你这类的话。"我说："所以，孩子可能没有感受到您的爱。您能现在告诉他吗？"这位妈妈非常坚决地摇了摇头。她扭过头避开了孩子的目光。她严肃地说："老师，你不了解我们的情况。从小到大，都是他满足了我提的要求，我很高兴，他就知道了我是喜欢他的。"我很讶异，甚至有些震撼。从小到大都没有听过妈妈说爱自己，需要达到要求才能让妈妈高兴，感受到的是有条件的爱，多可怜的孩子啊。我的内心突然充满了对孩子的同情，对母亲的不解、指责，甚至有些愤怒。

我与很多亲子沟通困难的家庭工作过，从来没有看到一个母亲拒绝对孩子表达爱，而且还是当着孩子和老师的面。我没有勉强他们，草草结束了会面，但在心里为这个母亲贴上了一个标签——"有条件的爱"。最好的亲子教育是"不含诱惑的深情"和"没有敌意的坚持"。这个妈妈没有用无条件的爱给孩子足够的安全感，在强调规则时也把孩子的行为问题和孩子本人等同起来。我心想这个母亲真是太不会教育孩子了。

可当我再回味这个过程时，我发觉自己对孩子和母亲产生了主观性的心理投射，对母亲不甚公平，并且让母亲不再信任我。每个家庭互动模式都是环境系统影响下的结果。也许在这个家庭中，有条件的奖惩是这个妈妈在父亲鲜少参与教育过程的情况下，能想到的有效果的办法。这个办法因为在最初产生了不少效果，所以被固化成为了家庭互动的模式。

这个故事经常提醒我，要用系统的眼光去看待家庭互动模式，要提防自己的有色眼镜。

没有完美的父母，但我们每一个人都可以通过反思过去、增长知识、尝试方法等成为更好的父母，成就更好的家庭，滋养家庭中的每个人也滋养自己。感谢家长沙龙，让我能够与这么多家庭相遇，与父母的初心相遇，与更好的自己相遇。

呵护学生的心灵

徐杰群

在我担任班主任的初二（2）班里，有一位名叫岳雪娇的女孩。她学习成绩处于中游，平时表现中规中矩，性格较内向。由于家住门头沟，所以在学校里住宿。2007年3月，新的学期开始了。可是没过多久，我就发现她很不对劲。在我的英语课堂上，她总是歪着身子坐着，不做笔记也不认真听讲，我让动笔做练习也不动，很少和我进行目光交流。这样的情形持续了一段时间后，我终于忍无可忍。一次课上，我又让学生们动笔完成书上练习，她又没听，干自己的事。由于正在课上，怕影响其他学生，我憋了一肚子的火不好发作。所以一下课我就说："岳雪娇，把你的英语书拿来。"她默默地拿书过来。我一看，果然，该写要点的地方一片空白。"出来一下！"我没好气地冲她说。她随我来到了教室外的走廊里。

"为什么不写？！"我强作镇定。她低下头，默不作声。"说话呀！"我提高了音调。"我都会。"她终于抬头飞快地斜了我一眼说。"什么？你都会，会和写下来是两码事。老师让你写就有写的道理。"我声色俱厉，而岳雪娇却不以为然地垂眼看着地面。接着，我又严厉地说了两句。突然，她大声地冲我嚷道："那您写的那是什么意思啊？！"我一愣，惊讶地问："我写什么了？""就是默写本上的。"我努力在记忆里搜寻着线索。噢，我想起来了，那是开学初不久的一次课堂听写句子，收上来批改时，我发现她写得几乎没有错，我有些不相信，就在她的本上写了一句话："是自己写的吗？"原来导火索在这儿！"您不相信我！"耳畔她的话语把我从回忆中拉了回来。"不是不相信，是我想确认一下！"我努力辩解，试图维护一下师道尊严。然而，当我看到她的眼里涌动着的泪花时，我知道说什么都没有用了。

回到办公室，我无力地靠在椅子上，回想着刚刚发生的一切。我错了吗？可我是关心她的学习呀，不然的话，我完全可以对她的课堂行为视而不见，我写那样的话也是出于对她的关注，是无恶意的呀，为什么换来的是不理解，是抵触，是对立？我的心里很不是滋味，不禁也掉下了眼泪。恰巧办公桌上放着不知是何时发的一本《班主任》杂志，随手翻了一下，不经意间读到了这样一句话："要像对待荷叶上的露珠一样小心翼翼地呵护学生幼小的心灵。它透明可爱，但十分脆弱，一不留神就会破碎（苏霍姆林斯基）。"仿佛醍醐灌顶一般，我被这句话深深地触动了，我开始了反思。诚然，我的动机和出发点是好的，是出于关心、关注她的学习，但是，在她的作业本上写下那句充满质疑、不信任的话，对学生来说是怎样的一种打击？不管是不是她自己独立完成的，这样的话都是对人格的一种不尊重。一个十四岁的中学生还是个孩子，他们娇嫩、敏感的心灵怎能承受这种打击？是我用"冷漠的教育之剑"刺伤了一颗年轻的心灵。她一定比我更加难受，因为她在老师心里失去了尊严，因此，才有了内心的不满和愤懑，才有了无声的对峙和反抗。我明白了，一切都明白了。想到是因我无意间的言行而对学生心灵造成伤害，我不禁难过和深深地自责。我该怎么办？

"解铃还须系铃人"，此事因我而起，所以这个心结必须由我来解开。向她道歉吗？有点犹豫，我是老师啊，会不会有损形象？转念又想，我伤害的是一个孩子的心灵，尽管也许是无意的，但有什么比这更严重吗？而我却还在顾及自己的"师道尊严"。不，不可以。平常总教育学生要勇于承认错误，现在轮到我了，作为育人者，更应勇于自我批评，勇于承担责任，这对受教育者来说，也是一种教育。我的内心平静舒缓了许多。

第二天午饭过后，我把岳雪娇叫到办公室，真诚地向她道歉，并又讲了一番道理，希望得到她的原谅和理解。在这般"晓之以理、动之以情"之后，她的态度有了180度的转变，表示自己也有不对的地方，也希望我能原谅她。师生间和解互谅，一场"干戈"化为了"玉帛"。然而我想，谅解是达到了，但心灵的修复还需要时间。后来，我把这件事在班会上讲给同学们听，也赢得了他们的佩服与思考。

记得一位老师这样说过，师生之间要"用情感呼唤情感，用真心交换真心，用尊重赢得尊重"。教育的核心从本质来说就在于让学生始终体验到自己的尊严。学生渴望得到尊重，学生需要尊严。当他们犯了错误时，他们的自尊心非常敏感、脆弱，多数情况下，学生都能知错就改。而一味地批评指责，不去探究错误背后的原因，往往只会适得其反。因此，很多时候，教师大可不必小题大做，揪住不放，而是要尊重学生、信任学生，像呵护荷叶上的露珠那样去小心呵护他们的心灵。孩子的心是透明的、易感的、真挚的，孩子的情感是丰富的，孩子的品格是可塑性很强的——一个班主任老师在育人方面一定要敏锐、细心！

独射不如共射

侯骥宇

　　"铃铃铃"下课铃奏响美妙的音乐，我们向操场飞奔。今天的篮球赛我们班要对战二班，对于战胜对手，我充满信心。

　　比赛一开始就进行得十分激烈。我接到队友传来的球，一个"猛虎扑食"把球擒在手中，快速冲向敌阵。我左躲右闪，晃过了几名二班球员，紧接着一个"大鹏展翅"，然后三步上篮。眼看球就要进筐了，忽然，对方一名高个儿男生腾空而起，轻而易举地把球截住了。我有些沮丧，调整了一下心情，继续回到"战斗"中。

　　很快，我再次抢到了球，勇敢"杀"入敌阵，却被对方围了个里三层外三层。队友拼命向我挥手，我却视而不见，心想：可不能让其他人抢了我的风头，我一定要自己杀出重围，成为最令人瞩目的那个，让全场为我欢呼。然而我寡不敌众，最终球还是被对手抢了去。队友用愤怒和抱怨的眼神盯着我，把我盯得面红耳赤，我不禁低下了头。

　　比赛陷入僵局。时间一分一秒地流逝，距结束的时刻越来越近了。我又把球从对方手里夺回，我飞身冲向对方篮筐，但立刻遭到对手的围追阻截。队友又向我招手示意。之前因为我的一己私念，让整个球队的进攻受挫，这时，我耳边响起了体育老师的话：一支球队，只有互相配合，团结一心，才能取得最终的胜利。于是我果断地把球传给了我们队的投篮高手。只见他飞身一跃，闪过一名对手，在比赛结束前一秒钟，投入了决胜的一球。球入筐的刹那，裁判吹响了比赛结束的哨声。32∶31！赢了！我们欢呼雀跃，紧紧拥抱在了一起。

　　体育不仅可以强身健体，给我们带来快乐，还能让我们领悟团队精神。正

如《吕氏春秋》中所说："万人操弓，共射一招，招无不中。"若不团结，任何
力量都是弱小的。体育运动让我收获多多。

成长

仇光霞

现在是 2021 年 7 月 17 日下午，在上海某大商城的过街天桥上，满满当当地布置了很多摊位，青涩稚嫩的面庞，新颖奇特的商品吸引了很多顾客，有用键帽做的减压钥匙扣，有帮助老年人放药和提醒吃药的便携小药盒，有帮助处理垃圾液体的环保吸水条，等等，这就是 JA 中国组织的全国学生公司大赛，参加比赛的是来自全国各地的优秀学生公司团队，商品都是各学生公司自主研发和生产制作的。

在一个摊位上，一位学生安静地坐着，百无聊赖地玩着手机，与旁边激情四射吆喝售卖的其他同学相比显得格格不入。他叫杨一（化名），是我校"能力有限"学生公司的一名销售，现在的他与一个月前在北京地区学生公司大赛上的表现简直判若两人，当时的他主动出击，非常积极地向路人发海报，推销产品，他的表现为公司在北京区获奖、晋级全国大赛加了不少分。作为指导老师，看到他现在的表现，我心里纳闷又着急，赶紧上前鼓励他："应该拿出你在北京大赛上的劲头来啊！"然而，他也只是拿上产品海报转悠了一圈就回来了，就这样，整个展销会，他都是比较被动的状态。

晚饭时，我耐心询问他的感受和想法，终于知道了原因，他说觉得别的公司都好强啊，自己公司这次肯定获不了奖，努力了也没用。我知道了他的问题所在——把获奖作为比赛的唯一目标，觉得获奖无望，就悲观了，于是，我向他讲了自己带学生公司这么多年的经历与思考。我从 2013 年至今已经带过八年的学生公司课程，带过三届学生参加全国大赛，但是都没有获过奖，曾经这也是我的意难平，我也想带着学生获一个奖，来证明学生公司课程的价值，证明我这多年的努力没有白费，曾经我也想过放弃，但一想起同学们自己组建公司的笑脸，讨论产品时的热烈，产品制作出来时的兴奋，售卖时的热情，共同合作克服困难的坚持与友谊，做公益事业时的满足感，我就告诉自己，这个课程还是值得我做下去的。在这过程中，孩子的体验、坚持、勇敢、团结、成就感、创造力、责任感、特长与潜力的发现和提升等，是我最看重的价值。另外，每年全国有近二十个公司参加，一共就四个公司可以获奖，没有获奖的公司占绝大多数，难道就意味着他们的努力都白费了吗？所以，我们要将关注点放到自己的收获与成长上，尽力而为，不留遗憾。

在我的引导与鼓励下，杨一重新振作起来，在舞台展示和答辩中与团队精诚合作，展示出了自己最好的一面，虽然最后同学们没有获奖，但他们都很开心，没有什么遗憾，因为他们尽力而为了，并且收获了很多。

学生是老师的一面镜子，作为一名心理老师，在陪伴辅导学生的过程中，我自己也在受到鼓励和不断成长，看到孩子的变化与成长也是为自己蓄能的过程，这是我觉得最有价值与收获的地方。

汉字寻根

谷雨露

能否从中华汉字入手，探寻字源字理，解读汉字背后的故事，用汉字承载的文化内涵去影响孩子们的一言一行呢？我试着这样做。

选字。我和班干部们分头行动，广泛地搜集能够起到教育同学们自主自律的汉字。我们总共搜集到了三十七个汉字！讨论，筛掉一些，再讨论，再筛掉一些，最终，"慎"字脱颖而出。

深研。小班干部们分成了两组，一组负责整理搜集到的资料，深入地发掘"慎"字的内涵；另一组负责挑选最贴近同学们生活，最能打动他们的"慎"字小故事。班长和我则是负责班会文稿的撰写和修改。我们从许慎《说文解字》中对"慎"的注解入手，通过讲述曾国藩"一曰慎独而心安"的故事，《后汉书》杨震暮夜却金的故事，感动中国王顺友一个人的邮路的故事，层层递进，让同学们懂得：慎，是发自内心对自然、对规则的敬畏；是面对纷扰，仍保持自我约束的自觉；主动落实到行动中的笃行不殆；更是中华民族一脉相承的正己文化。

宣讲。我们特地选择了一个安静的午后，带着同学们一步一步走进了"慎"的世界。班长说："从古至今，不变的是古人寄托在'慎'字上，对个人德行的极高要求，变了的是不同时代下，人们用自己的行动不断丰富着'慎'的内涵。同学们，我们又该怎么传承'慎'，践行'慎'呢？"这个问题的提出宛如给教室按下了暂停键，沉默了"漫长"的三分钟后，淘气大王小李同学带头举起了手！

"在自习课上，我就老管不住自己，总想下座位找人聊会儿天，偷偷玩点小游戏，还得提防着老师和班长。其实，坐在座位上，给自己找点事，专注去做，不扰乱别人，就是'慎'。"有了小李做榜样，其他同学们也都陆陆续续举手发言，从中，我看到了每个孩子身上涌动着的改变自我的内驱力。

一周后的班委会上，我听到班干部们这样说："小李现在每天都主动让我检查记事，我终于不用再天天追着他了！""我也发现了，现在咱班课间追跑打闹的人和上课说闲话的人少多了，很多小组都把慎独加入了小组评比中，看来大家心里都有根弦，时刻绷着自己，我觉得上回的班会没白开！"……

至今，我们班的留言墙上，还贴着那句学生们自己总结的警语——慎于思，敬畏规则。慎于言，自觉约束。笃于行，我们一定能行！

每年的 3 月 5 日，怎样动员同学才能提升同学们参与学雷锋活动的热情，领会雷锋精神的深意呢？班委会上，我与小班干部们不约而同地又都想到了"汉字寻根"，这次卫生委员选择了"勤"字作为突破口，因为他发现，无论字体如何演变，勤字外形最突出的始终是"力"的字形。他说："力，就是出力干活。我们的祖先用双手和智慧，用劳动和创造生存下来；后世，天文地理科学，天干地支节气，都是华夏儿女用劳动创造的美好的生活，用劳动创造的灿烂文化，在劳动中培养的互助团结的中国精神。今天的学雷锋活动，只是其中最微小的一个缩影啊！"

劳动委员就以这样的开场白，录制了学雷锋志愿者征集活动的动员视频。同学们纷纷主动报名，同学们的家长也纷纷表示支持学校，感谢学校组织的活动，说这样的劳动教育才真有意义啊！

孩子们的动员视频还传到了社区书记的手机里，看完视频后，书记主动联系到我们，想在周末举办一场社区宣讲活动，就请同学们讲述"勤"的故事，来动员更多社区居民共同参与到学雷锋的志愿服务活动中。听到这个消息，孩子们激动极了！热火朝天地商量起了宣讲会的活动细节，积极主动地准备活动材料。宣讲当天，所有报名做志愿者的同学都来到了现场。

"慎""勤"，只是千万汉字中普普通通的两个，可当我和孩子们深挖汉字中的德行，和孩子们共同走过"溯汉字文化—询道德智慧—循价值养成"的闭环路径后，我们惊讶地发现汉字文化具有神奇力量。

银杏树的秘密

刘　学

9月份开学，孩子们升入大班。一天午饭后，他们到操场散步。

只见安铖俊扬着小脑袋指着银杏树兴奋地说："大家快来看，这两棵银杏树怎么不一样？一棵长很多果子，另一棵却什么都没有，太奇怪了吧！"田浩辰赶紧凑过去说："嘿，还真是不一样！"董子新也指着树说："这棵树结的果子怎么这么多，像葡萄一样一串串的，那一棵真的一个果实都没有。"

其他小朋友们也被吸引了过去，驻足在两棵银杏树下。"两棵银杏树为什么不一样"的话题在孩子们之间交流、议论了起来……

"树坑里看看有没有发现。"安铖俊叫着董子新边说边把头探向了树坑认真地查看。"没什么不一样啊！"董子新忙说。"那跟树皮有关系吗？我来看看。"田浩辰摸着树皮认真地观察着。"那是树叶有问题？"樊云天仰着脑袋、抻着脖子、踮起脚尖仔细看了起来。其他的小朋友有在树下看果子的，有跑到远处比较两棵树高矮的，大家都想从银杏树细节上发现什么。

"树的外形都查看过了，什么问题都没有，那一定是一棵树健康，一棵树生病了。"陆茜自信地说。郝晨阳立刻摇头反驳道："我觉得不是，我爸爸说过，树生病了一般都枯萎不长树叶的，可这树还长得好着呢！我觉得是一棵照得太阳多，一棵照得太阳少吧！"董子新连忙摆手说："不对吧！是一棵浇水多，另一棵浇水少。"

"你们说得都不对，是一棵树施肥多，另一棵没有施肥！"田浩辰着急地说。就这样在好奇心的驱动下，激发了小朋友的深度观察、充分猜想。讨论声在操场上沸腾了……

在给予充分的时间交流后，我说："小朋友们都说出了自己的猜想与分析，但原因究竟是什么呢？我们怎么能找到正确的答案呢？"

陆茜连忙说："我们去看图书吧！听我妈妈说书里有很多的知识，解决不了的问题就从书里找。"

安铖俊兴奋地说："我记得咱们班图书区里有本《大百科》，咱们赶紧去看看，说不定里面有我们需要的答案！""我妈也说看百科全书可以解决很多问题！"郝晨阳附和着。

回到班中，孩子们迫不及待地认真翻看、查找图书……

"《大百科》里没有发现任何有关银杏树的信息啊！"安铖俊失望地说。"我在其他工具书里也是没找到！"郝晨阳似乎也表现出了无奈。"我这里有本介绍树木的书，也没有介绍银杏树的啊！"樊云天摸着脑袋说。正当大家有些失望的时候，董子新说："要不我们回家让爸爸妈妈帮我们用电脑查一下吧！那里一定有答案！"

当天晚上我在班级群里给家长留下了一段文字：

> 家长您好，今天我们在幼儿园发现了一个有关"银杏树不一样"的有趣话题，一棵银杏树上长满了果实，而另一棵却什么都没有长。这个现象，引发了孩子们的兴趣和探究欲望。请家长和孩子们一起找寻答案吧！明天以绘画或文字的形式带到幼儿园，进行分享，希望得到您的支持与配合！

第二天早饭后，孩子们各个迫不及待，跃跃欲试。银杏树大揭秘要开始啦！

董子新说："昨天说的答案都不对，我和妈妈一起查资料，原来长很多果子的银杏树是雌树，也就是母树，不长果子的树是雄树，也就是公树。银杏树和我们人一样分男女，女树就会结果子，男树不会结。"小朋友们津津有味地听着董子新的讲述。

郝晨阳着急地补充起来："雌树结的果实叫作白果，到了秋天成熟了就会有臭臭的味道，别看它臭，作用很大，是一味非常有名的中药药材呢。而雄树不结果实，但是树木用途也很大，可以做木材使用。"

陆茜更是补充了除了最主要的区别之外，还可以通过观察树叶发现的一些比较细微的区别，比如，银杏树叶上面都有一道裂痕，雄性的裂痕比较深，有一个大长口，而雌性叶子就很短，一般只在叶子上部开一个小口。

在大家的共同验证下，银杏树的秘密终于解开了，我对小朋友与家长一起探索的结果给予了充分的肯定与赞扬，并鼓励小朋友们把所有的探索结果制作成一本科学用书放在图书区，可以随时去图书区阅读观看，分享交流，为幼儿提供再学习的机会。

在这次银杏树的故事中，孩子们由好奇心引发出一系列的猜想、讨论、验证活动，在这个过程中与同伴、家长一起寻找问题的答案，交流分享，不断积累经验，并运用于新的学习活动，从而形成受益终身的良好学习态度和能力。

小蝌蚪变青蛙

吴　丹

　　班里的朔朔小朋友从家里带来了一本《小蝌蚪找妈妈》绘本故事。没想到刚一放到图书区，便深深地吸引了小宇的关注。他吃过早饭，马上跑到了图书区，迫不及待地翻阅起来，还兴奋地向童童介绍："快看，这是小蝌蚪的书！"童童转过头说："我妈妈给我讲过这个故事，是关于小蝌蚪找妈妈的。"说完，童童接过书，有模有样地指着书里的画面给小宇讲了起来。

　　童童指着书中画面说："你看，这就是小青蛙妈妈。"小宇迫不及待地问："这是什么？""这是蝌蚪呀，我爸爸妈妈还带我去小河捞过呢……"还没等童童说完，小宇又忙不迭地翻到了后面，"看，小鸡！"童童接着说："还有鸡妈妈！"……他们一页一页地翻阅着，找到了画面中不同的小动物，"小鸡、大虾、金鱼、螃蟹、乌龟，还有孩子们口中带胡子的大鱼"。

　　两个充满好奇的小朋友一同发现、指认、讲述绘本画面中自己感兴趣的小动物，他们的举动引起了更多小朋友的注意，他们纷纷加入其中，提着五花八门的问题。

小蝌蚪真的来我家啦

　　一天早晨，西西端着一个小盆来到学校，高兴地对我说："吴老师，这是我和爸爸在莲石湖捞的小蝌蚪！"话音刚落，已经到园的小朋友立刻围了过来，"哇，真的是小蝌蚪。"

　　"好多小蝌蚪呀！"

　　"怎么有一只小青蛙，还长着尾巴？"

"还有一只小蝌蚪长着脚。"

"它们怎么都不一样呢？"

孩子们你一言我一语地议论着，对班里的新朋友——小蝌蚪，有着各种各样的发现和问题，充满了好奇。

为了满足孩子们的好奇心和探究欲望，我们把小蝌蚪放在自然角饲养。我带着孩子们给它们拍照、录视频、绘画，用自己喜欢的方式记录小蝌蚪的成长变化。在持续的观察中孩子们发现，小蝌蚪不同时期的样子是不一样的，会经历从卵—长尾巴的蝌蚪—长出后腿—长出前腿—尾巴消失变成小青蛙的生长过程。最终，我们共同制作了属于自己的《小蝌蚪成长记》小小书，并投放在图书区。孩子们对自己制作的图书总是津津乐道，百看不厌，而且讲起小蝌蚪成长的故事总是有说不完的话。

京剧团的小台柱

董艳杰

张天翊是京源学校高三年级临近毕业的一名学生，更是我们金帆京剧团里的一名大青衣、台柱子。她报名参加了"清华大学生高水平艺术团——戏曲专业考试"，一路比拼，冲刺到了最后的艺术专业考试和文化课笔试环节。

2015 年是我调入京源学校的第二年，在学校支持下，我开始筹备组建学校京剧团，张天翊是第一批团员。

"董老师您好，我叫张天翊！今年十岁。"一个长着大眼睛，梳着马尾，文静可爱的小姑娘站在我面前，非常礼貌地说。

"天翊，你好！你想参加京剧团吗？"

"是的，我非常喜欢京剧，我给您表演一段《卖水》，您看好不好？"

我一听非常惊喜："好啊！老师看看。"

只见这个小姑娘左手拿起了扇子，右手拿着手帕，认认真真地开始唱："十一腊月没有花采……"一招一式，有模有样。待她唱完，我搂着她的小肩膀说："真好！孩子。老师特别欢迎你的加入，你的表演、身段、音准都很棒！"

记得我们排演的第一出折子戏是梅派经典剧目《廉锦枫·刺蚌》一段，这出戏需要能唱能舞，还要舞动水旗、舞剑刺蚌。天翊和十多个孩子们在一起，开始了每天两个小时的刻苦集训。排练休息时，别的孩子都在尽情地玩耍，而这个小姑娘，却常常拿着宝剑，偷偷地在角落里练习，为了做好一个动作，能练习整晚，有时甚至会边哭边练，直到深夜，直到手磨出泡来……

最终，《廉锦枫·刺蚌》夺得了北京市国戏杯比赛集体节目的金奖，获奖之后张天翊告诉我："老师，我一开始觉得这段戏难极了，又唱又舞，尤其是难度特别大，真的害怕自己学不下来，这半年来的排练学习，我真理解了什么是

'台上一分钟，台下十年功'，慢慢领会出京剧的'一棵菜'精神。"

2016 年底，我们排演了京剧《巾帼英姿》，这个作品由《穆柯寨》《穆桂英挂帅》《杨门女将》串联组成，以巾帼英雄穆桂英在不同时期的形象为主线，充分展示出穆桂英这位女英雄的民族气节，精忠报国和天下兴亡、匹夫有责的责任担当。九分钟的演出，从跃虎旗的配合到靠将们的翻身，从马童的侧空翻、飞脚到男兵们的案头、蛮子，对于刚刚建团不到八个月的孩子们来说，难度非常大。天翊在当中饰演的就是穆桂英。

比赛的时间到了，地点设在东城区，我们是第一个开场比赛，上场时间是早晨 8 点，对于这样一出二十人的扎靠大戏，这意味着 6 点之前就要开始化妆，5 点半就要到达，为了不堵车，必须凌晨 4 点半从学校集合出发。比赛前的晚上，我的手机突然响了起来，"董老师，天翊发烧了！"天翊妈妈在电话里说。"孩子怎么样啦？多少度？去医院了吗？"我焦急地询问。

天翊是《杨门女将·探谷》这出戏的主演，她饰演的穆桂英是《巾帼英姿》整个节目的压轴，需要身披白靠，要演唱导板和一大段高拨子，音高腔长，还要拿着马鞭和枪，和马童、靠将们一起"探谷"，平时这孩子演出这段都需要特别努力，现在她发烧了，这可怎么办呢？

"董老师，您不用担心我，我已经吃上消炎药了，您放心，我和妈妈现在已经住到剧场这边的酒店了。我今晚什么都不做，吃完药马上睡觉，睡一觉就好了！您放心，我保证不掉链子！"

听到"您放心"这几个字，我的眼泪在眼眶里打转！在这个紧要关头，她真是个懂事的小姑娘！

这一晚过得缓慢而悠长……

第二天一早，我带着孩子们乘坐大巴出发了，一路上我不时地翻看着手机，既想知道，又害怕知道，心里始终惦记着，天翊到底怎么样了。

来到剧场边的酒店，化妆师们早已在现场等候。我焦急地在各个房间寻找，突然看到了角落里正在等候化妆的天翊，此时的她生病还未痊愈，面容有些憔悴，穿着一件厚厚的棉袄，本就纤弱的身体也显得更加单薄瘦小！

我过去摸了摸她的头，还好不烧！可是，即便不发烧，她也能完成比赛吗？孩子身体能不能顶得住？这么早上台，嗓子能打开吗？勒头扎靠时间太长，她能坚持吗？

天翊看到我焦急不安的样子，对我说："老师，我已经好了！刚才您没到时，我已经小声喊了嗓子了！待会儿我和同学们再对一遍戏，我们今天保证完成任务！"孩子的眼神中流露出无比的坚毅，她的话像一股暖流流进我的心里，我抚摸着她的头发，看着房间里正在化妆的这些十一二岁的孩子们，望着窗外昏暗的天色和亮起的街灯，我的京剧小娃娃们真的是长大了！

上场前，我给孩子们做赛前动员，加油鼓劲儿，从大家为排这出戏做的努力，讲到了京剧的"一棵菜"精神，更讲到了《巾帼英姿》中穆桂英的英雄气节……孩子们聚精会神地听着，眼神中充满了坚定。

> 披荆斩棘东南走
> 石崩谷陷马不前
> 挥鞭纵马过断涧
> 山高万仞入云端
> ……

随着大督旗的举起，比赛完美结束！我的眼泪夺眶而出，看着台上的这群孩子们，聚光灯映照在她们的脸上，显得精神抖擞，每个人眼神中都充满了自信，嘴角洋溢的微笑早已把披星戴月的辛苦劳累冲淡，他们享受着舞台的快乐！享受着京剧带给他们的成功和喜悦！

《巾帼英姿》获得了北京市艺术节金奖，北京市国戏杯金奖，更在北京市众多节目中脱颖而出，选入北京市教委"静静地绽放——金帆三十年成果展演"。

随后，天翊开始尝试学习有"百戏之祖"美誉的昆曲，学习了《牡丹亭·游园》《长生殿·小宴》《玉簪记·琴挑》这三出折子戏，并在学校每年一届的"芳华"系列专场中登台演出，各种比赛，各种展示，出国交流，接待访问，天翊都和京昆团的同学们一起成长着！2017年7月，天翊表演的昆曲《牡丹亭》在浙江嵊州一举夺得"中国少儿戏曲小梅花荟萃"个人金花的好成绩，她还和京剧团一起转战江苏，再次夺得"中国少儿戏曲小梅花荟萃"的"最佳集体节目"和"最佳原创作品奖"，以小梅花"双金"成绩为京源学校争得了荣誉！

宝剑锋从磨砺出，梅花香自苦寒来！

八年过去了，天翊从十岁的小姑娘成长为品学兼优的小才女，她还多次被北京市教委授予北京市级三好学生。回想这八年的成长，天翊说："学习京剧不仅让我提升了表演技能和审美，更让我对古诗词和传统文化产生了极大的学习兴趣，我从戏曲中找到了打开学习诗词歌赋的金钥匙，戏曲里演绎的故事也能帮我学习历史知识，使我受益良多。"

如今，我们的京剧团已经成为了金帆艺术团，像天翊一样，还有三百多个孩子正在金帆京剧团中成长着、学习着，从他们身上，我能感觉到孩子们学习京剧的快乐、坚持、执着、梦想，从他们身上，我能看到京剧艺术带给孩子们的滋养和自信！

金奖背后

戈　桐

　　这次合唱节我准备以韩红的《家乡》作为参赛作品，它悠扬的旋律，真挚的情感，充满民族特色的歌词，宛如一首优美的童谣。歌声中有对故乡深深的热爱和对亲人的思念，也有让这个世界变得更好的博爱与虔诚，合唱版中间还有热情似火的变速以及尾声的领唱与合唱的交织，唱出了对美丽家乡的自豪之情，是一首十分难得的适合孩子们比赛演唱的曲目。果然，当我给孩子们第一次播放合唱版的《家乡》时，他们一下就被歌曲优美的旋律、朗朗上口的歌词、神秘的梵语深深地吸引住了，"老师就唱这个吧！""老师我喜欢这首作品！""老师我也喜欢！"望着孩子们开心放光的眼睛，我不禁点头微笑，"好，就唱《家乡》了！"

　　歌曲选好了，在集训时孩子们也唱会了三声部的旋律，可是在填词演唱、表达歌曲意境的时候，问题出现了。由于这首歌曲描绘的是青藏高原的美丽景色，这和孩子们在北京生活的环境大相径庭。怎么才能让孩子们真切地感受到歌曲的意境呢？

　　在一次《家乡》的排练中，我说："孩子们，我们先把眼睛闭起来，跟随老师的话语展开想象，我们伸出自己的双手'摸一摸'歌曲中那条美丽的小河。"我接着引导："我们一起想象，慢慢地把你的双手伸进小河中，感受河水慢慢拂过你的掌心时清凉的感觉，耳边传来哗啦啦河水流淌的声音，像风铃一样动听……你慢慢地合起手掌，捧起一捧河水，舌尖轻轻地尝一尝，河水竟是如此甘甜、清凉。你环顾小河的四周，看到漫山遍野的绿色海洋，一望无际的草原上牛羊成群，在微风的吹拂下草儿晃动着，好像随着微风在轻轻地唱歌起舞。抬头映入眼帘的是连绵不断、高耸入云的山峰，山顶白雪皑皑，就像大山戴上了一顶银色的王冠，又像一条玉龙在山顶飞腾……一只雄鹰在苍蓝的天空中展开它宽大的翅膀自由翱翔，它俯瞰着大地，就像这片高原的守护神……如果这是你们从小到大生长的家乡，你们的心情是怎样的呢？"哇，那太开心了。""它太美了，我好自豪，我不想离开它。"……孩子们你一言我一语地表达着自己的想法，这时，郝老师的手风琴声适宜地响起了歌曲的副歌旋律，看着孩子们陶醉地闭眼沉思，我知道，他们被音乐打动了。"大家慢慢睁开眼睛，把刚才想象的美好画面和你的心情揉进歌声中，让别人也能感受到同样的意境，我们再来一遍。"这一次的他们不一样了，孩子们的眼神好像穿过了音乐教室的墙壁看到了青藏高原苍蓝的天空，歌声变得火热，包含着对美丽家乡无限的热爱。就这样，孩子们由刚开始单纯的演唱逐渐学会理解作品、享受音乐，他们的歌声越来越动人、感情也越发丰盈起来。

"高声部的声音呢？状态不够兴奋。""你的小肚子使劲儿了吗？我怎么一推你就倒了呀。"在排练时，孩子们时有时无的歌唱状态让我有点着急。在排练空隙时有几个孩子找到我，说："老师，我嗓子唱疼了。""老师，为什么高音我唱不上去呀，是方法有问题吗？"由于这次比赛不少同学是新加入合唱团的，看着他们困惑的小脸，在演唱时僵直用力的身体，我陷入了沉思，该用什么方式解决他们演唱的困难，从而更轻松快乐地歌唱呢？

"孩子们，我们玩个游戏呀。"听到玩游戏，练得有些疲惫的孩子们眼睛放起了光，"哇，什么游戏？"他们好奇地询问。"我们先双手拿好谱夹子，然后弯腰，对了弯得再低一点，注意在演唱时每换一次气后，双手松开谱夹子再快速地抓住，注意谱夹子不许掉。""咦，好玩！"孩子们觉得很有意思，开始练习的过程中还伴随着不少孩子没抓住谱夹子而落地的"噼啪"声，他们被逗得哈哈直乐。"松谱夹子吸气的时候，你的小肚子是什么感觉？"我问道。"是用力的。""是往外鼓的。"孩子们争先恐后地回答。"对了，在唱歌过程中要时刻注意小肚子也要使劲，这样声音才有更底气，演唱也会更轻松。"

为了帮助孩子们找到演唱时高位置共鸣的状态，我带领他们想象闻花香的感觉。"想象你面前有一朵芬芳的茉莉花，我们用鼻子深深地闻一下……你们感受到什么了？这个时候你的口腔上颚是什么状态？在唱歌的时候我们要保持这样闻花香的状态，同时再带上一点惊喜状。"随着我的引导，孩子们问："老师什么是惊喜状呢？""想想什么事情会让你感觉很惊喜，比如今天没有作业！"孩子们听到后小声地嘿嘿一笑。"明天还放假不上学。""哇——"孩子们瞪大了眼睛。"而且连放三天假！""哇塞！"孩子们眼睛放光，嘴角止不住地往上扬。"对了，惊喜状就是这样的状态！让我们带上惊喜状再把歌曲演唱一遍，别忘了小肚子要用力啊。"孩子们优美的声音随即传来。

在巡视他们歌唱状态的时候，我发现一个小姑娘一直没张嘴，便好奇地问道："你怎么不唱呀？"她什么都没说，却怯怯的眼泪汪汪的快要哭出来了。排练结束后我单独留下了她，问道："小雨，刚才在排练时你为什么没有唱啊？"她低下头声音轻轻地回答："老师，合唱团里人好多，我害怕。"回忆起之前她在音乐教室单独给我演唱时的自信，我温和地鼓励她："小雨，戈老师特别喜欢你的声音，尤其是上次你给老师表演唱歌的时候，余音绕梁耐人寻味啊，希望你以后还像那次一样，声音再大一些，让戈老师和同学们一下就听到，好吗？合唱团的同学都是咱们学校很优秀很友好的孩子，不用怕，自信的你最美。"小雨听后坚定地点点头。在课下我也积极地和她妈妈取得联系相互沟通情况。在一次社团表演时，我把她安排在第一排靠近中间的位置，指挥的过程中我不时用笑容和眼神鼓励着她。那次演出她表现得相当出色，勇敢自信的神情和站姿像一只勃然奋发的小雏鹰。期末我在翻看到她的评价手册时看到她写道：这学期最难忘的事是合唱团登台演出。欣慰、感动、骄傲，好多情绪一下把我的心添得满满的，那是只有教师才能体会到的幸福。

历经三个月的排练，我们终于站在了最后比赛的舞台上，看着孩子们在舞台上挺拔的身姿、听着他们纯净动听的歌声，表达着对美好生活的向往，无一不让我感到骄傲，此时的我已经怀孕十七周了，我相信此时在舞台上指挥的自己，一定是最美的妈妈。一曲终了，台下先是久久的宁静，紧接着是雷鸣般的掌声……最终，我们京源学校小学部合唱团的学生们，以优异的成绩夺得了第二十四届北京市合唱展演金奖。

展演结束后，孩子们心情都很激动，回来的车上一片欢声笑语，他们好像不过瘾似的，在车上继续唱起了《家乡》。坐在我身后的孩子扬起笑脸开心地对我说："戈老师，之前还觉得咱们排练好辛苦呀，别人午休时咱们在唱，别人放学了咱们还在唱，但是当站在舞台上听到评委和观众的掌声，就感觉一切都是值得的！我好开心呀，我还要在合唱团里唱歌，一直唱下去！"看着他天真无邪的笑脸，我想孩子们在合唱中收获的不仅是成长和友谊，更有面对未来挫折的勇气。在学校担任合唱团指挥的日子里，也让我越发找到了内心的归属和这份工作的价值——让每个孩子都享受到音乐带来的快乐和美好，从而自信阳光地成长。

幸福的花瓣

刘莎莎

2011年9月，人人网上的一条留言把我带到了回忆中…

2009年入冬，在课间长跑的队伍中我注意到满头大汗的小洋衣着单薄，恰在第二天他因发烧而请假了，当时我还因没有提醒他保暖而有些自责。小洋是我高二文科班新接的学生，高大帅气但沉默忧郁，他因父母离异随妈妈一起生活。几天后，我又收到他请假的短信"妈妈病了我要照顾她"。联系到他妈妈后得知他每天都准时"上学""放学"，"放学"回家成宿地玩电脑游戏。原来他逃学，他欺骗我们！

心急如焚的我当了回不速之客。当小洋打开房门见到我时他没有任何回应，无声地转身回到他的卧室，双手抱膝低垂着头坐在床边，那一刻我原本还有些生气和急切的心一下平静了下来。我环视他的房间，找了把椅子与他相对而坐。"小洋，我有几天没见到你了，特别担心你，同学们也很关心你，我想你是不是遇到什么难事，我能不能帮帮你呢？"他听着我说话，始终低着头一言不发。天色渐黑时，我起身告别，临走我对小洋说："今晚好好休息，明天我在学校等你。"第二天他果然按时来上学了。

冬至那天我收到了他发给我的短信："刘老师，要吃饺子哦。"几个字，让我既意外又惊喜，我确信，他理解我对他的关心，他需要我的帮助。

进入高三，小洋的状态起起伏伏。在班里我通过同伴力量增加小洋的交流，在课余我与他的亲生父母分别沟通。小洋一连三个月没有一次缺勤，而且身边多了一个好伙伴，他妈妈说在家里见到了他难得的笑容。正当我为他可喜的变化而略有欣喜时，他给我发来短信："刘老师，我身体不太舒服，请个假。"他故技重演吗？他妈妈在电话里的哭诉证实了我的想法。我冒着大雨又一次登门拜访。打开门的一瞬间，他叫了一声"老师"，然后好似知道我要问的话，停顿了一下接着说"上学没用"。风尘仆仆的我愤怒咆哮："你凭什么说上学没有用？如果没有用，你妈妈为什么要读到医学博士，又为什么把你带到北京，为什么为你挑选了好的学校？不上学不代表不学习啊！你在家里干什么？打游戏吗？还是发呆犯愣等天黑？你这样就能挽回你父母的婚姻？你知不知道自己是谁？一个十八岁的成年人，一个七尺男儿，你想要的你自己争取，你这个大男孩能不能分清哪些是自己的事，哪些是别人的事？"小洋把眼睛睁大了一些，显然是被我的话震慑到了。我喘了口气，坐下来，沉寂了片刻，我娓娓跟他道来："上学是学生的职责，但不能强迫学生必须每天到学校，你要是真的病了，老师怎么能不让你休息呢？如果长期不到学校，就要转变为在家学习的方式，不能让自己废了。你现在高三，如果觉得学习压力大，我们可以通过活动减压；如果觉得学习的内容不实用，可能是因为目前还没有联系到你今后的专业；如果觉得父母的关系对你有影响，你可以提出你的需求，你不好表达的，我帮你把意思传递给你父母……现在是时候想想你究竟想要什么了，如果你想好了要参加高考，我们就必须一起奋斗。"此时窗外下起了雨，我看看手表对小洋说："我要去幼儿园接我的孩子了，这是我的职责。"没等小洋说出欲言又止的话，我匆匆离开。两天后，我在学校得到了一张笑脸和一句腼腆的话——"老师，我要高考！"

从那天起，小洋在课间、午休、自习时间都捧着书本做习题，追着老师问问题，课上困了就主动站起来听讲，心里累了就找我聊天。他告诉我，他电脑里的游戏都删了；他告诉我，他妈妈挺不容易的；他告诉我，学习很累，但比玩游戏更有挑战和成就感；他还告诉我，要注意身体。2011年他如愿以偿地考入了天津财经大学。

我们之间的故事就好似一片掉落的花瓣，那么的自然，而我和小洋却都收获了不抛弃不放弃的幸福。作为一名人民教师，要关注学生个体，要遵循生命的成长规律，让每一片花瓣都惹人，让每一朵鲜花都绽放，让每一个生命都精彩。

原来好孩子也有苦恼

郝晶晶

作为一名班主任，我有着班主任几乎都有的"通病"——没课时在后门看自己的孩子们，刚上三年级的小朋友时不时还会出现行为松散的情况，我想课间可得再提醒提醒他们。但是几天的观察下来，我发现小方上课时腰杆总是挺得笔直，偶尔会举手，说话声音不大，如果说错了，虽然老师没有批评他，但是他的小拳头攥得紧紧的，透出他的"十万分"紧张。课间活动时和同学们玩耍也仅限于聊聊天，一般男孩子的调皮捣蛋在他身上从来没有出现过。做眼保健操时数他站得最直，不管有没有老师在都一丝不苟地做眼操。课间操时，他笔直的身影和规范的动作最引人注意，但是……为什么小拳头总攥得这么紧？老师走过为什么他十分紧张？他体育这么好，学习也不差，难道好孩子也有苦恼?!

交流从心开始。放学后我主动约了小方的妈妈，沟通了我的疑惑，随着我把在学校观察到的小方的情况说给她听，她的眼圈慢慢有些红、有些湿润……孩子妈妈说："老师，我真是太感谢您了，特别谢谢您关注我的孩子，我其实特别心疼我的孩子，他总怕做不好、怕老师和家长失望……"我突然捕捉到"家长"一词，于是我尝试和妈妈沟通："是不是爸爸要求比较高、爸爸比较严厉？"孩子妈妈的眼睛突然一亮，眼圈一红。通过这次交流，我初步了解了孩子会变成这样的原因。

了解到这些后，我觉得首先得帮孩子"卸压"。我始终认为每个人都应该成为集体的主人，所以在接班伊始，通过观察学生及结合学生班级生活所需、班级建设所需，模拟了同学生数相等的班级岗位，通过竞选及他选的方式，竞聘各种"官儿"。孩子们可开心了，看来能为他人、为班级出力真是一件大家喜欢的事儿！但是不出我所料，小方同学并没有主动竞选任何岗位，据我观察，他并不是不愿意为集体付出的人，于是我主动向他推荐了"桌椅小管家"的岗位，他认真地答应了这个能和每位同学有很多次交流机会的岗位。正如苏霍姆林斯基所说："没有爱，就没有教育。"得让孩子感受到老师爱他，于是我就从他这个小岗位开始和他交流，如"桌椅的管理顺利吗？今天发生什么让你开心或者苦恼的事情了？有没有更科学的方法让桌椅管理更科学呢？"小方同学逐渐跟我熟络起来，令我惊喜的是，他有时还会主动跟我说一些别的。在这个过程中，我也收到了小方妈妈的微信，她特别高兴，孩子回去后对学校发生的事情聊得多了，脸上的笑容也多了。借这个机会，我适时和小方的父亲沟通了一些我的看法和建议，小方爸爸也十分给力，工作之余关心孩子多了，单独带孩子出去散心多了，回家后的气氛也变得更加温馨了。

同时，班级小主人们都通过自己的努力获得了老师和同伴的肯定，在班会课上颁布的一枚枚小奖状配以大家的笑脸可真美丽啊！小方也不例外，"桌椅小管家"尽职尽责，当得很优秀，后来还在同学的推荐下，担任了班里的体育委员，他标准的队列及做操动作在班级前面就像一面旗帜，为同学们树立了榜样，他再也不攥紧小拳头、站姿僵硬了，并且还逐渐在更多的岗位上锻炼了自己、为集体做着贡献。后续在中学看到他，灿烂的笑容、洪亮的"郝老师好"都让我感到十分幸福。夸美纽斯说，老师是太阳底下最光辉的职业。我们都在发光发热，帮助祖国的花朵茁壮成长。另外我也在时刻提醒自己，好孩子也是会有烦恼的，要倾听每一个孩子心底的声音。

爱的滋养

祁国敏

一个特殊的发型，一张瘦长的脸，加上他目光中所散发出来的"仇恨"，让有着十多年班主任工作经验的我，从心底里有些惧怕。我试着与他交流，可他不理我，一言不发地坐在自己的位子上。开学典礼上，其他同学都规规矩矩地站在操场。突然，他一屁股就坐到了地上，我赶忙跑过去，想把他扶起来。这时他开口跟我说话了，因为生理发育的原因，他的口齿不是很清楚，说的话也只能是靠猜。"我……有病，我不能……老站着。"见他肯跟我说话了，我赶紧尝试着跟他交流，想了解他更多的情况。他断断续续地说他从来没上过幼儿园，一直是姥姥看着他，接着就一直盯着我，无论我怎么引导，他都不肯再说话了。当了这么多年的班主任，却无法跟一个孩子正常交流，我觉得很挫败。当天放学，我跟他的妈妈进行了一次深入的交谈。原来，他是一个早产儿，生下来就被送到了保温箱里。虽然抢救及时，没有生命危险，但大脑受了损伤，导致他的智力比正常孩子低，口齿不清，走路也不利落。他妈妈说着说着就流下了眼泪，哽咽着跟我说："老师，真不好意思，这孩子给您添麻烦了，还请您多担待，孩子有什么问题，您尽管找我，我们一定全力配合您的工作。"听了孩子妈妈的话，泪水模糊了我的眼睛，我也是一个孩子的母亲，我非常能理解她的心情。此后，我对小骏的看法也悄然发生了改变。

每天来到班里，我都会把目光最先投向他的座位。每个课间我都会走到他身边，尝试着跟他交流。开始他装作没看见，看也不看我。但我没有气馁，每个课间，我都会走近他。慢慢地，我发现他看我的眼神变了，不再那么冷漠。我又尝试着摸了摸他的头，他竟然没有躲开，我欣喜若狂。正当我松了一口气的时候，意外发生了。

"老师，老师，小骏在卫生间跟小明打起来了。"我一听，"腾"地站了起来，三步并作两步地向卫生间走去。一到门口，我就愣住了，只见小骏浑身哆嗦地站在那里，嘴里还咿咿呀呀地说着："我……我不傻，你不许说我，不许……学我走路。"我见状，连忙把他揽进怀里，摸着他的头，轻声呢喃："好了好了，谁说我们骏骏了，一会儿，老师去批评他，不哭了不哭了……"我边说边对已经吓傻在一旁的同学使了个眼色，让他先回班。在我的不断安抚下，小骏渐渐平息下来了，他的身体也不再那么僵硬。看着在我怀里抽噎的小骏，为了避免以后再发生这样的事，我决定把小骏的故事讲给大家听。在征得了小骏妈妈的同意后，在小骏不在的时候，我给孩子们讲了他的故事。告诉孩子们，当我们生下来依偎在妈妈怀抱的时候，小骏却一个人在保温箱里待了一个多月。从出生到现在，他经历了很多磨难，受了很多罪，身体上也有了一些缺陷，但他顽强、乐观，他依然和正常的孩子一样，有生活的权利，受教育的权利，他也渴望得到大家的友谊。孩子们听了小骏的遭遇，都哭了，他们纷纷表示，要跟小骏做朋友，要关心他、帮助他。孩子们是这么说的，也是这么做的。

第二天，当小骏来到班里以后，我明显地感觉到了孩子们对他的态度发生了很大的改变。他们主动跟他打招呼了；课间也有同学去陪他玩了；去专业教室上课的时候，因为他动作慢，总是最后一个，也有孩子主动留下来等他了。我也会在课间的时候跟他聊聊天，摸摸他的头，拉拉他的手。虽然他有时还是那么"酷"，拽拽的、谁也不理，但慢慢地我发现，他的眼神变了，不再像原来那么冷漠了，我在他的眼睛里看到了光，温暖的光。渐渐地，他向我敞开了心扉，成为了我最亲密的"儿子"。

每次上操的时候，我们俩都会成为操场上一道特殊的风景。他总会拉着我的手，一边走一边和我聊天。他告诉我：等他长大了，有钱了，就给我买一辆汽车。放假前，他问我出去玩吗？我说不去，太远了，坐火车太慢。他听了，连忙说："我送你一架大飞机吧！"我听了，笑着给了他一个大大的拥抱。

现在，很多老师都说，小骏变了，他变得愿意跟人交流了，见到老师能够主动问好了，在他的眼中，有了属于他这个年龄的清澈的目光了。现在的他，是个讲礼貌、爱劳动、有爱心的小学生了。黑板是他的"责任田"，每节课间，他都会主动去擦黑板，别人想帮忙都不行。孩子们对他的关心和帮助也感染了他。记得有一次，一个女孩在他的身边摔倒了，他连忙蹲下去，主动把她扶起来，并关心道："你没事吧！"我看着他，很欣慰，也很感动。班里有个同学胳膊受伤了，自己背不了书包，每次放学的时候都是我给他拿，小骏见了，也总是跑过来，抢着帮同学拿。有同学腿受伤，上下楼梯不方便时，小骏总会扶着同学一起上楼。

有一次在卫生间，一个同学不小心把他的手夹伤了，流了很多血。那个同学吓坏了，连声说："对不起，对不起。"在妈妈接他去医院的路上，他还在替同学说好话，说他不是故意的，也道歉了，叫妈妈不要找那个同学的家长。当他的妈妈告诉我这些的时候，我被他的宽容和善良所感动。在温暖的集体中，他感受到了同学们对他的爱，也把同样的爱回馈给了同学们。虽然他不善表达，有时他还是会控制不住自己的情绪，但同学们不仅不会嫌弃他，反而用更温暖的话语去安慰他，用自己的实际行动去关心他。看着现在的他与同学们相处得那么融洽，看着每天放学时，他依依不舍的表情，我觉得所有的付出都是值得的。

转眼间，他已经是一名四年级的学生了。在上四年级的时候，学校开设了京剧课程，令我没想到的是，这项课程的开设给他开启了另一扇窗。因为自身的智力缺陷，他到现在连 10 以内的加减法都无法独立计算出来；认识的汉字也超不过一百个。所以每天我们上课的时候，他都会干自己的事情。我跟他的妈妈聊过这个问题，他妈妈觉得他每天能开开心心地来上学，能够正常地与人交往就可以了，学习上没有任何要求。但令我们没想到的是，就是这样的一个孩子，却爱上了京剧。虽然他的吐字不是很清楚，但他敢唱、爱唱。一次，他本应三点半接，可妈妈在门口等了好久，他都没有下去。正当我准备去找他的时候，他妈妈来电话了："他在下楼的时候看见京剧老师了，他把老师拦下来，一直在请教京剧问题。还不停地给老师展示他的唱腔。"妈妈还没说完，他就抢过电话，在电话里给我唱了起来。虽然我听不清他唱的是什么，但我被他的执着所感动，泪水模糊了我的双眼，这是我听到的最动听的唱段！

"一切为了学生，为了学生的一切。"直到此刻，我才真正懂得了这句话的含义。看着他眼睛里的防备一点点消融，变成如春天一般柔和的光；看着沉浸在自己世界的"小王子"变成了照顾同学的男子汉；看着马背上驰骋的少年与他明媚的笑意，我笑了。

"迟到大王"变形记

佟祎枭

"报告！"又是这个熟悉的声音，总是出现在上课之后的几分钟，而我似乎也已经习惯等待这一刻。他就是我们班最有名的"迟到大王"凯凯。

沟通观察，寻找"病因"

医学上讲究"对症下药"，教育上要"因材施教"，凯凯的"症结"在哪里呢？

一天午休时分，我和孩子们正在操场上席地而坐、沐浴阳光。孩子们放松而又快乐。我轻轻地把凯凯叫到了身边，拉着他的小手，问道："凯凯，你为什么总是迟到呢？下课的时候有什么事吗？"面对我的提问，凯凯抬起小脸，仔细思索着，然后说道："我……我就是上厕所、喝水，和同学玩……也没做什么啊，然后就上课了，就迟到了。"这些事情都是学生们课间经常做的事，为什么凯凯却总是没有时间完成呢？

带着这样的疑问，我又一次和凯凯的家长进行了沟通。

"这孩子，在家也是这样。做事情磨磨蹭蹭，说他也不听。哎，真是没办法！"凯凯妈妈的声音传达着焦虑与无奈。原来，凯凯在家也是做事拖拉，家长虽然意识到了问题，可也没有找到解决办法。

我决定在学校暗中观察凯凯的行为，找到"病因"，"对症下药"。

上课时，我的眼睛更多地停留在了凯凯身上。下课后，我偷偷地"跟踪"着凯凯，观察这个小家伙的一举一动。几天后，我便发现了"端倪"。

课间十分钟不算短，但是对于凯凯来说确实很紧张。凯凯在上厕所的路上经常会驻足观察、欣赏一些事物。每当其他班级外展板的内容更新时；每当叽叽喳喳的喜鹊从窗外飞过时；每当保洁阿姨用巨型拖把擦地时……凯凯都会好奇地看上一会儿。原来凯凯不是故意迟到，而是好奇心强，忽略了时间。长此以往，凯凯不守时的毛病竟然被他认同，他也就觉得迟到没什么大不了。

找到了"病因"便可以"对症下药"，我制定了多样有效的"治疗良方"。

对症下药，初见成效

班会课上，我绘声绘色地给孩子们讲了一个绘本故事《总是迟到的嘟嘟》，孩子们全都竖着小耳朵，认真地听着。当我讲到嘟嘟每次迟到总会找出各种奇怪的理由时，学生们哄堂大笑。我用余光观察到，凯凯同学早已羞红了脸，或许他知道再这样下去，他就要变成故事里的嘟嘟了。

"同学们，你们知道一分钟是多久吗？"我问。

"一分钟就是六十秒！"有一个孩子非常自信地抢答道。

"不要小瞧这一分钟。一分钟可以做很多事情。"

"六十秒能做什么？"凯凯很显然对于我的话不是很信服。

我用幻灯片播放着实例，给孩子们普及着时间的知识：一分钟可以阅读一篇五百字的短文；可以跑四百米；还可以在早晨起床的时候，用一分钟穿衣服，一分钟整理床被，一分钟洗脸……"一分钟我们可以做很多事情，尽管一分钟只有六十秒，但我们的生命是由许多个一分钟组成的，时间就是一分一秒积累起来的，我们不能浪费时间。"

"一分钟能做这么多事情呢！"看着我幻灯片中的插图，凯凯提起了兴趣，会心地点点头，仿佛感悟到了时间的重要性，我很欣慰。

接下来，我和凯凯一起制定了一份"课间任务表"，将准备学具、喝水、上厕所、做值日，按照重要程度依次编好了序号。这样可以统观全局，不会因为其中一件事没做而手忙脚乱，浪费课间的时间了。这样做的效果很显著，很长一段时间里，凯凯没有出现过上课迟到的现象。

在学校，我会针对凯凯的问题为他提供指导，帮助其养成珍惜时间的习惯。当孩子回到家时，我发现家长对于凯凯的学习方面很上心，但是，家长疏忽了对于孩子习惯的培养，为此我给家长提供了一些建议：在孩子专心于某件事情时，不要去干涉、打扰孩子的思维；周末可以适度放松，但要有规划；什么时间做什么事情，不要一拖再拖……这些细节都是平时家长最容易疏忽的。

正向引导，彻底转变

通过半个学期的正向引导，如今的凯凯，每天早上都会早早地来到班级，主动为班级打扫卫生，是班里的"出勤星"。不仅如此，他还当上了课前的领诵员。准备铃声响起后，凯凯便会带着同学们背诵《准备歌》，教室中琅琅的背书声，传遍了整个楼道。每当小组合作学习时，凯凯就会化身小组合作计时员，提醒着大家按时交流。

京源学校家校共育大课堂

刘莎莎

京源学校家校共育大课堂，通过学生家长讲家庭教育故事、分享家庭教育心得、展示家庭风貌等方式，促进家校沟通、促进家庭交流、促进家长自我提升。教育工作者和学生家长在"学习型"的家校互动中提高育人本领，培育德智体美劳全面发展的时代新人。这里选登几篇家长的教育经验与心得供更多的人学习。

——刘莎莎

爱是拿到"父母资格证"的唯一途径

辛飞翔家长

这个世界上，有很多职业需要"资格证"。但是有一种职业，任务艰巨，意义重大，上岗前却不需要考取任何形式的"资格证"，同时，即将就职的人大多认为自己一定合格。这个职业就是为人父母。

从生下儿子，到他上幼儿园、小学，我都无比自信地认为自己是一个负责任的、称职的妈妈。我对儿子要求严格，从生活细节到学习成绩，从不放松。我暗暗下定决心，要把他打造成为我的最好"作品"。为此，我心甘情愿付出自己的全部心血。所以，我对他说的话基本上以"你应该""你必须"开头。

终于有一天，孩子的姥姥忍不住说："你没发现吗，孩子都有点躲着你了。"这句话一下触动了我的内心。我何尝没有看到，当我想抱抱儿子时，他竟然越来越抗拒。而他曾经是多么喜欢黏着我啊！

"慈母多败儿，管教严点是对他好！"我这样安慰自己。尽管如此，我的心里依然感到前所未有的失落。小学三年级以后，课业负担逐渐加重，我对儿子成绩的要求也日益提高，甚至，我不能接受他的成绩在95分之下。一次，当他拿着考了92分的数学卷子给我签字时，我再次爆发了。

"每天我都在辛辛苦苦给你讲题，你就考这点儿分！""你真不争气，你随便吧！我以后不管你了！""你还是这样的态度，你知不知道要脸面啊！"……我大声叫嚷，又觉得自己无比委屈：每天除了工作就是孩子，可是，我得到了什么？嚷累了，我忽然瞥见了镜中的自己，一脸的泪，头发披散，咬牙切齿……再看儿子，坐在写字桌旁，默默写着作业，两行泪从他稚嫩的脸上流下。我究竟是怎么了？是什么导致我这样歇斯底里？就因为一个92分？！我感到有点恐惧，到底是什么，让我变得这样步步紧逼？

我反思自己。我想，这全都是为了爱，因为我太爱儿子了。事实上，在他降生之前，我没有体会过这样强烈的感情。这种强烈的爱，让我对他关怀备至，对他满怀期望。我想要他成功，能得到幸福。一旦我认为他偏离了轨道，我就会焦急万分，失去理智，想用像鞭子一样的语言迫使他回到我给他设定的"幸福"轨道上来。然而，我所做的一切是在驶向那个轨道吗？还是已经南辕北辙？我的爱，是在给他温暖，还是在让他痛苦！

我知道我必须做出改变。我开始在网上搜寻关于教育的内容。其中，一篇文章的标题吸引了我："和孩子说话，请用'我们'开头。"文章中提到，在孩子心中，父母就是天，是他们遇到困难时最想求助的人，但是，很多父母却在这时冰冷地将孩子推开。是啊，在我的内心中，我和儿子一直是一体的，当然是"我们"，而在我的话语中，哪次不是在说"你"？"你不该怎样""你要如何"……我用语言在我们中间划出了鸿沟！

然而，当事到临头时，真正做出改变并不容易。接下来的期中考试，儿子的语文只考了88分！那天很热，我去接他下学，他的小手里紧紧攥着试卷，眼神故意躲开我。我感觉一下子气血上头，想咆哮，想发泄，想把那张卷子撕个粉碎！坐在车上，我努力深吸气控制自己，直到后车司机不满地连着鸣笛催促，才回过神来。这时，身旁的儿子正在怯怯地偷眼望我。

"考这个分数，我们都有责任。"我说，"最近语文复习得少，我们忽视了，对吗？"

儿子紧张的脸色一下子缓和，先是惊讶，之后是满脸的歉意，认真地看着我说："妈妈，我一定努力，今天我就制订个学习语文的计划！"孩子的眼睛非常亮，无比纯粹，无比真诚。眼神里久违的信任让我猛然意识到，其实，一直以来，我是个多么不称职的妈妈啊！孩子需要的爱不是居高临下的训斥，不是以"都是为了你未来"为理由的无尽苛求，而是疲惫时的支撑，迷茫时的指引。我一点点地改变着自己，从说话使用"我们"做起，少指责，多陪伴。

就像是一瞬间，儿子就长成了将近 1 米 8 的小伙子。不过，就算是现在，我依然不敢说，我已经拿到了身为父母的"资格证"。尽管儿子会用越来越宽阔的肩膀主动拥抱我，尽管我们可以一起分享一些秘密，尽管他会把我们一起学习的时间称为"最幸福的时光"……然而，只有我知道，我对他的爱绝对不止如此。但至少，他现在感受到了我的爱，正在随着成长的脚步，更深地理解这份爱。只有在这个前提下，我期望他踏上的幸福轨道才不会偏离。

顺势而为　静候花开

郝婧筠家长

在孩子的养育上，多年来我和先生分别扮演着"慈母"和"严父"的角色。先生在孩子的学习和管理上起主导作用，要求比较严格，而我更多的是照顾女儿的生活。在小学阶段，女儿对爸爸多少是有些敬畏的，爸爸在家的时候比较听话，乖乖地学习，早早睡觉，但只要爸爸不在家，她那调皮捣蛋的一面就暴露无遗，作业完成得马虎，玩到很晚还不肯睡觉。那时候只要先生一值夜班，我就有点忧心忡忡：小家伙今晚又会出什么幺蛾子呢？

不经意间，女儿已经是一名初中生了。我们发现女儿的自我意识逐渐觉醒，开始注重自己的形象，在意别人的言辞和评价，自尊心明显增强，情绪变得不稳定，和父母的话少了，尤其是对父母的反抗情绪越来越高涨。表现得很突出的一点就是她开始跟爸爸顶嘴了。小的时候即使对爸爸的一些安排不满，女儿通常也会服从，可是上了初中以后，她会明确地表达出不满，会跟爸爸争辩，抛出自己的一套理论，受到批评后会放声大哭，甚至跺脚、摔门。这一切我和先生看在眼里，却一直没想好该如何调整和女儿的相处方式。就这样，初中第一年过去了。

初一的暑假，先生接到援青任务，要去青海省玉树市工作一年。临行前，他再三叮嘱我，初二是学习成绩的"分水岭"，要多关注女儿的学习。于是，初二一开学，我就每天晚上盯着女儿写作业，反复告知玩手机的坏处，劝说她早点学习完早点休息。我以为我的说话口气已经很温和了，可是女儿并不买账，摆出一副"爸爸不在家谁也别想管我"的神情，有时到晚上9点多了还不肯写作业，依旧我行我素地打游戏、看网络小说，学校小测的成绩也在下滑，这可真是让人着急上火。终于有一天，在我觉得忍无可忍批评了女儿几句后，女儿情绪大爆发，一通叫嚷之后打开门就离家出走了。我当时整个人都蒙了，慌乱地跑出去把女儿找了回来，崩溃地大哭了一场。

　　痛定思痛，这件事后我努力让自己冷静下来，反思发生的一切。其实女儿一直是个有进取心的孩子，她有时候故意不好好写作业是对我的说教和不信任的一种反抗；她有时候发脾气，是因为她在学校遇到了挫折，怕家长批评、唠叨而不愿意说出来，只好通过发脾气来宣泄情绪……慢慢理清了思路，我决定首先从改变自己的说话方式做起，停止唠叨和说教，放下焦虑避免传染给女儿，对她造成内耗。其次，接纳孩子的一切优点和缺点。发掘女儿善良、努力、热心、人缘好等各种优秀品质，及时表达自己的欣赏和赞美，让她感到被认可、被尊重。觉得女儿的做法有问题时先不去否定她，不表达负面情绪，而是平静地帮她分析事情有没有更好的方法，让她自己去思考，尊重她的选择，给她试错的机会。有时候她尝试过之后，就会发现自己原来那种做法并不理想，另外一条路可能会更好走，此时她也会由衷地感谢妈妈对她的耐心引导。遇到女儿情绪不好的时候，不急着分析问题、教她怎么做，而是先站在她的角度共情，让她觉得妈妈是理解她的苦衷的，是跟她一头的。等孩子的情绪平稳了，再尝试了解其中的原因，帮她分析和解决问题。往往在女儿情绪平复下来后，她自己就会觉得这件事其实也没那么糟糕，没有什么可烦恼的了。最后，给孩子自由的空间，让她尝试自我管理。我告诉女儿，妈妈相信她能做好自己的事情，不会再盯着她写作业，手机也让她自己保管。女儿学习的时候我就去做自己的事情，她需要帮忙，叫我的时候我再过去。女儿原本写作业的时候都是关上房门的，总怕被监视，自从我不再"盯梢"了，女儿反倒不关门了。我也从盯作业的紧张中释放出来，有时间去看书、追剧、下楼散步、购物了，我们各忙各的。说实话一开始我心里也打鼓，担心孩子会不会由此"放飞自我"。一段时间后，我发现自己的担心是多余的，没有了我的碎碎念和步步紧盯，女儿反倒把学习和生活打理得井井有条，成绩也没有退步，而这反过来又提高了女儿的自信心和学习的主动性，形成一个正向循环。有时我想，孩子们的潜能也许常常被我们做家长的忽视甚至压制了，我有点后悔没早一点为女儿"松绑"。

为了和青春期的女儿拉近彼此距离，我还总结了四个屡试不爽的小招数。一是增加肢体接触。每天早上起床我都会给女儿一个大大的拥抱，晚上给她做足底按摩；聊天时经常捏捏她的小脸蛋、小鼻子，或者趁她不备偷偷拽她的辫子；女儿准备睡觉时，跟女儿说为了锻炼身体要背她去卧室，等等。这些小动作常被女儿笑称"太二了"，但实际上我能看出来，女儿很享受我们之间这些亲密的举动。二是多聊天。并不只是聊学习、聊考试成绩，而是天南海北地"瞎聊"。比如，有什么惊天新闻啦，朋友圈里看到的有意思的段子啦，单位里发生的趣事啦。顺便问问女儿学校里有没有什么值得分享的事情，聊着聊着就能发现女儿的兴趣所在，了解到她在学校的动向和她的一些想法。接下来投其所好，对她感兴趣的事情再多研究研究、挖掘挖掘。这样越聊越有得聊，越聊感情越好，孩子自然而然会对你打开心扉。三是适时向孩子"示弱"，请孩子帮忙。女儿上初二时已经明显比我高了，力气也比我大。我买了东西会请女儿帮忙搬运，她也乐此不疲，争着帮我拿这拿那。还有，由于上中学时历史学得一塌糊涂，我追史剧时经常胡乱发表评论，惹得女儿忍俊不禁，不得不拉着"学渣"老妈普及历史知识。这样不仅增进了亲子关系，还提升了女儿的被需求感和自我价值感。四是有效的陪伴与支持。比如，带女儿参加户外活动，看展览，参加同学聚会，陪她做手工、打游戏、看电影、画漫画，在她的兴趣点上做好陪伴、融入并乐享其中。女儿是团支部书记和宣传委员，经常要组织或者参加班级学校的活动，我会帮她出主意、想点子，或者一起查阅资料，挑选PPT的风格，让她感受到妈妈对她的支持。

每个家长都深爱着自己的孩子，每一个孩子也都渴望得到家长的接纳与关爱。想想我们的青春期都经历了什么，是怎样过来的，让我们学会换位思考，试着走进孩子的世界，让孩子在宽容、支持、陪伴下，顺利度过内心成长最快速的这几年，助力他们满怀信心地去拥抱自己的精彩人生。

和孩子一起，走在路上

林彦坤家长

这个小生命在降生的那一刻起，就有十几双眼睛在注视着他，他是在众多长辈爱的包围中长大的。作为父母的我们，渴望成为好爸爸、好妈妈，在对孩子教育的摸索中，我们经历了对他的溺爱，对他的管教，甚至对他的严苟。在孩子的教育上，我们也一直徘徊于所有家长关注的两种观念之间，是给孩子快乐的童年，还是给予他美好的未来。就这样，我们和孩子一直在探索的路上……

呵护孩子理想的翅膀，陪他打开探索的大门

在大家庭长大的孩子的生活是充满了幸福的，每天都沉浸在快乐之中。但作为父母的我们很担心这个"小天使"在这样的环境下会变成"小霸王"，于是我们开始了对孩子的规范教育。在他五岁的时候，有一次看到他在画画，画的是蝴蝶，蝴蝶的翅膀歪七扭八，整张画纸乱七八糟，于是我找来一张绘画作品，让他认认真真地照着范图，一丝不差地画下来。在严厉的监督下，他终于画出了一只完美的蝴蝶。但就在那一刻，我突然看到了孩子眼眶里的泪水，我的心一颤，蝴蝶的翅膀是画好了，但孩子的翅膀就要被折断了。从那天开始，我们的家庭教育方式变成了共同成长，我们一起读《雾都孤儿》，领悟残酷社会中美好人性的可贵；一起看《千与千寻》，讨论如何做真实的最好的自己；一起逛画展感受不同的艺术体验；一起去旅行探索神秘的未知生活。我们就这样度过了小学，虽然孩子还有很多不足之处，但我们也感受到了孩子的成长。他能够为自己喜欢的事情克服一切困难，能够关心身边的人并热爱生活，能够很好地和自己相处。他自学了篮球、口琴、陶笛、魔方、滑板，而且都玩得有模有样，同时也为身边人带来了许多欢乐和感动。

实现理想的路很简单，就是坚持

孩子进入了初中，从来没有上过辅导班的他，被突如其来的八门功课打了个措手不及，初一期中考试几乎是年级垫底。老师找到了我们，孩子也慌了神，我们没有责备他，而是问他有什么需要我们来做的。在一番探讨下，我们参加了课外辅导。又一次考试结果出来了，孩子更慌了，他主动找到我们，说："整个周末都在上课，可是成绩怎么还是这样差？"于是我们一起来到学校，跟班主任沟通，一起寻找适合孩子的方式方法。首先我们退掉了辅导课程，使孩子明白最先要做的是克服自己的惰性，想得到好的成绩，第一点就是提高课堂效率，然后是百分百完成老师的作业。慢慢地，孩子成绩有了进步，学习的自信心也提高了。有时孩子写完作业，还会给我们讲数学题，别看他做题的时候满腹牢骚，但是当了小老师，却兴致勃勃，努力把我们教明白。每天就这样坚持着，他累了，我们开导一下，他再继续坚持。慢慢地，他的成绩改变了，也有了自己的学习节奏。孩子渐渐明白，学习也是一个探索的过程，这个过程虽然坎坷，一路荆棘，而且总是经历着跌倒和爬起，但是当我们回首的时候，也是一种美妙。他相信，成功的路并不难走，难的只是坚持。

为了理想，不忘初心，砥砺前行

孩子中考了，他决定选择美术高中，很多人劝他艺考很严酷，竞争很激烈，而且以后专业可选性很少，就业前景不明朗。但孩子经过一番分析后，依然决定将美术作为他的人生方向，我们选择了支持他，就这样他考入了京源美术班。高中生活开始了，孩子经常兴高采烈地跟我们讲他的新生活：和老师第一次做版画的惊喜、与志同道合的伙伴们画画的默契，与篮球队友挥汗如雨的快乐。我们看到他每天沉浸在不同的美术课程里，那么的乐此不疲。记得暑假学校组织外景写生，回家后他就好像上了发条一样，滔滔不绝地讲述着这一天的经历："宋大师几笔就能勾勒出一幅精彩的小景，而且给我改画的时候，就加了几只飞鸟，意境就完全不一样了。""我同学太牛了，看他的创意画，简直就是神来之笔。"他拿着手机给我们看老师的画，同学的画，说得眉飞色舞。我们真的感觉到了，画画是他的真爱。有时他还憧憬考入大学的情景，我们从他的眼神里看到了光芒。正是那句话：心中有梦，眼里有光，脚下有路。我们看着孩子，知道虽然未来可期，但也充满了荆棘，我们默默地祝福他：无论脚下的路在何方，都不要忘记初心，要坚定信念，过好平淡而不平凡的每一天，生活的诗歌不仅在远方，还在我们触手可及的地方。有些路要一个人去走，有些困难要一个人去面对，有些风景要一个人去欣赏，但我们会一直在你的背后目送你远去……

精心陪伴　静待花开

王子鑫家长

种一棵树最好的时间是十年前，其次是现在。作为家长很庆幸王子鑫在十四年前就有机会在京源幼儿园就读，一路从小学到初中都在京源学校这片沃土上求学，作为家长我们很荣幸能和学校共育孩子，也共同见证了孩子从"小树苗"初长成一棵"小树"的全过程。孩子的进步和成长离不开京源教育集团完善且科学的"K-12"全面育人的教育体系，使得每一名孩子都能学有所长，学有所成。这期间的努力付出更离不开为人的终身发展和一生幸福而工作的、敬业负责的所有京源学校的老师们，他们与孩子在成长路上风雨同舟，鼎力相助，他们陪我们走过了孩子牙牙学语的孩童时期，也走过了孩子青涩的青春期，在此表示深深的感谢！

依托学校的各类各级育人活动，特别是学校对如何做合格家长的培训，使我也深深地认识到：好的教育离不开学校，也更离不开好的家庭教育。正如雅斯贝尔斯说的那样，教育的本质意味着：一棵树摇动另一棵树，一朵云推动另一朵云，一个灵魂唤醒另一个灵魂。下面我简要总结一下在家庭教育上，我们家在培养孩子上的些许思考。

一、育有责任、有担当的男子汉

孩子小时候性格比较内向，不爱表达，作为家长甚是担心，上了初中之后，为了改变这一现状，我决定鼓励孩子去竞选班委，目的不是为了班委的头衔，更重要的是让孩子体会竞争的感觉，去更多地参与班集体的活动，同时，最好能够通过竞选的成果，成功找到属于他的自信，即便失败也是挫折教育的好机会，因此我陪孩子一起准备他的发言。最后孩子当选时的那个表情我至今难以忘记，这就是自信的建立。建立自信需要家长们的后盾力量，给孩子支持，不管结果如何都要以平常心对待，之后，孩子也担任了年级学生会副主席等职位。在这些职位上，孩子能协助老师积极组织各种班级活动，如班级的十四岁生日、离队建团仪式等。责任与担当不是大话，是要通过各种小事来逐步形成。在家中，也同样会给孩子安排刷碗、擦地等力所能及的家务，不管是班集体还是家庭中都要像男子汉一样承担责任与担当。

二、育有理想、有情怀的男子汉

升入初中以来，孩子特别喜欢初中生活，认为初中生活很丰富，在学科上新开设了历史、地理、道法、生物等科目，丰富了孩子的眼界。因为孩子喜欢阅读历史书籍，所以孩子知识面就此也丰富起来，在阅读了大量近现代史后，孩子深感到这段民族的屈辱史是每一个中国人的痛，经常听到孩子和爸爸茶余饭后的激烈讨论，孩子的三观初步形成。处于青春期的孩子需要家长正确的引导，不要让孩子被现实中一些非主流媒体的声音把孩子三观带歪。这一时期的孩子已经不是那么轻易被说教的了，我和孩子爸爸就经常用自身的经历引导教育孩子，如何看待一些社会问题。寒暑假带孩子参观各种博物馆，如清华大学艺术博物馆、中国人民抗日战争纪念馆、曹雪芹纪念馆等，孩子在思想上和情怀上都深深受到了洗礼。孩子说清华是他的理想，我们为孩子有这个理想而骄傲。孩子经常说为今日之中国感到自豪，并且在遇到困难时，常常念叨林则徐的名言：苟利国家生死以，岂因祸福避趋之。并将其视为座右铭以此自勉，我们为孩子的大气的情怀所感动。

三、育有好身体、有爱好的男子汉

人生漫漫，不只有眼前的死读书，还有诗和远方。我们一直教育孩子，眼界要宽格局要大，而这些的提升不仅仅是通过学习得来那么简单，要有自己对生活的体会，生活要丰富多彩孩子感受才会深、才会新。因此，我们主张带孩子体验各种生活，我发挥家里所有人的爱好，带孩子去感知生活。爷爷是健身爱好者，就培养王子鑫健身爱好；爸爸爱游泳和开赛车，就带着孩子去游泳、开赛车；我喜爱旅游，就经常带着孩子四处转转，体会不同文化的风土人情；奶奶喜爱田间地头生活，就带着孩子去享受田园生活，如除个草、拔个红薯，等等，总之，就是培养孩子识得五谷杂粮、练就强健四体。培养孩子有个好身体，有个爱好，长大后并不仅仅与书本为伴，还可以微笑着与生活同行，还可以与三五好友一起携伴而行。

四、育懂自律，有规划的男子汉

在学习上，王子鑫从不用我们担心。每次寒暑假，孩子都习惯提前规划自己的时间和生活，他会主动要求我们家长去配合他完成一些事务，如需要看什么书、需要打印什么学习资料、需要我们告诉他周几休息可以安排家庭出游等。他已经习惯了自己规划自己的学习和生活，也懂得自律，会给自己时间去锻炼去放松，作为家长看到孩子的成长我很自豪。之所以孩子能做到这些，我想是因为，作为家长我把以上三点都已经做好了，从而使得孩子能够水到渠成地、自觉而坚定地去奔向他的目标和理想。

在初二年级结业之际，孩子光荣地加入了共产主义青年团，成为了一名团员，作为妈妈我感到无比激动。感谢京源学校为孩子们打牢了知识基础、满足了个性需求、提升了人文精神和科学素养，培养了求真、尚美、明德、至善的孩子，造福千万家。

家庭教育小体会

陈嘉仪家长

陈嘉仪从小就是一个热情、开朗的乐天派，脸上总是挂着笑容。小时候的她是一个交友达人，总能在不同的场合交到要好的朋友。她是一个热心肠，时刻都乐意给别人帮点小忙。她兴趣爱好广泛，愿意尝试新鲜的事物。

这样的孩子小时候给我们当父母的带来了很多快乐，但升入初中之后，随着学习科目的增加，时间和精力都开始绷紧之后，一些问题也随之浮出水面。

"听话"的孩子也有苦恼

父母习惯帮她把时间安排得满满的，总觉得这样比较充实，但这可能间接地影响了她自主、自律方面的能力。她对父母的关注点比较敏感，并能为之下功夫和吃苦，而在父母忽视的地方，她分配的时间和注意力就会比较少。比如，语、数、英等主科，她一直都能取得相对不错的成绩，但父母介入不多的史、地、政、生科目，她的态度就比较随缘了，每逢大考总会随机选择一两科考砸；小学时她体育不好，升入初中之后父母开始重视她的体育锻炼，之后即使在假期她也能坚持跑步和体育锻炼，体育成绩没再让父母担心过，但一些不起眼的地方总状况频出，如丢三落四、偶尔作业提交不及时之类的。做父母总感觉盯不过来，而孩子却觉得永远达不到父母的期望，彼此都感觉很疲惫。

感性强于理性

感性思维的东西对她的吸引力要大大超过理性思维，她可以坚持数年，每周准时参加合唱团、画画之类的课外班，即使高烧、咳嗽的时候，也坚决去参加重要的演出。兴趣所致之时，可以整个下午趴在书桌前，用彩铅画一只极其细致的橘猫，但是当我们要求她阅读一本课外书时，她便开启了走马观花的检索模式，一本书能在1—2个小时之内宣告读完，然后抛之脑后。这可能导致了她在阅读理解和书面表达方面，总是不够准确和深入。

十四岁主题班会

改变似乎出现在十四岁主题班会之后，这次活动让我们家长和孩子从一路蒙眼狂奔的状态中暂时沉静下来，认真思考和总结孩子的成长和家庭教育的得失。我们终于意识到孩子已经长大了，不能再事无巨细地把控，应该让孩子有时间和空间去自己思考和成长，并且要回归课本基础知识和学校教育，减少不必要的课外负担。

计时器比唠叨管用

之后，我们尝试让她自己去进行时间分配和学习安排，鼓励她安排自己的休息时间。父母尽量扮演一个旁观者的角色，更多地问"你是怎么安排的？""有什么我可以帮忙的吗？"当我们发现问题的时候，只是适当地提醒一下而不是马上介入，给她时间让她自己慢慢去认识和纠正问题。一段时间之后，我们发现效果挺明显的，比如她自己设定的计时器响了之后，强过父母一百句"差不多了，该写作业了！"的催促。

听学校老师的话

我们假期取消了所有的校外学业辅导，引导孩子回归课本和基础知识，让她更多地听从学校老师的安排，认真地完成老师布置的作业，思考每项作业的真正目的。她在完成假期作业之外，针对需要加强的科目，跟随课本的教学思路重新整理和梳理知识点，把课本上的例题都重新推导，并把课本上的思考题和课后作业都做了一遍，之后整体学习成绩明显提升。开学后每一次作文她都按照老师的要求转成电子版，家长会跟她一起讨论，并在老师不厌其烦的指导下不断修改，作文成绩也有了大幅提高。

以上，只是我们家的一些小体会和小实践，我们家长和孩子都还在学习和成长的过程中。最后，我想说，给孩子的成长一些适当时间和空间能给你带来惊喜，学会换位思考能让亲子关系更加和谐。

用心交流　用爱陪伴

丁佳蕊家长

父母是孩子的第一位老师，也是孩子做人的楷模。如果说学校教育是左手，那么家庭教育就是右手，只有左右手臂一起张开，才能托起孩子的教育。

一、在交流中，促进学习上的提升

望子成龙、望女成凤是每一名家长对于孩子的期盼。作为一名教育工作者，我更是对孩子的未来充满了无限的憧憬。为了让她达到我的要求，我对她很严厉。在学习上，曾经也是个"说一不二"的强势家长。但是随着孩子年龄的增长，我发现必要的沟通交流才能更好了解孩子的内心，站在他们的角度考虑问题并对于错误想法进行引导，才能使他们健康快乐地成长！特别是在学习成绩这方面，上了高中以后，相比于小学的"不上进"现在更多的是她太在意分数，给自己的压力太大，经常会在考试之前焦虑或者烦躁，这个时候，我会停下手里的工作，耐心地去倾听孩子的想法。因为我放下了姿态，不再像以往那样强势，孩子也愿意把心里话讲给我听。在交流的过程中，对于她那些不太正确的想法我也不会上来就否认，而是让她把话说完，平心静气地和她一起分析原因。在考试过后，我们也都会坐在一起总结一下上学期的得与失并根据自己的情况，制订下学期的计划。就这样，在互相的建议和沟通中完善彼此的规划。在和闺女的交流中我也收获了很多。

相比于小时候刚开始接触规矩的懵懂，孩子上了高中以后都有自己的想法和规划，对于世界也都有自己的认识。这时作为家长的我们应该从一个"说教者"变为一个引路的"同伴"，将孩子当作一个朋友去相处，尊重她的想法的同时也用自己的故事或者经验将她错误的观点给予指正。长此以往，亲子间的矛盾也会越来越少。

二、在交流中，培养孩子的品性

兴趣是最好的老师。闺女从四岁开始学习舞蹈。每次去上舞蹈课都是她最快乐的时候。但一次意外，改变了她的想法，她想放弃了。四年级的时候她要考舞蹈十级，我给她报了独舞培训班。培训班的老师比较严厉，课程内容难度也很大，她崩溃了，在上课期间多次哭着让我给她退班，说不想再上了。看着她每天因为独舞课担惊受怕，我很心疼也想过放弃，但我觉得如果我这次心软，让她放弃了，那么下次再遇到类似的事情，是不是也要放弃呢？于是，在她情绪稳定的时候，我们坐下来一起聊一聊了这件事。因为在报班之前，我征求过她的意见，我也提前问过她，独舞课不同于大课，老师的要求肯定会更严格，你能不能承受？当时，她的回答是"没问题"，她想有自己的一个作品，对于自己这么多年的舞蹈课程也算有个交代。所以，我和她沟通："事先已经说好了，自己也答应了，就不能因为一点点挫折放弃。如果这次我答应了你的请求，那下一次呢，再遇到其他事情呢？咱们不能一遇到困难就放弃啊？你说呢？"听了我的话，闺女也说了自己的想法。她决定继续完成余下的课程。前几天闺女看到了当初独舞老师之前的视频，跟我说："终于明白当初老师为什么要对他们一群小孩那么严格了。"

三、交流了解孩子想法，做开明的家长

对于参加学校的活动，我一向都是尊重她的意愿，表明"不耽误学习就可以"的态度，同时也鼓励她追求自己的兴趣和理想。在她有迷茫困惑和我分享的时候我也会站在她的角度为她提一些建议。从小时候帮她设计朗诵手势到长大了给她录像、放音乐，对于孩子的热爱给予最大的支持和肯定是我会一直坚持的事情。同时孩子也会跟我说很多排练期间发生的小事，我也在这些故事中了解了现在孩子们的流行语或是想法，缩短了我们俩之间的代沟。

沟通不仅是孩子对我们，我们也要主动和孩子分享自己的想法和烦恼。工

作生活上遇到压力大的时候，我也会主动去跟她说，孩子也会用她的视角看我遇到的问题，给我一些她的见解，而这些见解也让我收获了很多。老师与学生之间有"教学相长"，其实家长与孩子之间也是如此，以学习的心态去面对他们会收获更多。

交流沟通是亲子间解决问题和相互了解的最好方式，也希望我能和各位家长共勉，和孩子们一起成长、共同进步！

做精神明亮的孩子

张乃元家长

你有没有思考过，宇宙是怎么诞生的？一位计算机专家的回答是，我不知道宇宙的发端到底是什么，但如果有，一定不超过三行代码。

其实，复杂的问题，源于简单的组合。一如道家的阴和阳、佛家的空和有、计算机的0和1……孩子的教育，亦如此。教育是一个庞大而复杂的系统，所以，我们要找到建立孩子内在动力的三行代码。输入它们，孩子会成为一个为自己负责的人，他会自己迭代、成长，甚至能自我纠偏、自我绽放。

这是很奇妙的事，也是生命成长的奇迹。

一、第一行代码：无条件的爱

接受爱：

一个人内在的能量，来自于爱。无条件的爱能带给孩子信任、尊重和安全感。在家里，不小心打碎了碗，我们会说"岁岁平安"；考试不理想，我们会说"下次会好"；唱歌五音不全，我们会说"尽情唱，享受音乐就好"；遇到焦虑和不安，我们会说"别怕，爸爸妈妈和你在一起"……

无条件的爱，不是纵容孩子犯错，而是当他犯错时，平静地接纳，同时教会他乐观解决问题的方法。

无条件的爱，不是对孩子没有期待，而是让孩子按照自己的节奏，慢慢实践，慢慢努力，找到目标。

无条件的爱，不是拿孩子和别人比，而是拿孩子的今天和昨天比，"今天又长高啦""这题昨天还不会，今天就会做了""今天帮姥姥取快递了，越来越懂事了"……在比较中，会发现孩子的进步与成长。

爱别人：

收获了爱的孩子，会笃定和自信，也会成为传递爱的使者。比如，我发现张乃元特别喜欢给同学讲题，校园里、微信上，经常有同学问他问题，他都耐心地解答，回到家还会给我试讲，乐在其中。在帮助别人的同时，他也收获着自己的成长。

爱万物：

一个有爱心的孩子也会爱着周围的一切。下雨天，他会把路上的蚯蚓和蜗牛拣回草里，避免被踩死；小区里，他喜欢喂养流浪猫狗，我们就在家门口搭建了一个简易投喂点；在海边，捡到一只死去的鸟，我们一起挖了一个面朝大海的小坑将它埋葬；在农家院，我们偷偷放走了一只被房东关在笼子里的松鼠，希望它能回归森林……心地善良的孩子，关爱着身边的一切，小小的心灵，宽阔如海。

所以，爱是构建孩子内心的重要基础。当生命的源头被阳光照亮，这样的温暖可以贯穿一生。"心宽无处不桃源，何处不是水云间"，内心的澄澈、丰盈和从容会让孩子成为一个精神明亮、诗意又美好的人。

二、第二行代码：价值感

当一个人拥有价值感时，他便知道自己值得被爱，他的内心会充满正能量，对未来充满期待，对人生拥有极高的热情度。因此，建立孩子的价值感，意义非凡。

上了初中后，随着知识面的拓宽，生活中的许多问题，孩子都会有自己的见解，这时候家长要给他搭建一个展示的舞台。

比如，我们会诚挚邀请张乃元给哥哥介绍旅游目的地的风土人情、气候特征；给姥爷介绍糖尿病的成因和注意事项；给妈妈介绍宇宙天体的运行规律；给爸爸介绍宋朝哪位皇帝喜欢书法和绘画……每当孩子滔滔不绝地讲述时，我们都会放下手机、停下工作，认真聆听和互动。如果超出张乃元的知识储备，他会乐此不疲地四处查询，以应对全家各种刁钻古怪的提问。这个过程中，他为"学有所用"感到快乐，不仅提高了学习能力，也发现了自己的价值。

价值感的建立，还在于尊重孩子的兴趣爱好。比如，张乃元喜欢天文，我们给他买了一架天文望远镜，经常陪他一起观测。超级月亮、流星雨、明亮金星、猎户座……在我看来，观测星空的同时，激发了浪漫的想象，探索宇宙的过程，拓展了内心的边界。比起天空的浩瀚，人生的很多事不过渺小而匆匆，不必执着和纠结，这也是遥看星河的意义。

总之，价值感，能塑造一个人自尊、自信、乐观、积极的性格，对人的一生产生深远的影响。

三、第三行代码：终身成长的心态

拥有"终身成长心态"的人，会积极探索新的事物，勇于接受未知的挑战，可以正视失败，直面问题，不断学习，完善自己。

塑造孩子"终身成长心态"最有效的时机，不是在他做错事的时候，而是在他做对事的时候。

这一点，我也是在和孩子交流过程中慢慢总结出来的。一段时间，张乃元在做对一件事情时，我和孩子爸爸会表现出两种不同的态度。我会很无脑地夸赞他，"好棒呀""真不错"……而乃元爸爸却说："来，我们一起分析一下这次成功的主要原因。"同样，面对失败，爸爸也会和孩子一起分析失败的原因，总结方法。张乃元说他喜欢爸爸的归纳总结法，能让他迅速找到原因，总结经验和教训。

作为家长，"终身成长心态"也不可或缺。我们也要活出自己的精彩，认真工作、孝敬父母、善待他人、热爱生活，给孩子传递一种正能量，当我们内心富饶的时候，孩子的内心也同样被点亮。

无条件的爱，为孩子提供幸福和勇气；价值感，让孩子有动力去创造和探索；终身成长的心态，是应对复杂问题的钥匙。

尝试一下，在孩子的成长过程中输入这三行代码，然后，我们只需要冲上一杯咖啡，找一处阴凉，默默守护，静待花开……

我与孩子二三事

王筱苊家长

几日前带孩子和一群朋友聚餐。由于要孩子相对较晚的缘故，朋友们的孩子大都已经到了结婚成家的年龄。他们作为过来人，自然对我的育儿问题是一番耐心细致的询问。其间更有已经帮助子女完成阶层跨越的猫爸虎妈同我分享他们手中的各类教育资源。推杯换盏之际，更不免对我这个当年的丁克最终没"钉"住而加以一通调笑。玩笑过后朋友们好奇我这几年教儿育子的感受，我顿时心生感慨，不由转向孩子说道："我带你这几年最大的收获就是——不管。"孩子听罢，冲我会意地笑了……

那我就讲讲我如何"不管孩子"的这点事。得益于当年的计划生育政策，初为人父，经验全无，只能在实践中摸索，以举家之力应对孩子成长。像社会流行的套路一样，自然不能让孩子输在起跑线上，三四岁背唐诗，五六岁习英文，七八岁弹钢琴……各种的课外班。几年下来，孩子是读了唐诗三百首，不会吟诗不会文；英语更是传承了我的Chinglish；钢琴也在我的无数次怒吼之后成了摆设，偶尔充当博古架的功能。就这样每天辗转在各类课外班或者是在来回课外班的路上，转眼间孩子到了小学三年级。在我和孩子都有些焦头烂额之际，我不禁问自己：这就是我想要的教育吗？这就是教育应该有的样子吗？与其说这是我给孩子安排的教育，不如说我是把孩子放进了资本的韭菜园。几年下来，孩子在我的"悉心"安排下，像提线木偶一样，结果是学无寸进，父子关系纠结。痛定思痛，停掉所有课外班。学习是终身的，更像马拉松，在于坚持。教育终究要回归校园，知识终究要回归课本。这样我也就终止了我在孩子面前的司机、助教、书童的角色，以学校教育为主，开始了对孩子的"不管"状态。

为了改变孩子在我耳提面命下的"木偶"状态，我蓄谋打入孩子的生活当中。最简单、最直接的方式就是和孩子玩电子游戏，也实在是自己的无能，只能用此下策。先规定每晚七点前写完作业，九点半睡觉，九点到九点半是父子电游时间。这下可好，和孩子的关系融洽了，我和孩子的游戏水平也是突飞猛进，以至于他的同学风闻有我这样一位不靠谱的游戏爸爸，竟然把我拉进他们的游戏群，最后更是受到大神般的膜拜。我这岂止是不管孩子了，简直是放纵了。这期间孩子的作业倒是相对有效率了，为了晚上回来能和他这不靠谱的老爸娱乐，在学校是抓紧一切空隙时间写作业，让老师都错以为他是多努力，想来真是惭愧。这样一来，孩子到家连作业也基本没得写了。由此产生两个恶果，一是没有我这个书童盯着，他自己知道拿个满分作业就能把我糊弄过去，所以书写质量是一塌糊涂，让我怀疑到人类竟然有这样烂的书写方式，无奈之下，索性连他的作业，试卷的签字也全省了，实在丢不起这人，这方式确实是掩耳盗铃。二是孩子到家后有大把的空闲时间，无时无刻不缠着我，这下我真体会到熊孩子的不胜其烦。为了享受我的"不管"状态，每天我会找几道故意刁难他的各类题目，既在他的能力范围之内，又需要他绞尽脑汁，耗些功夫才能准确完成，以此消耗他那貌似永远耗不尽的精力。我则独自享受着这难得的属于自己的时间。时至今日，他还会挖苦我三十六计里"调虎离山"用得最好。

虽说摆脱了保姆式的贴身管教模式，其间我还是管了孩子一件事。有一天孩子放学到家的时候，手里拿了把小号，说是学校管乐团把他选上了。我问他为什么选小号，他狡黠地笑了笑，告诉我因为乐团所有乐器里小号最轻，容易拿。听着他这似是而非的回答，回头看了看那架基本属于尘封状态的钢琴，我无奈地笑了。心想由他去吧，反正家里坟头也没有冒过音乐方面的青烟，只当是消磨时间了。不觉间过了半年，孩子每天回家在自己房间练半小时小号，我也不督促，号声从声嘶力竭的近乎于锅铲刮锅底声音逐渐到了能听出曲调的程度。感觉他自己对小号有点兴趣。晚上父子游戏时，我就貌似无意地问了他一句："喜欢小号？""喜欢。""决定学？""嗯。"他停止了手机里的游戏肯定答复道。"那好。既然要学就要坚持，哪怕只是作为爱好，不能像钢琴那样半途而废，至少要坚持到高中。能做到吗？"他的眼珠转了转看着我："能。""那我要提醒你一下，任何爱好成为专业课程都会经历厌烦的阶段，你可别放弃。"对于我的提醒他点了下头算是回答。我当时的想法其实很单纯，孩子既然自己喜欢，那就要让他知道要把自己喜欢的事情坚持到底。再者可以不干专业，但要学得专业一些。随即我也发动自己周边的人脉找适合孩子的小号老师，培训机构的老师不优先考虑，培训机构自然是有引为招牌的优质师资，但很难排到我这零基础的孩子身上，到时候反而容易坠入到那些精通营销套路的助教老师的话术中。天遂人愿，运气使然，最终孩子跟了一位国家级乐团的首席小号学习。师生投缘的因素吧，小学毕业前考下十级（由于我对音乐一窍不通，以前一直以为十级是别人家孩子的事情，接触后才明白所谓十级勉强算是入门，玩票都算不上），时至今日还在跟着老师学习，但愿能一路坚持下去，成为他的终身爱好。

就这样我伴随着孩子既不内卷又不躺平地进入了初中。为了我进一步"不管"的目的，而和孩子进行了一番有预谋谈话，大意是初中摆脱了小学的重复机械性为主的思维，进入抽象逻辑思维为主的阶段，对他翻译成"人话"就是：中学需要自己开动脑筋听课学习。再加上我这点知识储备勉强可以用于和你聊天，精准地回答课内问题是不够了。起初孩子不太适应，老下意识地问我问题，当他的问题还没有问完，我的"不知道"已经回答出来了。几次下来熊孩子只能扔掉我这根拐杖，慢慢习惯于自己独立思考问题。不久孩子又向我提及周围很多同龄人会在辅导机构把主要课程提前学习。我对他的答复是，每个孩子的情况不一样，各自要摸索出最适合自己的学习方法，简单囫囵地提前学习课程不适合你这种资质一般的孩子，与其低效地提前学习不如按照老师的教学进度认真预习和复习。

尽说自己如何"不管孩子"了，不管不是不问，有些事情不但要过问，更要管。像每个年代处于青春期的孩子们一样，进入初中后，孩子那无处释放的精力更多地让我感觉到他着实是个破坏力十足的熊孩子，实例不胜枚举，比如，这个年龄段的男孩子往往会根据对方的体貌，姓名的谐音，或者某些事情中的不同于众的表现来相互取外号，恶搞，当然其中大多是戏谑的成分，但往往忽略了其中的褒贬之义。一次孩子又在眉飞色舞地向我讲述周边同学的绰号时，我向他讲述了我亲身经历的一件事情。我的同学名字当中有个"纯"字，当年大家就据此谐音叫他"大蠢"，这样一叫就叫了几十年。我最初只是觉得这个绰号不好听，但又不能脱离伙伴们特立独行，我就一直叫他"大纯"，不仔细听是觉察不到二者区别的，只有当事人能感觉到。前几年我这同学向大家郑重表示大家以后不要叫他"大蠢"了，都已经为人父母，再频繁叫这种具有贬义的绰号既体现不出亲昵，反而更多的是感觉不尊重。自此以后只有我依旧"大纯，大纯"地叫着，周围人分辨不出其中的区别，但大纯本人还很享受我对他的称呼，大家很是诧异。孩子一边听着一边收起了眉飞色舞的表情，我进而讲道，同学之间的交往以尊重、真诚为先，在对方充分感受到了你的尊重和真诚的基础上，彼此间开些无伤大雅且适度的玩笑是可以的，否则容易过而不及，伤及同学间的情谊。看着他若有所思的样子，我暗自思忖，但愿这熊孩子以后会真正懂得对周围人出自真诚的尊重不仅仅是教养，更是与人相交最简单、成本最低的方式。

不着边际地讲了讲和孩子相处中的点滴事情，尽量把其中的挫败感描述成"过五关斩六将"，更不乏难以反转的"走麦城"，权当是对孩子初中生活的记忆吧。

将心比心，言传身教

白皓源家长

爱孩子，就是生活上的陪伴和引领；爱和教育，就在生活的一点一滴中。

有效沟通，达成共识，在不经意间养成良好的习惯。叶圣陶说："教育的目的是培养习惯。""凡是好的态度和好的方法，都要使他化为习惯，只有熟练得成了习惯，好的态度才能随时随地表现，好的方法才能随时随地应用，好像出于本能，一辈子也用不完。"孩子的注意力集中时间短，在平时必须提高孩子的学习效率。比如，写作业时我从来不时时刻刻盯着孩子，这样会让孩子感到束手束脚，反而效率低下；询问孩子写作业的时间，然后给孩子计时，到时间提醒，久而久之，孩子写作业的效率就提高了。反之，像玩手机、打游戏等，家长们认为对眼睛不好的行为，也都是先询问想玩的时间，家长和孩子要交流沟通，达成一致，孩子不遵守时给予提醒。久而久之，写作业或者干某件事时，就会很专注，效率很高，也不用家长大费周章去盯着。同时，对于考试成绩，家长必须注重原因分析，不得只盯着分数。这样，就能让孩子觉得学习是自己的事情，从而养成好的学习习惯。

共同参与，激发孩子的学习兴趣。作为家长要想方设法善于引导，激发孩子的学习兴趣。我们都知道，年轻人难免贪玩，只有他们感兴趣的事，他才会真正认真去学，认真去做，自觉去做。对不感兴趣的事，他们会抗拒，赶鸭子上架在孩子们身上行不通。只有善于引导孩子，激发孩子们的学习兴趣，才能让孩子愉快地、主动地投入到学习当中去。对于家长来说，激发孩子学习兴趣的最好方法就是自己也参与其中。就拿读书这件事来说，一个男孩对《红楼梦》必然不太感兴趣，这时我也会拿一本书，就如同孩子那样，画出好句，记上笔记和批注，在闲聊时，我也会故意说错一些情节，孩子往往立刻指正我，不知不觉，孩子读《红楼梦》的兴趣就提升了。

用平等的语言和孩子交流，家长应放下架子，和孩子平等交流，把孩子当作独立的主体，少用命令的口气或用家长的身份"威压"孩子，多用商量的、平等的语言。即使是批评，也要言之有理，且不过分苛责。这些道理家长们都知道，但是现实中很难做到。日常生活中我会从小事做起，如干家务，会反思是不是用命令的口气啦，特别是男孩子，会更不情愿。在一些稍有难度的家务中，如挂窗帘、擦房顶等，我就会在孩子面前示弱，寻求孩子的帮助，协商分工，互相配合完成，这样孩子的反感度也没有了，还会觉得干了妈妈不能完成的活。

不让孩子成为单纯的执行者，在成长过程中，学会怎么做，才最重要。今年过年的年夜饭准备什么菜？进入公园后应该怎么走？沙发损坏了买一个什么样的沙发？这些生活中再平常不过的家常，您是否都让孩子参与过呢？或许这些你都认为应该是家长直接决策的，等孩子大了，再自己决定，现在询问孩子也没有意义。其实不然，就是在这一点点的小事中，孩子学会了分析问题，知道了如何判定。一个朋友的孩子已经上初中了，妈妈上班，安排他给生病的姥姥姥爷买点中午饭送去，这个孩子打了至少五个电话，问妈妈买什么，上哪儿买，怎么送去等问题，最终才完成了这件事。如果从小，日常遇到事，把你的内心对事件的分析，化成语言和行为，和孩子谈论，共同参与执行，孩子遇到事就会自己分析、判断并且很好地执行。我从小带孩子去医院看病，我会假装不知道到医院的看病流程，就会问孩子，妈妈不知道怎么才能看病，是询问周围看病的家长，还是去导医台询问等，孩子也会反问我，两者有什么区别，我就会说说我的见解，让他帮我出主意，并且带着他一起执行，在执行中，孩子就会知道，遇到陌生的状况不慌，可以尝试不同的方法，并且熟练掌握了日常生活中一些常见事件的处理流程。因此，孩子在小学四年级时，就能带领家里老人到陌生的医院看病。可见，在孩子成长的过程中，让孩子学会怎么做，很重要。

父母是孩子最好的学习榜样，家长的一言一行潜移默化地影响着孩子，对孩子成长影响深远。想要孩子孝亲敬长，就要自己先做到。我们每周都会去看望孩子的爷爷奶奶，久而久之，孩子自己也主动给爷爷奶奶通电话，问候他们的身体情况。当然，对于孩子我们要有极大的忍耐力和足够的耐心。切莫在工作中遭遇到烦恼时，把孩子当成发泄桶，若是对孩子大吼大叫，孩子也会模仿你、顶撞你，使亲子间的隔阂越来越大。

胡适曾经这样说："一个人小的时候，最是要紧，将来成就大圣大贤大英豪大豪杰，或者是成就一个大奸大盗小窃偷儿，都在这家庭教育四个字上分别出来。"在家庭教育的路上，作为家长，应拿出耐心、细心，为孩子的成长尽上一份责任！

家校同教　用心培养

李雅琪家长

作为一名 70 后父亲，我的童年是在接受着传统教育与新中国改革开放带来的新思想的年代中度过的。

回忆起我被放养的童年时光,那个年代大多数的家庭教育是长幼有序,讲规矩;好好学习,别淘气。我儿时对父母的印象就是:学好了吃肉(家里还未必有),学不好挨揍。对邻家孩子挨揍时家里鸡飞狗跳的噪声习以为常,心有余悸地庆幸挨揍的不是自己。

一晃数十年,自己也成为了一名家长。随着自己的孩子进入幼儿园,我的思想也在积极转变,比起我的父母,我更多了一些对于教育的思考:家庭教育怎样配合未来学校的教育,怎样将传统教育的优势结合现代教育的新意,让孩子在高速发展的生活、学习、工作中勇敢地面对呢?

"人活在世,必须做事",做事先做人才能把握大方向,识正道,才不会误入歧途。我认为这是在孩子幼儿时期就要影响渗透的,在青少年阶段必须培养建立的。

中国的传统教育是国人最好的教科书。一方面,李雅琪在幼儿园期间,家人就经常跟她说一些"百善孝为先""家和万事兴"等一些她可能听不懂的大道理。这是一种价值观的传达,只有正确地输入,才有可能得到正确的输出。另一方面就是家庭环境对孩子的耳濡目染,我对我的父母尊重、孝顺、讲究规矩。周末带着孩子看望老人,一大家子聚在一起,其乐融融。我和孩子妈妈对于父母家里的活儿都干、父母的话都听,不顶嘴、不闹脾气,无形中对孩子也是一种影响吧!孩子所在幼儿园马路两侧经常有一些流动商贩,贩卖一些吸引幼儿眼球的劣质小玩具,孩子从幼儿园出来也会认真地看着这些花里胡哨的小玩意儿,听商贩们花言巧语的推荐,满眼的渴望看着接她回家的奶奶。奶奶说:这个东西质量太次,咱们不买好不好?她会说:好的,且不再流连忘返。从来不会又哭又闹,撒泼打滚。事情虽小却充分体现了传统家庭教育带来的积极影响:对长辈、对家人的尊重与信任。

在李雅琪就读京源学校小学部的时候,学校也会经常组织一些传统教育的活动,并且能够与家长沟通,指导家长配合学校做好对孩子的教育。作为家长就会有意识地引导孩子:诚实有信,遵纪守法;举止稳重,与人为善;勤学苦练,有礼有节的思想观念,并达到了很好的效果。在学习上,孩子虽然有时候脑子转得不是很快,但是对待学习非常认真,经常自己写作业写到深夜,不完成绝不睡觉。孩子对待学习、对待学校任务的那种精神,我是既欣慰,又心疼。作为家长我乐此不疲地强忍睡意陪伴她度过每一个她用心学习的夜晚。我明白家长对孩子的心疼不能转化为对孩子积极行为的劝阻,家长的妥协助长孩子的懒惰，孩子勇往直前的路上需要父母的呐喊助威！

转眼六年，曾经的乖乖女来到了中学。初中遇到新的老师，新的同学，新增的学科，新增的课外活动，让孩子一时难以适应，这时更需要家长培养孩子适应新环境、新阶段的能力。我会告诉孩子：虽然我们所处的年代不同，但新环境、新阶段是每个人成长的必经之路，是新的机遇，积极面对就能尽快适应新的学习环境，尽快融入新的群体。在不经意中你就会平和下来，在新环境中找到自己。

我们还没仔细琢磨孩子上初中后的生活，就逐渐感受到了她前所未有的转变——有了自己的想法，有了自己的小圈子，有了自己的小脾气，会对家长表达拒绝，让我们感受到她与我们的距离感。这些变化是惊人的也是可喜的，说明她自主地长大了。

对于教育孩子，每个成长阶段有每个阶段的沟通方法。我已经意识到，单纯的说教无法达成对孩子的教育效果。初中三年，对于孩子的人生，是非常关键的时期。怎样正确地引导孩子树立正确的世界观、人生观、价值观是奠定她未来人生的基础。

孩子上初中后积极参与学校组织的各种社会课堂活动、博物馆课程，我作为家长志愿者也参与其中，有机会更多地了解初中生的世界。听听他们都在聊些什么，对什么事物感兴趣。虽然很难参与他们的讨论，但是对他们聊天的内容不再陌生，自然就更容易融入孩子。我很感谢学校能够在教育孩子的同时为家长提供家校共育的方向和指导。为了让孩子健康快乐地成长，更好地学习并掌握知识，更好地学会与人交往、合作，培养孩子的自信心和责任感，为将来步入社会打下一个良好的基础，就必须形成家校的紧密联系，就需要家长经常与班主任、各科老师及同龄人沟通，从而及时积极反思、更新自己的教育理念和方法、改变原有的亲子沟通方式。

单靠老师或家长都无法全面了解孩子、指导孩子。作为家长，应该更关注孩子课堂之外的生活。孩子从小学就喜欢画画、做手工。于是我们全家经常周末开车带孩子去郊野，一起动手支上帐篷，支好烧烤炉，架好鱼竿。孩子烤串，大人钓鱼。一边休闲，一边写生。在给她带来快乐的同时，增进了父女之间的感情。

我还记得，生物老师曾给孩子们布置过这样一项作业：请动手能力强的同学积极参与制作"呼吸时膈肌变化演示模型"。李雅琪对此很有兴趣并积极参与。因为没有做两肺演示的合适材料，在经历了几次失败后，孩子问我："爸爸，没有合适的三通怎么办？"想来想去，我找来较厚的木板，带着女儿在家里干起了木工活。边思考边动手，边交流边尝试，我们顺利地制作了一个实木的三通，完美地完成了生物作业。看着兴趣盎然的女儿，我们再接再厉又一起制作了小木屋、砚台，一起在阳台种菜养花，收获了我们父女间的欢乐。在我与女儿相互陪伴的过程中，我感受到她热情的青春，潜移默化中也让孩子了解了父亲面对生活的乐观态度。把家长的说教转化为与孩子的互动，大大减少了孩子青春期的叛逆及带给家长的焦虑和烦恼。

家校同教给孩子带来了正确的价值认同、稳步前进的学习成绩，乐观向上的生活态度。遇到不会或者理解不透彻的题，会积极地请教老师，与同学一起讨论，跟家长交流。孩子们还利用微信群和腾讯会议，自发地组成了学习小组进行学习上的互帮互助，促进了相互交往和学习能力的提升。我最欣喜的是孩子的德育方面，虽然无法量化地评价一个学生的品德，但是在孩子成长的十五年中，我有着切身的体会。孩子为人谦和善良，思想积极向上，关心国内外大事、社会新闻并与家长进行讨论。孩子回到家很少聊学校的事，但从孩子口中我听到过她对老师和同学的认可；她守规矩，在此基础上做着一切她喜欢做的事情，无关这件事带来的利益，不被物质和赞美左右，努力地以她小小的身躯积蓄更大的能量。这是孩子面对未来生活更需要的心态和精神！

写这篇文章的过程是我感受亲子共同成长、努力进行自我反思的过程。我被孩子的成长深深地感动着、激励着，这或许就是我们为人父母最值得满足的感觉。因为孩子的努力，我也不会松懈，看着她与我渐行渐远，我会让她感受到她的老父亲永远与她并肩前行。

家庭教育心得

朱屹枫家长

"逝者如斯夫，不舍昼夜。"转眼间初中三年已接近尾声，相信这三年在每个孩子和家长心中都有无数的难忘瞬间。作为家长，我们惊叹于孩子的变化，惊喜于孩子的成长，但往往也无法逃避地要去面对各种问题与挫折。相信大多数家长与我一样，自内心深处很感谢有孩子陪伴我们一起走过人生这段美好的时光。如果对这三年做一个简短的回顾，我有如下几点非常乐意与大家分享。

鼓励孩子德智体美劳全面发展。初中三年是学习压力非常大的一个阶段，作为家长往往很难平衡孩子的兴趣爱好、品格培养与学习之间的关系，大多数孩子可能被迫放弃了一些兴趣爱好，而一门心思地扎到书本中。初中阶段的孩子正是求知与探索欲望较强的阶段，他们逐渐从感性走向理性，从被迫地坚持到主动地探求，作为家长我认为更要鼓励孩子勇于追求自己的爱好，勇于塑造优异的品格，勇于用一个全面的自己去面对一个更加复杂多变的世界，而这恰恰是学习的真正内涵。弹钢琴和打篮球，这两个看似有所"冲突"的爱好却在这初中三年里和谐地陪伴着孩子的学习和进步。

与孩子建立信任关系。处于青春期这一人生阶段，孩子情绪敏感、心理逆反，在生活中可以说处处火药味十足。他们表面的不屑一顾其实更多的是对未知的举足无措，他们有无数的问题希望能与家长、朋友交流、分享。在这一段关键期，与孩子的互信就显得格外重要，用心地倾听、尊重地表达、有效的规则都是建立良好互信的方式。

与孩子共同面对问题。学习、人际关系、身体发育，青春期的孩子要面对众多问题，但他们早已不是我们口中的"傻孩子"，在面对问题时我们既不能选择极端的命令，也不能选择过分的自由，要通过充分的沟通寻找到问题复杂度与孩子的自主能力的平衡点，帮助他们明确方向、理清思路、寻找路径、接受结果，与他们站在一起正视人生的各种问题，毕竟人生就是一个问题接着另一个问题。

糅合亲子关系的妙手

曹彦彦

儿子长大了，也许因为母子俩天天在一起，亲情成了空气——在那里，却看不见。虽然我自己也是一名教师，但是帮助我们调和母子关系的人，却是家庭之外的老师们，教师成为糅合亲子关系的外力。

小学时，老师布置造句作业"妈妈最爱……"，他的造句受到老师的关注——"妈妈最爱工作"。京源学校小学部语文老师王琦设计了别具一格的家长会，三年级的孩子们坐在前面，家长们坐在后面。老师像是在给孩子们上一节公开课《我的爸爸叫焦尼》，天真的孩子们踊跃地举手，儿子热情地解释绘本图片："他向图书馆管理员介绍自己的爸爸，是因为他担心别人以为他没有爸爸。"看着穿着有些小、有些脏的T恤的儿子，我有些内疚。原来，语文老师是在给家长们上公开课，用上讨论课的方法，引导家长体味亲情。

初二时，学校组织"十四岁生日主题班会"，要求家长和孩子互相写信，我专门拿出半天时间，坐在咖啡厅里，一把鼻涕一把泪地撰写了一封长信，回家探听儿子是否也能如此动情地给爸妈写信？儿子一句："没什么可写的，写不出来。"噎得我哑口无言。几天后，主题班会开始了，拿到儿子的信，却也生动有趣、意蕴绵绵。惊讶于儿子的转变时，我发现，原来是在班会前，班主任刘莎莎老师发现儿子还没有成熟到能够体会亲情的程度，于是暗自联系了语文老师隋丽，隋丽老师背着家长悄悄地辅导儿子修改了几遍。班主任和语文老师用辅导作文的方法，引导孩子品味了亲情。

高二了，儿子长成了大小伙子。母亲节时，班主任高贺老师组织了一场以"沟通·理解"为主题的家长会，让孩子们做班会发言，为了准备这次发言，我们母子俩一起翻看了过去的照片，一边看照片，一边回顾我们的亲子历程，最后还一起提炼我们娘儿俩的主旋律。家长会上，孩子的发言令我激动不已，他的题目是《母亲带我走进科学殿堂》，"由于我的妈妈对野外实习具有深入灵魂的热爱，所以我从小就跟着她出野外"。他用一张张照片回顾我们一次次出野外的经历。第一次出野外是我抱着他去看石灰岩。长大一点之后，我带着他去看应力椭球，他现在还记得我曾告诉他："这块石头的形成就像是两只脏手搓出来的泥卷儿。"还有累得没有力气照相的黄草梁之行。还有一次不算出野外的出野外，就是连续两天，我们两个以天安门作为起点，分别向北、向南，徒步北京中轴线，记得当时我把信纸裁成四份，三张信纸做成十二页的考察记录本，孩子一边走一边在本上记录所见所闻。而今看来，十四岁前，我把他带进科学探索的大门，十四岁后，他真的就自己享受学习了，他参加翱翔计划，在北京化工大学跟着黄雅钦教授探索把玫瑰秆制成可用于污染治理的活性炭，乐此不疲的他甚至几次险些被门卫锁在实验楼里。

家长会上的视频里，他和另一位老师的儿子一起笑着说："您身为人师，又身为人母，我们知道您很辛苦……"满心欢喜的我深知，即使是身为教师的母亲，也需要老师帮助我们唤醒亲情！儿子的成长足迹从京源学校幼儿部一直到高中部，感谢一路引领他的所有老师们！

我的书法导师宋建华

高彧彬

坐在书桌前，手捏一支毛笔，在洁白无瑕的宣纸上提、按、顺、收，感受着墨水中散发的独特清香，一闭眼，总能看到他满面慈祥的笑。

他是我的书法导师——宋建华。

宋老师比教我的任课老师们都年长，他戴着一副眼镜，透过眼镜，直接看宋老师的眼睛，能看到宋老师既严厉又慈爱、既刚劲又柔和的眼神。

宋老师又是我们班的钢笔速写老师，由于宋老师精湛的绘画技术，我们开玩笑地叫他"宋大师"，有时还去他办公室"骚扰"他。宋老师倒是不在意，每次都乐呵呵地欢迎我们的"骚扰"，还不时传授一些绘画的独门秘籍。

我是一直喜欢和宋老师在一起的，最初跟宋老师学习书法是在高一的暑假前夕，我有幸被选中去中国台湾进行文化交流，并且要为那里的同胞表演书法。宋老师听到这个消息之后，大喜："好啊，你就在我这里练习吧！"

三年多没有拿过毛笔，写字不免有些生疏，宋老师便握着我的手，像教小孩学步一样教我写字。虽然在台湾我们的节目没有上，但是却大大激发了我学习书法的兴趣，一来二去，我的书法技巧竟突飞猛进。

从这时起，我便开始跟宋老师学习书法了。高二上学期，我只要有时间，一定去书画教室找宋老师学习书法技巧。每每陶醉于白与黑的世界中，聆听窗外传来的风吹树叶的沙沙声，浮躁的心便慢慢静下来，享受每一次提笔、按笔、收笔……

宋老师会讲故事，每次在我研习书法的时候他都会为我讲一个故事，隔壁办公室的音乐张老师也常来为宋老师弹琴，与他聊天。"我挺喜欢彧彬这小子，他特聪明，从他书法进步这么快就能看出来。"宋老师常跟张老师这样说，"我的老师是中石先生，他曾跟我说'别人我不管，但是宋建华，你的字一定给我写好'。现在我对你的要求和中石先生对我的要求一样，别人我不管，但是高彧彬，你的字一定给我写好。"

我心头一惊，字也写歪了。我赶紧把纸折起来，换了张新纸，煞有其事地写着，心里却一直想着刚才老师的那番话。

那天放学回家，在车站看到了宋老师的身影。和老师一起坐车回家的机会是不多的，我们一路聊着，聊到了我的朋友。我打趣地问老师："您说说，我最好的朋友是谁？"老师不假思索地回答："是我啊！"然后我们不约而同地笑了。晚上，我一直睡不着，想着白天的事，鼻子一酸，抬头望向天花板，仿佛又看到宋老师慈祥的笑容。

现在每每铺好宣纸，准备下笔时，我都会想起宋老师站在画墙前的高大身躯，他挥动那双有力的大手，在宣纸上勾勒出一片片青山绿水。唉！高中生活已经过去一半了，不知高中生涯还有多少机会能在宋老师办公室里写写字，喝喝茶，聆听导师的教诲！有师如此，夫复何求？！

养鼠记

朱　然

"老师，这只小白鼠在吃了萝卜苗之后，不一会儿就四肢抽搐，死了。我怀疑是萝卜苗的农药残留毒死的，请您帮我检测一下。"我写完这些之后，把纸条贴在一个快递纸箱子上，往生物老师的办公室走去。

几天前，生物实验室装修，有一只小白鼠没处放了，由于我养过仓鼠，所以便主动把养小白鼠的任务接了下来。"这小白鼠是在实验室养的，很干净，与它的那些啮齿类亲戚完全是天壤之别。我完全可以放心地让它在我身上爬来爬去，偶尔还可以把它装在我衬衫或上衣口袋里当作暖宝宝。"我是这样想的，也是这样做的。至于饮食嘛，就给它喂仓鼠喜欢的鼠粮好了。

不过，很快我就发现它比仓鼠更可爱。我以前养的仓鼠很懒，每天除了吃就是睡，给它们配的跑步机几乎从来没有转动过一下。而这只小白鼠就活泼多了。于是我便给了它在我的书桌上活动的权利。结果有一天，它把我放在桌子上的自制萝卜盆栽咬了一口，然后就出现了我上面提到的情况。

小白鼠死了，我很难过。而且，这只小白鼠无论如何也算是大家的"公共财产"，即便是死了也要知道究竟是怎么死的，这也算是发挥了它"小白鼠的功能"了。于是，我便把自己的推测和小白鼠的尸体还有那个萝卜苗一起装在箱子里，放在生物老师的办公桌上。

几天后，我在遇到了生物老师时，问起了这件事。生物老师听到后，长出了一口气，幽幽地说："是你放的呀！我今天刚来，还以为是恐吓的包裹呢！我收到那个东西时就已经变质了，我还能检验什么呀，你快点把它埋了吧。"我听后心有不甘，这小白鼠怎么能白死了呢？我还在费尽心思地思考死因。老师似乎看出了我怎么想的，说："朱然呀，你有探究精神很好，但是你要自己探究下去，不能只是抛出了一个问题后就不管了。比如，你可以从小动物四肢抽搐的现象大概判断是有机磷中毒，然后你可以再检验磷的问题。当然，现在就算了，万一这只变质了的小白鼠有什么致命的细菌就麻烦了。"

生物老师的这番话对于我来说是一个启示。让我一下子明白了我在很多事情上没有干好的原因。也许，这也是这只小白鼠的价值之一吧。

跟于冉老师跑步

刘雨婕

提起马拉松，很多人萌生的第一个想法就是畏惧，而我至今都很庆幸，能够在于冉老师的陪伴下，真正走近马拉松。

初识马拉松

我接触到马拉松是一个很偶然的机会。

记得是一节体育课，因为下雨，我们改在室内上课。于冉老师在课上给我们看了一期名叫《挑战马拉松》的纪录片。节目中，十三位身患疾病、平时很少参加体育锻炼的普通人，用四十个星期的时间，成功完成了波士顿马拉松。

看完纪录片后，于冉老师问我们的感受。我用两个字形容——"震撼"。

是的，震撼。我确实被他们深深地震撼了，这是一种来自于生命本身所蕴含能量的震撼。这十三个人大多已过盛年，常年不参加运动，又有疾病缠身，身体素质很差。但通过系统的锻炼，他们凭借自己坚强的意志完成了号称世界上最古老、最艰难的城市马拉松——波士顿马拉松。与他们相比，我青春年少，身体健康。马拉松离我能有多遥远呢？42.195公里也并不是一个不可达到的数字，每一个普通人都有能力去完成这项运动。在那节课上，我第一次觉得马拉松这项运动离我是这么的近。

于是在课后，我找到了于冉老师，表达了自己想完成一次马拉松的想法。令我高兴的是，于冉老师不仅肯定了我，还欣然提出自己也有这样的想法，我们两人可以结伴一起跑步。她的肯定和陪伴无疑给了我莫大的信心，就这样，我和于冉老师开始了我们的马拉松征程。

我也曾动摇

准备马拉松是一个漫长而艰难的过程，你可以没有天生过人的体力，但必须要有达成目标的毅力。

我其实并不是可以轻轻松松完成长跑的那种人。在平时体育课上，我和大多数同学一样，会因为跑八百米而感到头疼。可我即将面对的不是八百米，而是相当于几十个八百米的马拉松。起初，我有些茫然无措，不知道从哪着手，更不知道怎样开始这个漫长的计划。幸运的是，有于冉老师专业的指导，在她的帮助下，我制订了一套简单的训练计划。每天五十个仰卧起坐，分两组，每天二十五个蹲起，分两组，另外利用体育课和课间操的时间跑步拉体能。

最初的几天，我还能依照计划坚持完成任务。然而"靡不有初，鲜克有终"，在接下来的日子里，我渐渐开始觉得吃力。日复一日单调而乏味的锻炼，在一点点消磨着我的信心和耐心。在这个过程中，我无数次在心中暗暗地问自己：我定下这个目标是为了什么？我这样坚持下去的意义又是什么？直到有一天，雨过天晴，天气好得出奇。我透过窗户，看见操场上于冉老师在跑步，似乎有一股力量驱使着我，我跑下楼加入她。下过雨的天气很凉爽，时不时有微风拂面，跑道上几块未干的水渍在阳光的照耀下澄澈得发亮，倒映出我们奔跑的身影。在那一刻，我仿佛突然明白了跑步于我的意义——挑战自己，肯定自己，而冲过那道终点线，是我此时此刻唯一的目标。我突然很庆幸我没有中途放弃，我仍然在为完成马拉松而一直努力着，而在这个过程中我变得更加坚强。

很快，在我们身后有更多的同学也加入了奔跑的队伍。我们奔跑的身影，是雨过天晴后操场上最美的风景。

梦想实现日

经过了漫长的准备，我和于冉老师开始相约一起参加一些马拉松比赛。最开始是北京国际长跑节上的迷你马拉松五公里，北京马拉松的五公里，后来又有了七公里，我们还和一些跑友相约绕莲石湖跑了十公里。

终于，在2014年，我们如愿站在了北京马拉松半马开赛的起点上。当发令枪声响起的那一刻，我带着激动和一些紧张，随所有跑者一同冲出起跑线。接下来就是奔跑、奔跑、再奔跑！

看着标注距离的指示牌一块块从身边闪过，我知道我每多迈出一步，我离目标就更近了一步。

跑到七公里的时候，我到了自己的第一次极点，感觉呼吸有些不匀，小腿酸痛。但很快，我就凭借平时的经验度过了这次极点，继续前行。大约到了十五公里的时候，我开始感觉脚上磨出了水泡，腿部不仅酸痛还变得僵硬，连呼吸也很困难，这比平时任何一次练习都难受得多。而此时距离终点还有整整六公里，相当于学校操场的十五圈，终点于我显得有些遥不可及。身体和心理上的痛苦不停地折磨着我，我近乎机械地奔跑着。

那时我确实想过就此放弃算了，只要停下，我就能摆脱一切的痛苦。可当我看着身边许许多多和我一样的跑者不停跑动的身影，听着于冉老师坚定有力的加油声，我想到了自己为此付出的一切努力，和在前方等着我的那个目标。忽然，我从心底里涌出一种强烈的冲动，我也想像他们一样冲过终点线，完成我为之努力四年的梦想。

这是一场漫长的和自己的搏斗，最终，我对于跑完半程的渴望战胜了一切，努力克服了自己身体上的一切不适，向前迈步奔跑。当我冲过终点线的那一刻，身体上的疲惫是前所未有的，但精神上巨大的满足感和获得感也是前所未有的。

马拉松于我而言，是一个砥砺自我、不断前行的过程：在奔跑中我不断遇到困难，战胜困难；挫折和痛苦一遍遍冲击我的信念，而我也在这个过程中不断坚定自己的信念。

这是我在运动场上的马拉松，而面对接下来人生的马拉松，我有勇气、更有信心，秉承着这种精神，砥砺自我，不断前行。

我的老师

王雨瑄

　　我记忆最深的一次体育课，就是那次三分钟的平板支撑。

　　那是一个大雾霾天，在体育馆上课的我们特别开心，因为不用在操场上担心着会不会刷圈，然而于老师一句"来，我们来一组三分钟的平板支撑"，像一道闪电劈碎了我们的梦。

　　对，就是这个人，京源学校现初三所有女生心中的女神和魔鬼——于冉。

　　于老师是全能女神，会唱歌、弹吉他、乒乓球、篮球，又学运动解剖学，长得也俊。最主要的是，她更会"虐"我们。

　　"趴下！"我们瘪瘪嘴，默默地翻了个白眼，放下撸起的袖子，慢慢地准备趴在地上。"开始！"一个蹬地，身子腾空，胳膊瞬间就酸了起来，过了半分钟，腹部开始隐隐酸痛。

　　一分钟，汗已经开始往下掉了，呼吸变得沉重，身体开始想往下掉，只听见于老师大喊了一句："都给我撑住！"

　　两分钟，从来没有做过这么久支撑的我们，都开始摇摇欲坠。

　　这时候，于老师铿锵有力的声音又响起了：

　　——你们就这点能耐吗？

　　——咬咬牙就过去了！

　　——累吗？有你们学习累吗？

　　——都给我坚持住！

　　我抬头看了看老师，她一脸严肃的样子，没有平日里的玩笑脸，眉头紧皱，炯炯有神的眼睛在我们每个人身上打转，仔仔细细地检查着每个人的腿和腹部是否有一丝着地。她不断地看着手里的秒表，也不知道是想让时间快一点还是慢一点。

于老师洪亮的声音回荡在体育馆里，我们听得清清楚楚，汗瓣里啪啦地往下掉，咬咬牙，稍微换个姿势，把重力放在手臂上，等待着停表。

在这痛苦的过程中，我思考着她为何要"虐"我们，后来才明白这并不是简简单单的练习，而是一节教我们学会坚韧的课。

于老师是全校第一个跑过全程马拉松的人，她给我们讲过她的马拉松经历，那是我不敢想象的距离，我的脑海中只有一个词：痛苦。经历了呕吐，膝盖和腿的疼痛，秋天中午毒辣的太阳的暴晒，五个多小时，跑了一个全程马拉松。她说她要为我们做表率、做榜样，带动初三的学生爱上运动。

四十二公里的路程让她学会忍耐和坚韧。

三分钟的疼痛她教会我们忍耐和坚韧。

这就是于冉，她总是用自己做例子，为我们做榜样，只为了我们成为更好的自己。

这就是我们可爱的于冉女神，在每个学生的体育噩梦里，她就像一道光，照亮着我们跑向终点的路，也照亮了我们跑向未来的路。

飞上天的顽石

刘　华

"刘老师，韩天宇的录取结果出来了。"手机微信对话框随后出现了这样一张图片：录取批次：零批次；录取院校：北京航空航天大学；录取专业：飞行技术。这是 2016 年高考过后第一个向我报喜的家长，也是我们班第一个收到录取通知的孩子。

时间回到 2013 年的夏天，新生军训，一个中等身高，精精瘦瘦的男孩子第一天就吸引了我的目光，一个原因是他比其他孩子更认真，表现得更像军人。另一个原因是似乎全年级的孩子都认识他，有人喊他"天宇哥"，有人喊他"韩队"，唯独没人喊他的名字。这应该是个名人！这是我对他的第一印象。但是他好像并不太合群，其他孩子对他也是一种敬而远之的态度。好奇心驱使我想探个究竟，终于在和一个孩子聊天的过程中我假装无心地问："大家为什么喊韩天宇韩队呢？"和我对话的孩子先是笑笑，然后很无奈又很欢乐地回答道："韩队是足球队长的意思。""那他是足球队长啦？应该足球踢得很好吧？""这个嘛，他每次都是候补，从来没正式代表学校踢过，只是喜欢指挥全场，所以敬称他韩队。""那大家都听他指挥吗？""谁听他的啊！"我愕然，瞬间明白这是一个虽然充满热情，却生活在自己的世界里的孩子。那"天宇哥"自然也是孩子们嘴里无害的"敬称"了。整个军训过程中，"天宇哥"果然独来独往，游离在集体之外，而我也没有找到很好的话题和他聊天。

开学后，很快我就全面认识了韩天宇。他在学习上避重就轻，不交各种作业，上课不听讲还影响老师正常教学。但是他热衷于各种各样的活动，寻找各种与众不同的表现机会，踢球时踢坏学校操场的显示屏，教低年级的同学练拳并在其他同学身上操练，等等，作为班主任的我经常因此被德育处、体育组等相关部门请去解决问题。时间长了，我突然明白为什么大家都不愿和他做朋友了——从某个角度来说，远离韩天宇，就意味着远离麻烦。

在一次班会上，我让孩子们写下自己的目标和理想，当我看到署名韩天宇的这张"北航 飞行专业"目标卡后，感到很震撼，震撼于相对很多孩子不知道自己的理想，而他的目标那么明确，但是他只是空有一个理想，却没有任何付出。为了帮助他实现梦想，我决定和他谈一谈。一个课间，我把他请进办公室。"天宇，我看你写的理想是当飞行员是吗？"提到飞行员，他表现得非常兴奋："我对开飞机非常感兴趣，我的理想就是当一名飞行员！"接着他又说了很多和飞行、飞机有关的东西，有很多内容都是我从未听说过的。他越说越兴奋，看他在兴头上，我及时插了一句："你查过今年空军飞行员的录取线没？""不知道，没查过。"我告诉他："网上公布的理科录取线是605分，比一本线高近60分。"听到这个分数他的眼神有些黯淡，的确，虽然当时离高考还很遥远，但是这个分数线对于小学转过三个学校，初中基础薄弱，中考成绩只有450多分，学习能力有限，对学习不感兴趣的他来说确实太高了。"其实，如果只是想当飞行员的话，除了当空军，很多航空公司也会在应届生中招飞行员的，但是这样的飞行员也是需要一定的文化课成绩的，我觉得如果你现在就开始努力，考这个还是很有希望的。""是吗？""当然，得坚持下去。"他点点头，没再说话。看到他的沉默，我转换了一个话题："你觉得你和咱班谁最谈得来？"这句话问完，他突然变得很激动，大声地说："我根本就不在乎别人的看法，我活我自己的！"我一愣，瞬间明白，全年级学生都知道他没有朋友，他把我这句话当成了对他的讽刺。我突然觉得这个孩子一直以来都很孤单，而我只看到了他身上的毛病，从来没有理解这样一个十几岁孩子的孤单。我突然觉得自己很心虚，作为他的班主任，没有主动去理解他的内心世界，我是失职的，我只觉得他一直在找麻烦，从来没去想为什么。我从来也没想过一个中考450多分的孩子在中考平均520多分的班级里的自卑，也许他只有靠与众不同的行为来表明自己的存在。对于一个有目标的高中生来说学习无力感是多么可怕，理想与现实的差距是多么让人绝望，所以我得帮他找一个切合实际的目标，让他对自己有信心，寻找一个在集体中的生活方式，顺利度过高中阶段。于是我说："我没有别的意思，其实每个人都有自己的生活方式，每个人都有自己的个性，我很欣赏有个性的孩子，但是我们毕竟是生活在集体当中，如果你觉得班里的同学都不太能懂你的话，可以试着多和学校的老师们聊聊。比如，我听说你和潘老师就挺好的……"听到这儿，他的情绪好了一些。提到潘老师他好像有很多话要说："老师，你不知道，有一次我和老潘踢球……"成功转移了话题，天宇哥的心情也明显明媚了起来。

既然决定让老师成为他的好朋友，那么首先我要让他感受到来自我的友好。上操的时候，韩天宇喜欢站在班级的最后面，时不时地对着空气挥几下拳，在大家的注目礼下做几个俯卧撑，总之永远和大家不一样就是了，以前我总是嫌恶地瞪他几眼，训他几句，告诫他要和大家一样好好做操，现在我经过他身边先是欣赏地一笑，然后说道："练得不错，挺全面，练完了和大家一起好好做操。"听到这几句话，韩天宇会突然站个漂亮的军姿，回答："是，刘老师。"跑步的时候，他不是跑在队伍最前就是队伍最后，路过我面前时，我会大声对他说："加油，天宇！"就这样，慢慢地，天宇有时候上操的时候不再那么我行我素，偶尔他也会和大家一个节奏。

一个课间，我在班里巡视，有个孩子找我签出门条，我随手拿起一支笔就签了名字，用过发现拿的是韩天宇的笔。我笑着对他说："天宇，这笔可真好用，哪买的？"其实我只是随口一说，谁知天宇突然从书包里拿出一大把笔，兴奋地叫道："老师，那支不算好用，您用这个，这个签名最好看。""不了，不了，下回签名再找你用吧！"我连忙摆手道。第二天，我刚进办公室，就看到我的桌子上放着一个笔盒，上面还有一个便贴："老师，我有一个朋友是做文具生意的，他送我好多笔，我挑了一些比较好用的，您先用着。"署名：韩天宇。打开盒子，里面整整齐齐地摆着约二十支笔，黑色、红色、蓝色……各种颜色，各种粗细，各种长短，各种型号。看着这些笔，我突然想到，这些笔在出厂的时候就各有不同，就像是孩子们身上的差异不也是天生就存在的吗？既然韩天宇与众不同，那么就给他一个宽容的生长空间吧，教育本身不就是尊重规律、尊重差异吗？韩天宇就是韩天宇，没必要和其他孩子比，也没必要把他加工成别的孩子，尊重他的成长过程，就是在帮助他。

转眼到了高三，几次模拟考试天宇哥总分从220分到260分，再到330分，艰难地进步着，每次考试后我总是会找他谈几句，定一个近期的具体目标。韩天宇在班里依然没有能谈得来的朋友，不过在学校里有好多教师好朋友，如生物组支老师，物理组王老师、张老师，地理组宋老师，等等。很多老师他都常常挂在嘴边，提到这些好朋友他总是神采奕奕。高考过后，韩天宇最终以455分的成绩跨过了北京市的三本线，被国航录取，北航培养，实现了当飞行员的理想。

前几天在整理办公室的时候，无意中发现了韩天宇因为踢球砸坏学校显示屏写的检查和保证书，从一个破无纺布袋子里还发现了我在高一时没收韩天宇的奇葩工具：磨刀石，锥子，游标卡尺，扳手，榔头……我哑然失笑，我仿佛又看到了那个抱着足球，像一阵风一样飞向操场，精力过剩的精瘦男孩。

我想起了林语堂在《京华烟云》中这样评价曾荪亚：如果他注定不是一块璞玉，那么就让他当一块顽石吧。在我看来，韩天宇就是这样一个有着瑕疵但却闪着光飞上天的顽石。

万水千山总是情

吕俊荣

人们常说："读万卷书，行万里路"，我觉得用在地理学科上是最恰当不过了，正如一首歌曲《远走高飞》唱道："我一路看过千山和万水，我的脚踏遍天南和地北。"2022年暑假，我们进行了跨学校、跨学段、跨学科的一场北京西山游学考察。这次考察情谊深厚，给人留下深刻印象。

一、同学情

野外游学考察，需要跋山涉水，翻山越岭，不仅锻炼意志耐力，更体现同学之间互帮互助，团结协作的团队精神。行程中走得最艰难的一程要数东灵山这一段了。东灵山位于北京西部，是北京的最高峰，海拔2303米。我们一行五六十人早上8点从郁郁葱葱的山脚开始攀爬，一路流水潺潺，植被茂密，花团锦簇。林间小道格外幽静，只听见蝉声和鸟鸣声。真是"蝉噪林逾静，鸟鸣山更幽"。

同学们沿着石阶往上攀爬，手脚并用，累了就歇会儿，"坚持，加油！""初一的同学都跑到我们前面去了！"……同学之间鼓励打气，让每个同学勇往直前；"来，把手伸过来，拉你一把。""我帮你背会儿包。"同学们互帮互助，携手同行。即使汗流浃背，气喘吁吁，同学们仍坚信"世上无难事，只怕肯攀登"。峰回路转，总能偶遇不同的风景。"前面有同学被蜜蜂蜇了！""有谁带了芦荟胶？"原来是初一的小同学不小心被蜜蜂蜇到手指了，眼泪马上就要流出来了。"你真勇敢！""我帮你拔掉刺，涂上芦荟胶很快就好了。"大哥哥、大姐姐的话给小同学莫大安慰，旋即破涕为笑了。大约攀爬五个来小时，我们来到了山顶。"东灵山，我们来了！"同学们齐声欢呼。"会当凌绝顶，一览众山小"，登高远眺，无限风光。

一路走来，一路携手，完成诸如植物样方的分工合作、小组讨论交流、一起包水饺等活动，同学情，随处见。友情伴我同行，友情伴我成长。

二、师生情

野外考察，每次出发前老师都会不厌其烦地反复叮嘱"同学们注意安全，走路不拍照，拍照不走路""各组员保持联络畅通""带好相应药品""带好笔、本、相机、手机等，每到一处请认真观察、记录、思考，对照资料深入考察学习"，等等。

本次地质实践活动以永定河地质为主要内容，沿着永定河山峡逆流而上。该区域地质现象奇特，一是断裂发育，沟谷纵横；二是地层古老、多样；三是岩浆活动频繁，火山喷发，岩浆侵入多次发生。

作为翱翔学员，同学们有着较敏锐的观察能力、独立的思考能力，一路上，听着老师的讲解，感受北京西山沧海桑田的地质演变。"老师，您说几亿年前北京西山这一片是海洋，有深厚的碳酸岩沉积层，我们能不能找到海洋生物化石？""老师您看看，这里有一块岩石，有一层层的纹路。"一同学有惊喜的发现。"这是叠层石，是由远古时期藻类活动形成的。这些植物生长在海陆潮间带上，海水涨潮时会把海里的碳酸盐及其碎屑颗粒黏结、沉淀到这些植物上而形成的一种化石。随着季节的变化、生长沉淀的快慢，形成深浅相间的复杂色层。""老师，这可以说明远古时期这片区域是海洋，门头沟地区还发现了煤炭资源，说明其曾经是陆地上的一片森林，真是经历了沧海桑田的巨变啊。"授业解惑在研学现场的观察思考交流中得到了体现，师生情在讨论交流、循循善诱、思想碰撞中得到了发展。

夜晚，同学们经常是在探讨论文，与咖啡为伴中度过的，有时能奋斗到深更半夜。一次已经是凌晨1点，某小组同学深深吸了口气，终于完成论文的撰写可交差了。哪知道第二天起床打开邮箱时发现了凌晨1点40分老师回复的邮件，回信中告诉文章哪些部分需要修改润色等。都说，父母给予了我们一切，而老师又何尝不是奉献了一切呢？难忘师生情，难忘与老师一起学习、探索的场景，是老师的陪伴让我们走得更远，翱翔得更高……

三、天地情

"万物各得其和以生，各得其养以成。"人与自然和谐共生是时代发展的主题，旨在进一步树立尊重自然、顺应自然、保护自然的理念，建设人与自然和谐共生的美丽家园。在中国古代思想体系中，"天人合一"的基本内涵就是人与自然的和谐共生。"大自然孕育抚养了人类，人类应该以自然为根，尊重自然、顺应自然、保护自然。"

其中给我印象最深的一件事是在爬东灵山途中发生的。我们每个人在爬山时都背了四五瓶矿泉水和两盒自热煲仔饭。沿途风景优美，但是垃圾回收却不到位，景区垃圾桶少且垃圾桶旁边五米范围内到处是垃圾。"同学们，保护环境，人人有责，矿泉水瓶和餐盒自己随身带走。"一位同学郑重地提醒其他同学。中午时分我们在山腰上进行了午餐，几个同学自觉拿出随身带的大塑料袋把餐盒等垃圾收集起来，"下山时，我们大家一起把垃圾袋带到山脚下"。虽然旁边就有垃圾桶，但是这一举动使我感受到了同学们为美化环境，减少环卫工人的压力而默默贡献着自己的力量。后面的山路越来越陡，其实大家都不想多负重一点东西，但是，我们每个同学都很自觉，把矿泉水瓶、塑料包装袋等都放回了自己的背包里，没有放进垃圾桶，更没有随处乱扔。下山了，同学们又接力把在山腰上就餐时留下的大垃圾袋抬到了山脚下。

垃圾不落地，景色更美丽。同学们在游学过程中为保护大美河山、促进人与自然和谐共生贡献着自己的一份力量，这是一份责任一份担当。大自然给了我们一切，给了我们世世代代生活的这片环境，我们一定要保护好脚下的每一片土地，保护我们共同的家园。

北京市京源学校
Beijing Jingyuan School

多彩课程

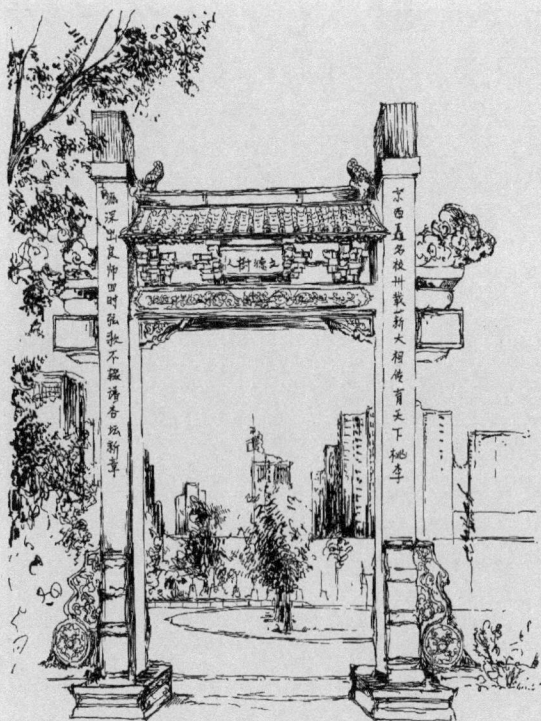

十年磨一"课"

冉　阳

自主探究、自信表达、独立调研、独立思考、社会责任感、开阔眼界……以上这些词汇，都是京源学校学生对学校一门校本课程的评价，甚至很多学生毕业多年仍对这门课程念念不忘。学生们提到的，正是京源学校的"现在进行时"翱翔特别论坛课程。

世界粮食日刚刚过去不久，近日一场以"民以食为天"为主题的学生论坛在京源学校拉开序幕。粮食安全、科技守护国家粮食底线……孩子们在讲台上落落大方、侃侃而谈，赢得了在场专家学者的充分肯定。

这场论坛是京源学校"现在进行时"翱翔特别论坛课程的其中一场，但从时间节点上来讲，它却有着极其特殊的意义。这场论坛是京源学校"翱翔特别论坛"的第一百期。从 2011 年开始，学校开始探索实施"现在进行时"翱翔特别论坛课程。到今年，"现在进行时"已经走过十年。在第一百期论坛举办之际，京源学校特举行"现在进行时"翱翔特别论坛课程创新研讨会，邀请百位曾经参与课程的师生与专家学者共聚一堂，深入探讨这门课程的育人价值。

萌芽：日本地震"震"出一门特殊课程

时间回溯到十年前，2011 年 3 月 11 日，日本发生 9.0 级强烈地震并引发海啸，引起了全球的关注，其中也包括京源学校的师生。

学校在地震发生后迅速反应，以"关注日本地震——自然灾害与人类可持续发展"为主题举办了系列活动，包括地震主题宣传展板、地震知识竞赛、主题征文、午间名师讲坛、翱翔特别论坛……"之所以举办这一系列活动，一是因为日本地震受到了极大关注，我们希望能从学生的兴趣出发，引导他们去学习和理解与地震相关的知识；二是我们认为应当引导学生理智全面地关注和思考这样一个突发事件。"学校校长白宏宽介绍说。

在学校系列活动之一"翱翔特别论坛"的现场，当时在京源学校就读初一的学生赵子安在回答"中国人该如何正确面对日本"这一问题时巧妙且滴水不漏："和平时期，日本是我们的友好邻邦，我们作为大国有责任在他们遇到困难时帮助和支援他们，但是如果以后有部分不怀好心的人要破坏或侵略我们的国家，那我们也绝不手软。"赵子安的回答让时任北京教育科学研究院副院长的张铁道大声叫好："这个回答让我们很欣慰，这就是我们所苦苦追求的教育……"

对于京源学校的此次系列活动，张铁道评价说："这是一次校本课程的创新尝试。"他说："日本地震'震'出了一门特殊课程，包括安全教育、灾害教育、国际理解教育、研究性学习教育、自然科学教育，等等，同时也为学生'震'出了一次特殊的学习经历与收获。每一个学生带着问题出发，通过从身边观察、上网查找、请教老师、翻阅书刊资料等方式进行了专题性学习，它超越了教科书，超越了学科。"

这次以"日本地震"为主题的系列活动，也成为了京源学校"现在进行时"翱翔特别论坛课程的萌芽和雏形。

生长：百期论坛将世界化作课堂

"现在进行时"翱翔特别论坛课程，究竟是一门怎样的课程呢？

"它是以刚刚发生或正在发生的重大社会或自然事件为题材，学生通过收集与事件有关的各种信息、资料和相关知识展开研究性学习活动，以论坛为载体，通过演讲的形式发表自己的观点和主张，并与同伴进行讨论交流的一门特别课程。"白宏宽还介绍说："之所以冠名翱翔特别论坛，原因是京源学校是北京市青少年科技创新学院创新人才培养项目'翱翔计划'的基地学校，此课程以本学校学生为主，同时面向所有学校开放。"

有别于其他以知识传授为主要目的的传统学科课程，"现在进行时"课程不是固定的某一学科领域的固有知识，而是当前正在发生的鲜活的社会与自然的重大事件，它具有及时性，紧紧跟踪社会与自然的发展变化。

杨秀群是京源学校的一名历史老师，在学校一百期"现在进行时"翱翔特别论坛课程中，历史组主办、参与的有二十六期。杨秀群告诉记者："回顾最近几年历史组所参与的论坛，从2018年《共产党宣言发表》170周年到2019年人民政协成立70周年；从2020年抗美援朝出战70周年到2021年建党100周年，从中不难看出，我们始终将时代元素与历史教学有机结合，让学生从中真正地感受到历史的时代价值与生命力。"

除了课程的及时性之外，综合性和开放性也是"现代进行时"课程的突出特点。翻看论坛课程的百期目录，从"关注日本地震"到"走进萨德事件"，从"屠呦呦获得诺贝尔奖"到"新冠疫苗如何战疫"，从"不忘甲午　明志爱国"到"庆祝建党100周年"……论坛活动紧扣时事热点，面向世界广泛选取题材，不同的话题涵盖了不同的学科，牵引着学生把目光投向五彩斑斓的社会生活和自然世界，真正做到将整个世界作为学习的课堂。

收获：师生"眼界山河、自由翱翔"

所有教育和课程的创新与改革，最终指向的是学生的成长。伴随着京源学校"现在进行时"课程的十年探索和坚持，一批批学生长大、毕业，走进大学，步入社会。

种潼薇是京源学校2016届毕业生，现为北京中医药大学的一名硕士生，也是一名双肩挑的兼职辅导员和班主任。如今的种潼薇从事着青年思想政治教育的相关工作，她时常会给学生讲起雷锋的故事。"这正是来源于我在京源的学生时代，参加过纪念雷锋精神的主题论坛的经历，而且当时的我还是雷锋班的班长。"种潼薇说，"当听故事的人，成了讲故事的人，讲故事的人，成了故事里的人，慢慢地，我从一个聆听者变成了传播者，我想青年心底从来都有奉献热血与家国深情，而我们要做的，就是把这些光彩激发出来，让他们能更清晰地观察自己和世界的模样。"

刘雨婕也是京源2016届的一名毕业生。前不久，她参加一场外企的面试，简历的自我介绍部分写着"擅长公众演讲"。刘雨婕跟面试老板讲起了自己初高中时代在京源学校参加的翱翔论坛。"这个论坛是学校提供给我们的一个关注世界的平台，我们每一期都会针对一个国内外热点事件自行选定题目，发表自己的观点和看法。"德国老板听后连说了三个"好"，刘雨婕最终也顺利拿到这份工作。

种潼薇、刘雨婕、贾紫琳、高易……这些当天被邀请到百期论坛现场的毕业生，只是京源千万名受益于"现在进行时"课程的学生代表。据了解，论坛活动课程从创设之初，就面向从学校初一至高三的所有学生，有时也吸收小学高年级的学生参加。从创设至今，十年时间，基本上每月一次，参与学生人数过万。很多学生用亲身经历和成长印证了"现在进行时课程"对他们的帮助和产生的深远影响。京源学校曾面向全体学生做过一次关于这门课程的调查，学生们表示通过这门课程，学会了自主探究、学会了自信表达，更重要的是懂得了家国责任。

论坛改变的不仅是京源的学生，还有京源的老师。论坛活动课程的辅导教师涉及学校大部分学科，在促进学生发展的同时，也有效促进了教师的专业发展。白宏宽校长解释说："教育是以人育人。相对传统的、循规蹈矩的课堂教授，论坛课程要求教师做好帮助者和辅导员，让学生实现自主学习、独立思考、自由表达。"

展望：课程创新一直在路上

"青年有理想，国家有希望。"《国家中长期教育改革和发展规划纲要》要求："着力提高学生服务国家服务人民的社会责任感"，要培养学生的社会责任感，首先要让学生关注社会发展变化，让"家事、国事、天下事"走进学生的精神世界。而诞生于十年前的京源学校"现在进行时"课程就是在北京市创新人才培养实验项目翱翔计划的影响下创生出来、坚持下来，并日渐成熟，对教育者和学习者影响愈见深远的一项探索。

"现在进行时"课程也引发了教育界专家的关注和广泛赞誉。在当天的论坛现场，张铁道和北京教育科学院原副院长文喆，北京师范大学教育学院教授裴娣娜，北京大学教授、北大附中原校长康健表示，教育部基础教学研究教育工作指导专委会副主任委员、海淀区教师进修学校校长罗滨，北京教育科学研究院德育研究中心主任谢春风等与会专家学者都深情回顾了和京源一路同行的感受和体会，专家们从不同角度表达了自己对于京源"现在进行时课程"的印象。

文喆表示："京源学校的这门课程，给更多的普通学生提供了自由翱翔的机会。这门课程最珍贵之处在于没有任何应试追求，而是真正激发学生的兴趣，愿意去思考研究一些与课标，与教材，与当下的学习不太相关的社会问题、世界问题、科学问题、历史问题。这是在创造一个另类的人才培养渠道。"裴娣娜教授则提到："现在进行时课程是从学科教学到学科课程的转换，体现了学科课程的重构。同时该课程的开设还关注了贯通培养，关注了学校教育和社会教育融为一体，关注了校内多学科融合，这些都给予我们诸多教育启迪。"康健教授则提出："双减背景下，这门课程的开设实质上是一种'增'，让学生研天下事，学万物理，知世间情，增长了见识才干，增强了综合素质。"其他几位专家学者也一致认为，这是一种课程形态的创新，创新了学生的学习方式，重构了学科教育的方式，是学生学习资源供给的一种丰富和创新。这门课程的创立和实践，不仅对学生成长大有裨益，更是对教师专业化发展的有力助推，京源的创新经验对于学校乃至整个基础教育具有启发借鉴意义。

十年探索，十年坚持，虽栉风沐雨，但收获满满，学生一批批成长，老师一波波发展。白宏宽表示："现在进行时课程"是京源学校"纵向有效衔接，横向丰富多元"育人体系和若干创新课程中的一门课程。而对"怎么培养人？为谁培养人？怎样培养人？"这一教育根本问题和重大时代命题，学校的课程建设与创新任重道远，京源教育人愿意接续奋斗，永不停歇。

京源学校的现在进行时课程将永远在进行之中。

去看看别人怎么生存

王宏甲

2002 年国家规定在高中学生中开展探究性学习，这无疑是改变教育的重要举措。在一个研讨会上，有人曾这样说："发令枪刚打响，京源学校已经跑出去好几圈儿了。"

我们接着看看京源学校高中部的探究性学习。

"如果你喜欢我的课题，请跟我来。如果你有更好的课题，我跟你去。"这是悬挂在京源学校阶梯大教室里的大横幅。2002 年 9 月开学伊始，这里正召开高一全年级大会。

每位老师都要走上讲台，去介绍各自设置的探究性学习课题。每个坐在台下的学生，手里都有一张表，就像专家那样听一个个老师表述，然后自主选择跟哪位老师去做课题。这充分体现学生的自主地位，给了学生选择的更大空间，却无异于一开学就先对老师来一场颇为严峻的考试。

此举还意味着，京源学校高一年级的探究性学习已从打破"学科界限"挺进到打破"班级界限"。

学生选择的结果，入选最高的课题有一百五十四个学生投票，有的课题只有一个学生选择，有的竟无一票。还有两位学生没有看上老师的选题，他们像老师那样走上讲台去讲述自立的题目，其中憨实、胖墩墩的宋伯超上去说："我的题目是《石景山区市场蔬菜农药残留调查》。"马上有六个同学选了此题。

那么谁来做宋伯超的导师呢？

化学老师孙清亚问宋伯超："你为什么想做这个题？"

"小的时候我跟奶奶上市场买菜，看到奶奶还买洗涤灵，回来就用洗涤灵洗菜，我问为什么，奶奶说蔬菜里有残留农药。我一直想知道蔬菜里到底有多少残留农药。"

孙清亚老师说："我跟你一起做这个题行吗？"

伯超说："好啊！"

于是孙清亚当了宋伯超小组的辅导老师。

还有个叫刘亮亮的同学没选老师的课题，他在黑板上写下一个题目：《北京流浪人研究》，立马有十个同学加盟。

学校党支部书记白宏宽坐在第一排，他问刘亮："你为什么想做这个题目？"

亮亮说："我看到民工的生活状况很差，生病就医的少，子女入学难，有了法律纠纷没人帮助，我想了解他们是怎么生存的。"

白书记说："我和你们一起做这个题目吧？"

于是白书记当了刘亮亮小组的辅导老师。

如果说想去了解外来人口在北京是怎么生存的，刘亮亮的题目最典型了，先看看这个组。

白书记首先帮助刘亮亮组缩小调研范围，他说，北京实在太大了，我们把题目缩小为《石景山区中低收入外来人口生活状况调查》，你们看怎样？十个同学都同意。

先去走访。十个同学四男六女，男女搭配着分组行动。

第一次去访问卖菜的人。一个组到了七星园菜市场，三个同学你推我辞的谁都开不了口，后来男生开口了，刚讲个来意就被对方堵回来："去去去，我还要做生意呢！"

"哎，去问问那个带小孩卖菜的吧。"一个女生说。

"你去吧。"

"去就去！"

这女生拽上另一个女生，鼓起勇气去了："打搅一下，我们想采访一下你们的生活情况，您愿意跟我们说说吗？"

妇女好像听不懂她们的意思。两位女生再说，那妇女说："我们不会说，你去找别人吧。"

再转过一个摊位，回答说："我们没念过书，不知道。"

一连几次都如此。怎么办？

另一组，刘亮亮去访问小吃店，访问两个店，买了两碗凉皮，站在风中边吃边问。谢圣达同学去访问理发的，一天竟理了两次发。

还有一个组在菜市场上转了一个小时才转向一个餐饮店，终于遇到第一个愿意回答的，他们记住了那店叫祥凤酒家，老板娘一开始就说了三句话："我们呀，起得比鸡早，吃得比猪差，干得比驴累。"

一个女生马上问："你们几点起？"

"3点半就起了。到菜市场批发菜，做成早餐。"

"你为什么来北京？"

"在农村没什么钱赚，想来北京赚点钱呗。"

"你第一次到北京的感觉如何？"

"第一次呀，我去西单，身上带的三百多块钱都被扒手扒光了。第一感觉，北京没有我想象得好。"

"那你怎么办呢？"

老板娘说，起初是村里玩得好的伙伴来北京打工，她也想来，就来了，钱被扒走后，她不想打工了，下决心借了一笔钱自己开店。

"能赚到钱吗？"

"开始不行，慢慢就行了。"

"你这店一天能赚多少？"

"好的时候能赚一千多块。有时三四百。"

"那不是很不错吗？"

"你不知道，我雇了四个人，我还要给他们发工资，管吃管住。还有乱收费。"

"什么乱收费？"

"这就没法跟你说了。"

"是工商吗？"

"不是。"

"是警察？"

"不是。"

"是谁呢？"

"别问了。"

老板娘的弟弟也在，同学们又问他一些问题，她弟弟看起来比这些高一学生大两三岁，他说："你们多幸福啊，你们一辈子干的活儿都没有我一天干的多。"

回到学校，同学们开始交流各自的成果。不管怎么说，他们用各种方式让对方接受自己的访问了。

接下来，白书记与同学们一起设计问卷。同学们到许多菜市场工地去，发了二百张问卷，收回来一百二十张。这些问卷大部分是对方口述，同学们填写，只有极少数是对方自己填写。

从问卷上统计出，这些外来人员生病，30% 的人自己买药吃，60% 多的人能忍就忍过去，其余的人去医院看病。

住房情况，同学们看了他们的住处，发现一个菜市场的人通常聚居在一个地方。平房，十分简陋，窗户没玻璃，用纸糊。一张床，被子脏，床底下都是菜。没有电视。周边特别脏，没人清理，垃圾越堆越高。

所有这些，都与同学们在书本里、课堂里接触到的世界不同。可是同学们自己选择了这个题目，不能不让他去了解社会。当同学们做了一定的调查后，白书记领同学们到当地派出所去访问。

派出所的郭所长和有关人员向同学们介绍了当地流动人口的基本状况。同学们惊讶地看到，派出所对来自安徽、河北、河南、四川、湖北、湖南等许多省的外来人口一一登记造册，对他们的基本情况比同学们了解的还要清楚许多。了解到政府其实高度重视这一大群体。他们是首都市场重要的经营者，尤其首都蔬菜市场，大部分是他们起三更睡半夜运营出来的，他们的生存和生活状况也关系首都的稳定和市场繁荣，在他们的营生中包含着政府有关管理部门的许多工作，由此才构成一个城市的运转。

但外来人口的流动变化大，他们的生活也受到自身文化素质和经营能力等诸多因素的制约，这一块工作的管理难度也很大。政府工作中，对外来人口子女的就地入学问题落实得比较扎实。

这次调研，使同学们头脑里"社会"的概念一下子具体了许多。他们尝试了与陌生人沟通，看到生存是一个大学问，也体会到父母供他们读书是不容易的。还看到了社会的生产、经营和管理的方方面面，都有许许多多他们课本里没有的学问。

宋伯超的问题也受到许多人关心，包括许多老师也想知道蔬菜农药的残留问题。虽然去问卷调查之初，同学们也多次被拒绝，"你连推销东西的都不是，敲什么门，去去去！"

新时代
教育文库
北京卷

但他们也受到过"优待"。一次，有位阿姨把他们请到屋里去，说："你们这课题倍儿棒，我也对蔬菜不放心。"阿姨于是打电话，找来大楼里的几个小孩帮助挨家挨户发调查问卷。

阿姨说："你们还得跑市场，还得去化验什么的吧？"

宋伯超说："对呀！"

阿姨说："那好。有结果了，别忘了来告诉我。"

宋伯超说，我们还没做出结果，可听这么一嘱咐就感觉到有点儿成就感了，我们做题也特有劲。

"世界地球日"在京源

林 琳

2013 年 4 月 22 日是第 44 个世界地球日。北京市国土资源局将北京市第 44 个世界地球日宣传周启动仪式主会场设在京源学校。新华社和国际广播电台，就我校"第 44 个世界地球日"活动分别制作了专题节目，并且面向全世界进行了报道。

我们是怎样策划地球日活动的呢？首先，活动的宗旨在于唤起学生爱护地球、保护家园的意识，形成"人类只有一个地球"的观念，并能促进学生主动参加各种保护环境的行动。其次，我们确定了此次活动的五个原则，即过程性原则、研究性原则、创新性原则、实践性原则、全员性原则。基于此，我们将活动时间确定为 2012 年 12 月到 2013 年 4 月 22 日，设计并开展了丰富的活动。

我们将活动大致分成两类，一类为前期的过程性活动，另一类为 4 月 22 日当天的展示活动。前期的过程性活动主要包括"地球日知识竞赛""地球日 Logo 设计征集""午间大讲堂""精彩环保电影""纪录片展播""翱翔论坛""地球家园摄影展""节能设计小制作""地球日倡议全球传递""我为地球日做一件事"等。

4 月 22 日当天的展示活动主要包括多校联合举办的环保科普剧、主题为"科技发展对人类生存的利与弊"的辩论赛、北京市范围的"慧眼巧看身边事，奇思共护地球村"的翱翔学生"展翅"论坛、"节能小制作作品展览"，以及全校三十多个班的不同环保主题的班会等。这些活动隆重而且具有很强的"学术研讨"的味道，这一天是京源学子的"环保盛宴"。当天，新华社和国际广播电台面向全世界播放了京源学校世界地球日专题活动。全校学生在报告厅、教室共同收看这一盛况，同学们感觉到保护地球的责任。

2012 年的冬天，北京市的大街小巷人们都戴着口罩，电视报道医院呼吸科爆满，开车路上什么都看不见，学生最喜欢的体育课常常被取消……雾霾这个问题立刻进入了京源学子的研究视野。什么是雾霾？雾霾有什么危害？为什么以前没有雾霾？雾霾是怎么产生的？是不是只有中国有雾霾？发达国家也有雾霾吗？雾霾怎么治理？同学们查询资料，走访环保局，向专家请教，进实验室分析……经过一段时间的深入研究，3 月 11 日，地理、化学两个组联合举办了一期翱翔特别论坛"笼罩华夏的雾霾"，十一位初、高中学生向全校师生汇报了自己的研究成果，受到与会专家的高度赞扬与肯定。

世界地球日系列活动使我们的学生越来越关注与保护环境、节约资源相关的国内外"大事"，也越来越关心自己身边每天面临的交通、雾霾、水质等"小事"。学生的行为在悄然发生着改变，随手关灯、节约用纸、少乘私家车、节约粮食……

作为一门课程，2013 年的地球日活动"结业"了，但这只是个开始，因为它已经进入了我们学校课程的总体架构。在今后每一年的这一天，我们都会举行不同形式的活动，让"保护地球——我们唯一的家园"这一理念深深植入每一个京源学子的心灵！

我们认为，一门好的课程既能改变学生的意识，又能调整学生的行为。把世界地球日作为一种课程资源，积极进行系列课程开发，有利于唤起学生爱护地球、节约资源、保护家园的意识，树立可持续发展的观念，同时还能拓展学生的视野，培养学生的社会责任感和实践创新能力。

环境与发展

林 琳

这节课不是一节常规课，而是源于教材却又跳出教材的一种尝试。教学设计重点不在知识的传授，而在培养学生的能力——地理学科能力。

这节课实际由三部分组成：

一是野外考察，即小坝子乡的土地荒漠化考察，主要是结合教材，对土地荒漠化有直接的认识，使学生会判断、分析土地荒漠化的原因，并学会寻找地理根据，从而培养学生的观察和调查能力、独立思考完成任务的能力、合作能力等。

二是校内的学生活动，包括：1.模拟实验（①今春沙尘天气发生原因的模拟实验；②风的涡流作用；③超覆实验），主要是培养学生的模拟实验能力。2.制作植物标本，培养学生的操作、制作能力。3.出展板"走出地理课堂"，培养学生的创作能力（①内业整理，写论文，培养学生的感知、概括、文献能力。②制作课件，培养学生的合作、操作、创作能力）。

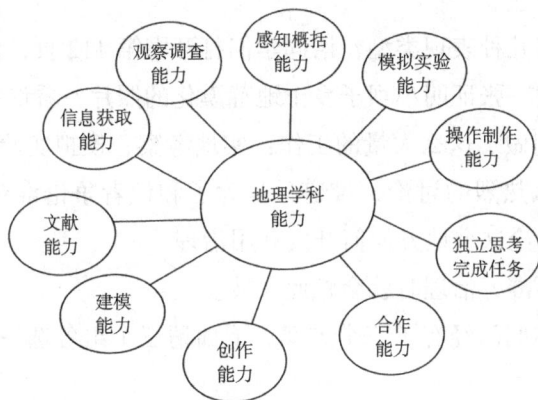

地理学科能力示意图

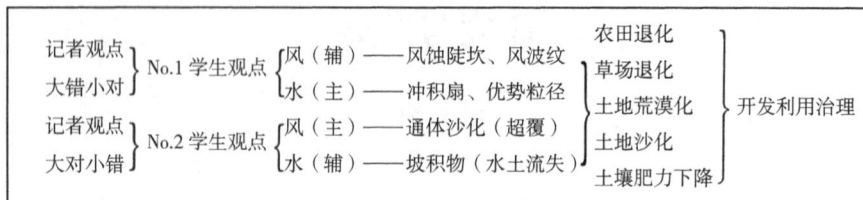

三是课堂教学，课外师生共同完成课外制作，课上通过网上查询获得信息，并通过辩论、讨论使学生的思想认识发生碰撞，形成新的认识，通过电脑小游戏完成对每一位学生的检测；最后结合小坝子乡的实际出了两道数学决策题，培养学生的数学建模能力。

【板书设计】

【教学过程】

前一段时间，我和咱们班部分同学去河北省丰宁县小坝子乡，进行了一次地理野外考察，这个地方记者也曾去过，请看记者的报道。

记者观点：沙漠逼近北京城。

你们认为记者的观点对，还是不对？还是不全对？请上网查询，小组讨论，总结材料，然后有理有据地发表你们的看法。

老师总结学生发言，写板书。

老师出示记者和学生的照片，让学生判断真假，并说出根据（学生的照片与记者的照片不一致）。

看来以后我们不能盲目地相信报纸，而要用自己的眼睛去看，用自己的脑袋去想。现在就请同学们想一想，小坝子乡发生的环境问题到底属于哪一类？

答：土地荒漠化。

土地荒漠化有几种表现类型？请同学们打开书第112页，读一下。

谁能在网上找一张证明小坝子乡土地荒漠化的照片？看谁找得快。

你们看，我们做了这么大量的工作：实地考察、模拟实验、写论文、做课件，又经过了这么热烈的讨论，难道只是为了和记者争论谁对谁错吗？不是，我们主要是为了讨论这个地方如何开发利用治理。

如果原因找不准，治理时就会顾此失彼。

据我所知，你们已经有了三个方案，下面请三个组各选一名代表，介绍你们的方案。

你们的方案都好，但你们更喜欢哪一个呢？

　　大家的发言很热烈，但我想说的是，方案的问题不是简单的形式逻辑问题，不是非此即彼的问题，一个好的方案要概括你我他，要你中有我、我中有你，这种方案才叫最佳方案。

　　你们的讨论也使我想到了和你们的方案很相似的，目前国际上比较认可的一种治理环境的模式，即"小流域治理"。"小流域治理"的思想不是头痛医头，脚痛医脚，出了什么祸，治什么祸，而是根据这里的最好的利用方向来决定治理和开发方向。不是盲目地治理好了再去考虑如何利用。

　　现在你们肯定想知道我的观点，请你们做一个小游戏——《让大马河川重新山明水秀》，谁能得 90 分谁就知道我的观点了。

　　小坝子乡的领导遇到两个决策难题，请同学们到"考考我"下载点击决策题。这两道题留做课后思考题，考考自己的决策能力。

　　这节课，我们讨论了小坝子乡的环境与发展问题。

　　环境与发展是人类永恒的话题。环境问题实际上就是发展问题，小坝子乡可以看做是我国西部的一个缩影，目前关于西部大开发有两个观察角度：一种是先投资上项目，一种是先对生态还债，你认为应该先走哪一步？

带着学生回大学

曹彦彦

2008 年，北京市青少年科技创新学院成立，启动"翱翔计划"，旨在培养爱好科学、学有余力的优秀学生，并积极创造条件让翱翔学员"在科学家身边成长"。

北京市京源学校成为"翱翔计划"地理领域基地校，我作为基地校建设的业务负责人带领学生和青年教师一起走进大学实验室，结识科学家，体验科学。

我们带领来自八一中学、大峪中学、十二中、十七中、十中等北京市示范校的拔尖学生，走进北师大遥感实验室、中国地质大学水环境实验室、国土资源实验室。

我和学生一起走近现代地理学研究。

一、选拔翱翔学员

带领什么样的学生率先走出校门？

我们的视点还停留在发现人才的尺度上，也就是具有什么样特征的学生是我们期待的学生，是可以走向遥远目标的学生？

根据我们的经验和观察，我们建立了关于人才培养的假设。我们认为可以走得远的学生应具有以下三个特点和一个条件。

1. 具备科学人格

这个人格可以粗略地细化为"兴趣""求真""求异""求和"。

2.有较好的智力禀赋（科学禀赋）

这主要是指较强的信息获取能力，善于建立较好的思维策略，有反思的习惯，即能站在较高的视角回顾怎样做得更好。

3.必须勤奋和顽强（科学作风）

中国学生有两个不能丢掉的优秀品质：扎实的基础知识和艰苦朴素的学风。

4.要有机遇环境

外在条件中最重要的条件莫过于机遇，翱翔学员面对前所未有的机遇环境，科教兴国的国策支持着他们，北京青少年科技创新学院的建立是国策的具体体现，北京的大专院校、科研院所敞开大门欢迎他们，等待他们，学校负责任地推荐他们。这样就形成了拔尖创新人才发展的外在支持系统。

"科学人格＋科学禀赋＋科学作风＋机遇"是人才成就的路线，也是创新人才培养的途径。

二、确定操作思路

1.扎根实践——走进自然

我们和学员一起走进大自然，参加野外实习，组织并鼓励学员在大自然中发现问题，在野外实践中认识地理科学。

我们大概思考了一个"天、地、人"的图形（如图1所示）。学生发展的基础是"地"——科学现象。学生的素质结构不扎根到"地"里是不行的，"根"扎得越深、越广越好。怎么扎到"地"里去？通过"科学实践"的途径扎下去，并在这个过程中结识科学家，接触科学。

2.在科学家身边成长——"泡"实验室

我们坚持在假期中和学员一起在实验室连续学习一段时间，即所谓"泡实验室"，让学员体验大学实验室沉静平和的常态科研生活。

3.寻找"发火点"——"点捻儿"

学生对研究学习活动的投入程度归根结底取决于他对问题的确认程度。他自己内心确认的问题，才会引发自主研究行为。因此，能否引发学生确认问题，产生动机是"翱翔计划"实施的关键。

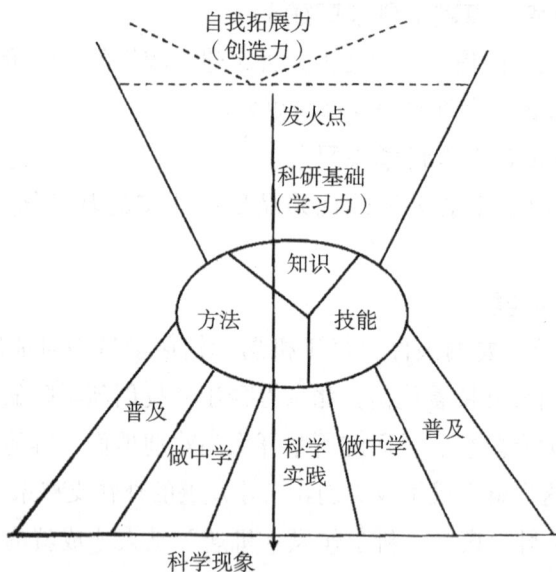

图1 "翱翔计划"工作思路

问题来自哪里（如图1所示）？问题扎根于科学现象，奠基于科研基础，孕育于科研氛围，但问题产生的关键是"找到发火点"，这个"发火点"是学生自我拓展创新的"捻儿"，这个"捻儿"是需要科学家、教师帮他们找到并点燃的。一旦点燃，学生便会进入自主拓展学习。

概括我们的思路，就是"以人为本，上接天，下接地"。这样我们的活动内容、学习内容都可以概括于此。

4. 一个中心，四个基本点

我们实践的中心是"点燃学生头脑中的火炬"，主要是围绕四个方面做文章：

（1）激活思维；

（2）确认研究新目标；

（3）在目标方向上拓宽新视野；

（4）获得成功体验。

三、建设翱翔课程

中学教师和大学教师共同开发建设"翱翔计划地理课程"。

"翱翔计划"地理课程由过渡性课程、专业拓展课程、考察实验课程和小课题研究四个模块构成。

1. 过渡性课程

在学员进入大学实验室之前，中学教师为学生开设过渡性课程。在开发过渡性课程时，中学教师们重新翻阅大学教材和参考资料，提炼地理科学中的统领性知识，并转化成易于被中学生接受的教学内容。中学教师还重新回到大学实验室，学习新仪器的使用方法，并把这些仪器提前介绍给学生。

过渡性课程分为以下两类：

（1）科学家是什么样的人：师生一起访问各高校实验室的知名学者，共同体验科学家是什么样的人。

（2）自然地理环境概述：中学教师为学生讲述野外基础工具使用、地貌的识别、岩石与地层、植物与环境、水环境与化学等地理学基础课程。

2. 专业拓展课程

大学实验室结合本实验室的研究方向为中学师生开设了专业拓展课程。如饮用水安全、地下水监测技术、石油污染与治理、渗透反应格栅技术、地下水污染及防治、永定河河道的变迁、遥感原理与应用、地下三维空间模拟等。

3. 考察实践课程

大学实验室组织中学师生走进大自然开展野外实习，如永定河沿线野外考察、官厅水库—丰宁坝上野外考察、延庆地理综合创新实习、昆玉河土地污染状况的监测实习、温榆河水质调查取样与分析等。

4. 小课题研究

在大学教师、中学教师、实验室博士生的共同指导下，翱翔学员们逐步确定了自己的研究小课题，如遥感数据图像处理、城市土地动态调查、植被覆盖率的数码相机摄影测量仪器研发、土壤侧渗动态数字监测技术与方法研究、格栅技术处理地下水无机氮污染方法研究、土壤重金属污染快速应急处理方法研究……

三个实验室奉献给我们三套构思精密的科学起始课程，我们带领学生走进大自然，走进实验室，走进专家团队，在"走进研究圈"之后，我们看到五光十色的课题世界。学生根据自己的兴趣、视野和能力选择课题。经过四类课程，学生经历了从"培训——跟着走"到"研习——试着走"的过程。

如果从实际操作的角度看，这些课程都具有课程目标、课程内容、课程计划、课程方式、课程评价、课程保障。除此之外，最突出的特点有四个。

1. 针对性

这些课程专门针对学生科学认识发展的递进程序，专门为青少年走近科学铺设途径，专门针对学员走进研究生活的最大困难——选题。

例如，地质大学的田毅教授精心设计推荐课题，如"卢沟晓月"何日重现？石景山缘何是明清皇帝参拜最多的山？北京城能源利用类型与永定河上游地质灾害的关系？

2. 基础性

这里所说的基础，不是一般的科学知识与技能，是专门指向一个学生从教材走向课题的必须，各实验室翱翔课程都遵循"低起点、小步骤、重落实"，避免了拔苗助长的弊端。

例如，地质大学陈鸿汉教授、刘菲教授反复强调学员学习必须从最原始的取水样、酸碱中和滴定开始。

3. 拓展性

拓展性对于学生来讲，是向学生展开了他从前陌生的科学领域，拓宽他的知识视野、方法视野、科技视野，甚至学术视野，把他的零星的科学碎片组织到科学探索的道路上来。

例如，北京师范大学遥感实验室一个暑假组织翱翔师生三次野外实践实习，从北师大到门头沟实习 GPS，到丰宁坝上看草甸土到栗钙土的变化，到延庆观测污染侧渗速率。实验室杨胜天主任、教科院课程中心杨德军主任、北师大科研处的老师和翱翔师生们一起住民居、爬高山、走泥泞。

4. 整体性

翱翔课程不仅有讲读内容，而且包含实验内容、实习内容、实际生活内容，还有潜藏其中的科学人格教育。

例如，北京四中李京燕老师为学员们讲述她带领学生跟着科学家下海南、走云南的生动故事，娓娓道来中讲述着"酸甜苦辣都是营养"。杨胜天教授带领学生翻越高山，考察地貌，多次向翱翔师生强调"做坚韧地理人"的培养目标。

概括地说，大家有计划、有步骤地为学员营造了一个体验科学生活的时空。

四、培养翱翔教师

在我们翱翔工作的实践中，我们感到，在学习新方法、解决新问题的时候，教师并没有比学生有更多的优势，怎么办？把自己当作学生，和学生一起学习，共同研究。事实证明：越是能把自己当学生的教师，工作效果越好，自身收获也越大。正所谓"师不必贤于弟子"。

因此，2008 年暑假，我们和北师大实验室共同组织"翱翔计划"基地校学员推荐校指导教师赴丰宁坝上开展地理专业实习，并举办"翱翔计划"地理教师论坛。

继而，我们申报项目《中学地理教师学科专业实践创新模式探索》，与北京师范大学环境遥感与数字城市北京市重点实验室合作，组织中学地理教师参与重点实验室的具体科学项目研究，在科学创新实践中体验科学生活，更新学科知识，提高创新实践能力，旨在寻找教师学科本底发展的切入点，引导教师张开被冷落的专业翅膀，一则可以完善自己，二则可以支持学生研究。

面对实践问题，任何一个学科都不能"包打天下"。我校虽然是地理学科基地校，但我们联合化学教师、生物教师和地理教师共同指导水环境和生态恢复等课题，旨在打破学科壁垒，着力促进不同学科教师之间的团队建设。

我们努力构建"翱翔计划"指导教师团队——实验室、基地校、学员推荐校之间的指导教师团队，努力促进不同学校教师之间组成教研团队。

北京市青少年创新学院将是"铁打的营盘，流水的兵"。"翱翔计划"不只是追求学生的发展，还致力于培养一批能够培养创新人才的指导教师。

只有教师发展了，学员和学校才有可能发展。如果"翱翔计划"没有促进教师发展的作用，就没有充分利用高校实验室资源。

五、转换视角

带领学生回到大学，面对这些拔尖学生，大学教师和中学教师各有自己的优势和劣势。大学教师苦恼于怎样把深奥的知识转化成学生易于接受的教学内容，中学教师苦恼于自己已远离地理科学的前沿理论和前沿方法。于是，中学教师的工作是把前沿理论"翻译"成学生易于理解的翱翔课程。

在"翻译"的过程中，中学地理教师们开始重新审视自己的专业知识结构。

在培训翱翔教师的过程中，怎样促进教师的在职学习？

（1）尊重教师的原有经验；

（2）任务驱动教师学习；

（3）让教师在激励情境下学习；

（4）在具有研讨氛围的团队中学习。

只有承认在职学习的特征，才能促进在职学习。

我看地球，我看星空

侯小波

    学生在小学阶段通过科学课和课外读物就已经知道地球是个椭球体。怎样给初一的学生讲"地球的形状"？我们在集体备课时，共同研读《课程标准》。课程标准中关于"地球形状"的具体要求是"提出证据说明地球是个球体"。可见，这里的重点词是"提出证据"。进一步阅读《课程标准》，还有一条"说明"——"'提出证据说明地球是个球体'一项，旨在通过该内容的学习使学生受到有关的科学史教育"。这里的重点词汇是"科学史教育"。

    基于对《课程标准》的研读，我们开始搜集关于地球形状的科学史，最后在王能智老师的指导下我上了一节研究课——《我看地球，我看星空》。

    通过这节课的研讨，教研组里的老师们进一步认识到"精读课程标准"的重要性。

    有人曾经针对中国和韩国中学生的科学素养进行过一个调查，其中有三个地理问题，这三个问题不需要大家来回答，但你要认真听，仔细想。

    （1）你认为地球是什么形状的？

    这个问题当然是太简单了，中国和韩国的中学生几乎没有答错的。

    （2）你是怎么知道地球的形状的？

    韩国学生的答案基本上令人满意，而中国学生的答案就令人哭笑不得了，有 2/3 的学生居然回答说："从书上看的。""老师说的。"只有少数参加过地理小组的学生的回答沾了点边。

    （3）你认为知道这个知识有什么意义？

    有 1/3 的韩国学生可以答出解放思想，而中国学生则全部答的是：考试可以用。

这三个问题是在考查什么？

第一个问题是对科学知识的考查。

第二个问题是对科学方法的考查。

第三个问题是对科学价值的考查。

科学的发端在哪里？在对现象的观察。

观察是科学发展的支点，也是科学发展的逻辑起点。

今天这节课，我们就放下教材，从观察开始，用我们自己的观点来探索我们的星球和宇宙。

我们首先来做一位古人：

假如你现在是一位古人，那时没有望远镜，没有火车、汽车，没有飞机，四下望去，你如何知道天地的边界在哪里？天地是什么形状的？

（1）如果你生活在一望无际的大平原上，你看到的天地是什么样子的？你能画出来吗？

（2）如果你生活在山区，你看到的天地是什么样子的？你能把它画出来吗？

（3）如果你在海边居住呢？（当看到远处归来的帆船，你是先看到桅杆，还是先看到船身？）

三种看法谁对谁错并不重要，因为这些都是你们自己看到，自己画出来的，所有的结果可都是有根据的！

但古人还是很想知道，到底谁对谁错呢？

这个问题在几千年前，一直是个争论不休的问题，直到两千多年前，古希腊出现了一位著名的学者——亚里士多德，他在观察月食的时候，发现地球的影子是弧形的（我们都知道，月食是地球的影子挡住了月球），见图1。

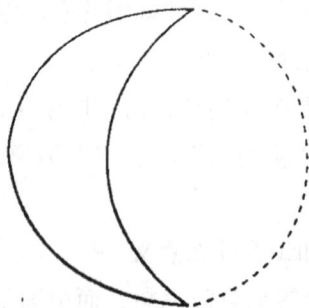

图1 通过月食推断地球形状

（1）看到这个现象，你认为地球是什么形状的？

（2）不对吧？你只看到了一部分。

这叫推断，人是有思维能力的，在科学的发展过程中，推断也是很重要的。

你的推断对吗？

这里又有一位了不起的古人，叫麦哲伦，他三年环球航行，回来之后，他就告诉人们，地球是一个球体。人们就问他：你怎么知道地球是一个球体？

你能替麦哲伦回答这个问题吗？

他在每一点看到的海面都是弧形的。众多弧形连接在一起成为球体。（见图2）。

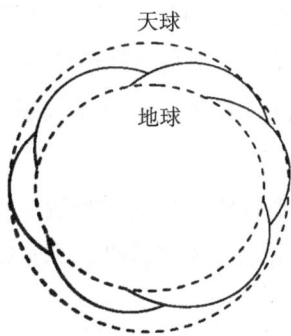

图2　通过海面推断地球形状

（1）既然地球是个球体，那天应该是什么样子的呢？

（2）那各种天体（星星）都在哪里呢？我们怎么去表述各个天体的位置呢？

（小活动）

我这个纸板上吊着几颗星星，你能把这些星星画下来吗？

你注意到这七颗星星距离你远近的不同了吗？你的图中表示出它们的远近了吗？

你无意中应用了一个天文学的重要研究方法——天球投影的方法。

麦哲伦就是这样把天上的星星都投影到了他的天球上。

这种天球投影法的优点是便于研究，缺点是忽略了远近。

人们每天都能看到日月星辰的东升西落，所以人们很容易产生一种想法——地球是宇宙的中心，一些古希腊人很早就开始相信这一点。而且地心说也很好地满足了人类的虚荣心，同时也符合宗教的利益。

那时的人们是怎样想象宇宙的呢？你能画出来吗？

那时的人们认为地球在宇宙的中心不动，太阳、月亮和星星都在绕地球自东向西（顺时针）运动。

这个模型很好地解释了我们日常所看到的很多现象，但有一个现象人们始终解释不了：人们观察到火星这样的行星的运动有时向西（前）运行，有时向东（后）逆行。这是为什么呢？

（让学生画火星的运动）

谁也解释不清楚，这时候人们就去问教皇，教皇也不清楚，他说："解释不了的事情，就是上帝所为，不必解释了。"大家也就认可了。

但有一个人却不服气，这个人叫托勒密，他偏要弄清楚不可，他不想用上帝解释问题，他想用科学来解释。于是他仔细地观察了火星的运动。

最终他提出了一个几何图像模型，解释了火星的逆行运动（板图本轮均轮模型示意图，图略）。

（1）你能用托勒密的图来解释火星的逆行运动吗？

（2）有人觉得托勒密提出地心说多傻呀，你觉得呢？

（3）托勒密聪明吗？

太聪明了，他用简单的图像模型解释了复杂的现象。同时，用他的方法来预知天体的位置也是比较准确的。托勒密的地心说在天文学上占据了一千五百多年的统治时间。

（4）托勒密伟大吗？

在1800多年前，他与同时代的所有人都不同，他不是用上帝解释火星，而是用科学的研究方法解释天体运动。这是一种进步，虽然他没有到达真理，但他已经迈出了远离谬误的一步。

（5）什么样的人是聪明的人？

比前人聪明根本不算聪明，比同时代的人聪明才算聪明，比后人还聪明的人，甚至可以说是伟大了。

后来又出现了一位伟大的人，他伟大在哪里呢？我们都只能站在地球上看星空，他不一样，他能站在太阳上看星空，这个人叫哥白尼。

哥白尼的著作《天体运行论》被定为禁书长达两个世纪之久，那么他在书中到底写了什么呢？

日心说模型：

（画地球、太阳、月球和火星）

（1）这个模型到底对不对呢？

（2）它能不能解释各种天体的运动呢？（太阳、月球都好解释）

（3）那火星的运动怎么解释呢？你能用自己的方法解释吗？（提示：地球运行周期是一年，火星运行周期是两年）

（投影火星逆行图片）

（4）给了你这张示意图你能不能解释？

（5）哥白尼的理论与之前的说法的本质区别在哪里？在于太阳是宇宙的中心，而不是地球。

由于哥白尼的学说触犯了基督教的教义，遭到教会的反对，他的著作更是被列为禁书。但真理是封锁不住的，哥白尼的学说后来得到了许多科学家的继承和发展。1882 年罗马教皇不得不承认哥白尼的学说是正确的。哥白尼把人类从有神论带入无神论的世界，把人类的思想从上帝的手中解放出来。因而他的研究不仅具有科学价值，而且具有重大的思想意义。

他运用了哪些科学研究方法？观察—推理（图解）—理论解释。

从亚里士多德到麦哲伦，从托勒密到哥白尼，他们用自己的智慧和勇气带领人类一步步远离谬误，走向真理，才有了我们课本上那一行文字：地球是一个球体，它在绕日公转。这样看来，我们手中的课本可真是沉甸甸的呀！

春天，遇到一树花开

刘　娜

在朱自清先生眼中，春天是"一切都像刚睡醒的样子，欣欣然张开了眼。山朗润起来了，水涨起来了，太阳的脸红起来了"。

在你的眼中，春天是什么样子？是柔和的风、温润的雨、嫩绿的叶、萌发的芽，是一两朵耐不住性子先开的花，还是小孩子们跑啊跳啊的顽皮……可能每个人都有不同的答案。

春天，在莲石湖分校的校园里，春风吹醒了万物，一簇簇的嫩绿，让人心里着了魔。

莲石湖分校的慧雅学子们忍不住地分享：

第一朵春花开在哪儿。

第一声鸟鸣响在哪儿。

第一场春雨下在哪儿。……

那种兴致勃勃，大抵是因为——

期盼着与春风相遇、在春光里绽放吧。

大自然是一本活教材，是一个真实、丰富、美丽的知识宝库。莲石湖分校的"在地自然四季课程"把课堂搬进了永定河休闲森林公园中，老师带领着学生们一边逛公园，一边实地观察，一边认真听讲，学生们你一言我一语地探寻着自然的秘密。

公园中满是粉红的桃花与灿黄的迎春花，让我们目不暇接。老师们陷入了思考——"一棵开花的树可以做什么？"别急，它们正在悄悄开展着一场"花与叶的盛会"。前一年的秋天，树妈妈就已经孕育出了"花芽"与"叶芽"这对"姐弟"，今年春天，在春姑娘的召唤下，他们就争先恐后地出现在了枝头，展开了一场花与叶的赛跑，有的是弟弟跑赢了姐姐，于是树上抽出了鲜翠的嫩叶；有的则是姐姐跑赢了弟弟，于是树上绽放出了明艳的花朵。

这边的比赛正酣，另一边学生们便讨论开："前些日子原本光秃秃的树枝上，几天不见就变成了姹紫嫣红的一片。"于是科学老师带着学生们辨识花朵，它们的开花时间不同、花柄有长有短、花瓣有圆有缺、有双有单，有了这些小技巧，以后再也不用担心"见花不识花"啦！随后，我们还进一步了解了花朵的结构，探讨由"花变果"的奥秘，原来风、昆虫等都是帮助传粉的好帮手。为了留住这春天的美好，我们还一起制作了花朵标本，这样，在接下来一年的时间里我们都能够感受到春天的馨香。

无论是花朵还是树叶，自然界里各种奇特的对称总是令人捉摸不透，仿佛万事万物在无形中遵循着某种规律。数学小组的师生们关注了花与叶中的"对称"。孩子们在观察中发现对称现象的普遍，感受到自然界奇特的对称之美。

每一阵风吹过，都会有一片花瓣雨落下来，这些花瓣刚落下来的时候还是原本的色彩，我们可以收集起来，经过研磨，萃取出颜色，这样一个天然的酸碱指示剂便做成了，遇到酸能变得更红，遇到碱能变成灰蓝色。

"草树知春不久归，百般红紫斗芳菲"，春天虽没有夏天的茂密，秋天的多彩，冬天的坚忍，却处处透着柔美。蔡元培先生说过："文化进步的国民，既然实施科学教育，尤要普及美术教育。"美术教育作为学校教育不可或缺的一部分，起着"陶冶活泼敏锐之性灵，养成高尚纯洁之人格"的重要作用。为此，美术老师带领学生踏青赏花的同时，还指导学生将其绘制到书签、帽子、手提袋上，最后用花瓣进行装饰，孩子们绘制的作品与地上飘落的花瓣相互映衬，真是美哉！快哉！

面对大自然的无限生机，孩子们一个个笑逐颜开，欢呼雀跃，一边走，一边与身边的小伙伴们谈论着自己的发现，如路边红艳欲滴的桃花，地上成群结队的蚂蚁和林中自由嬉闹的鸟儿……一路上，他们品读着春天的故事，感受着春天的气息，相信一路走来，学生们的心中已经满是大自然的素材了。

莲石湖分校的在地自然四季课程，让我们走进春天，做一朵小花，做一片树叶，做一株小草，安静地思考，不断探寻。待时光飞逝，经历四季变换，我们不断成长，我们用回忆追思，在某个春天遇见的一树花开，会从心底生出温暖，抽出新绿，绽放蓓蕾。

落叶的秘密

孙雪梅

数学是人类文化的重要组成部分，它能培养学生理性精神和积极进取的道德品质，我将学生带到自然中，感受数学的奇妙。

在公园中，我请同学们六人一组，仔细观察落叶哪面朝上多，由小组代表进行归纳总结。

有些小组同学对叶子进行简单的手动解剖，观察叶子的纹理结构；有些同学尝试着模拟树叶从大树飘落过程，手抓一把落叶，使其从高处飘落，查看飘落下来的落叶哪面朝下的多；有的同学则是观察不同的品种的落叶，如枫叶、樟树叶、小圆叶，及时对不同品种落叶哪面朝上进行记录。同学们通过一番仔细观察，发现了"叶背朝上的落叶多、叶面朝上的落叶少"的现象。而后小组展开热烈的讨论，探索是什么原因导致了这种现象的发生。

"我们组结合了科学老师的解释，认为叶背朝上的现象多，与叶子的内部结构有关，叶子变枯黄后，叶面与叶背养分不同，叶背重叶面轻，所以落叶大都叶背朝上。"另一个小组代表说："我们小组认为，叶子变枯黄后，整片叶子变得弯曲，类似一个弯弯的小船，叶面凹进去，叶背凸出来，风吹时，凸面的叶背才会朝上。"另一个小组代表说："我们小组观察了不同品种的落叶，大多是叶背朝上，猜测是科学老师讲的，叶子密度不同造成的，叶背密度高。"

经过同学们的头脑风暴，结合科学老师之前的教学，学生的思维从直观到抽象，再从抽象到具体，向更高维度发展。学生在这一层次的探索操作，经历了从无序到有序的思考过程，在一次次的自主操作过程中，学会了有序思考，探索出了规律。

捡石成金

贾　欣

　　我校位于京西莲石湖畔，春季，我们目睹它万物复苏，迎春桃花陆续盛开，观昆虫从泥土里爬出来，进行春季写生，书签制作；夏季，我们坐在莲石湖畔，边观赏荷花边写生，手绘绢扇；秋季，孩子们拾起一片片飘落的枫叶制作叶画；转眼到了冬季，花儿谢了，叶儿也被寒风吹走了，河面结了冰，一眼望去满是凋零。该给孩子们设计怎样的冬季课程呢？

　　一次上地理课，老师讲鹅卵石的形成跟水的搬运和风化作用的关系，课后孩子们马上进行实地考察，果不其然，拨开堆积的落叶就露出了许多圆滚滚的卵石，仔细观察旁边的河堤上也随处可见，能不能叫醒这些"冬眠"的宝藏，用这些石头作为绘画的材料呢？同学们为自己天才的想法兴奋起来，开始撸起袖子捡石头，边捡边观察交流，这块石头像什么，那块石头可以画什么。

　　大家分工，把捡回来的石头经过清洗、观察，大致将石头分成椭圆形、方形和三角形三类。这样做的目的是通过简单的形状让孩子联想到生活中外形相近的事物，比如，由圆形想到太阳、车轮等。

　　通过一段时间的实践和探索，我们对卵石的绘画有了具体方法的总结和指导，孩子们画起来就显得更加得心应手了，圆的卵石在孩子们手里变成了太阳、瓢虫和月饼，三角形的卵石变成了粽子和西瓜，方形的卵石变成了公交车和手机。原本不起眼的卵石在孩子们手中变得栩栩如生，好似自己拥有了化腐朽为神奇的力量。起初一些形状不规则的卵石是准备淘汰的，但被一些细心的同学拿来创作出了更惊艳的作品，他们说这样才更有挑战性。有一块石头外形是上方下圆的，侧面还有一块突起，实在是"无药可救"了，但经过创作之后，它就变成了一位个性十足的大厨师形象，方形的部分被画成了高高的厨师帽，侧面的突起变成又高又挺的大鼻子，位置不仅恰到好处还显得五官格外立体。引导学生用一双发现美的眼睛挖掘身边平凡的事物，把平凡无奇的石头，用已有的知识经验化为神奇，使它们成为生动有趣的艺术品。类似这样的作品给了孩子们很强的创作信心和动力。一块不完美的石头通过创作都能变得如此惊艳，还有什么是不可能做到的呢？

此外，我们尝试与地理、历史等学科做跨学科综合探究活动，开发了"为什么莲石湖公园中有这么多的鹅卵石？这种现象的形成需要满足什么条件？"等小课题研究课程。

数学很好玩

张丽娜

在秋季实践活动中，我组织六年级学生来到永定河休闲森林公园进行蚂蚁爬行速度的测量。

活动之前学生已经做好充分的准备：利用网络资源和书籍研究了蚂蚁的生活习性及特点，讨论测量蚂蚁爬行速度的方法。

活动现场学生们分好小组，明确分工。他们先把蚂蚁放在白纸上，一名同学开始计时，另一名同学用铅笔沿着蚂蚁爬行的路线画出轨迹。计时的同学一喊停，另一名同学就放下铅笔。接着将棉线重合在铅笔画出的曲线上，并在棉线两端做上记号，再将棉线拉直，用尺子测出这段棉线的长度，这就是蚂蚁爬行的路线长度。最后用学过的公式：路程÷时间＝速度，计算出蚂蚁爬行的速度。同学们在找蚂蚁、捉蚂蚁、画蚂蚁爬行轨迹，及测速的过程中欢乐无比，大家忘记了数学的枯燥，真正体会到数学在实际应用中的乐趣。

有的同学提出了一个问题：小蚂蚁的爬行速度和什么有关系呢？是不是在任何情况下它们的爬行速度都一样呢？答案肯定是否定的，接着学生进行猜想与假设：热锅上的蚂蚁爬得快；找食物时爬得快；下雨前爬得快；害怕、受惊吓时爬得快……学生们带着这些猜想开始分组制订计划，并进行实验。

第一种情况：奔向食物的小蚂蚁。

实验一：将蚂蚁放在长 13cm 的盒子里，在终点放上食物，用了 10s 到达，速度 1.3cm/s。实验二：将蚂蚁放在长 13cm 的盒子里，终点没有食物，用了 25s 到达，速度 0.5cm/s。

结论：有食物吸引的蚂蚁跑得快，没食物吸引的蚂蚁跑得慢。

第二种情况：热锅上和冰面上的小蚂蚁。

将小蚂蚁分别放在冰块上和热水袋上，用计时器对小蚂蚁的爬行时间计时，并计算出爬行速度。在热水袋上的小蚂蚁，由于温度太高，已经慌不择路，爬行得非常快，以至学生无法测量。

冰面	路程	时间	速度
1 号小蚂蚁	20 cm	49 s	0.4 cm/s
2 号小蚂蚁	20 cm	25 s	0.8 cm/s
3 号小蚂蚁	20 cm	27 s	0.7 cm/s

结论：小蚂蚁在热面上爬行时到处乱跑或转圈，速度很快。在冰上的蚂蚁，一般都不喜欢动，爬得很慢。

第三种情况：沙子面和玻璃面上的小蚂蚁。

条件	次数	路程	时间	速度
沙子面	1	20 cm	32 s	0.6 cm/s
	2	30 cm	67 s	0.4 cm/s
玻璃面	1	20 cm	30 s	0.7 cm/s
	2	30 cm	49 s	0.6 cm/s

结论：在不同路面上，小蚂蚁的爬行速度也会受影响。沙子面比玻璃面阻力大，所以爬行的速度会相对较慢。

实验活动结束后，学生们根据数据不但分析出影响蚂蚁爬行的因素，还从中体会出蚂蚁精神，即蚂蚁无论在什么样的状况下都奋力爬行，不畏艰险，勇往直前。从小蚂蚁的身上我们懂得了做什么事情都要全力以赴，永不放弃。

连续两年的在地自然秋季课程我们都是围绕小蚂蚁进行的，内容由单纯的测量速度到研究影响蚂蚁爬行速度的原因。当然，学生实验得出的结论不一定很准确，还需要更加严谨的科学研究。未来我们还可以指导学生用传感器进行测量。

普罗塔克曾经说过："儿童不是一个需要填满的罐子，而是一颗需要点燃的火种！"而"在地自然实践课程"正是点燃火种的引线，它让学生回归生活世界。用学生的话说："在地自然课程太有趣了，数学学习都变得好玩了。"

玩出创造力

梁　爽

　　《灵动的科学》校本课程在我校已经实施三年，从"雪松为什么病了""冰川擦痕是怎样的"到"创意插件"，我们把国家课程与校本课程相结合，形成了京源学校小学部的科技特色课程。

　　2013年4月下旬，插件小组的学生们知道自己将要参加K'BOT中国区的比赛后，感到非常兴奋和激动，大家紧紧地拥抱在一起，齐声喊道："太好了！太棒了！"

　　"KNEX"创意插件是全球公认的最具创意性的构建玩具之一，它通过运用几何学、空间结构学、力学等原理，将各类插件、元件按照组装者的意图，搭建成各种立体或平面结构造型，并产生一定难度的动作，制作出具有动态功能的模型，对开发学生的想象力、创造力，培养动手能力与科技素养具有良好的作用，深受我校学生的欢迎。

　　能够参加全国比赛是可喜的，同时也意味着学生们将要面临更大的挑战，付出更多的辛苦。经过反复讨论斟酌，我和队员们确定了作品主题——天坛祈年殿。因为此座大殿不但凸显了中国古建筑的特色，还体现了中华传统文化——祈求风调雨顺、国泰民安的寓意。接着，大家齐心协力设计出了图纸，搭建工作正式开始！

　　此时距离比赛时间已不足一个月，搭建工序又极为复杂，而且队员们只能利用课余时间准备，这都给此次比赛带来了极大的难度。通向成功的路不可能是一帆风顺的，每当队员们遇到困难时，我都会给予他们极大的支持与鼓励。在搭建祈年殿第二层的时候，由于内圆与外圆的周长不同，搭建起来困难重重，我和队员们不知尝试了多少回，也不知失败了多少回。有的队员泄气了，不停地抱怨："一定是图纸出了问题，要不咱们换一个主题吧！"看着队员们急得焦头烂额，我也忧心忡忡。网络是个便捷的资源库，我上网仔细查阅了有关祈年殿的建筑特点，和队员们一起讨论解决方案，集思广益，终于使队员们茅塞顿开。功夫不负有心人，在大家的齐心努力下，第二层房檐最终被拼了出来。望着搭建完成的第二层，每一个地方似乎都闪耀着一束束奇异的光芒，那是集体智慧的光芒，是合作的力量啊！

这件作品最终使孩子们获得了"第一届 K'BOT（中国）创意大赛"的二等奖，泪水伴着欢呼流淌，这喜悦背后是京源绿色生命的绽放。在我和学生的共同努力下，学校"灵动科学"校本课程蓬勃发展着，学生们创造的作品屡创佳绩，在 2010 年 7 月香港科技大学举办的亚太区 K'BOT 创意大赛上获得团体季军，"最佳创意"和"最佳外形"两项单项金奖。2013 年 5 月 29 日是队员们永远难忘的一天，他们在北京市少年宫看见了敬爱的习近平总书记。习近平总书记对我校的作品十分感兴趣，走过来听何远薇同学介绍了作品理念，还提了几个问题，得到满意的答复后，主席不禁夸赞这个设计很好，可以拿奖。随后习近平总书记又和范子懿同学进行了短暂的交流。

2013 年 1 月，我校举办了"首届京源杯 K'NEX 创意大赛"。参赛的学生们自己动手设计搭建的"绿色校园"，将节能和环保巧妙地结合在一起，不仅加深了学生对绿色生活的认识，更理解了生态环境与人类生活的关联。

三年多的时间，《灵动的科学》校本课程让很多学生热爱上了科学，提高了创新和动手实践能力，从中也懂得了"一分耕耘一分收获"的真谛。

角色游戏区

李佳慧

故事一　药房的医生去哪了?

角色区“小医院”建成后，成了班中的热门区域，孩子们都喜欢到里面扮演医生、护士和病人。

这天，“小医院”开始营业了，有四位小朋友走了进来，他们商量好角色后马上进入工作状态。维维是诊室医生，只见他一边在就诊卡上写写画画，一边对病人说:“你是肚子疼吗？我给你开点药，每天吃一次就好了。”病人带着就诊卡去药房拿药，走到药房门口后左看看右看看，也没看到药房的医生。维维对着诊室的方向喊:“圆圆，你是药房的医生，病人等着开药呢，你快回去！”药房医生圆圆并没有理会维维的提醒，继续在治疗室忙着帮病人包扎胳膊，于是维维就指引病人先排队等候。就这样过了一会儿，小医院里又来了一位肚子疼的病人，维维给他看完病后也让他去药房门口等候。这时维维叉着腰、噘着嘴再次提醒圆圆:“你是药房的医生，那儿的病人都等着取药呢！”圆圆急急忙忙走到等候区，只是跟两位等待取药的病人说了一句:“你俩等会儿吧，我一会儿过来给你们取药。”说完就又跑回了治疗室继续给病人看病。

就在小医院里忙得焦头烂额的时候，又来了三位小朋友挂号看病，其中一位病人看药房里没有医生便自己跑去拿药。维维看到后制止病人并让她把药品放回去，维维又提醒圆圆:“等着开药的病人越来越多了，你快回去吧！”圆圆看了看挤满取药口的病人，这才赶紧跑回药房。维维很严肃地警告她:“圆圆，你是药房的医生，你只能待在这儿！”圆圆没有回应，赶紧给大家按照处方取药，维维这才踏实坐下继续给后面的小朋友看病。

在点评环节，我通过播放拍摄的视频，将活动情景再现。孩子们在观看的过程中也发现了一些问题，盈宝说："医院里人特别多，医生和护士都忙着给病人看病。"乔乔说："今天我去小医院看胳膊，医生和护士给我动手术，包扎了好长时间。"恩圻说："药房没有医生，圆圆不给我拿药，我等了好长时间。"于是我们请药房的医生圆圆讲述了今天没有在药房的原因，圆圆说："今天就诊室的病人太多了，我就去帮忙治病了。"维维赶紧说："我跟她说了好几次回药房，她也不听！小医院的医生不能乱跑，要在自己的岗位上。"经过一番讨论，大家觉得维维说得没有错，小医生应该待在自己的岗位上不能乱跑，但是圆圆去帮助别人也没有错，那么医院里出现秩序混乱的现象，确实应该商量出一个更好的办法来解决这个问题。乔乔说："可以在治疗室里再增加一个小医生。"妥妥说："圆圆包扎完受伤的病人，要赶快回药房。"多多说："维维医生不忙了也可以给病人拿药。"糖糖说："我觉得医生不应该乱跑，还是增加一个小医生比较好。"大家纷纷给小医院提了很多好的建议，比如，增加一名医生在治疗室，如果医生少或者不忙也可以两边都照看一下。于是在后面的几天，孩子们将想出来的办法一一进行尝试，最后大家觉得在诊室增加一名小医生会更加合适，这样既能解决医生忙不过来的问题又能让小医院井然有序。

故事二　紧急情况——"我要生宝宝了"

馨馨捂着肚子突然大叫一声："医生，我要生了。"倪宽医生让她赶紧躺到病床上，两名护士也围了过来，伸手摸着馨馨的肚子。文汐护士着急得直跺脚："快点快点，你快给她听听。"倪宽医生拿来听诊器认真地听着馨馨的肚子。文汐激动地说："羊水破了赶紧开刀吧，要不然宝宝就憋死了。"倪宽医生从急救箱里找出一个粉色的小刀，在"孕妇"的肚子上竖着划了一下，孕妇很配合地把藏在里面的娃娃掏了出来，大声说："我的孩子生出来了，你看，她多好看！"文汐看到娃娃后说："嗯，真漂亮，我给你的宝宝检查检查身体吧。"说着她就把娃娃抱走去检查身体、打疫苗。馨馨躺在床上喊："都不给我缝肚子吗？"医生听到后赶紧跑过来认真地缝了起来。缝合完毕后馨馨说："我的肚子还有点疼，我还不能走。"倪宽说："那我再给你和宝宝好好检查检查。"我看到小宝宝出生后激动地说："哇，这是谁的宝宝呀？这么漂亮！""是馨馨的宝宝，我们给她体检呢。"文汐说。我问："宝宝出生以后都需要做什么呢？"倪宽说："我觉得要给宝宝洗澡，我妈妈跟我说过新出生的宝宝要洗澡，称体重。"我对孩子的话表示了肯定。

区域分享环节，馨馨借助我拍的照片，向大家绘声绘色地讲述着这个故事。她还告诉大家："我的宝宝叫小馨！"倪宽医生和文汐护士也分享了这次不一样的"接生"经历。沐含也给我们讲了家里刚刚出生的小妹妹的故事："我的妹妹也刚出生不久，她每天都哭，但是喝完奶就不哭了。妈妈还带她去医院打疫苗，检查身体。"

开启儿童指尖上的智慧

叶　红

苏联教育家苏霍姆林斯基说过："儿童的智慧在他的手指尖上。"人的大脑皮层由多达140亿个神经细胞构成，出生时细胞间的联系十分脆弱，需要出生后几个月乃至数年内的不断刺激，神经细胞间才能建立有效的联系。人体的每个器官、每块肌肉在大脑皮层中都有相应的代表区，而手指运动区所占的区域面积相对较大。所以，手指的动作越复杂、越精细，就越能够刺激大脑皮层，建立更多的神经联系，促进大脑发育。

泥土是幼儿天然的好玩具，孩子的小手可以抓、搓、拍、打、敲、捏、挖、揉，他们必须双手并用、手眼协调、细细雕琢，才能完成创作。剪纸时，幼儿右手五个手指各司其职，用手指的开合控制剪刀，左手持纸配合，手、眼、脑并用完成作品。活动令孩子们的小手越来越有劲，手指也越来越灵巧。因此，在我园的艺术教育实践中，将剪纸和泥塑作为幼儿艺术表达的有效载体，让孩子们用一双双小手来表达他们的真情实感，在活动中有效地促进幼儿手部小肌肉动作的发展，进而促进幼儿的大脑发育、智力发展。

从幼儿生活世界出发，培养幼儿的观察力、想象力与创造力

在剪纸、泥塑活动前，教师会有意识地创设情境，引导幼儿观察。例如，在"汽车"主题剪纸活动前，教师带领幼儿走进社区观察：汽车的车厢是什么形状，共有几个轱辘，从侧面看是几个，小汽车和大卡车有什么不同……一系列的观察活动后，幼儿轻松地剪出了一辆辆自己喜欢的汽车。创作的喜悦使

幼儿兴趣高涨，他们渐渐学会了在日常生活中也留心观察。第二次活动时，有的小朋友剪出了停车场，还装饰了花草，还有的小朋友剪出的卡车里坐着一家三口，车斗里装满了蔬菜，他说："这是我们全家去运菜。"就这样，幼儿学会了观察细节，也学会了把握事物的整体特征；学会了从不同角度观察同一个事物，更学会了在生活中随时细心观察。

幼儿的想象力和创造力常常令人惊叹，他们能大胆、浪漫、无拘无束地表现童心、童趣。例如，幼儿在泥塑活动中创作苹果，教师展示了实物后让他们自由创作。有的幼儿给苹果加上眼睛、鼻子、嘴，有的甚至加上一对会飞的翅膀。培养幼儿想象力与创造力，就要不拘泥于作品的形象和真实状态，而是鼓励幼儿积极表现自己的想法，对幼儿的奇思妙想及时给予鼓励。中班开展主题剪纸活动《山》时，许多幼儿都在山上剪出了树和小房子，作品十分精致。一个孩子只剪了一个三角形顶上连着一个圆圈，他解释说："我剪的是火山，上面还冒烟呢！""原来是剪火山啊！真有创意！"老师和小朋友们都为他热烈鼓掌。

充分挖掘剪纸、泥塑活动的教育价值，实现幼儿全面发展

我们从各个角度充分挖掘剪纸、泥塑活动的教育价值，将意志力培养、审美教育、语言领域教育、生活教育等融入其中。

大班的剪纸活动开始了，幼儿们迫不及待地到美工区拿出剪刀和彩纸，专心致志地剪起来，活动室里一下安静下来。二十分钟过去了，有的幼儿剪完了，抬头看看别的小朋友还在剪，于是又拿一张纸开始剪第二个作品。三十分钟过去了，许多幼儿都剪完了，开始轻轻地收拾掉落的碎纸，放回剪刀。四十分钟过去了，每个孩子都剪完了，开始给身边的小朋友讲述自己的作品。严格小朋友说："昨天我去医院看姑姑，她生了小妹妹。这是护士阿姨，她帽子上有红十字，这是我姑姑，小妹妹是从她肚子里生出来的。"小朋友们都好奇地围了过来，严格举着作品，兴奋地讲述着自己在医院的所见所闻。

幼儿投入地创作时，常常能保持专注长达四十分钟，这样的意志力对于孩子来说是十分难得的。就这样，在一次一次的活动中，幼儿逐渐养成了专注做事、有始有终的好习惯。

创作后，幼儿都十分乐意介绍自己的作品，讲述作品背后的故事，这极大促进了幼儿语言能力的发展。

我们还引导幼儿欣赏形式丰富的艺术作品，创设富有艺术氛围的环境，让幼儿去感受艺术带来的美感体验，从而培养幼儿发现美、欣赏美的眼睛，使幼儿喜欢艺术、乐于表现。

在京源学校幼儿部，以剪纸、泥塑为特色的生态式艺术教育开启了幼儿手指尖的智慧，为幼儿搭建了一个全面、健康发展的平台，创造了一个绚丽多彩的艺术世界。幼儿在这里大胆地进行艺术表现和创造，健康、活泼、勇敢、自信地快乐成长。

《魔术纸圈》

王桂芸

《魔术纸圈》绘本的创作最初源于带学生参观中国科技馆，为其标志性建筑物"三叶扭结"的独特之美所震撼，于是我鼓励孩子们可以动手制作一个三叶扭结模型。

孩子们用普通纸带试着按照图片中建筑的模样进行弯曲缠绕，发现虽然自己缠绕纸带的方式和图片中并无两样，可怎么看都不像三叶扭结。于是孩子们又上网查找资料，仔细观察比对三叶扭结建筑和自己手里作品的区别，最终发现三叶扭结是由一条三棱柱带经过三次盘绕，将其中的一端旋转 120° 后首尾相接，构成三面连通的单侧单边的造型。因此孩子们发现自己手中的纸带无论如何缠绕都无法还原三叶扭结。

孩子们又尝试用美术课使用的陶泥、软陶和劳动课中使用的插件、纸板等材料制作，均无法满足定型后再弯曲缠绕的要求。正在一筹莫展之际，我发现劳动课在学编织，心中产生一个想法："为什么不能让孩子们织一个三叶扭结呢？"可是真当孩子们动手开始编织的时候，却发现直接织三棱柱不太好完成。孩子们便想到可以每人织一片，然后把它们缝成三棱柱。当孩子们把织好的三片毛线长条缝在一起时，又发现毛线比较软，怎么能让它立起来呢？新的问题又出现了。

"里面插三根电线！"

一切问题都解决了，三叶扭结模型终于出炉了。孩子们欢呼着，跳跃着！孩子们对自己的作品爱不释手！

"老师，这就是三叶扭结啊？它怎么神奇？它有什么特性？"

"模型放在这儿，你们自己去探究吧！"

"咱们几个也做一个吧！"孩子们探索的积极性被充分调动起来。

随着第一个模型的诞生，更多的三叶扭结模型也相继完成，孩子们对自己的作品爱不释手，他们互相交流着，评判着，明白了莫比乌斯带的特性。更多的由莫比乌斯带演变的作品也随之诞生了：莫比乌斯戒指、手环、运动会的班牌设计……

孩子们在制作莫比乌斯带演变作品中发现了莫比乌斯爬梯，非常想亲身体验，可惜北京并没有，于是，在校园中设计一个爬梯的想法油然而生。

孩子们立马找到科学梁老师，表达了自己的想法：利用插件插一个莫比乌斯爬梯。孩子们很快就完成了，可怎么让它立起来成了最大的难题。支撑点换了一个又一个，支撑的方式也在变化，拆了，重来；再拆了，再重来……经过很多次的实验，莫比乌斯爬梯的模型终于被制造出来了。

接着孩子们在他们熟悉的校园里寻找适合安放爬梯的地方，仅用了两天，一个初步的设计草稿就呈现在了我的面前。从爬梯的大小到安放的地方；从爬梯的用材到安全措施；在尽量保留现有的体育设施的同时增加新的爬梯，孩子们的设计图纸都考虑到了。

"王老师，施工的造价是我们的难题，我们找不到任何参照物，我们只能仿照平行梯大概估了一下。"

"王老师，为了保证安全，爬梯下面最好放一些软垫。"

孩子们信心满满地向校长进行汇报，虽然面对校长提出的种种疑问不能给出合理严谨的解释，但孩子们并没有气馁，而是进行了后续调查和专访。

渐渐地，同学们发现莫比乌斯带演变的作品并不能满足他们的创作欲望，便产生以莫比乌斯带为主题创编一本绘本的想法。当孩子们的想法得到肯定后，便立马行动起来。孩子们还根据每个人的特长进行了分组活动，计算机能力强的同学负责搜集资料，表达能力强的同学进行剧本的创作，绘画能力强的同学画绘本，甚至孩子们还想到哪些同学负责整体设计，哪些同学负责勾线，哪些同学负责涂色等各种琐碎的问题。

课下、午休、自主学习的时间都能看到孩子们围在一起讨论剧本、绘本的身影。走廊、办公室里经常能看到很多孩子在追着老师问问题。

"张老师，您看这句话这样表达可以吗？"

"王老师，您看看封面这样设计能体现出绘本主题吗？"

"明老师，您看看我们的魔术纸圈做得对吗？"

　　遇到剧本创作上的困难，孩子们会主动向语文老师求助，遇到颜色搭配以及页面布局等美术相关的问题时，孩子们也会主动寻求美术老师的帮助。创作过程中的一些数学专业问题则主动请教数学老师。

　　在孩子们的团结努力下，《魔术纸圈》绘本终于诞生了。绘本从学生身边的生活场景——参观中国科技馆入手，讲述了小磊将自己发现的莫比乌斯带以魔术的形式展示给同学们，在课上和同学们一起探索其奥秘的故事。当绘本印刷出来交到孩子手里的时候，他们成功的快乐溢于言表，大家都迫不及待地向同伴介绍自己参与创作的部分。

　　随着孩子们创作欲望的不断增强，有的同学想到结合我校经典阅读活动，创编唐僧师徒取经系列绘本，如《金银角大王学数学》《美食节奇遇》《怪石镇奇遇》等，还有的同学想到用数学的视角去看生活，创编了《购物中的数学》《校园足球赛》《图书馆里的数学》等绘本。教室里、阅览室里总能看到孩子们三五成群地聚在一起，或在讨论着剧本，或争论着绘本的色彩搭配，或分享着自己创作的绘本。

　　在创编绘本的过程中，学生主动观察、主动思考，深入理解数学知识，形成有效的数学建构，将枯燥的学习变成一种生活游戏，在享受快乐的同时体会学习的乐趣。创编数学绘本就像一盏连接数学与生活的灯，让知识充满趣味，让思维变得活跃，让孩子们的数学学习有美、有暖、有智慧。

命令方块

刘禹含

"编程？是不是一大串英文代码那种啊？""不是吧，编程也太难了吧！""我打字都巨慢，编程，我肯定不行！"……五年级的信息科技课上，一听到马上要学习编程，孩子们一下就说开了。

面对同学们的疑虑，我马上请同学们试玩了两个推荐图书的程序作品。"哇，太好玩了！""这本书我看过，这个场景跟我想的一样！""这就是编程做的吗？有意思！""推荐图书居然还有这样的形式，老师我们也做一个行吗？"体验了程序样例，班里的氛围一下从愁云密布变成了兴奋激动。

"这个单元，我们就要以小组为单位，制作一个以图书推介为主题的程序作品。"我说完编程单元项目任务后，孩子们迅速组成了小组并确定了要推荐的书目。就这样，我陪伴着既兴奋又有些胆怯的孩子们，走进了编程的世界。

孩子们对项目任务有了整体的认识和初步的规划后，开始分组设计作品，很多小组还自发地给自己的小组起了名字，其中一个小组叫作"命令方块"，"编程软件里的命令模块有点像俄罗斯方块""我觉得更像积木，积木能搭成房子，命令模块能搭出程序""对对对，老师我上次用三个模块就让角色跑起来了，可神奇了，等我再试试其他的模块效果，肯定更好玩"……那一刻，在我眼里，"命令方块"仿佛搭出了一条路，通往惊喜与欢乐。

然而在这条路上，我们走得有些磕磕绊绊。

开始制作后，孩子们发现要制作项目作品，可远远不止学习一个编程软件那么简单。因为每个组要推荐的书目不一样，作品设计不一样，所需的素材也不一样，而且往往无法找到现成的合适的素材，需要对图片、声音等素材进行加工处理。在这个过程中，需要使用到多种如搜索引擎、图像处理、语音合成软件等，这对于大多数孩子来说都是一种挑战。

针对这种情况，我专门增加了一节工具查找与使用课。"同学们，我们可以运用什么工具来处理图片、声音素材呢？今天我们就一起来探索一下。"我准备了美图秀秀、天天P图、剪影、在线语音合成、录音机等一系列小软件，在课上与孩子们一起尝试使用，体会根据需求选择合适的信息工具解决问题。"老师，动画情节部分我们准备自己配音，这是我们自己录的，你听……""老师，我们的作品里需要电子感的那种音，就找了一个在线语音合成的工具，还挺合适……""老师，我们在网上实在找不到合适的角色图片，我们用手绘板自己画了一个……"

素材的问题解决了，编程知识的学习又遇到了困难。原计划中，每节课有十分钟左右统一讲解模块和程序结构知识，然而在实际的教学过程中，我发现，各组制作的进度差距很大，具体使用到的模块及使用具体模块的先后顺序也有很大不同，如果还是按部就班地讲解，孩子们缺乏兴趣，也不符合各组学习的需求。

在教研组老师们反复讨论后，我们最终找到了一个好方法。在各组的作品设计中，找到了程序结构方面的共同点，比如，很多组设计的效果中都有条件判断：通过上下左右键控制飞船移动，如果碰到墙壁减一分，等等。我将这些设计放到一起，和同学们一起比较、找出共同点，也就是都是分支结构。接着再找出实现分支结构常用的命令模块。"你们的作品中有没有分支结构的设计？怎么实现这些效果呢？"让我惊喜的是，孩子们设计出了丰富的结构相同但效果却各异的程序。

随着作品制作的深入，孩子们的兴趣越来越浓，想法越来越多，想要在作品中呈现的内容也越来越复杂，每周一节课的时间也显得越来越紧张。于是，很多小组开始申请利用午休和课后服务等时间进行项目作品的制作。"命令方块"小组还自发建立了一个微信群，同学们利用课余时间在线上进行讨论和制作。

经过大半个学期的努力，孩子们终于制作出了精美、有趣又有创意的程序作品。"大家好，我们是'命令方块'工作室，这是我们工作室的第一个作品，我们推荐的图书是《三体》，请同学们观看……目前我们正在制作第二个作品，将于下个月完成，请大家继续期待……"

课下，"命令方块"小组的同学们兴奋地告诉我，他们在项目学习过程中爱上了编程，大家一致决定成立"命令方块"工作室，制作并推出一系列的程序作品。在作品的推广方面，一个同学还利用课余时间开始自学网页制作的相关知识，准备制作工作室的宣传网站，另一名同学则尝试将作品和制作学习过程中遇到的问题制作成短视频，放在短视频网站上……

"命令方块"工作室的成立就像是一个剪影，我们看到的，是越来越多的孩子喜欢上了编程、喜欢上了信息科技课程、喜欢上了探索与学习。"编程，小 case！""我们又做了一个，快来看看我们的作品，保证让你惊喜！""这次编程比赛，我得了一等奖！"……孩子们与"命令方块"正在一起迅速成长。

春种　夏长　秋收　冬藏

崔红艳

自 2014 年底，京源学校小学部加入了中草药种植课程项目，至今已有一年多的时间，在这一年的实践过程中，老师和孩子们一起种草药、养草药，这期间发生的小故事至今我还记忆犹新。

春种——播撒希望的种子

刚刚接到中草药课题研究项目，老师们愁眉不展，这么深奥的知识，作为"门外汉"的老师们该怎样实施呢？万一出现科学性错误怎么办？讲什么内容才能让小学生听明白？带着一连串的问号，老师们开始了课题研究。正在大家迷茫时，李校长给大家指点了迷津："在小学开展中草药课程目的不是让学生了解多么深奥的知识，我国的中草药知识历史悠久，博大精深，作为中国人，应该继承和发扬祖先留给我们的优秀文化，同时现在孩子们肥胖、营养不良的情况很多，主要原因是孩子们的饮食不健康，生活习惯不好，小学阶段应该让孩子们从身边药食同源的中草药植物开始了解，知道健康饮食的好处，养成健康的生活习惯。"校长一语点醒梦中人，于是老师们开始了热火朝天的工作，着手编写中草药实践课程的教材。大家把孩子们生活中常见的中草药编进了教材，教材从一年级到五年级分别涉及了蔬菜、谷类、水果、花草、树木中常见中草药。为了避免科学性错误，还特意请教了校医、查阅了相关资料。经过了一个寒假的努力，中草药的教材编写完成，它像一颗种子，孕育着知识，携带着老师们的希望，播撒在了孩子们的心中。

夏长——滋长对生命的热爱

为了让孩子们与中草药植物近距离接触，学校给每个班配备了中草药植物，2015 年的一天，各班迎来了新成员，包括满天星、蟹爪兰、常春藤、芦荟等多种中草药植物。为了让这些中草药能更好地生长，同学们选择了自己喜欢的植物，分成了养花小组，在孩子们细心的呵护下，这些小植物茁壮地成长。

有一天，班里的小涵正在欣赏自己组种植的甘蓝，她忽然大叫起来："甘蓝叶子长虫子了，恶心死了。"那小虫又小又多，把甘蓝的叶子都爬满了，此时班中很多学生都很为这盆植物担心，怕它因为招虫而死。几个男孩子自告奋勇地承担起了除虫的任务，他们拿着小镊子，细心地翻开叶片，把叶子上的小虫子一只只夹出来，此时，胆子小的女生也凑过来，在一旁你一言我一语地出着主意，看到班中有这么多同学关心着这盆长虫的植物，我有了一丝欣慰。

事后，我问班里的孩子，看到甘蓝长虫子了是什么心情？了解到班里其他同学的想法后，我走到小涵的跟前，小声地对她说："看，同学们多关心你的甘蓝，知道他们为什么这么做吗？他们这是在拯救一条生命呀。"小涵听了默默地低下了头。为了更好地养护自己的植物，避免再发生病虫害事件，孩子们搜集了自己所种植的植物的习性和养护方法，班里掀起了种植热潮。

夏天，薄荷散发着清爽的香味，显示出勃勃生机，铜钱草的叶子苍翠欲滴，各种中草药植物都展现出了自己的美。但此时我看到的，不仅仅是美丽的植物，更是孩子们美丽的内心，一颗颗透明纯净的水晶心，在他们的心里，对生命的关爱之情正与日俱增，他们是这个夏日里最亮丽的风景。

秋收——收获丰富的知识

金秋时节，各色植物都披上了绚丽多彩的新装，此时正是做叶画的好时节。孩子们走进了植物园，了解更多的中草药植物。为了增加认识植物的趣味性，我带着孩子们做起了叶画。在课堂上，孩子们将自己收集的叶子带来了，小乐说："看，这是我采集的叶子，金黄色像扇子，这是什么叶子？""这太简单了，是银杏叶。"小杰马上说道。"看看这片，红色的，像小手掌……""这是枫叶。"小霖还没说完，小杰又猜出来了。"这都是常见的树，你当然能猜出来了，那你知道它有什么药用价值吗？"小乐问道。这倒是难倒了小杰，正当他支支吾吾的时候，小乐得意地说："银杏全身都是宝，我查资料了，银杏树叶提取物银杏黄酮对高血脂、心脑血管疾病的防治是最有效的成分之一。银杏果仁还含有多种营养元素。""那个叫白果，我吃过。"小霖说道，此时小杰笑着说："我也查了一些资料，是关于我搜集的叶子的药用价值的，不过我现在不能告诉你们，我留着上课介绍给全班同学听。"

听了孩子们的对话，我的心里很是惊喜，虽然孩子们只是简单地查阅了相关资料，可能对于自己所搜集的资料并不完全明白，但是孩子们已经有了探寻中草药知识的兴趣，这不就是我们希望的吗？看来这一学期中草药课程的开展是有效果的，在中草药课程的学习方面我们能带孩子们走的路并不长，但却通过自己的努力为孩子开启了探寻中草药的航程，激发起了更多孩子对中草药知识的探寻兴趣，这也是我们课程开发的最大收获。

冬藏——用知识指导生活

隆冬来临，一年即将结束，冬天是人们进补的时候，这样才能增加热量抵御严寒，孩子们的饮食习惯又是怎样的呢？

这是一年级孩子的餐桌前，一个男孩子正在打饭，但只打了喜欢吃的鸡腿，一点青菜都没要，后面的女孩子不满地说："怎么能只吃肉呢？老师说应该合理搭配，人每天除了吃肉，还要吃些蔬菜。""老师也说了，冬天得补充能量，多吃肉就能补充能量，我吃鸡腿有什么错？"小男孩反驳道。"你看过饭堂贴的饮食金字塔没有，上面说了，人除了吃肉，每天还要吃蔬菜、水果、粮食，等等，光吃肉，你的营养不全，也不能补充能量。"小女孩说得有理有据，挑食的男孩子只好低下了头，又打了一份青菜。小女孩此时似乎还没有讲完，接着说："你看没看过咱们书上说的好吃的中药，这些蔬菜可都能治病呢。""知道了，我以后不挑食了。"这下小男孩终于被说得心服口服。

看来中草药的知识已经渐渐根植于孩子内心，它正在生根发芽，指导孩子的生活。

　　春种、夏长、秋收、冬藏，一次课程的开发经历了四季的轮回，孩子们懂得了如何珍爱生命，如何健康地生活，真是收获颇丰。作为老师，我们也将在新的一年再起征程，在中草药课程的实施开发过程中，渐渐成熟，为孩子们的综合发展献出自己的一份力量。

苏琳的梦想

王欢欢

开学就要到京源去上初中了，苏琳感到既好奇，又紧张，还有一点小小的激动呢！新学校究竟会怎么样呢？老师是什么样的？同学呢？听说会上一些有趣的课，会是什么样的呢？一连串的好奇把苏琳带进了一个奇妙的世界。

就在这时，她忽然接到了学校的通知，明天要去学校上一节课。听老师说是教育戏剧课，还是现场直播的，家长在家也可以同步收看，苏琳就更加好奇、更加激动了，好期待明天的到来！

第二天，苏琳满怀期待地来到学校。

教室较之传统的布局非常不同，只有小凳子没有桌子，而且凳子是 U 字形，而不是一排一排的，老师就站在 U 字中央，随意走动。更有趣的是，老师允许同学们直接坐在木地板上！光是座位就已经令人惊奇了，上课会是什么样的呢？真令人期待！

只见老师从讲台后面推出了一面大鼓，那种只有在运动会加油时才会敲响的大鼓，会做什么用呢？哦！老师说同学们要跟着鼓点的节奏行走，不同节奏行走的速度不同。苏琳一开始小心翼翼地走着，总往人群里钻去，想让自己显得与大家一样。随着鼓点节奏的变化，老师非常有激情地引导大家不走寻常路，探索更多的空间，苏琳慢慢地开始放松一些、大胆一些了，她尝试着在教室的不同区域里穿梭，感觉就像一只快乐的小鸟。当鼓点停止的时候，老师会即兴说出一个职业，同学们要根据老师的口令做出相应的动作。老师说的第一个职业是医生，每个同学都在老师的口令后迅速地做出自己的动作：看液体、打针、使用听诊器等。苏琳一下子没有反应过来，还真有点紧张，只好看看同学们，跟着做了一个拿吊瓶的动作。老师并没有评判孰优孰劣，苏琳一下就放心了。之后老师又分别说出了教师、清洁工人、运动员、歌星等职业，苏琳开始慢慢放开自己，最后越来越自如地做着自己的动作，仿佛就是在表达内在的自己！

老师说今天的主题是"职业特工队"，听起来很不错呢！

老师采用1—5报数的方法将学生分成了五个小组，每个小组会抽到一个信封，里面是不同的任务。苏琳他们组抽到的是"作为医生的品质有哪些？"在小组成员激烈的头脑风暴中，大家得到了"责任心、敏锐的观察力、冷静沉着"等诸多品质。其他小组也分别贡献了警察、教师、会计、演员的重要品质。

当大家情绪正高时，老师深情地讲了这么一段话：

"我从小的梦想是当一名教师，但是我天生不会说话，我一定要实现这个梦想，那我如何做？我从小的梦想是当一名医生，但是我没有视力，我一定要实现这个梦想，那我如何做？我从小的梦想是当一个演员，但是我没有美貌，我一定要实现这个梦想，那我如何做？我从小的梦想……"

这次苏琳组抽到的是教师梦，小组讨论得很热烈，他们一定要帮助这个"我"实现梦想。讨论结果是："我可以多读书使得自己学识渊博，将这些心得写成书；我可以将要讲的内容做成精美的PPT，播放给学生；我可以用自己的实际行动来呵护学生的成长；我可以学习一些手语，用手语和学生沟通；我可以……"苏琳的梦想就是当一名教师，当她代表小组去呈现这个结果时，内心充满了能量，仿佛有再多的困难都阻碍不了她实现自己的教师梦。

其他小组也分别用自己的热情和智慧帮助那个"我"实现了自己的梦想。

最后一个环节让苏琳最为感动。每个同学作为实现了梦想之后的自己，来对现在的年轻人说一句肺腑之言，作为鼓励。

"有梦就要大胆去追，才不会有遗憾！"

"哪怕只有0.1%的可能，你也不要放弃，每天进步一点，就离梦想近一点！"

"年轻人，拥有梦想是件多么幸福的事啊，加油，万一实现了呢！"

……

同学们一个接一个地对着镜头，郑重地说出了这些肺腑之言，是对镜头之前的年轻人，更是对自己。此刻，苏琳已经浑身充满力量，完全没有了刚开始的拘谨和紧张，她自信满满地走上台前，郑重其事地说道："梦想一旦被付诸行动，就会变得神圣！"话音刚落，就听到了大家的掌声。苏琳感受到了梦想带给她的强大动力，仿佛梦想就在彼岸，咫尺之遥。

这样一节有趣的教育戏剧课就在掌声中结束了，但是苏琳开始思考梦想、探索未来的热情才刚刚被点燃。在回家的路上，她激动地和妈妈分享上课的收获。对于未来的初中生活更加期待了……

创作绘本故事

关彦彦

"绘本"一词源于日本，欧洲叫 Picture Book，也叫图画书。顾名思义，是指由图和文字构成的书籍，表达方式更具故事性和情节性，有其特殊的艺术语言和结构。无论东西方，绘本都被称为儿童"人生中的第一本书"。

我特别喜欢绘本，也读了成百上千册的绘本，最能吸引我的是手绘绘本，因为其更原汁原味，在现在这个高科技迅速发展的社会，手绘似乎已经被取代，所以手绘绘本显得格外珍贵。

于是我想带着三年级的孩子创作一本属于自己的手绘绘本。我借来了三年级所有课程的课本，从中寻找可以与美术衔接和融合的课程内容。我发现语文课本中孩子们学到的神话故事、预言故事，通过自己的想象、添加和改编，可以创作成绘本。从纸张的大小到形状、从内容到形式，等等，这一切全是由孩子们自己做主和制作完成的。

我想，绘本有内涵的故事和精美的视觉结合起来，一定能在孩子们的心田播下美与爱的种子。

走班课程是孩子拿着自己的积分卡根据自己对课程的喜爱程度，来挑选上课的顺序。这一规定将二年级四个班的学生重新打乱再自由组合，孩子们兴奋得不得了。

第一次上走班课就给我留下了深刻的印象。

每周三下午我有两节二年级的走班课，其他时间我没有二年级的课。我的走班课程是：连环里趣味多。二年级学生张珺尧在我的班里，她是个用左手画画的姑娘，高高的个子，大眼睛，长睫毛。她画得很快，也有这方面的天分。我们的连环画故事是发生在小兔子和小猫身上的，故事情节自由发挥。从她的画中便可以看出她是个善于观察生活而且想象力丰富的孩子，她所呈现的画面故事情节丰富。小兔子拿着冰激凌显摆地说："真好吃！"在一旁的小猫摆着手说："不要，不要，不要。"但口水直流，其实心里想的都是冰激凌。

走班课一个班只有四次，最后一次课时，我印象特别深，我在前面给孩子们改画，她上来说："关老师，我给你写了一封信。"说罢不好意思地递给了我。当时我特别忙，手里改着画，所以看都没看，就把她给我的小信放进了兜里。

下课了，她跑过来说："关老师我帮您拿回办公室吧！"于是，我们就一起往办公室走。她边走边回头看我。

到了办公室，她放下画，走到门口说："关老师再见。"还没等我开口说话，她已把身子藏在门后面，歪着个小脑袋说："您别忘了看我给您写的信。"这时我才想起来，兜里还有一张小纸条。我说："好，一定看。"她轻轻带上门，我从兜里掏出信，打开一看，里面是一张更小的纸片，上面写着："我很喜欢您。"当时我心里有种说不出的感觉，第一次上这样的走班课，第一次教二年级的孩子，所有的都是第一次，但一个简单的"很"字，使我感觉心里暖暖的。而就是这样的课程，一周只上一次课，一次课八十分钟，四次课就结束了……

课虽然结束了，但走在路上，总能听见老远的地方传来："关老师好。"放学的路上有的学生看见我了，也会隔着马路，摇下窗户喊我："关老师好，关老师我走了，拜拜！"

我没有要求孩子们一定要画得多么像，多么好，只希望他们把想表达的通过绘画的形式展现出来，就像我常说的，绘画的过程是别人替代不了也感受不到的，我希望这群小天使在绘本课上感受到的是幸福、快乐和自信。

别样的考试

杨　珊

2016年1月16日，正值隆冬时节。窗外天寒地冻，京源学校小学部内却暖意融融，一场别开生面的"期末考试"正在进行。此时的教学楼，俨然变成了一个巨大的闯关城堡，入口处的"京源智慧小博士"迎接着一张张灿烂的笑脸。

在各班老师的精心布置下，每一间教室都成了令人耳目一新的趣味乐园，"英语小屋""数学乐园""语文花园"……孩子们欢呼雀跃，迫不及待地走进了一个个妙趣横生的小天地。在这里，"英语 talk show""口算达人""解决问题""快乐写字""诗文诵读""创意舞台"六个项目等待着孩子们游戏闯关。"哇！期末闯关真好玩！"孩子们由衷地惊叹着，兴奋地挑战着。

这是京源学校小学部在低年级开展期末闯关活动的第四年，这份特意为低年级孩子准备的期末大餐已日臻完善。我们以多科联动的"闯关"游戏代替常规的考试形式，用这场"别样的考试"为本学期一年级学生的学习画上句号。

"智慧小博士"的闯关活动看起来轻松简单，妙味横生，其实也测查检验了孩子们的多种能力。孩子们在闯关时，每个关口的游戏至少涵盖了一种学科知识，将这些学科素养、综合能力的考核无形地融入到儿童喜欢的游戏中，孩子们感觉，这样的考试像在做游戏。

活动中，孩子们一路趣味闯关，快乐游戏，消除了紧张心理。没有了分数的评价，取而代之的是通关后得到的小印章和每个老师的赞许与鼓励。一个小同学说："我觉得这次期末闯关非常好玩，我们就像在游乐场一样，在玩的过程中就考完试了，还锻炼了我们的口头表达能力。大哥哥、大姐姐是不是也羡慕我们这样的考试？"

　　家长们作为志愿者参与其中，当评委、陪闯关，忙得不亦乐乎。他们不无感慨地表示，这样的考试真的很有新意。除了考查孩子对这个学期知识的掌握情况，还锻炼了动手能力，培养了口语交际能力。尤其是在每个闯关过程中都需要孩子和陌生的老师、陌生的家长面对面交流，就像我们成人去面试一样，让孩子的现场应变能力得到一次难得的锻炼。他们不仅能收获快乐和自信，综合素质还得到了全面的发展和提高。

　　活动中，不仅孩子和家长们有惊喜，老师们也收获了许多惊喜。尤其是在"创意舞台"中，两名家长和一名老师组成的评委团充分见识到了孩子们独特的创造力和表现力。孩子们从得知闯关活动开始就精心准备，唱歌、跳舞、魔术、诗歌各个精彩：二胡、小提琴、架子鼓、钢琴样样精通！一（4）班的何浩芊用彩泥捏出了立体连环画，给老师们边展示边绘声绘色地讲了一个有趣的故事；一（2）班的王修齐化身诗仙李白，一首《将进酒》荡气回肠；一（3）班杨宇轩一曲葫芦丝委婉动听；一（3）班的金语嫣身着彩衣翩翩起舞，舞姿优美，赏心悦目。听，老师们正在惊呼一（5）班的魔方小达人王珺涵是最强大脑！看，一（1）班周明博的飞碟杯表演令人眼花缭乱！一（1）班的小小魔术师王心一在表演中大胆要求评委老师与他合作，舞台范儿十足；一（4）班的小小天气预报员孙誉轩两年多来坚持每天记录天气，还产生了很多发现和思考，真是不简单啊！孩子们从贴近生活的手工制作到天马行空的创意拼搭，从充满童趣的绘画到充满美感的舞蹈，大方自信地在小舞台上展示与分享，一个个精彩的表演博得了评委老师们的掌声和喝彩！虽然只是短短几分钟的表演，却可以管中窥豹，发现这些小精灵们无限的创造力，真是让老师们惊喜连连！

　　这次的闯关活动在欢声笑语中结束了，每个孩子都通过努力得到了闯关奖品，并高兴地和小博士合影留念。其实，他们在这次活动中收获的自信和快乐才是京源学校送给孩子们最大的成长礼物。这份可喜的礼物不仅激励着老师们在学科改革的道路上继续探索，更为每个孩子提供了个性化舞台。期待孩子们在今后的学习、活动中收获更多的成长，展示更多的精彩！

瓜子动画

——记小学部动漫社团的奇思妙想

程 异

京源学校小学部的动漫社团一直是孩子们最喜爱的社团之一,在动漫社团的活动中,我们用定格动画的拍摄形式,以各种各样的事物为原型,拍摄属于我们自己的小动画。在每个学期的活动中,孩子们都会有各种各样的奇思妙想,用剪纸剪出动画的人物,用彩笔绘制动画中的人物,用家里的玩具充当动画片的角色甚至还有真人上阵,各种形式的定格动画数不胜数。

去年的社团课上,我照例让孩子们先分组讨论用什么样的形式拍摄定格动画。而我依旧是各组巡视一番。

走到四年级组的时候,一个叫子晴的小姑娘拉了拉我的衣角,眨巴眨巴大眼睛,问道:"老师,你猜我最喜欢吃什么?"我一下愣住了,怎么好端端的问起这个。但是,我也很想知道这个乖巧可爱的小姑娘想跟我说什么,于是摇了摇头,说道:"你告诉老师吧。"子晴笑着说:"我最喜欢嗑瓜子了!"我笑着道:"可别嗑太多,把牙给嗑没了。"一会儿,我又假装不高兴地说道:"老师让你们讨论怎么拍动画片呢,怎么说到吃东西上面了?"子晴赶紧解释道:"不是,老师,我是想着瓜子除了能拿来吃,是不是也能拿来拍定格动画呢?"孩子的这个想法一下子让我如获至宝!瓜子可以看作一个个点,这些点可以组成任意的图形,不正是拍摄定格动画的绝佳素材吗?我赞赏地摸摸子晴的小脑袋,笑道:"你真棒!待会儿和大家分享你的想法,好吗?"子晴略带羞涩地点了点头。

社团课结束之后,子晴上台把她的想法分享给了所有同学,大家不约而同地为她鼓起掌来。还有同学补充了不少点子:再增加一张画好的纸做背景;用葵花子、西瓜子、南瓜子，等等可以形成更多组合；添加些其他实物，如树叶、钢笔等。于是，孩子们带着头脑风暴回家准备素材去了。

第二次社团课上，孩子们带着瓜子和各种素材兴冲冲地来了。有用瓜子拼植物大战僵尸的，有用瓜子拼世界大战的，有用瓜子拼小屋子的，还有拼历险记的。四五个孩子一组，大家伙儿你一言我一语，各展才能。有了新点子能高兴地蹦起来，遇到困难的时候就耷拉着小脑袋，但是过一会儿就能看到有小伙伴眼睛一亮，小组立马又活跃起来了。

就这么忙忙叨叨了大半个学期，孩子们的社团活动作品终于完成了。在展示环节，子晴作为小组代表第一个上台展示了他们小组的作品，博得了下面阵阵掌声。下课后，我留下了子晴，我说："看你平时挺害羞的，今天怎么第一个跑上来了？"子晴眨巴眨巴眼睛说道："老师，我也不知道，就是一心想着把自己小组的作品展示给大家看！"子晴沉思了一会儿，问道："老师，下学期还有动漫社团吗？"我笑着点点头，说："当然有！"子晴突然露出一个大大的微笑，大声地说道："那我下学期还要参加！因为我又有了新的想法！"说完，蹦着就出去了。

看着子晴的背影，我的心里暖暖的。孩子们在动漫社团里无疑是开心而快乐的：他们在这里没有压力，可以天马行空、尽情奇思妙想，他们在短短十几节的社团课中和小组成员一起完成一部小小的动画，每个人都为这部作品的形成贡献了一份自己的力量。社团课结束了，但是我想，孩子们想象力的翅膀应该开始展开了……

追梦路

梁　爽

2022 年 12 月 14 日和 12 月 29 日，谢承晓和秦晰哲作为少年航天局 FM 第七十八期、第七十九期节目的小主播，为全国青少年听众介绍了十分有趣的航天知识，也把他们追逐航天梦想的故事分享给了全国的小伙伴们。

2013 年 6 月 20 日，科学课上，京源学校的小同学们一同观看了中国首次太空授课。电视屏幕上，神舟十号的航天员们，在距离地球三百多公里的太空为我们演示了失重现象、质量测试、单摆运动、陀螺运动、制作水膜和水球等太空实验。"老师，失重现象太有趣啦，人就像鱼儿一样可以任意游弋。""单摆竟然做起了圆周运动，太神奇了！"学生们看得津津有味，不时发出阵阵惊叹之声，从此开启了我校科学教育的新天地。

"老师，什么是航天器？""火箭没有翅膀，它怎么飞上天？载人火箭和不载人火箭有什么区别？什么动物成为了世界上第一个动物航天员？航天员在天上的一天和在地面的一天一样长吗？"……随着神舟系列飞船的一次次成功将航天员送入太空、嫦娥工程"九天揽月"计划的稳步推进，孩子们追逐航天梦想的脚步越来越快，我有限的航天知识已经无法满足学生对于航天领域愈加强烈的好奇心和求知欲。在学校领导的大力支持下，从 2018 年 9 月开始，我们陆续邀请了中国空间技术研究院总体部主任于松柏、中国航天报社原总编石磊、中国探月工程首席学术秘书郑永春、中科院研究员张金海博士等科学家为我校学生进行了多场航天科普讲座。

最难忘的是 2021 年 4 月 29 日 11 时 23 分。"胖五"一飞冲天，成功将"天和"核心舱送往苍穹之外，这是中国空间站建设的首站，是中国载人航天的又一个里程碑。那时那刻，我正在与六年级的孩子们一起在中国科技馆与文昌发射场直播连线，共同见证这一历史时刻。孩子们的航天梦走出了校园，飞向了更广阔的平台。

2022年10月31日，我校高年级部的学生代表来到北京航天城，共同见证标志中国空间站三舱"T"字形的基本构型完成的梦天实验舱发射升空。倒计时"10，9，8……"随着一声"点火"，中国空间站梦天实验舱在巨大的轰鸣声中冲天而起，此时，位于北京航天城的学生代表与教室内同步观看直播的同学们一齐爆发出热烈的掌声和欢呼声，他们的航天梦也跟随长征五号托举的梦天实验舱一飞冲天，进入了太空。

带着对发射成功的喜悦，学生代表们纷纷向在场的航天科普首席科学家田如森老师提问。王悦心同学问道："请问中国空间站里面种植植物需要给植物戴氧气罩吗？"郑清觉同学提问："中国空间站最多可以容纳多少人，他们在哪个地方吃饭睡觉呢？"……

孩子们还把饱含深情和创意的航天梦，以书信的形式写给了正在太空出差的航天员陈冬、刘洋和蔡旭哲。用智慧的创意，创作出了一幅幅独特的航天科幻画作。

2022年，距离参加全国青少年航天创新大赛已经没有多长时间，而三支参赛队伍的作品尚未完成。我说："既然这样，那我们就再努力一点吧！"同学在制作净水装置时出现了困难，她的搭档就在旁边说："没关系的，这里我来就好。"有的同学推迟了假期旅行，或推迟了回老家的时间，来到学校继续完成作品。在录制时经常能听到一句话就是"没事，再来一次吧"。再来一次，就离成功更近一步，就能有更好的效果。孩子们一丝不苟地一遍遍修改，录制，推翻，再修改。此时我仿佛看到了航天精神在孩子们身上的传承与发扬。最终在大家的不懈努力下，白羽、刘希言、何承轩、王茵潼、安家逸、郑清觉、贾朗睿、曾立言等多名同学获奖，同时郑清觉、贾朗睿、曾立言还荣获"未来太空学者"专项奖。同年12月，在石景山区第四十届中小学生科技节活动中，秦晰哲同学荣获航天征文演讲一等奖；郑清觉、贾朗睿、金锐涵荣获航天知识竞赛（小学组）一等奖，秦晰哲、付婉桐、郭绍庭荣获三等奖；谢承晓、岳茗紫、韩锦翔等多名同学分获航天科幻画竞赛（小学组）一、二、三等奖。

航天梦，也是少年梦。京源少年追逐航天梦想的脚步永不停歇。

舞动的"风箱"

郝静涛

2018 年 11 月，我成立了"舞动风箱"手风琴社团。带着些许期待，些许紧张，我们一起迎来了"兵荒马乱"的第一节手风琴课。

别看手风琴个头不大，挂在小豆包们的身上，还是有一定重量的。孩子们第一次背起手风琴，兴奋、好奇、激动皆有，就是没有正确的姿势。有的同学懵懵懂懂地把应该在右边的键盘背在了左边；有的同学背好琴后不知所措，紧张得不知该把手放在哪里；也有同学信心满满，背起琴打开风箱就迫不及待地弹奏起来，那声音可想而知……

我们就从如何调节琴带、纠正坐姿、摆手型、规范指法开始。为了便于二年级的小豆包们尽快掌握技能，我们一起创编了学习口诀。"右长左短"是调节背带口诀；"开关风箱要牢记，用力一定要均匀"是运用风箱口诀；"琴键垂直不歪斜，左键左腿是重心"是坐姿口诀……小豆包们静下心来，随着我的节奏"渐入佳境"。

最先出现低落情绪的居然是最为努力的女孩小高。社团活动的时候，她姗姗来迟，于是休息的时候，我问她："这是怎么了？老师可以帮你。"她低着头嘟囔说："觉着太简单了没意思。"我将那首她觉着简单的乐曲，左手部分换了一种节奏做伴奏，使整首作品音乐风格都发生了改变，小高惊喜地说："原来这首曲子还可以这样演奏！"从此也慢慢收起了练琴时躁动的心。

小高同学的故事不由得让我反思：孩子们在最初的新鲜感过去后，该怎样帮助他们坚持练琴呢？我想是音乐，是琴声吸引他们开始手风琴之旅，我就要用音乐，用琴声打动他们。

我陆续录制了很多经典、好听的手风琴歌曲，悠扬的琴声和着嘹亮的歌声，让孩子们也跟着哼唱起来。我根据每位同学的演奏能力，为他们"量身定做"适合他们性格特点、演奏风格的小独奏，让他们每个人都拥有了自己的"成名曲"。我还把他们的练习视频剪辑成短视频在群里分享，孩子们看到自己演奏的变化，内心也是收获满满。我言传身教，经常为孩子们进行示范演奏，孩子们沉浸在音乐里，一双双清澈明亮的眼睛注视着我，眼里满满都是艳羡和向往。下课后，有些孩子悄悄和我说："老师，您手风琴拉得可真好听，每次听您的示范都是一种享受。我也要认真练琴，以后像老师一样！"

孩子的天性就是喜欢探索的，注意力很容易被周围各种事物吸引，反复练习一件乐器对他们来说难免有些枯燥、难以坚持下去。为了能够及时关注到孩子们的练琴状态，我建立了微信群，鼓励他们坚持在群里打卡，上传练习视频。我会在他们的演奏视频后做一个简单的点评，鼓励他们的进步，提出改进意见。这样，每位同学都可以在群里看到我对其他同学演奏的点评，这也是一种学习。

任何精彩的表演背后都需要付出汗水，从孩子们学习手风琴的第一天开始，十五位小乐手每天都坚持练琴：从最初的十分钟、十五分钟，逐渐到四十分钟、一小时；从最基础的摆手型，到 do、re、mi，到一条完整的音阶，再到一首首完整的乐曲，孩子们不断进步，热爱和习惯的"化学反应"有着巨大的能量。

2019 年 5 月 31 日，我们举办了"我和我的祖国——乐动初心"舞动风箱手风琴社团汇报音乐会。音乐会以法国歌曲《艾米丽的华尔兹》拉开序幕，每位同学专注、投入的演奏吸引着在场的每一位观众。随后是全场唯一的独奏演员曹一珊同学为大家演奏《一路平安》，接着几组同学分别为大家表演了小合奏《雪绒花》《铃儿响叮当》《春之歌》等乐曲。一段段熟悉的旋律，引起在场观众的共鸣，大家一起和着琴声，轻声哼唱起旋律。孩子们天真烂漫、认真努力的表情，也感动着在场的每位观众。

音乐会的尾声，许多家长都不由自主地分享了孩子学琴后的变化。

小白妈妈拉着我的手说："小白学琴过程中，作用最大的就是微信群里的打卡点评了。老师每次精准的点评，是我作为陪练的制胜法宝！我不用河东狮吼了！我只要把手机举到小白面前，说这是郝老师的要求，这个处于逆反期的孩子竟然一声不吭，乖乖去练习了。"

梓宸妈妈眼睛发着光，内心的喜悦无法掩饰："学习手风琴后，梓宸变得自信开朗了。他是个性格比较内敛的孩子，现在碰到陌生人也会礼貌地打招呼了。他也渐渐喜欢上了音乐，在家会想着和拉小提琴的妹妹一起合奏，两个小家伙一起切磋技艺，作为家长，内心的幸福感爆棚啊！"

思齐爸爸激动地说："孩子们练琴真的很辛苦，一个个瘦瘦小小的身材，背着大大重重的琴，一遍又一遍地练，不畏严寒酷暑。他们真的很聪明，五个小手指，怎么就能那么灵活地在黑白键间，上上下下灵动地滑过呢？我非常佩服你们。"

不知不觉，社团已经成立四年多了。无论是线上学习阶段还是回归校园生活，大家都没有放弃手风琴，坚持打卡练琴。其中，白珈玮、袁梓宸、梁修平等几位同学还取得了"阳台山杯"全国手风琴邀请赛小学中年级组独奏二等奖的成绩。愿每个孩子在未来的日子里，不管风晴雨雪，都能舞动生命的风箱，不辜负世界的灿烂盛大。

"百草园"

杨　珊

　　鲁迅的小说中有个神奇的百草园，那是他童年的乐园。幸福的京源娃们也有一片百草园，这个快乐的"百草园"里留下了孩子们的欢声笑语，发生了不少有趣的故事。

　　京源学校小学部虽然占地面积有限，但办学者的独具匠心使得校园景致怡人，花坛、水系、书香天地、下沉广场……孩子们喜欢校园里的一草一木，其中最向往的地方，还是美丽的百草园。那是学校利用楼顶平台为孩子们打造的空中花园。

　　百草园刚刚建成的时候，只有菊花、紫苏、麦冬、薄荷和景天等几种中草药。在老师的指导下，孩子们小心翼翼地触碰叶片，闻气味，辨药性。他们精心地为植物浇水，培土，很快就认识了不少中草药，收获了许多种植的知识。

　　一个孩子天真地问老师："百草园可以种粮食吗？"老师笑眯眯地说："怎么不可以。"于是大家尝试着种植一些农作物。

　　没想到，这一尝试刚开始就让师生犯了难。农作物的种植学问可多了，到哪里买良种？什么时间播种？……老师带着孩子们查资料，翻书籍，试着种下了各种农作物，忙活了半年，却颗粒无收。

　　孩子们垂头丧气地说："要是有农民伯伯来教我们种地就好了。"一句话提醒了老师们，家长中一定有懂农业的人，我们何不向全校家长征集农业高手呢！

　　没过两天，好消息传来，"农民伯伯"找到了！苏沁萱的爸爸是农机制造领域的专家，经常下乡指导农民运用现代化技术耕种。他是个热爱农业的人，更是个热爱孩子、热爱生活的人。苏爸说："二十年前，我是京源的毕业生，现在母校有需要，我义不容辞来帮忙！”

苏爸像一场及时雨，给师生们带来了宝贵的种植经验，他从疏松土壤，调节土壤的酸碱度开始，手把手地教师生们种地。

第一次下校时，细心的苏爸发现孩子们力气小，用不动大铁锹。再次来学校时，他不知从哪儿变出几把小铁锹，孩子们用着正合适。种地需要有机肥，苏爸也变出来了。孩子们笑着说：“苏叔叔真是魔术师！”

自从成为了“百草园”的义务讲师，苏爸只要下乡，心里就多了一份惦记，他总是为孩子们寻找各种良种。从那时起，冬小麦、玉米、油菜、白菜、葫芦籽、西红柿……就纷纷从田间地头飞到了学校的楼顶天台。看着一畦畦绿油油的菜地，孩子们、老师们兴奋极了。

有一段时间，苏爸不能来学校亲自指导孩子们了。听到这个消息，孩子们失望地噘起了小嘴巴：“苏叔叔不是说农时不等人吗？这可怎么办呀？”

春雷惊响，惊蛰之后一定得开始播种啦！还是老师们有办法，他们请苏爸为孩子们录制教学视频，线上教学种植。认真的苏爸还把播种时间、注意事项写成文档发给老师，提醒老师们根据农时，正是种植油菜和玉米的时候了。

课堂上，大家一起观看了苏爸拍摄的种植视频，学习种植方法。了解了注意事项后，孩子们纷纷动起手来，根据视频中学到方法，在老师和同学们的帮助下，完成了自己的育苗任务。

两周后，孩子们把育好的苗带回学校，刘锶畅的玉米苗最粗壮，被孩子们称为玉米王！他们怀着期待，小心翼翼地将幼苗移进土里，一边移植，一边跟自己的幼苗说悄悄话：“加油哦！”“快快长大！”

没想到，当天夜里刮起了大风，师生们听着风声担心了一晚上。第二天一早，大家到楼顶上一看，玉米苗东倒西歪，最可怜的还是“玉米王”，因为茎太长被风吹断了。孩子们心疼得直掉眼泪，只能把它重新栽好，培上厚厚的土，死马当活马医了。

又过了些日子，孩子们惊喜地发现，玉米苗长高了，而玉米王竟然复活了，它长出了青青的玉米秆，抽出了新叶，骄傲地展现着顽强的生命力。孩子们都欢呼起来！从那时起，孩子们种植的热情更高了，“别找我了，我去种地！”成了他们的口头禅。正是在种植的过程中，孩子们感受到了生命萌发的美好。

每周的劳动日已经成为孩子们最喜爱的一天。孩子们在老师的带领下除草，浇水，为植物做基本的养护。有的同学去看看玉米又长高了没有，有的同学拔下一丛丛花生，熟练地抖落泥土、摘下果实。还有的同学摘下片片紫苏，然后去了解紫苏的药性。孩子们认识了药理，了解了药性，纷纷将收获的食材用于制作养生茶饮，健康食品，与父母一同品尝劳动的喜悦。

　　紫苏在微风中频频点头，景天的花蕾绽开笑脸，鲜红的小辣椒垂坠枝头……百草园里有四时不谢之花，八节常青之草，它们和孩子们一起，享受京源教育的阳光雨露，健康苗壮地成长着！热爱劳动的意识在孩子们心中生根发芽。

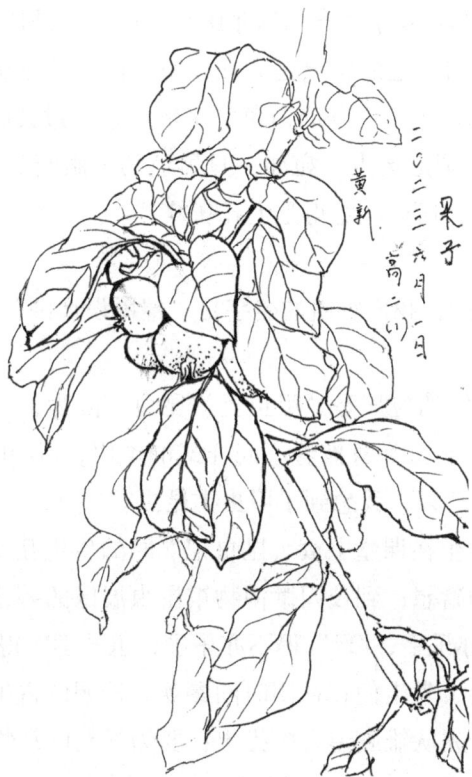

阅读《昆虫记》

谢宝莲

"同学们，大家知道我手里拿的这张图片上的昆虫是什么吗？"

"我觉得你手里图片上的昆虫是大孔雀蝶。因为《昆虫记》里说，它'翅膀上满是灰白相间的斑点，一条淡白色之字形线条穿过其间，线条周边呈烟灰白，翅膀中央有一个圆形斑点，宛如一只黑色的大眼睛'。我觉得这些描写特别符合图片上的蝴蝶，所以我觉得是大孔雀蝶。"

……

"同学们，再猜猜，我们小组的名字是'铠甲设计师'，我们研究的是哪一类昆虫？"

"我猜，你们研究的应该是'甲虫类'昆虫。因为，'铠甲设计师'，一听名字就能感觉到这类昆虫都身披着不同样式的铠甲，《昆虫记》里，只有甲虫才会有硬硬的外壳，所以，我想到了甲虫类昆虫。"

这是三年级的学生在课堂上读《昆虫记》时的生生互动的情景。孩子们情绪高涨，由对昆虫的猜想，到校园微博物馆昆虫展区的筹建，再到制作昆虫讲解手卡，"忙"得不亦乐乎，"玩"得不亦乐乎，也"学"得不亦乐乎。

偶然的一个机会，学生们在社团时间参观完校园的古生物微博物馆和动物微博物馆之后，在少先队雏鹰建言中提出：要为学校的动物微博物馆筹建昆虫展区。这个想法受到领导和老师们的赞同。

获得学校肯定后，孩子们就开始忙起来了。自此，《昆虫记》的阅读，也由"自主阅读"转入"生活阅读"模式，在生活中探究"昆虫记"。

同学们了解到一位老师特别喜欢研究昆虫，就利用课余时间委派"小记者"采访、记录老师与昆虫的故事；邀请这位老师为年级开设"昆虫记"的课程；欣赏、研究老师展示的昆虫标本，聆听老师讲述昆虫故事，抛出心中的疑问，渴求老师的解答。

课余的时候，很多同学不再追跑打闹，而是到操场上的边角处去寻找昆虫、观察昆虫。有好几次，几位学生捧着几只黑甲虫兴冲冲地跑到老师面前，滔滔不绝地讲解："老师，您知道吗？这是……""老师，我知道，它叫……《昆虫记》上是这么描写的……您看这样子，真是一样！""老师，穆雨航在那边给樊镇宁讲他刚刚发现的昆虫呢！咱们去看看！""这只虫子好小哦，不仔细找还真发现不了呢！你真棒！"

更多的同学"组织"爸爸妈妈，共同设计家庭的周末出行计划，到自然博物馆、动物博物馆等场馆，实地参观昆虫展，对自己喜爱的昆虫做进一步的探究。还有一些同学，积极参加社区组织的"野外探秘自然"活动，一心想探寻昆虫的奥秘。

再回到学校，同学们拿着自己在博物馆、野外拍的昆虫图片，兴致勃勃地找到科学老师，请老师细致讲解昆虫的生活环境与生长发育的关系，进一步研究昆虫的身体构造，尝试创建昆虫模型；也有的同学找到美术老师，希望美术老师从专业视角上帮助"还原"昆虫野外生活的场景，用图画展示出来。

在经典阅读的课堂上，所有同学都主动地再次翻开《昆虫记》，阅读自己最感兴趣的部分，同时，结合前期的体验、依据自己的理解，为自己喜爱的昆虫制作精美的讲解手卡……这一阶段，每个孩子都在为实现自己的计划认真地做着积极的准备。

直到"我是小小讲解员——昆虫展区讲解员招聘会"的现场，孩子们积攒的所有热情和能量得到了集中性的爆发。于是，出现了本文开头的那几段真实的生生互动的情景。

接下来的课堂上，每个小组的同学都化身为一个个小讲解员，以各种方式，争相向"观众"介绍自己喜爱的昆虫；而"观众"则拿着记录评价单，为每一个应聘的讲解员打分。最终综合应聘者的多项成绩，推选出本次应聘成功的"昆虫展区"小讲解员，"持证上岗"。无论是"应聘者"还是"观众"，孩子们参与活动的热情极高，在一次次的讲解和评价中，也一步步加深了对经典图书《昆虫记》的理解。

量身定制的《伴学手册》

王 薇

　　每当人们走进艺术组的办公室，总会由衷地发出惊叹——"这是哪里的办公室啊，简直就是艺术品陈列馆！"孩子们自己制作的各种包包不亚于国际大牌；精美的胸针让人爱不释手；极具特色的钥匙环是市场上买不到的"独家绝版"……这其中最吸引人的就是富有中国风的《伴学手册》，每一本都是那么精致，又充满了个人风格。

　　我们艺术组的故事就要从这《伴学手册》讲起。

　　作为美术教师，如何以趣味生动的课程来提升学生的人文素养、审美素养是我们一直在思考、摸索的事情，尤其是在当今高速发展的时代，提高学生的审美已经成为时代发展所不可或缺的素养。我们艺术组一直在思考还能如何在美术学科上提高学生的审美与人文素养。我们教师能不能为学生量身定制一套适应学生发展的教育方法呢？对此我们满怀信心。

　　面对这样的挑战，起初大家都有些无从下手，量身定制？意识到这不是一件简单的事情！想法有了，但如何操作？以什么方面为切入点？就在大家提出各种问题并感到迷茫时，组长王宏老师带领我们一起梳理思路。"大家围坐在一起相互说说目前自己课堂以及教学中遇到的问题。"王老师率先提到，"我发现，有的课程上完后就结束了，没有前后关联，没有由简单到复杂、单一到多样的过程。""对！就是没有持续性。"张老师补充道。"学生持续的成果很难记录下来，还有部分学生课上作品总是完不成。"关老师提到。"要在每节课设计有趣的活动激发学生的兴趣，才能提高学生课上参与度和专注度。"王老师总结说。"大家提到的问题非常好，这就可以成为我们的突破口，并且大家还可以结合学校之前为我们展开的关于单元整合背景下作业设计的培训讲座、项目式学习讲座，以及我们一直在做的单元整合这个角度去继续深入思考。"李老师补充道，"还要结合学生的课堂反馈。"

通过大家一起不断的讨论和深入的思考，我们有了一个想法，学生的美术任务都是在课堂上完成，我们可以以"作业"的形式来引领学生们更多地展开自主探究，将一个"单元"的作业形成一个有机系统，基于单元的核心知识和关键能力，整体、系统地设计一本单元《伴学手册》，体现一定的逻辑和递进关系，让学生在系统化的作业实践中由理解到迁移，完成知识和能力的内化，实现自我建构，最终促进学科核心素养的形成，让学生真正地成为学习的主人。与此同时，接踵而来的"双减"政策，让我们知道这个任务已经成为美术教育过程中的必经之路。

有了这样的方向，我们将之前单元整合内容再次进行梳理，同时也有了更高的要求——以"生"为本，贴合学生的需求。

为了达到这一要求，我们针对美术课进行了学情调查，这次的调查不同于以往的问卷形式，而是让六年级学生组成采访团，利用课间在校园内展开记录采访。"小记者们"兴致盎然地记录下学生们的反馈，有的学生说："课堂形式还可以好玩。"有的说："很难画好一幅作品。"还有的说："画好的作品很难保存好。"结合学生的这些实际情况，我们再次展开研讨。小学美术包括美术造型、色彩、国画、雕塑、工艺、设计等多个方向领域，从哪一方面进行突破呢？

思考过后王老师说道："可以结合习近平总书记的指示精神，全面建设社会主义现代化国家，必须坚持中国特色社会主义发展道路，增强文化自信，没有高度的文化自信，没有文化的繁荣兴盛，就没有中华民族伟大复兴。"张老师回应道："对！而中国画作为传承有序和自信生长的文化思想与艺术语言体系，既表征着中华文化的核心内涵，也闪耀着中国画自身独有的风神与意蕴。"通过这一思路，我们明确将国画单元定为本次作业设计的突破口。将多元化的内容，散点碎片式结构知识进行有效整合。设计研发"《荷塘月色》国画单元"伴学手册，选择齐白石学画画作为手册设计内容，用齐白石老人一生对艺术不懈追求的精神，激励学生做事要善于观察，持之以恒。

回到故事的开始，如何更好地向学生传递美育呢？都说兴趣是最好的老师，在美术课堂中，有效地激发学生绘画兴趣是基础，而激发学生的创新精神是美术课堂的关键一环，它对于调动学生在课堂上学习的积极性和主动性起着至关重要的作用。

老师们通过头脑风暴的形式展开实践与探索。"利用废旧毛笔制作宫灯""废纸板制作成展览台""教材中中西方画家的对比""教材中中西作品的对比"……我们从多角度寻找思路、方向，但总觉得还少些什么，"对！换位思考。"王老师立即提醒道。我们马上转换思维将学生喜欢的事情进行罗列，拼图、DIY画手账、折纸、涂鸦……通过结合学生的兴趣点与教学目标，我们设计了微信聊天的界面，使得可以和白石爷爷进行一次跨越时空的对话；通过设置问题解决一些国画常识问题，例如，青蛙一家的活动设计让学生换一种方式感受构图的变化、扩充传统知识，不光是国画，也促进书法和篆刻的融入，形成一套完整的传统文化的学习。并且充分发挥学习手册的伴学优势，在学习过程中，利用荷花、青蛙、篆刻等丰富的国画图片资料，扩充教材中的图片，带给学生更多的审美体验和视觉盛宴。

再到装订和版式的选择，我们思考了很久，怎样更吸引学生？怎样体现美？怎样渗透传统之美？王宏老师突然从座位上起来开始翻找，拿出一本册页让我们大家看，"何不利用传统文化本身册页的形式呢！"瞬间我们有了思路。从形式的确定到纸张的选择，我们多番尝试，从打印纸到牛皮纸再到宣纸的呈现，我们关注到每一步的细节呈现。

学生们拿到《伴学手册》后，露出惊喜的脸庞，他们对这本手册爱不释手并展开翻阅讨论与自主探究。其中在思维导图上，我们设计成空白的形式，由学生畅所欲言，有的学生立即提出："什么角度都可以吗？""能做成立体的吗？""可以设置机关吗？"我们给予了肯定的回答："可以！"

随后，他们以各种有趣又新奇的角度展开导图，有的学生以"齐白石画虾的变化"为角度、有的以"齐白石的一生"为角度，还有的以"最喜欢的作品"为角度，等等。部分学生以立体盒子的形式展现，并设计了有趣的机关，通过抽拉形式来呈现学生最喜欢的齐白石的作品。在小组分享活动中，学生以这样多样化的呈现，既增强知识的趣味性，又提高了知识的广度和深度，而这也是美术学习当中非常重要的一点。在美术课堂实践的过程中，要致力于培养学生的动手实践能力以及思考问题的能力，促使学生发挥潜能，提高创新能力，逐步形成一种勇于探索、乐于探究和敢于质疑的创新型心理倾向。

最后，我们青年教师们衍生出制作系列文创小品的思路，让学生将画好的作品用热缩片的方式制作成胸针、钥匙环，让这些漂亮的艺术品真正走进学生的生活，具有实用价值。

就这样，在大单元学习背景下，学生运用《伴学手册》，与同伴、老师展开深度交流，在学习中不断提升对美的理解。《伴学手册》中的一个个活动通过内在的关联性，引导学生从关注生活到表现生活，在潜移默化中渗透美育。

现在回忆那段时光，仿佛近在眼前。校领导的引领、组长的把控、老师们的相互配合、学生们的实践反馈，让这本册页以更好的面貌呈现出来。编写过程中的难题，也在集体的智慧中一一化解，集体的力量使我们无惧前行，收获满满。

别样的看图写话

史荣丽

"该怎么教孩子看图写话？为什么孩子明明心里啥都知道，看着图也能把图中的内容描述出来，但一写就不知道怎么写了？""是啊，是啊，我们孩子也是，明明已经认识上千字了，怎么一到看图写话就无从下笔呢？我在家也不会辅导，真是着急！"还没放学，几个刚上一年级的小朋友的家长就在学校门口三五成群地聊起了看图写话的问题。苗苗妈妈说："前几天在办公室和同事讨论孩子们的作文问题，听我们同事说，五六年级作文差的孩子，就是一二年级看图写话的基础没打牢，以至于到后面写作文时，出现没话可说、没话可写的情况。真是愁死我了！"

面对这些焦虑的一年级家长，同样是来接孩子的泽泽妈妈和大家聊了起来，她家大宝在京源学校小学部已经上三年级了，二宝今年刚上一年级，对这个问题她可有发言权。"大家别着急，咱们京源学校小学部特别重视培养孩子的阅读习惯和写作能力，从一年级开始，语文每周都有经典阅读课和看图写话课程，我们老大就是从一年级上学期开始就由老师带着看图讲故事，我们孩子特别爱上看图写话课。经过一二年级看图写话的训练，大宝今年上三年级，写作文一点也不发怵，写得还特别好。"泽泽妈妈的话，可是为各位焦虑的家长吃了一颗定心丸。

我们的看图写话课有什么不一样，让他们不再为"看图写话"着急发愁呢？走进教室，你就会发现奥秘："我选择这张毛茸茸贴纸，我想用毛茸茸这个词给小鸡化化妆，我看到了一只毛茸茸的小鸡。""谁还想来搭积木，接着说？""我……我……""我选择这张黄色贴纸，我看到了一只黄色的毛茸茸的小鸡……"

什么？给小鸡化妆？还搭积木？这是语文课吗？没错，走进京源学校小学部低年级的看图写话课堂，给词语化化妆，给词语搭积木，是课堂上常玩的小游戏。课堂上老师们利用低年级孩子爱玩游戏的特点，利用贴纸进行字词的积累，把自己喜欢的词语贴在所观察到的图片上，例如，给图片上的小鸡化化妆，你就可以贴"毛茸茸的小鸡""黄色的小鸡"，孩子们争先恐后地去抢贴纸给词语化化妆，课堂气氛一下子就活跃起来，学习也更具有趣味性。

在教室里我们不仅能听到学生在欢快地"贴贴纸"，还能看见孩子们在愉快地"搭积木"。其实，这是来自我们小学语文组全体老师的集思广益，我们巧妙地将写作文比喻成搭积木，要先打框架再填充内容，最后装饰润色。看图写话也是如此。第一步搭框架，什么时候，什么人，在什么地方干了什么事；第二步加修饰，在原有的说话基础上，再加入形容词、量词、关联词等；第三步填细节，把常用的一些比喻、拟人的修辞手法加入句子中，再添加上一些图片中人物心里想的，嘴上说的，等等。孩子们运用自己的想象力，结合对图片的观察，可以把这张静止的图片看成一幅有声有色的画面，孩子们还戏称这是"不动的动画片"。

孩子们通过"贴贴纸"和"搭积木"的活动提升看图写话能力，这并不是凭空想象，它是来自于低年级培养表达能力的重要途径。学生们通过一次又一次的"贴贴画"与"搭积木"，总结和整理了看图写话的"常见词语积累""句型组织公式"等低年级看图写话有效的训练方法，科学地引导学生学会想象，再把想象转化成文字，把文字精练成一篇篇优美的文章。经过老师们这一套神奇操作，孩子们惊奇地发现，原来看图写话可以这么好玩。看图写话也变成了孩子们最期待的语文课，每天的课间都能听到孩子们有趣的对话。

"今天，我可是学会了堆雪娃娃呢！"

"我也学会了，我给可爱的小女孩穿了美丽的花裙子，梳了辫子。"

"我也是，我也是，看图写话这堂课真有趣，像是过家家一样，我好喜欢呀！"

看到孩子热烈地交流，兴奋地交换课堂上学习的看图写话内容，我也跟着笑了。那这别样的看图写话课程是如何精心打磨出来的呢？

2022年，新版课程标准出台了。学习课标，惊奇地发现小学部语文教研组施行了三年多的看图写话与新课标不谋而合。但怎样让孩子们更加深入理解看图写话，将看图写话变成生动有趣的课堂？这让我们陷入沉思。

　　如何"打磨减缓学习的坡度，降低写作的难度，增加内容的趣味性"？在一次又一次的激烈讨论和无数次的推翻重来过程中，我们逐渐明白看图写话课如何做——从看到说，再从贴到写，在观察画面的基础上展开想象，整理、加工获取的信息，用文字传递所见所感。在激烈的讨论中，也总结了"动物故事、幻想童话、校园生活、家庭生活、人际交往"等主题。

　　低年级看图写话课仅仅是京源学校小学部众多精品课程的一个缩影，这样的课程在小学部还有很多，如低年级的数学绘本、经典阅读、中草药进课堂等，这些都是孩子喜闻乐见、踊跃参与的课程。老师和家长们也从中看到了孩子一点一滴的进步。这样的课程真正发挥了培根铸魂、启智增慧的作用。

生活中的"微电影"

阎清芳

  记得有一次在剧本创作课上，大家头脑风暴到底要拍摄什么的时候，彭烁璇同学突然想到了自己的一次亲身经历，她说有一回放学后自己把练习册落在了教室里，等回去拿的时候，教室空无一人，但是灯却亮着，她说班级在这方面有专人管理，放学后肯定是关灯了，现在亮着是不是有人像她一样忘了拿东西，拿完又忘记关灯了，所以她想呼吁大家，在拿完东西离开的时候一定要多检查一下，由此，她决定拍摄一部关于"节约用电"的公益小短片。接下来大家思如泉涌，讨论激烈，都是关于身边的一些浪费的现象，同学们谈到了生活中的一些不良生活习惯造成的资源浪费、环境污染，甚至导致全球变暖、物种灭绝……这时我们的同学们觉得是时候行动起来为这个地球村做些什么了，最后决定拍摄公益微电影，大家分为五个小组，分别拍摄了题为《节约用水》《节约用电》《足球也有它的家》《饮料瓶回收》《粉笔大战》五部公益微电影。

  记得在拍摄《节约用水》微电影中，有一个场景让我印象深刻，就是拍摄同学们下课后用水杯在饮水机接水，人却在一旁和其他同学聊天，而水杯早已接满，水不断溢出的镜头来反映浪费水资源，因为要从不同的角度拍摄，需要重复拍摄接水的过程，所以水杯中的水就要倒掉，再重新接满，同学们觉得把水倒掉太浪费了，便主动带着自己的水杯排成队站在摄像的后面，每拍摄完一个镜头，大家就争先恐后地分一口水，等着把水喝掉，再拍摄下一个镜头，让我非常感动，于是我也参与到了喝水队伍当中。大家从最初的浪费变成了主动节约，在这个过程中我看到了同学们的成长与担当！

  在拍摄节约用电的微电影——《我不想成为被遗忘的角落》中，有一个镜头是要拍摄放学后学校教室的灯先后关闭，只剩下一间教室的灯被遗忘。这是一栋大概有二十多间教室的教学楼，要达到在较短的时间内先后有序的关闭，就需要同学们的相互配合。因为教室多人员少，有的同学要承担五六间教室的关灯任务，这就需要在很短的时间内快速跑到每个位置，面对这一任务，同学们毫不畏惧，反而有些兴奋，准备对速度发起挑战。拍摄时同学们主动领取关闭任务，然后准确到达自己的位置，只待执行导演一声令下，灯有序关闭，达到了我们的预期效果。这次的拍摄让我看到了同学们的团结互助、令不虚行。一个剧组是一个小团体，无论是多么出色的导演或多么棒的演员都无法独自完成拍摄，只有大家相互配合，每个人才能发挥自己的特长，从而成就一部影片！

我们在拍摄《粉笔大战》的时候，需要很多的粉笔头，同学们为了准备道具，每天下课后去捡上课后不能继续使用的粉笔头，这个道具同学们足足准备了二十多天，从拍摄开始到最后结束，大家没有破坏一根完整的粉笔。拍摄完《足球也有它的家》之后，孩子们再也没有乱放过足球。

在拍摄每一个小故事的时候，都让我深深地感受到，这不仅仅是一次简单的记录，更是一种全新的课堂形式，我们的微电影社团，从编、导、摄、录、剪每个流程都由同学们自己来完成。同学在创作剧本的过程中主动寻找和发现；在拍摄和导演的过程体会和思考；在成片后形成全新的认识和传播。同学们从最初的被动接受者，成为了规定的制定者和呼吁者，身份的转换让同学们从内心深处有了思考、责任和担当。

微电影以其短小、精练、灵活的形式，满足了很多人的电影梦，为同学们提供了一个全新的舞台，使他们成为自己生活中的导演，拍摄属于自己的精彩人生。

定格动画

高彧彬

提起定格动画，大家瞬间就能想起一系列熟悉的名字:《阿凡提》《曹冲称象》……可是如果说要亲自制作一部定格动画作品，很多人会感觉为难吧？不过，我可以骄傲地告诉你，我们小组在美术邱康老师的指导下，克服了种种困难，在高三之前完成了人生第一部剧情较为完整，主题明确，动作流畅的定格动画作品。

自己做编剧

要创作一部定格动画，首先要有一个剧本。

写什么？这成了我们遇到的第一个难题。思前想后，绞尽脑汁，我们终于找到了方向——以现在火爆的影片《变形金刚》为载体，以禁毒为主题，让我们的故事充满正能量。这样，我们就有了第一版剧本的雏形，后来在拍摄的过程中，我们依据具体情况不断更新改进，就形成了现在所看到的影片的蓝本。

有了剧本还需要有脚本，这对于我们来说也是一大困难。脚本与剧本最大的不同就在于脚本需要大量的画面来体现，也就是分镜头。幸好我和小组的同学们上过几次学校导演的电影课，虽然在配置分镜头的时候还是出了很多小问题，但是在老师和组员的一同努力下，我们最终完成了分镜头的配置和脚本的创作。

新时代 教育文库 北京卷

给"变形金刚"做替身

变形金刚系列的玩具作为影片的主角,可以说是整天陪伴我们左右,为了吃透其变身过程、关节活动范围、动作流利程度、可操控性,剧组的人几乎睡觉都抱着它,已经达到了闭着眼睛都可以去操作的程度。

一部以玩具为主角的定格动画,动作的流利程度最为重要,机器人的动作和人类的大致类似,所以我们在编排机器人动作之前,会自己去预先表演一遍并记录,可谓是让大家体验了一把当演员的滋味,过足了戏瘾。

"山寨"制作团队

经过了漫长的准备,我们的定格动画终于开机了,从第一张照片到最后一张照片,已经记不得拍了有多少万张,也记不清花了多长时间,只记得每天我们几乎都是伴着星星月亮回家。哪一个地方不合适,哪个地方就重新拍,玩具的动作、姿态、运动过程、摆放位置都要重新来过。记号笔没有水了,干脆就拿橡皮泥做标记;想学人家特技吊威亚,我们没有设备,只好人工手动地吊;特效不会处理,联系在香港的专业朋友来做⋯⋯

几经磨砺,我们的影片终于大功告成。整个过程于我们而言,是一个砥砺自我、不断前行的难忘经历,在制作中我们不断遇到困难,战胜困难,同时也是一场与同伴之间相互理解并达成共识的过程,我们的收获是巨大的。

舞蹈课

孔　娜

从 2012 年开始，京源学校舞蹈教育发生了重大的转变，课程由单一面向女生授课，转变为面向全体学生的必修课，让每一位学生都有接受舞蹈教育的机会。面对这样的教学改革，我们接下来应该教什么？怎么教？

第一步，解决教什么的问题。

舞蹈是通过肢体动作表现、表达一个人的情感和思想的形体语言，而学生最初的肢体语言是天然的，需要长时间的开掘、培养和塑造，才能更好地表达情感和思想。我在普及舞蹈教育的基础上，进行了为期三年的"创造性舞蹈校本课程开发与实践研究"课题研究，开发了一套适合学校学情的舞蹈校本教材。

第二步，解决怎么教的问题。

我认为，舞蹈教育担负着育人功能。

第一，舞蹈教学要从认识自己开始。通过训练，唤醒学生身体的每一个关节、神经、细胞，让学生的身体能够自如运动、学会表达。

第二，舞蹈教学要从认知生活入手，激活身体言说欲望。以芭蕾舞为例，教学的一个重要目的是，让学生们学习芭蕾基本动作元素，并运用芭蕾的形体语言表达生活中的故事。在这方面，我感受最深刻的是情景创编环节中的一个作品——《美美的芭蕾梦》。原本，美美是一个胖胖的女生，因为身材而感到自卑，但她在舞蹈学习中逐步建立了自信，并享受着舞蹈带来的快乐。现在，她能够非常自信地带领本组同学创编出生动精彩的芭蕾情景剧。看到她从一个自卑的小女孩蜕变成一个大方自信的姑娘，作为她的老师，我真为她高兴，我深刻地感受到舞蹈教育在学生的成长过程中发挥的巨大作用。

第三，舞蹈教学要开发学生的创造意识。教师要在教学中激发学生的创造性思维，让学生尽情地展开想象，学会用肢体动作将自己对生活中事物和现象的理解创造性地表现出来，在这个过程中培养学生的观察与模仿、即兴与表现、交流与合作的能力。

第四，舞蹈教学应注重学生良好行为习惯的养成。习惯本身也是一种能力，是决定学生终身发展和一生幸福的重要因素。因此，在教育教学中，一定要特别重视学生良好习惯的养成。以换鞋、摆鞋的行为习惯为例，我教的班级中有五个男生非常调皮，似乎有用不完的精力，我想，能不能引导他们把能量发挥到有益的地方呢？于是，我把他们带到一堆杂乱无章的鞋子面前，跟他们商量："怎样摆放鞋子才能整齐美观呢？"话音未落，就看见平日里调皮捣蛋的五个男生开始商量摆鞋子的方案，然后一双一双调整鞋子摆放的方向。不到一分钟的时间，惊奇的一幕展现在了我的面前：鞋子摆放得像接受检阅的士兵一样整齐，同时，五个大男孩露出了阳光的笑容。男孩们兴奋自信地讲述着这样摆放鞋子的好处，这一小小的行为让我看到了他们对舞蹈课的尊重和满满的仪式感，也看到了他们服务于他人的优良品德。我给这五名男生点了一个大大的赞，全班同学也对他们报以赞许的掌声！

随着舞蹈教育普及的不断深入，学校还扩大了舞蹈团的规模，开设培优型舞蹈选修课程，为那些热爱舞蹈的学生们提供更为专业的平台，让他们尽情张扬个性，施展才华。

舞蹈教育是一种美的教育、爱的教育，无声地影响着学生们的终身发展和一生幸福。京源学校的舞蹈课已经成为学生们心中期盼的课程。

春芽剧社

张羽思

戏剧课程作为一门综合学科，营造了开放式、互动式、引导式的学习环境，丰富了学生的学识涵养，培养了学生独立、健全的人格，对促进学生全面发展起着重要作用。

京源学校自 2015 年起开设戏剧教育课程，并成立"春芽剧社"。

"春芽剧社"的首演剧目《神圣战争》，是我国著名编剧童道明先生为纪念反法西斯战争胜利 70 周年，以苏联卫国战争为背景创作的诗剧，其中再现了"女英雄卓娅""青年近卫军""列宁格勒围困 900 天"等历史人物及事件。"春芽剧社"的五十多名学生积极参加诗剧的排演，学生们深情合唱苏联经典歌曲《小路》《共青团员之歌》，朗诵著名诗人西蒙诺夫的作品，演奏手风琴，表演苏联民族舞蹈，通过多种艺术结合的形式进行表达。

2016 年是文学大师莎士比亚逝世 400 周年。"春芽剧社"排演了莎士比亚的经典作品——《哈姆雷特》。扣人心弦的情节、多舛的人物命运深深吸引着学生们。大篇幅深奥的台词、复杂多变的人物性格给学生们的理解和表演带来了巨大的挑战，有的学生需要在多个角色之间来回转换，有的学生为了剧情学习击剑……大家认真研读剧本，对台词所表达的含义进行深度思考，尝试从哲学、心理学、神学等多角度剖析人物，在表现手段上传达一种简约的戏剧美学理念。现代的服装、几把凳子、几个高中学生，配合灯光、音响，一部长达三个半小时的戏剧就这样被搬上了舞台。当扮演哈姆雷特的学生一袭黑装，独坐在一束追光之下，若有所思地道出"生存还是毁灭，这是一个问题"这句著名的读白时，台上台下的学生们会不会陷入对生价值的思考呢？

学校所有的活动都担负着教育的使命，用戏剧的手段传承红色基因，是戏剧教育的应有之义。2018 年，为纪念《共产党宣言》发表 170 周年，剧社创作并排演了舞台剧《共产党宣言》；为庆祝改革开放 40 周年，剧社将经典文学作品《平凡的世界》改编成舞台剧《平凡的世界》；2019 年，为纪念"五四"运动 100 周年，剧社排演舞台剧《1919》。参加演出的学生感慨地说："通过这个活动，我感受到了青年对于国家的重要，青年的理想关乎着国家的未来。当我喊出那句'愿相会于中华腾飞世界时'的时候，我体会到了周总理心中无限的力量，它将激励着我奋进！"

为了全面普及戏剧教育，京源学校从 2017 年起设立戏剧节，确定每年第四季度为戏剧展演季。

戏剧节一推出就得到了师生们的热烈响应，师生如同欢度盛大的节日，老师们不分学科，无论男女，老少协同，参与到编剧、导演和角色扮演当中，每一个老师的出场都引起学生欢呼。第一届戏剧节，高二年级全体师生参与表演了老舍的经典话剧《茶馆》。物理老师王凌云扮演的宫廷太监总管庞公公、外语老师周宇驰扮演的二德子、数学老师秦文扮演的乡妇人、历史老师苏昕客串的乞丐等舞台形象，至今仍令人津津乐道。学生们更是彻底释放天性，忘情地投入其中。演员们一丝不苟地排练，台前幕后的学生们也在服装、道具、灯光、音响、音乐、舞美等方面各显神通，学生的积极性与参与度极高！

戏剧节从幼儿部、小学部、中学部辐射到整个京源学校教育集团。戏剧节上，有《狐假虎威》《晏子使楚》这样的成语故事、课本剧；也有《四世同堂》《悲惨世界》这样的经典剧；还有《歌舞青春》这类音乐剧以及原创剧，师生们共同创编了几百部作品，呈现出"班班有剧，人人有戏"的戏剧活动景象。

每年的校园戏剧节成为了学生期盼的盛会。开学伊始，学生便迫不及待地投入到戏剧活动中。从表面上看，一场戏只有几个参与表演的学生，呈现出来仅有几分钟，但是幕后是一个团队的协作，考验着学生们的综合能力：擅长统筹的学生确定主题，喜欢写作的学生编写剧本，专长绘画的学生绘制海报，勤于动手的学生制作道具……个个乐此不疲。学生们常常为了剧本角色争得面红耳赤，而转头因为一句台词、一个动作握手言欢，相顾一笑；平时省下的揣在兜里的零用钱毫不犹豫地拿出来买道具、服装；考试前才会有的废寝忘食、秉烛夜读，在戏剧节期间却是常态。

我的主持经历

郭雅涵

今天在整理文件夹时，我看到了静静躺在那里的《神圣战争》主持稿。看着它，我仿佛回到了去年的 12 月，那时的我正在为了即将公演的话剧奔忙……

那天下午，教导处的黄主任将主持的任务交给了我，并语重心长地嘱咐我："公演那天，很多区领导都受邀来看我们的话剧，电视台也会录制我们的演出过程。所以，开场主持可是个重要的任务啊！"回到教室，一看主持稿篇幅不长，我和搭档的心立马放松了。我将稿件迅速地塞进了书包，继续和同学聊天。

然而，我们放松的状态很快便有了"报应"。在第二天彩排时，我俩不出意外地念错了好几句主持词，原本爆棚的自信指数瞬间见了底。出乎意料地，黄主任和李老师并没有指责我们，黄主任还声情并茂地为我们示范了起来。我顿时感到无地自容，幸好脸上涂抹的胭脂掩饰了那由于惭愧而升起的绯红……我和搭档顿时严肃了起来，认真地投入练习。

往后，每次去教导处彩排，我都能感受到主持不仅仅是我们两个人的任务，它也沉重地压在老师们的肩上。因为我们深知，这次演出非常重要，是展示京源学校风采的一次重要机会，如果我俩在主持的时候把来访的嘉宾及领导名字念错了，那将是多么大的失误！于是每次彩排完回到家后，我给自己布置了"加班"任务——先一字一句地仔细斟酌，然后当着家人的面练习。我在心底对自己说，不能有一丝瑕疵！我每练完一遍，心里的这个想法便又坚定了一分。

终于到了 12 月 12 日。我手里紧紧地握着那份已经了然于心的主持稿，心里却止不住地紧张。那天早上，每一个参演的同学早早地就聚集在了石景山广电中心，每个人的脸上都洋溢着喜悦的笑容。如同农人即将收获甜美的果实，我们在经过这么长时间的精心准备后，就要把最精彩的演出献给我们的母校、家长及区领导了！

经过白天的彩排和化妆后，迎来了晚上的那一场公演。演员和工作人员已经全部就位，灯光也聚集在了舞台上，我的心渐渐平静了下来，与身边的搭档对视一眼，两人眼神中分明闪烁着自信和鼓励。导演的手举了起来，我走到了舞台中央，扬起嘴角，将最美的笑容和声音呈现给观众："敬爱的老师，亲爱的同学们……"练了许多遍的主持词脱口而出，如滔滔流水，没有半点儿磕绊，再加上搭档的完美配合，我们完成了开场、介绍嘉宾和最为关键的揭牌仪式。台下经久不息的掌声为我的这次主持经历画上了圆满的句号。

轻轻地放下手中的主持稿，缓缓地关上记忆的阀门，我的心里充满了无法言表的感激。这次主持是一次平凡的经历，毕竟，我们在台上只待了短短十来分钟；然而，这次的经历也是不平凡的，它使我懂得了一个毕生受用的道理——用心去做每件事，便会收获最后的成功。

在后台

梁子彦

收拾书本时无意间翻到了《神圣战争》的工作台本，翻开第一页，难忘的记忆如潮水般涌现……

一开始知道自己被安排为后台工作人员时觉得非常开心，不用每天排练到那么晚，也不用那么辛苦，只需要注意大家在排练时出现的问题，每场都记录下来，似乎将自己置身于整个剧组之外。但到后来才发现，后台付出的虽然不如大家，却也是整个剧组不可或缺的一部分。

排练近五个月，最为难忘的必然是最后的那一场。

还记得那是一个周六，恰逢双十二购物狂欢节，而大家却从早上8点就开始忙碌起来，彩排、化妆、对台词、吃盒饭……我们仿佛真的置身于某个剧组。我并没有像大家一样忙碌，内心却十分紧张。虽然我只是管理一台烟机和一台泡泡机，只有在特定的时间才出现一次，可是舞台不允许我出一点儿差错！

舞台的幕布升起时，我在二楼的设备控制处望着大家，看着大家一脸的专注与投入，我愈发地坐立不安，生怕出什么差错。第一次指挥完，手心竟攥了一把汗。心怦怦跳动，微微颤抖的手不自觉地翻了翻熟悉的剧本，还好，一切都还顺利地进行着，演员们走到自己的位置，灯光追随着他们的身影，舞台上传出熟悉的台词。

时间过得如流水，四十分钟的剧仿佛只在一刻钟就结束了，直到台下响起了赞许与肯定的掌声，我才恍如大梦初醒。看着舞台的幕布缓缓落下，心中有些五味杂陈，有些许的羡慕，些许的嫉妒，些许的放松，而更多的还是欣慰与激动。我歪头看向同是后台组的伙伴们，他们的脸上也写满了欣慰。我的内心久久不能平静，充斥着满满的成就感与莫大的喜悦，这时候才深刻地体会到我们是一个整体，是一个剧组，是缺少了任何一个部分都无法正常运转的存在。

人的一生很漫长，总会发生许许多多奇特的经历。也许我们当中有许多人毕生只有一次机会排练话剧并登上舞台，也只有一次机会成为一个剧组的幕后工作人员。长大之后，回想起《神圣战争》，我会说，那真是一次奇特的经历！

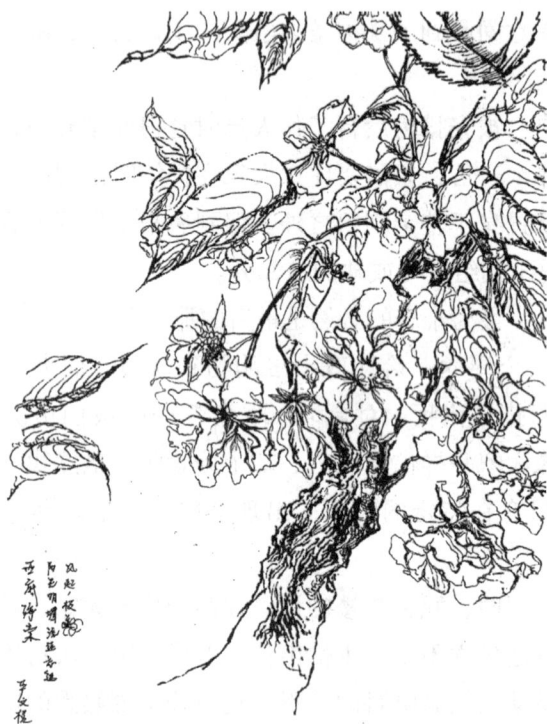

"状元媒"

曾馥瑄

　　我在高中的时候选择学习京剧这一既陌生又新鲜的中国非物质文化遗产。如果硬要说一个原因，其实只不过是因为当初觉得新鲜罢了。所有的选修课中，京剧这一国粹似乎很是冷门，于是我没有丝毫犹豫地报了京剧选修。直到现在，我还清晰地记得第一节课上，老师问我们在场的寥寥无几的几个人，你们为什么会报京剧选修？

　　这个问题问住了我！

　　真正报课的时候，我对京剧一知半解，能解释生旦净丑已经是不容易了，对比起同样在一个课堂，对待京剧一丝不苟的同学们，我对自己当初的决定有一丝丝的后悔。然而这丝后悔并没有在日后成为我的阻碍，反而成为了一种鞭策，提醒我坚持学下去！迅速地，我重整旗鼓，开始深入了解起京剧这门艺术。几次试嗓之后，老师初步定位我是梅派的嗓子，我对梅兰芳大师的敬意让我对京剧又有了深入了解的动力，于是我在网上查阅了很多关于梅派的资料，并且每次上课都尽心尽力地学习那些拗口的唱词。

　　在对京剧的学习中，我步入了一个别样的世界，领略了不同的风采。从梅兰芳端庄典雅的《太真外传》，到尚小云俏丽刚健的《摩登伽女》，从程砚秋深沉委婉的《红拂传》，到荀慧生娇昵柔媚的《丹青引》，每一部戏就是一个故事，一个世界。最初接触京剧，我将注意力都集中在演唱上，殊不知唱、念、做、打四门基本功，每一门都有很深的学问。随着学习的深入，我了解到自己最关注的唱，单从发音技巧上讲就分为：真嗓、假嗓、左嗓、吊嗓、喊嗓、丹田音、云遮月等，每一种发音无不需要无数次的练习方能驾驭，这使我更加醉心于京剧的艺术魅力。自此，我对京剧的印象不再单单停留在国粹艺术，而是更加深刻了。

懂了京剧之后，我同时为它感到一种莫名的悲凉。因为像我一样了解京剧、唱京剧的人又有多少呢？这样源远流长的一门艺术，会不会在时间长河中慢慢消失，直至被人们所淡忘呢？

不，不会的。

我终于决定无论如何，尽我的绵薄之力，让更多人看到京剧的美，看到中国艺术的博大精深，然后去了解，去传承。

后来我们一行几人也成功地做到了。经历了大大小小的演出，每日每夜的排练，尽心尽力的宣传……我们在学校逐渐成名，而我们也走出了学校，走到了中国戏剧学院的舞台上。

那是我人生中的第一次演出，我仍旧记得那一天，阳光十分耀眼，我和我的同伴们一起坐车来到了中国戏剧学院。提前两个小时就到了演播室门外的我们并不是无事可做，而是练声开嗓。终于，我们一头汗水地进到了后台的化妆间，这是我从来没有想到过的情景，我们一字排开坐在化妆师们面前，新鲜地等待着他们为我们定妆，换戏服。我们将要登台表演的是《状元媒》，这一曲段我们已经排练了将近一个学期，无论是台上的脚步动作，还是每一句拗口的唱词；无论是每一个眼神，每一个笑容，还是每一个字正腔圆的发音，我们都排练了无数次。从期待登台的那一刻开始，我们便为之付出了所有，包括宝贵的高中学习时间。不同于其他任何活动，这次演出包含着我们对成功的渴望、对登台表演的渴望、对肯定自己的渴望。

桃红色的胭脂在眼角勾勒出艳丽的轮廓，漆黑的眉笔为我们的眼神平添了一股神采，而最经典的勒头却并没有我们想象中那样痛苦。或许是兴奋，或许是激动，我们虽然在后台等待了很久，但是当我们站在台上，当远光灯打在我们身上，当我们成为这个舞台的主角的时候，我们觉得一切都是值得的。

"自那日与六郎阵前相见，行不安坐不宁，情态缠绵……"演出出乎意料的成功。退场之后大家齐刷刷地坐在后台的走廊上，如释重负地将头盔解了下来，头靠着冰凉的墙壁。那一刻我感觉一切的痛苦和汗水都是值得的，因为得到的远比我们付出的多得多。我十分感谢老师和学校给了我这样的一个机会，让我真切地深入了解了京剧这一门国粹。在之后的几次学校大型活动中，京剧表演都成为了不可或缺的一项。或许是因为有了第一次的成功，学校越来越重视京剧，也越来越重视对学生这门课程的培养。报名京剧社团的同学日渐增多，京剧终于不再是冷门课程了！

从我坚持学习京剧到现在，已经有两年时光了，而高三忙忙碌碌的我还会时不时唱几句记忆深处的唱词。

叫那胡儿不敢进犯，

保叔王锦绣江山！

愿天下有情人都成姻眷，

愿邦家此次后国泰民安！

两次画首钢

葛金胜

美术课程标准强调，教师要带领学生走出校园，开发校外美术课程资源，把学生的学习与生活经验联系起来，有效激发学生的学习兴趣，拓展教学空间，培养学生的创新精神和实践能力，培养学生爱艺术、爱家乡的生活态度。

相隔十年，在首钢两个划时代的变革节点上，我们带领京源学校的学子们两次走进首钢进行美术实践探索。

第一次画首钢——首钢搬迁

2010年，有着近百年历史的首钢北京石景山钢铁主流程全面停产，新的厂区迁移到唐山曹妃甸。京源学校围绕首钢搬迁这个重大历史事件，以"首钢为什么搬迁"为主题在师生中开展了"看首钢、画首钢、写首钢、研首钢"系列教育活动，旨在让石景山的孩子们永远记住首钢在中国走向现代化道路上的历史贡献和中国钢铁工业发展的一段历史。

2010年新学期伊始，京源学校的小画家们走进了首钢，或速写，或素描，或色彩，表现巍峨的高炉和耸立的烟筒，描绘纵横的管道和来往的机车，写生硕大的厂房，刻画辛勤的工人和劳动的场面。一年中，学生们完成了"钢铁巨人""美在钢城""最可敬的人"三个主题共一百多幅绘画作品，向首钢人致敬。

2010年12月20日，"永远的记忆——京源学子百幅画作献首钢"画展开幕，受到广泛欢迎和赞誉。2011年5月，学生画集《永远的记忆——京源学子献给首钢人的敬礼》出版。

第二次画首钢——首钢转型

2018 年以来，首钢集团紧紧围绕打造城市复兴新地标，在新的历史起点上加快转型发展。

传统工业绿色转型升级示范区、京西高端产业创新高地、后工业文化体育创意基地，是首钢转型新的总规划定位。时隔十年，京源学校再次抓住这一机遇，开展"绘魅力新首钢，画北京新地标"活动。

为了更好地表现新首钢的精神风貌，教师组织学生在第一次运用速写、素描、色彩三种绘画手法画首钢的基础上，增加设计、版画等创作手法，进行创新性的多样绘画实践。

京源学校在二十多年的美术特色教育实践中，注意抓住重大历史事件的教育契机，引导学生关注社会变化，融入社会生活，体会并理解"艺术源于生活，表现生活，但高于生活"的创作规律，用身边的新鲜事调动学生的学习兴趣，在绘画创作实践中落实美术学科图像识读、美术表现、审美态度、创新能力、文化理解的核心素养。学校周边的军营、法海寺、八大处以及门头沟的爨底下村、灵水村、清水镇、军庄、下苇甸等，都留下了京源学生写生的足迹；全国各大美院、苏杭文化古迹、黄山等地，也留下了学生研学绘画的身影。学习最终要服务于社会，京源学校会在培养新时代优秀人才的教育实践探索之路上永远走下去。

校园里的"学生公司"

林 丽

在京源学校新高中楼一层楼厅有个特别的场所——淡黄色的墙面、绿色的 LOGO、彩旗、货架、琳琅的产品、穿梭的学生，这是京源学校"学生公司"的"领地"。

"学生公司"是京源学校在国际青年成就组织中国部（JA 中国）的支持下开发的校本课程。JA 是全球最大的青少年职业、创业方面的非营利教育机构，旨在培养具有品格、创造力和领导力的国际型人才。京源学校看到了 JA 理念与学校生涯教育理念的契合之处，在 2010 年与其合作开设了"学生公司"课程，并通过校本化实施，将其纳入学校生涯教育课程体系。

在"学生公司"课程中，学生在经验丰富的企业志愿者的辅导下，自己组建公司，自筹经费，自主经营，自负盈亏。兴奋、好玩几乎是每一个学生对"学生公司"活动的最初印象，但很快，他们就发现，一切远非他们想象得那么简单：设计公司人力架构、分析自己的优势和不足、定位目标市场、调查顾客倾向、宣传、销售、管理等让他们应接不暇，仅团队内部达成一致的意见就很不容易。公司倒闭、整改、被吞并更是常有的事。最多的时候，雄心勃勃的 CEO 们组建了七家公司，结果五家公司在一个学期之后破产倒闭，一家被吞并，仅一家存活了下来。而这个过程正是锻炼学生积极生涯品质的过程。正如千飞乾途公司 CEO 贾士梅所说："虽然我们经历了公司坏账、吞并和人事纠纷，累得前仰后合，但我们乐此不疲，因为我们得到了更多。"

"学生公司"课程旨在培养学生的企业家精神和创新意识，培养领导力、创造力和执行力等。在这种培养目标的指引下，学校鼓励"学生公司"不断开拓和探索。学生们不怕失败，不怕吃苦，把一个个天马行空的创意变成现实：

开发出教育科技、商品拍卖、创意产品、格子空间租赁、商贸等多种项目，制作了"地球日"环境宣传音乐单曲 EP、环保书签、"班级文化勋章"，发行了《京源那些事儿》学生原创杂志、《翱翔特别论坛》专辑等，给师生们带来一个个的惊喜。

"学生公司"课程的核心目标不仅是培养未来企业家的优秀素养，更注重学生关注社会、回馈社会的意识和行动。因此，除了引导规范的商业过程，带领其参加全国"学生公司年会""未来企业家峰会"等挑战活动之外，学校更鼓励学生去了解社会现实、关注社会发展、满足社会需要。2012 年"千飞乾途有限责任公司"贾士梅、刘博等七名成员关注到"自闭症"儿童的生存现状，主动发起、策划、组织了主题为"爱满京源：关注星星的孩子"的义演义卖活动，号召社会理解、关注和接纳"自闭症"儿童。整场活动过程始终充满着感动和温情。每逢社会大事件，学生公司都会自发组织一些主题活动，例如，"读书日义卖""雅安地震义卖"等。两年多来，虽然公司常有更迭，但"学生公司"的奉献精神传承了下来，让人欣慰。

在"学生公司"每年的第一节课上，我们会问学生"为什么要参加这门课程"，学生常常会说"为了锻炼""为了赚钱"；而在每年的最后一次课上，当问学生们"未来的企业家需要具备什么"时，学生们除了提到"梦想""能力"之外，还总是会认真地答道："关注社会、回馈社会。"

听到这样的回答，发现这样的变化，那种感动和成就感就会充溢在我们心中，这才是"学生公司"作为"生涯教育"课程的核心价值。

排舞

于　舟

不知道大家在上学的时候，每天课间操都做些什么呢？是《舞动青春》？是《时代在召唤》？还是《七彩阳光》？在京源学校我们干吗？我们跳排舞！这不，又到了一年一度的排舞大赛了，各班同学都在绞尽脑汁地成为赛场上最亮丽的风景线！

快点快点，赶紧去操场，比赛要开始啦！

"为什么大家这么喜欢排舞比赛？"

"可以整活儿啊！"

"这是为数不多的全班都要参与的比赛，一个也不能少。"

"能让老师跟我们一起跳舞，可太有意思了！"

从队形变换到比赛服装的订购再到谁站在 C 位燃爆全场，都是全班同学一起商量讨论出来的，这个过程不只是班级凝聚力的体现，更是中学生创造力爆发的过程。

排舞比赛当天，操场上盛况空前，各个班级都穿着自己精心挑选的服装。有超级玛丽、有蜘蛛侠、有阳光沙滩、有彩虹小队、有动物园的各种小动物，还有网红蛙。一眼望去，我是来到了另一个平行世界吗？平时穿着校服的学生们，我是一个也认不出来了，这不就是青春吗！

比赛开始了！等会儿，这还是平时上操时的那套排舞吗？我怎么看到了这么多不一样的组合？与拉丁舞结合、与动漫的结合、与京剧结合、与武术结合、与街舞结合，竟然还能和滑板结合？天哪，真是让人眼花缭乱，目不暇接。

为了能拿到高分，学生们还去邀请班主任、科任老师、学校领导加入到班级队伍。

"快看，白校长白校长！"

"妈呀，白校长竟然也来跳舞啦！"

只见平时"不苟言笑"的白校长被学生邀请上台，和学生们一起跟着音乐的节奏舞动，操场上瞬间沸腾了。

此时的排舞比赛已经不仅仅是一场体育比赛了，而是学生们创造力的爆发、是对跳舞的重新认知、是全班凝聚力的体现，更是全校师生展现青春活力的舞台！

从 2013 年京源学校引进动感活泼的排舞作为课间操的练习项目，已经走过了十个年头。在这十年中有上万名学生学习排舞，参加排舞比赛，享受排舞带来的青春活力。

排舞也成为了京源学校的一张对外宣传的名片，全国各地的校长和教师来到京源学校参观，全校排舞是我们的保留节目。京源学校排舞队的同学们五次获得国家级奖项，七次获得北京市一等奖。因为排舞，我们的校园更加朝气蓬勃、活力四射！

规划自己的未来

仇光霞

京源学校，高一年级教室，一节名为"生命线"的人生规划课正在进行。只见有的学生把自己的一生画成高低起伏的山峦，每个山顶都有一个需要征服的人生目标；有的学生把一生画成向上的阶梯，每级阶梯代表自己的一次成长蜕变；有的学生把一生画成不规则的形状，象征着人生的千姿百态。学生们通过绘制一条任意形状的线段表示自己的一生，并在过去、现在、未来这三个时间段中标出对自己人生有重要意义的事件。通过这样的课堂活动，学生收获了对未来美好生活的期盼与信心，认识到人生要尽早规划，度过一个有准备的人生。

人生规划教育是帮助学生在正确认识自我与社会的基础上，自主规划人生的教育，在我们的校本课程中占有重要的位置。京源学校是一所集中学、小学、幼儿园于一体的实验性学校，这种办学模式使我们可以结合学生在各个不同时期的发展特点，有针对性地开展人生规划教育。幼儿园阶段让孩子们在游戏中体验各种职业角色，初步了解常见职业的工作内容，培养其对劳动的热爱和对劳动成果的尊重；小学阶段让孩子们学习并完成几种职业的简单劳动过程，建立劳动光荣和职业平等的意识；初中阶段让学生初步将理想与现实结合起来，将理想落到实处；高中阶段让学生明确自我认知，将个人需要与社会需要相结合，掌握人生规划的具体技能。目前，我校已初步形成涵盖幼儿园、小学、初中、高中各阶段的人生规划教育体系。

下面重点介绍我校高中开设人生规划课程的情况。

在高一开设人生规划课，可以尽早培养他们的人生规划的意识以及人生规划与管理的能力，对于他们高中三年的学习规划，高考志愿填报以及以后的人生发展有重要作用。本课程在高一共开设十六节课，以讲授、游戏、讨论、调研、实践活动为主要的教学方式（课程内容见表1）。

其中"体验招聘会"是本课程的一节经典课。学生通过参加社会上的大型招聘会，在招聘现场观察体验、采访调查，形成一篇关于就业形势、社会需求情况的调查报告。学生普遍反映从中真实地体验到了竞争的激烈。有学生说："原来找工作并不是我想的那个样子，我还要进一步锻炼自己的沟通能力，做好未来的准备。"还有的学生说："好多人学的专业跟应聘的职位都不对口，我得好好想想该学什么了。"

本课程以学生探索为主体，老师引导为辅助，以学分制度为保障，以课堂活动为主要形式，结合课下调研、生涯测评、个体咨询，以及主题教育活动，如生涯规划主题班会、"我的职业生涯"报告、走进清华、走进首钢等，积极利用各种资源对学生进行生涯规划指导，帮助学生实际深入地了解自我与社会，在此基础上形成自己的人生规划书，引领自己的未来。

人生规划教育任重而道远，我们将不断推动中小幼一体化的人生规划教育体系蓬勃发展，帮助每个孩子学会规划自己的未来，成为自己生命历程的主人。

表1　北京市京源学校高中人生规划课程

课程名称	课程主题
1. 相识相知	了解课程基本情况，提出自己的需求
2. 生命线	认识到人生规划的重要性，产生学习的动机
3. 发现自我	学习认识自我的方法，更好地了解自我
4. 兴趣是最好的老师 – 兴趣探索（2课时）	探索自己的兴趣以及与兴趣相匹配的职业
6. 尺短寸长 – 性格探索（2课时）	进行性格探索并了解与之相匹配的职业
8. 挖掘潜能 – 能力探索	进行能力探索并了解与之相匹配的职业
9. 我最看重什么 – 价值观探索	进行价值观探索并了解与之相匹配的职业
10. 工作世界探秘（2课时）	了解劳动力市场、职场的现状，知道如何获取职业信息
12. 生涯人物访谈录	帮助学生了解职业信息，增加他们对于职场的认识
13. 体验招聘会	了解社会就业形势，以及自己感兴趣的职业信息
14. 我的抉择	探索自己的决策风格，并学会生涯抉择方法
15. 我的人生我做主	在前面课程的基础上，掌握独立进行人生规划的技能，写人生规划书
16. 我的人生规划书	学生互相交流，教师讲评，完善人生规划书

我们的第三学期

白宏宽

　　传统的校园学习显著不足有三：一是学生缺乏自主选择学习内容的机会；二是学生动手实践不足；三是学生远离自然，远离社会和生活。由于国家规定学习的课程多，难度大，平时很难挤出更多的时间去克服这些不足，即便学校开设一些选修课和社团活动，但由于时间所限，也很难充分满足学生的实际需要。

　　京源学校变寒暑假为"第三学期"，为学生设计了丰富多彩的实践活动，带领学生走上社会，走进自然，把整个世界都变成学生们学习的课堂，开展"无边界学习"。学生们饶有兴趣地参加平日难于参加的活动，探索自然的奥秘，同时接受自然的洗礼；参与社会实践，体验担当社会责任的艰辛与成就感；纵情地歌唱，欢快地舞蹈；与全国各地"学生公司"的小企业家们切磋交流；在世界中学生模拟联合国大会上，与世界各国的"小外交官"们探讨人类共同关心的问题；中华文化小使者们给大洋彼岸的人们带去中国文化的风采；在红山文化遗址，探寻八千年前人类活动的足迹……

　　读万卷书，行万里路，这就是京源学校为克服传统校园学习的不足而开设的"第三学期"课程：丰富、自主、开阔、趣味盎然。

　　下面这一组文章就讲述了发生在第三学期里的故事。

　　排舞是一种国际性健身舞蹈，集舞蹈、体育、艺术于一体，成为同学们喜爱的校园体育运动。2013年7月24日在第一届全国排舞大赛上，京源排舞队荣获最佳表演奖、团体一等奖，齐颖老师获最佳教练员奖。

　　肯尼斯·贝林先生是2013年环球自然日活动的发起人、环球健康与教育基金会创始人兼主席。2013年8月13日，京源学校孔娜老师和两名学生到上海参加了主题为"动物、植物和人类的伟大迁移"的 2013 年环球自然日活动。京源团队的舞蹈短剧《梦幻迁移·路在何方》荣获北京赛区金牌和全球总决赛银牌的好成绩。

2013 年 7 月 18—20 日,京源学校学生公司"源梦有限责任公司"参加了由"JA 中国"发起,复旦大学管理学院协办的上海未来企业家峰会,与来自北京、上海、广州、西安、深圳的十八个学生公司相互交流,同场竞技,参加了展销会、企业见习、成功技能工作坊、创业论坛、舞台展示、颁奖晚宴等企业家级别的活动,充分展现了京源学子的风采。

京源学校学生每年都会利用寒暑假走进社区开展社会实践和社区服务活动,用自己的实际行动为社区建设贡献力量。他们开展捡拾垃圾、清除小广告、慰问孤寡老人、到社区幼儿园做助教等活动。这些活动帮助同学们了解了社会,培养了社会实践能力和责任感。

2013 年 7 月 13 日,京源学校小学部李雪瑶等十三名同学参加了由石景山区冰川馆组织的"老山汉墓考古夏令营"活动。师生对老山汉墓进行了外围的现场勘察,了解了墓葬出土和挖掘的经过,学习了汉代王侯墓葬形制特点,并对墓主人的身份进行了一番分析和猜想;模拟考古,绘制了老山汉墓的示意图;学习了拓片制作技术。

京源《子润》儿童民族乐团成立一年来,为学校热爱民族音乐的孩子们搭设了成长和展示的舞台。

《子润》乐团利用假期带着社团成员来到了世界佛教圣地——敦煌。此行不仅让师生饱览了精美的壁画和浩瀚的沙漠,更让大家的精神得到了纯净和升华,同时提高了孩子们的艺术审美能力。

2013 年 8 月 6 日晚,京源学校师生一行九十余人在内蒙古赤峰市开展了"在高原的星空下"京源学校第四期天文科技夏令营活动。参观了赤峰市博物馆,游览了红山文化遗址——三星塔拉玉龙沙湖,认识了沙地景观和活化石沙地云杉,登览了阿斯哈图石林,欣赏了贡格尔草原的日出等,师生们学到了历史、文化、地理、生物等多个方面的知识。

2013 年 7 月 24 日,京源学校师生一行十人来到美国参加了北京市教委组织的为期十七天的"中华文化小使者交流项目"活动。

作为中华文化传播的小使者,学生们走近圣经、走进教堂,走进大学和博物馆,学习、感受美国的历史和文化。也用中国特色浓郁的京剧、民族舞蹈、太极拳等节目展示了中华文化。

2013 年 8 月 12 日，京源学校师生三十三人参加了学校和中科院联合举办的"长白山科学考察夏令营"活动。

师生们参观了长白山自然博物馆，实地考察了天池、长白瀑布和地下森林等自然景观，了解了当地的地质、生态和人文知识，开展了在森林中安装红外相机拍摄野生动物、采集制作地质和动植物标本、辨认大型真菌、实地调查公路对野生动物的影响、探寻火山遗迹等科研活动。

学编发

李柯澜

今年 6 月，学校安排我们去北京黄庄职业高中进行技术体验活动。体验活动的项目非常丰富，有调咖啡、做珍珠奶茶等餐饮项目，也有布艺手工、3D 打印等技术含量较高的内容。身为爱美的女生，我毫不犹豫地选择了辫发编梳。

为我们上课的是一位很和蔼的老师，她的头发在头顶高高盘起。她带领我们来到一间有许多假人头模型的教室，一张张桌子上整齐地摆着叠好的工服，每件工服上放着一把小巧的梳子。我们穿戴整齐后，老师为我们讲解了今天的任务与流程，又让我们观看了教学视频。看着视频里老师灵巧的双手在头发之间快速穿梭，我不由得对自己能否学会产生了怀疑。

我怀着忐忑的心情开始动手学习。首先要学的是"鱼骨辫"。要先把头发分成两半，然后从左边取一缕头发放到右边，再从右边取一缕头发放到左边，就这样来回交替重复，最后在发梢绑上一个皮筋即可。听起来简单做起来难，光是第一步就把我难住了，两边的头发我总是分不均匀，还总是握不住。接下来的步骤就更不用说了，左边的头发和右边的头发仿佛有了生命一般在我手里乱跑。不一会儿，假人柔顺的头发就被我缠在了一起。我郁闷地把头发重新梳顺，看着别人做得又快又好，我不甘心，深吸了一口气，又重新开始。在同学们的帮助下，我渐渐掌握了技巧，双手交替的速度也越来越快。在阳光的照耀下，我全神贯注地摆弄着复杂的发型，不知不觉中，额头沁出了密密的汗珠。最后绑上皮筋的那一刻，我抹了抹头上的汗，望着自己的作品，心中有说不出的自豪感。

这次活动不仅培养了我的动手能力，还让我明白了互助合作的重要性，使我受益匪浅。

体验长白山

李 军

  今年暑假，我带领本班学生参加了中科院组织的"科技英才"长白山科学探索活动，让同学们和专家一起体验挖掘和采集动植物、地质标本。短短七天的历程给我们留下了宝贵的经历和珍贵的记忆。

  8月15日上午，野生动物学家朴正吉教授和长白山植物研究所王柏教授带领同学们到长白山原始丛林里采集真菌标本和安装红外线照相机。原始丛林完全不是这些初中孩子想象中的童话世界，那里几乎没有路，地面泥泞不堪，稍有不慎就会摔跤。最可恨的是丛林中一群一群的蚊子，它们如影随形地跟着你，疯狂地往你身上扑，学生们被疯狂的蚊子咬得奇痒无比。这时，有人开始抱怨，有的甚至后悔参加这次活动。

  我可以理解学生的抱怨，因为我也与他们一样身上布满蚊虫叮咬的红疙瘩，非常不舒服。但是，抱怨也无济于事，世上更没有后悔药。而且，现在只有一条路——向前进！在我的鼓励下，大多数学生不再抱怨了，咬着牙迈着坚定的步伐向目的地迈进。

  穿过一片片丛林，同学们来到一棵倒木前，这棵松树架在一条小溪之上，像一座桥，整个粗大的树干长满了青苔，还有一些腐烂的痕迹。朴正吉教授说，松鼠和紫貂经常会经过这里，是安装相机的理想地点，于是一个同学拿出相机，另外几个同学拿出绳子慢慢地把相机绕在树上，经过大家的共同努力，终于大功告成。在这个过程中，同学们似乎忘记了蚊子的存在。

  接下来，开始采集真菌并制作标本。偶尔在草丛间或树根下发现野生的果子和颜色艳丽的蘑菇，同学们就兴奋不已，迫不及待地拿给王柏教授辨认它们的种类。半天的活动在不知不觉中结束了，同学们安装了六台红外线照相机，采集到了三十多种真菌，有的同学还采集到了珍贵的灵芝。

当晚总结时，陈敬梓同学由衷感叹：原以为科研工作者只是身穿白大褂整天在实验室做试验，实际上他们不仅从外表上看像个农民，而且还从事比农民更艰苦的工作，他们真不简单！

李子汉同学在当天的日记中写道：望着这杀也杀不光、灭也灭不尽的蚊子，我只好忍气吞声，埋下头继续干活……那些科研工作者，为了获取各种资料，得到真实的数据，在野外的生存，也许不光面临着蚊虫叮咬，或许还要面对毒蛇，甚至猛兽的袭击，但是为了梦想，他们能克服各种困难，由此可见，一切成功都要付出努力与艰辛。

听着学生的感叹，看到学生的日记，我知道，这是一次成功的体验，因为，这是一次生命的历程，学生通过亲身感受，提高了对生命意义的认识。

与蚊子的较量

陈敬梓

我于 2013 年 8 月 12 日至 16 日期间跟随学校的科学考察队前往长白山，其中有欢乐，有艰辛，有轻松，有忙碌。我们碰上了七年一遇的暴雨和成建制成编队的蚊子，也聆听了老师和专家的专业指导和激情讲解，总之，我在长白山度过了一段充实的时光。

在长白山的原始森林中，我们都把自己捂得严严实实，有的人在头上围上了纱巾，还有的人戴上了防蚊虫帽，更有甚者戴上了工业级的防毒面具。是什么让我们如临大敌呢？是蚊子。对于那里的蚊子，用沈复《童趣》中的一句话形容再合适不过："夏蚊成雷，私拟作群鹤舞空，心之所向，则或千或百。"

我们可以采用什么驱蚊方法呢？

花露水本来是我们的防蚊利器，但就是这花露水差点就成了导致我们考察失败的祸水。

我们进原始森林的主要考察任务是布设红外相机，相机会通过温度感应自动拍摄过往动物的身影。我认为我们没有及时捕捉到动物身影的一大部分原因就是有大量驱蚊剂气味残留导致的。因为有异常气味的环境对于野猪等野生动物而言，无异于张贴了一张写着"小心地雷"的大海报。至于严重性嘛，三组组长心里最明白，他到目前为止都万分"痛恨"那个为驱蚊而站在相机周围狂喷花露水的组员。这位组员对自己皮肤的爱惜导致全组的野外调查一无所获。可见，花露水防蚊的方法不可行。以此类推，放置揭盖的清凉油或风油精，摆放夜来香、薰衣草等方法和使用花露水是一样的，都会有大量气味残留，也不可行。

我们开始尝试物理方法防蚊，但也效果欠佳，这经过了我的亲身试验。纱巾之类的防蚊物件一旦因出汗黏在身上就和没有一样，蚊子甚至还可以钻到专用的防蚊虫帽中，我切身感受了蚊子的无孔不入。

我们还想到了使用黑光灯的方法，即用灯光吸引蚊子触碰高压电线，导致蚊子触电身亡。这种办法严格来讲并不是驱蚊，而是灭蚊。我们希望考察活动对环境影响尽量小点，所以放弃了使用黑光灯的方法。

由于不堪忍受原始森林里蚊子的疯狂进攻，我们继续寻找驱蚊方法。

我们将三至五片维生素 B1 溶解于水中，擦在暴露在外面的皮肤上，避免蚊虫叮咬，虽然这同样是利用气味驱蚊，但产生的气味相对较小，非常可行。穿黄色、白色等浅色衣服可以降低被蚊子叮咬的概率，这个方法可以说是绿色无污染，但是请注意，只能是降低被叮咬概率，防蚊效果不好。

综上所述，对于野外安放红外相机这种任务来说，只有涂抹维生素 B1 和穿浅色衣服这两种方法具有可行性，同时我们发现，这两种方法根本无法完全避免铺天盖地的蚊子。尽管如此，我们还是在蚊子的"狂轰乱炸"中坚持完成了野外工作。

这次野外考察使我对于地质工作这个行业有了更深的认识。以前我认为地质工作者只是坐在实验室，吹着空调，把石头放到溶液和仪器中检测成分，但现在我发现，他们的工作环境其实非常艰苦，要接受风吹、日晒、雨淋，还得和这些疯狂的小生物"亲密接触"。

最后，让我再次向那些在野外工作的科学家致敬！

火山弹探秘

陈其昌

今年暑假，我参加了学校组织的"科技英才"长白山科学探索活动，和老师、同学、中科院专家一起体验了采集、挖掘动植物和地质标本的活动。活动中，一个个形似恐龙蛋却来自地球内部的火山弹吸引了我，激发了我探求它"前世今生"的兴趣。

火山弹是火山喷发出的大量岩浆液滴在空中冷却，落到地面形成的。但它为什么会形成两头细中间圆的梭子状外形呢？当时专家只说"火山弹是经过了空气动力学塑造而成的"，但我想探究空气动力学如何具体作用于火山弹的形成。通过收集资料、与同学探讨，我提出了两个假说：纵向成形和旋转成形。

纵向成形：火山喷出的熔岩球在空中做抛物线运动，球整体受到空气阻力和地球引力，球体中密度较大的成分受到的惯性影响大，保持相对运动趋势的能力强，空气阻力对它们的影响较小，所以它们来到了前部，形成尖端；熔岩中密度中等的成分被空气阻力留在中间形成了浑圆的中部；周围空气所产生的阻力黏滞住球体表面，液体使其形成尾托。

旋转成形：尖端主要借助绕轴旋转所产生的离心力形成。两个尖端的成型方式相同，物质成分和密度相近。

这两种假说都可以通过质谱仪分析来验证。遗憾的是我们没有（也没有联系到）这个仪器，所以现在这两种假说只能停留在猜想阶段。不过我通过计算机 CFD 模拟，得到的结果也基本支持这两种假说；如果酸性熔岩喷出时核心温度为 1037.15 开尔文、二氧化硫含量为 48%，它在风力小于等于 4 蒲福时纵向成形概率为 87%，风力在 6 蒲福以上时，旋转成形概率达到 62%。

　　我的假说只是经过计算机模拟验证，有一定局限性，但我希望未来能利用更优质的实验室资源，对这个疑问进行更深入的研究。我始终相信：科学探索就是一个不断追求真理的过程。我会坚持下去！

历山科考营记

岳　玲

一、缘起

利用垣曲当地的资源，进行综合实践课程的开发，源于一个校长培训项目：之前垣曲的校长、教师来我校参观，对于我们的校本课程表现出了极大的兴趣，于是白校长萌生了帮助垣曲老师开发校本课程的念头。为此学校组建了由生物、地理、历史学科骨干教师组成的垣曲自然历史实践活动课程开发团队。

短短两个月中，我们三次"踏上"这块华北最高的亚高山草甸。第一次是"网游"，我们查阅了垣曲大量自然与人文资料，发现历山自然保护区内的舜王坪实践教学资源丰富，那里有刀削斧劈的悬崖、千奇百态的山石，有海拔2358米顶部地势平坦、四周悬崖绝壁的高山草甸。那里的植物种类繁多，奇花异草，让人目不暇接。舜王坪因相传舜王在此耕种而得名，坪顶有舜王庙、舜王井、上马石、珍珠帘、舜王像等众多的自然与人文景观，可融合多学科开展学科实践活动。第二次踏足舜王坪，是我们五位学科老师对历山进行实地的考察，并与垣曲的老师共同策划，制订暑期历山科学考察活动方案，为课程实施做前期准备。第三次踏足，就是现在了，九位老师率领高一的八名学生，和垣曲的三十多名初中学生、二十多名老师共同组成了科考营，分地理、历史、生物三个考察组，踏进莽莽历山，爬上了高高的舜王坪。

二、行走的课堂

8月初的舜王坪，花草繁茂、形态各异、五彩缤纷。生物组由郭锐和刘淑仙老师带领，主要任务是调查不同海拔动植物优势种的变化。通过两位老师的讲解，我们明白了若某种植物在一个地方聚集，便是这个地方的优势种。据当地老百姓讲，舜王坪生长着几十种中草药，在郭锐老师指点下，我们学着神农尝百草的样子，小心品尝了大黄的茎。白校长一边走路，一边问着各种关于花草树木的问题，叫什么名字？有什么作用？归属什么科？郭老师无法一一回答，连连说："我一定再去修个植物分类的博士去。"

一路上，同学们发现了许多有趣的现象。比如，同样是华山松，在山顶的，长得比较矮小，山下的则比较高大。郭锐老师给同学们讲解了其中的原因，第一，是光照强度。山顶上的光照强度很大，所以植物并不需要通过长高的办法来获取更多的阳光。而随着海拔的降低，植物如果比较矮小，就势必会被周围的植物遮挡，获取不到足够的光照。所以，它的高度决定了它是否能获取足够的光照。第二，随着海拔的升高，温度逐渐降低，山顶的植物矮小，散热面积小，更有利于保温。第三，山顶的土壤疏松，地势较陡，一旦下雨，土壤中的营养物质易流失，从而造成土壤贫瘠。第四，山顶的风比较大，那植物为了防止被风吹倒，茎也会朝着缩短的趋势生长，达到不被风吹断的目的。一路下来，郭锐老师不停地提醒学生，注意观察树木形态的变化：在海拔相对较高的地方，以针叶林为主，阔叶林为辅，但是随着海拔的下降，树木的品种慢慢以阔叶林为主，针叶林为辅，在阔叶林为主的海拔高度上，我们很明显可以看到地面上矮小的灌木已经丰富了很多。

路途中出现了一片数十亩大的奇特景观，一块块足有数百斤重的乱石堆满山坡，填满山谷，其间寸草不生，石头中间连土都没有，乱石堆的四周却均是郁郁葱葱的树木，这就是舜王坪上的奇观——沽漯汤坡，它的成因是千年未解的地质之谜。大家纷纷发表自己的推测，有个学生说是地震造成的，有同学马上质疑：周围其他的山峰为什么没有坍塌呢？再说山体坍塌了，上面的土层哪里去了？另一位老师说可能是第四季冰川造成的，冰川内携带着大量的石块，当一小片冰川移动到这个地方时，冰已化完，水就顺山坡流走了，而留下了这一坡的石头，可是附近别的坡上的石头有黄的、黑的、灰的，各种颜色的，为什么只有沽漯汤坡上是一色的白石头？这与常见的冰川搬运造成的景象也不同啊；也有的人说是人为的……大家一路热烈地讨论着。

下山途中，白校长又有了新发现，脚下大片大片的石板上布满了波浪状的纹理，好像"造物主"怕行人走路打滑，有意为之似的，这是怎么形成的呢？"快把它拍下来，待会儿与地理组的会合后，给他们出道题。"白校长对生物组的同学说。后来发现，这个问题早就被地理组的同学发现并写进了他们的课题研究报告里。这种现象叫波痕，是沉积岩在沉积过程中，沉积物受风力或水流的波浪作用，在沉积岩层面上遗留下来的波浪痕迹。他们不仅发现石板上的"波痕"，还发现了另一种现象"泥裂"，泥裂是黏土沉积物表面，由于失水收缩形成的不规则多边形裂缝，裂缝内常被泥沙、石膏等物质充填。

三、有趣的"诱捕"

考察当晚要在住地做飞蛾等昆虫的"灯诱"。刘淑仙老师精心选好了灯诱的地点，接好电源，支好诱捕灯，可是天不作美下起了雨，刘老师只好把诱捕地点转移到了宾馆门口，利用这里的灯光，吸引蛾子不断地飞过来。刘淑仙老师认真地给孩子们讲解蛾子的习性、如何诱捕和储存。第一步是如何捕捉蛾子，蛾子具有趋光性，待其飞到有光的地方，便找一个地点停落不动，你只需要用准备好的毒管轻轻扣住蛾子，待它爬进去，迅速拧上盖子即可。刘老师见窗户上停了四五只大大的很炫很炫的蛾子，"这是箩纹蛾和绿尾大蚕蛾。"刘老师告诉大家，"这样大型的蛾子无法装入毒管，用捕虫网又可能破坏它的翅膀，怎么办呢？这就要靠我们灵活的双手了。"话语间只见她迅速而精准地用食指按住蛾子的腹中上部，蛾子的翅膀自然向上收缩，再用大拇指和中指夹住翅膀，一只蛾子便被顺利擒获，一套动作干净利索，一气呵成。刘老师娴熟的捕虫技术，大大激发了学生们的兴趣，他们或用毒管扣或学着用手擒，虽笨拙生硬，但热情高涨，最终每人都成功地捉到了蛾子。

第二步是如何对捉到的蛾子进行保存，专业术语叫"包蛾子"。刘老师将毒管中已经晕掉的蛾子倒在桌子上，用镊子轻轻压住蛾子前翅根部，此时蛾子的翅膀会自动叠于后方，然后将其放在三角袋中封口。这个操作看似简单，到了学生手上，却变得有些困难起来。有个男生夹起又掉落，反反复复尝试了数次才将蛾子夹起放入三角袋中。捕蛾子不仅让孩子们兴趣盎然，老师们的童心也被激发了出来，拿着捕虫网不停地捕捉，尤其是京源学校的美术大师葛金胜老师，更是玩性大发，"捕着了，捕着了一个！"活动都结束了，他还兴奋得不肯停手。

四、精彩汇报

明天就是老师们的示范课和同学们小课题环节了。今晚注定是一个不眠之夜。老师们不仅要准备自己把当地的资源转化为实践课程的示范课，还要辅导高一学生完成舜王坪实地考察课题的研究。郭锐和宋波老师首次尝试植物分类与定向越野课程结合，为此他们事前就去授课学校拍摄了大量素材。穆俊老师为了激发出当地学生以自己的家乡为骄傲的乡土情怀，让参与展示的垣曲学生大声讲出"舜帝故事"。我们可爱的八个孩子，也都在自己的房间里，紧张地查资料、做 PPT、写演讲稿。白校长和孙校长也忙着和高中学生商讨汇报课题，他们不断提出问题让学生思考，并具体指导 PPT 制作以及语言的表达。

丰富的考察，精心的准备，带来了精彩的示范课和课题汇报会。示范课展示中穆俊老师沉着冷静，整个过程散发着历史学术功底的魅力。刘淑仙老师的昆虫标本制作课堂，人人动手制作昆虫标本，课堂氛围认真严谨而又生动活泼，郭锐老师的笔"画"大自然与宋波老师的定向越野配合得相得益彰，让人耳目一新。

课题汇报会上，地理组的同学运用了地理中的断层、沉积岩等理论知识作为支撑，对高山草甸和沉积岩地貌进行论证，为历山申请地质公园提供了大量的证据；历史组的同学以"走进帝舜故里探寻中国传统文化"为主题，向垣曲的三百多位老师汇报了自己的思考；生物组的同学就高山草甸优势种的自然选择和针叶阔叶林的森林生态系统，不同种类的昆虫在自然环境中的相互依存与相互制约的关系做了课题报告。最后同学们还请台下的师生识别蝗虫参与互动，把活动气氛推向高潮。

这次历山科考营很好地为垣曲地区的师生提供了学科实践活动课程开发与实施的范例，同时也使京源师生得到了锻炼，收获了成长。正如梁昊同学在总结中写道的：我们来到舜帝的故里开展了为期五天的学习生活，在这五天中，"奋斗"一词成为了我们的主旋律。白天我们需要实地考察，晚上还需要查阅和筛选资料，每天晚上都要忙到十二点以后才能睡觉，每天都很辛苦，但我们为自己的青春诗卷谱写了浓墨重彩的一笔，多少年后回想起来一定会历历在目。

苏杭记行

隋　丽

带学生们走出校园和画室，踏上一段遥远的旅途，眼前不再是静默无语冷冰冰的静物和图片，取而代之的是大自然的美丽景致和生动鲜活的世间万象。

回头看看，巍峨的泰山，沉静的大明湖，庄严的孔庙杏坛，飞流直下的庐山瀑布，金黄的婺源油菜花田，古朴的景德镇，还有小桥流水的西塘、精巧雅致的苏州园林、"淡妆浓抹总相宜"的西子湖。不管曾经的旅途是何等疲惫，一路走来，点点滴滴都是珍贵的记忆。

最美的风景

孩子们是如此渴望外出写生。

去苏杭之前，我逗他们，因为马上升高三，就不出去了。"不！""必须去！""以后没机会了！"听吧，一片哀哭咆哮声。直到我说"逗你们玩"，他们立刻又欢呼雀跃，高歌不断。

孩子们格外珍惜难得的写生机会，而我喜欢在绘画的孩子们中间游走。

虎丘蒙蒙细雨中，只见曹兆和正聚精会神地画虎丘塔，他蹲在石凳上，头顶一片竹林，勉强遮住他的头和手中的画板，雨水依然不时落在他身上。

那边几个男生聚在一起画画。他们姿态各异，小霄横跨栏杆而坐，画笔不停地挥动着；昊宸席地而坐，勾描着左前方的柳树；人称"淡定哥"的贾博崴静静地坐在一棵苍劲的大树下面，轻轻地铺开那席白纸。他们像一组雕像，沉浸在绘画的世界，心眼手合一，我走到身边他们也浑然不觉，远山近水，楼台亭阁，柳树多了几分葱翠，荷花多了几分婀娜，风儿也多了几番轻柔。

我四下看去，凡是有孩子画画的地方，都或多或少围着游人。他们一边拿手机拍照，一边询问来自哪里？什么学校？孩子们成了这里最亮丽的风景，而看到这一切的我心里悄悄涌起几分职业的幸福感和骄傲。

真正男子汉

美术班的特点之一是女孩居多，男孩是"稀缺品"。我希望他们个个有阳刚之气，要做真正男子汉。

外出写生是培养他们男子气的好机会。高彧彬刚上高一的时候有点自以为是，很少照顾别人的感受，外出时喜欢做"独行侠"。怎么办？给他布置任务吧，学着照顾别人。贾博崴同学没有手机，外出时不便于联系，我分组时就钦点他们二人一组，重点强调他全权负责贾博崴同学的人身安全，他痛快地答应了。外出中，我发现他不再做"独行侠"了，每时每刻都带着贾博崴。回来之后，我表扬他，并给他加码："你再怜香惜玉点，多照顾咱班娇弱的女生啊。""怎么照顾？"他问。我说："帮她们提箱子啊。"从此一到宾馆，他总是冲在前面，从车上帮同学们往下拿行李。早晨出发，又帮大家往车上搬行李。他的这种行为赢得大家的一致好评，女生在我面前不断夸赞他。我有时心疼他，让他歇歇，他却总是说："男孩多干点没啥。"去虎丘时，天空下起了蒙蒙细雨，但宋老师却画意正浓，不肯收笔，高彧彬见状拿出雨伞，站在宋老师身边为他挡雨。

大师的魅力

苏杭写生最累的人就是宋老师了。每到一个景区，我把孩子们组织到一起进行安全教育后，他就接着给孩子们讲如何取景，怎样选择绘画的角度。讲完后，孩子们就分散开来画画了。我在景区里来来回回地走着，每当看到宋老师时，他总是举着作品在给孩子们讲解，水也顾不上喝一口。他总是说："咱们外出机会难得，一定让孩子们画饱了，我不累。"白天已经很辛苦，晚上回宾馆后，宋老师依然不歇着，让孩子们去他房间讲画。本来就不大的空间，三十多个孩子待在里面，更拥挤不堪，室内温度立马上升，开着空调都不管用。每次宋老师评完画，衣服都是湿透的。想一想，三十五个孩子，每人五分钟，也要近三个小时。有时劝他明天再讲，可没用，不仅他不允许，孩子们也不愿意，都想听完回去修改。

　　宋老师的认真严谨对孩子们的影响是很大的。班里有位同学，速写水平一般，但是这次苏杭之行之后，他有了很大的提升。原来每天宋老师评完后，他都回去重新画一幅给宋老师看，不合要求就再改，直到满意为止。我说："你不累啊，画了一天了。"可他憨憨一笑，说了一句让我感动不已的话："老师你带我们出来不容易，宋老师能够现场指导，机会更难得。"

　　五天的相处，让我对宋老师更为钦佩，也更加清楚"老师"二字的分量。老师不仅要有丰富的学识，更要有人格的魅力，这是一个好老师的标准。

2023.5.18

星星与梦想

王文智

当你走出城市，走进草原或者深山，夜晚的繁星缀满苍穹，站在璀璨的星空下，人们禁不住神思飞扬，无数的疑问与好奇，会激发你探求宇宙奥秘的欲望。

陶醉于星空壮美的京源师生在 2004 年聚在一起，成立了属于我们自己的天文爱好者组织，历经多位专兼职天文教师的辛勤努力，培养了一批又一批天文爱好者，这些爱好者如今已有不少走入全国知名高中和大学。综合楼顶银灰色的天文圆顶成为学生心目中的圣地。

目前国内并没有通行的天文教材，因此每个年龄段学生的教学都是一种尝试。高中学生知识基础好、理解能力强，我们就选用著名科普书籍《千亿个太阳》为蓝本，采取教师引导、学生阅读和讨论交流的方式引导学生自主学习；初三学生社团则以天文学史为主要授课内容，在授课过程中引导学生学习科学思维方法、感受科学精神；而针对初一初二学生，我们精心设计了二十八课时的天文基础学习课程，其中包括二十课时的知识学习课程，每个学期另有四次实践学习课程。

观测活动分为常规观测和特殊天象观测——四季星空、大行星、月球是常规观测主要目标，针对流星雨、彗星、日月食、金星凌日等特殊天象，学校也组织了全校师生进行观测。自 2010 年开始，我们连续四年开展了天文科技夏令营。每到暑假，我们就拉起天文社团的旗帜，坐上远行的火车，踏上向往一整年的天文夏令营的征程。从青岛到坝上，从哈尔滨到赤峰，我们的足迹遍布华北东北地区，在每一个扎营的地方留下学生的青春和梦想。

工欲善其事，必先利其器，为了让学生更加直观地学习，我们尝试进行数字化教学，引导学生将手边先进的电子设备——手机、平板、电脑等转换成学习工具。除了传统的星图、旋转星盘之外，Android 手机的 Google Sky（谷歌星空）、IOS 系统的 Star Walk（星空漫步）和 Windows 电脑系统的 Stellarium（虚拟天文馆）等软件也是人手必备。这些软件可以将星空动态地呈现在学生眼前，引起学生极大兴趣，引导学生认识星空星座、建立天球概念、体会赤道坐标系等难以理解的抽象概念。我们尝试将教学与先进的电子设备相结合，创造别具特色的授课形式，这也许是未来各科学习的一种发展趋势。

从天文社团建立伊始，我们就始终坚信，学生在学校期间所得到的应该是六年的校园生活，而不仅仅是六年的知识学习。在这个思路的指引下，我们设立天文选修课程，组织天文观测活动，邀请专家开设讲座并带领学生走出校园接近最纯净的夜空。我们希望学生在三年或者六年的学校生活之后，留下的除了知识，更有通过各种活动培养出来的能力和建立起来的纯洁友谊与美好回忆。我很欣慰地看到天文社团在过去的几年里丰富了学生们的校园生活。

除了针对本校学生的活动之外，我们还通过冬夏令营、雏鹰少年科学院、多校联合观测等活动，对石景山区小学生开展了天文知识普及和观测活动，积极主动地发挥了京源学校作为科技示范校的辐射作用。

天气晴朗
与同伴
步树荫下
画下一整
个校园
二〇二三年
五月二十六日，
温馨

深圳日记

宋秋宾等

序

2017 年 12 月 27—30 日，京源学校翱翔学员一行二十八人，开展了为期四天的深圳研学考察活动。我们摘录了部分同学的考察日记，来记录这次学习生活。

12 月 27 日

深圳印象

飞机着陆时循环播放着一首歌，有一句歌词我记得格外清楚："来了就是深圳人。"让我们还没下飞机就感受到了这座年轻城市的热情。

——王昭雯

深圳的建筑与北京的大不一样，北京的建筑恢宏有气势，给人厚重的历史感，而深圳映入眼帘的是富有设计感的现代建筑，让人感受到扑面而来的现代气息。这有点像人的成长，在年轻时更容易尝试新的挑战，世界的一切对我们来说都是新的。我相信深圳也一样，正是因为他年轻，才会充满着新生的气息和活力。

——张嘉月

12月28日

上午：深圳实验中学

校际交流是取长补短的好机会。深圳实验中学是特区成立后的第一所公立学校，和京源类似，也是一所十二年一贯制的教育集团模式的学校。深圳实验中学的老师向我们介绍了他们通过创客课程与信息技术、通用技术等必修课程结合的创客教育经验。从课型结构来看，深圳实验中学的创客课程分为信息技术、艺术创作、创意制作三大块，每块内容上又划分为基础、实操、创新三部分，按层次有普及（必修）、进阶、体验，以课程延展、校本研修、校外实践、跨学科融合等课程形态，让学生系统了解创客课程并根据自身情况有不同的选择。

——高冰杉

下午：万科集团

在万科博物馆里，我们了解了万科集团的发展史。其中，它对生态保护的重视给我留下了很深的印象。几乎在这里的每一个角落，都不难发现这一点，博物馆内运用了很多环保材料，如会议室内软木塞压缩制成的地板，报告厅内废弃的铝合金制成的可以吸收声波、可以防火的墙面。地下会议室的天花板上随处可见玻璃天窗，高效地利用自然光达到省电的目的，地面的池水使用雨水和中水进行补给，等等。当今社会上，水体、空气污染事件层出不穷，给人们带来了诸多困扰。在解决环保问题上，万科走在了时代的前沿。博物馆中的一句话是这样说的：人们可以无休止地破坏环境，但最终人类要为之付出代价。

——孙放

在万科最让我震惊的是他们的环保设计。景观池的水是运用中水循环，每年可以节省五万吨水；他们地面的砖是自行设计的，利于渗水；他们的绿化裸地下方是礼品店、食堂、报告厅、停车场入口和办公室等；他们的景观池水下方有采光井，池下方的会议室在早上可以不开灯，省电。这些绿化设计既保护环境又节约了能源。他们的设计也非常精美，楼体采用斜拉索的方式，使主体仿佛浮在空中，显得十分轻巧；窗口上的漂浮体可以动态遮阳，不仅美化楼体，而且无比实用。一个大企业，能够在不断赚钱盈利的基础上保持对环境的尊重，做好对于资源的节省，便值得我给予最大的尊敬。

——张苔丝

12月29日

上午：优必选科技

机器人的体验课里，我们用积木拼接出机器人的形态，并用四个舵机为机器人提供动力，再将其接入中心控制系统进行集成控制。所有组建都进行模块化处理，操作简便，适合批量生产，而软件方面，编程从代码演变成为图形拼接，用各种形状将抽象的代码直观地简化，大大降低了编程的难度，而系统最具革命性的一点是可以手动调节机器人姿态做出特定动作配合微型电脑的实时记录，从而完成一系列的高难度动作的编写。可以想象未来的机器人必定向着两个方面发展：其一是复杂的高度智能化的机器人在高端领域满足人类需求；其二是向着模块化、可组装化的方向发展，给客户发挥的空间，根据实际状况并借助直观编程软件的帮助来实现多种多样的功能。

——王逸云

都说科技是把双刃剑，根据优必选科技老师介绍人工智能的说法，发展人工智能旨在模拟、延伸、扩展人的智能，也就是说希望机器人能做人类无法做到的事，这满足了现代人们的需求，使得 AI 领域成为未来发展的大方向；但从另一面说，既然机器人能做到人类无法做到的事，人类就可能有一天失去对它们的控制，那么后果将不堪设想。

"环境塑造人格"，机器人的价值观只要在良好的环境中培养，能给人们带来好的影响和帮助。而如果在不好的环境中培养，机器人的思想一样会受到扭曲，进而可能带来毁灭性的破坏，由此可见，想要对社会有所贡献的人会利用科技服务人类，而想要制造社会混乱的人会利用科技制造危险品、毒品等破坏社会秩序。所以真正的威胁不是发展迅速的科技，而是思想扭曲的人，所以培养人的正确价值观，远比单纯传授知识重要得多。

——王骁宇

我们渴望掌控生命，渴望破解生命体最深层次的秘密。基因在这类研究中被寄予重望，华大基因正是以研究基因为主的生命科学领域的领军者。在华大的努力下，中国的基因科学，从 20 世纪末的跟随、参与，到如今成功完成了同步与超越，仅仅用了二十年。在这二十年中，我国参与了人类基因组测序计划 1%，主持了"炎黄一号"，世界第一个黄种人基因测序项目，启动了千人基因组计划，做了 MetaHIT 项目，等等。尤其令人欣喜的是，我们国家有了自己的国家基因库。在"基因造福人类"的愿景之下，华大大力发展与推广精准医学，将 NIFTY 产前检测等技术产业化，培育出了以"华小米"为代表的一系列高产的、适应力强的农作物，量产出临床级别测序仪；而且所有这些应用，华大都在努力地降低成本或以社会公益的形式，使更多的人能吃得安心，能享受到更健康的生活。

——高冰杉

华大集团在基因方面堪称中国基因产业的开荒者。在面对传统医学统治了上千年的中国医学，华大基因嗅到了精准医学在未来的发展前途，因此，在"人类基因组计划"提出之后，华大基因便参与其中，此前"人类基因组计划"所测得的仅仅是白种人的基因序列，而黄种人、黑种人的基因研究还处在一个空白阶段，华大基因抓住了这一契机，联合多国科学家，主持了关于黄种人基因族的研究，发现了跨人种之间基因不同之处竟能够达到 0.15% 之多。这项研究不仅增强了我国在基因研究方面的整体实力，同时提升了华大基因在基因研究方面的地位。双螺旋的拆解、DNB、碱基的吸附，以及光对不同种碱基的识别，华大基因从一开始的提出理论到如今的芯片化，一直走在国家甚至是世界的前方，华大基因这种对于未知领域的不断探索精神，让其成为了全球基因方面的领军人物，也让其成为了一个成功而且负责的企业。

——张家琦

12月30日

越疆科技

一开始来到越疆科技的楼前，我是震惊的——这是我们此行第一次见到年代如此久远的破旧厂房。越疆科技是近年诞生，在中科创客学院的帮助下成功脱颖而出的高新产业公司。越疆科技主要研发的产品就是机械臂。一提到机械臂，必然专指用于工业生产的、大型机器上的机械臂，而越疆科技将机械臂搬到了桌面上，由厂房搬到了生活中。并且一般的机械臂只能承担一种任务，但越疆科技所研发的机械臂可以通过更换不同的接口来实现不同的功能，并且将控制端与实际行动的机械臂合为一体，使整套装置更为轻便。为什么其他规模更大的公司没有做出这样的机械臂，反倒是需要创客学院帮助的越疆科技成功了呢？原因就在于"学以致用"这四个字，哪怕再简单的知识，都可能派上关键的用场。

——王金玥

科技值得为之赞叹，科研人的精神更值得深入学习。最后一天的上午，我们来到一个外观破旧，墙皮脱落，电梯都已经发出年迈喘息的老楼——越疆科技的公司所在。作为深圳为数不多的微型机械臂轻工业企业，它早已闻名于世，但他并没有急于改善自身的工作环境，反而将公司的盈利与经费转而再次投入研发，夜以继日地谋求更高效的机械臂。如此对科研项目投入的精神着实打动了我。

——张一林

尾 声

"读万卷书，行万里路。"书重要，见识同样重要。四天，二十八人，短短的时间并不能将一个城市的科技发展看全看透，但此行让我们了解了深圳在这四十年中的发展起伏，以及发展背后对企业文化、决策，甚至科技教育的启示。

学生是接受新兴事物的群体，也是敢于尝试创造的群体，帮助学生了解社会的发展变化，并将自我和社会相连接，我想，这也就是我们深圳之行的目的了。你的见识也许会影响你未来的选择，而你未来的选择有可能会影响整个社会，甚至整个中国的发展。

—— 宋秋宾

青春的记忆

王若瑄

　　我不是第一次旅行，不是第一次来到港澳，但这却是我第一次感受到了旅行的价值。在这之前的我都是以拍照为目的的游玩，去欣赏最美的景色，却根本没有感受到当地的文化特色。六年级毕业后我曾来到港澳，如果你要我谈论当时的经历，我只能说出我去过哪里、干了什么、开不开心，但我还是不了解那里的文化，或者说我对那里的印象只有浅浅的一层，当时导游的介绍我早就忘得一干二净。而这次我弥补了那次旅行的遗憾，去多方位感受港澳的魅力，与港澳的同学们一起交流，一起参观。

　　来到香港的第一天我就感受到了两地的用餐差异，也许是因为有些出乎意料所以才印象深刻。与北京餐桌上总是堆满十几道菜不同的是，香港的餐桌上永远只有两三道菜，不是说我们只吃两三道，而是每当上完一道菜，在我们一起享用一会儿后，服务员便会将菜均匀地分到每个人的盘子里，然后将空盘撤走。我问为什么这样做，香港的同学们解释道，因为怕后上来的菜没地方放，所以要把先上来的菜尽量清空，而且怕大家浪费，所以服务员才会把盘子里的菜分给每个人。香港和澳门的同学们吃饭也很有讲究，感触颇深的便是在澳门的葡餐了。坐在我对面的是一位香港的男生，我吃面包是这样——拿起一个面包咬上一大口，撕开黄油，随便涂涂，再接着吃；而他吃面包是这样——用刀仔细地把面包从中间剖成连着的两半，然后将黄油均匀地抹在面包里，再细细地品味……至于我为什么会知道他是怎样吃的，是因为我吃面包的方法被他制止了，随后他便教我怎么吃。美味的鱼放在我面前，正当我踌躇着要不要下手时，他已经开始动手了。他先将柠檬汁均匀地洒在盘子中的四条鱼上，然后开始仔细地将鱼肉和鱼骨分开，不慌不忙，很认真，很投入，我和我的小伙伴们静静地看着他，感叹又赞叹。当这项需要十足精力的工程完成后，他并没有独自享受自己的劳动成果，而是将它分享给了我们。其实每次吃饭我都是会被港澳同学们照顾的那一个，我感受到的不仅仅是食物中的美味，更是食物中所包含的他们对我的关爱，是友谊的建立。

港澳的同学们把他们东道主的职责诠释得很好。他们帮我们夹菜倒水，帮我们撑伞提包，每到一处地方，便会向我们介绍那里的好吃的好玩的。记得去大澳那个小渔村的时候，我和我的校友开始学习粤语，从我们的名字开始学起，我的名字翻译成粤语听着很简单，可是学起来就不是这么一回事了，瑄字哪里有 xuan 的音，要读成 huen（大概是这样），其实我觉得自己读得很标准了，可是偏偏没有通过，我也不知道哪里出了问题，只是一遍一遍地模仿着教我的澳门同学赵乐娱，她也耐心地教我读，寻找我问题的所在，终于，她告诉我，不要咧着嘴读，是圆口的……我的天，尽管读音在我听起来都差不多，但口型的差别却造就了另一个字。更多的同学加入了我们学粤语的行列。为了给我们增加难度，澳门的同学拿起了一个我们不认识的同学的名牌，问我们她的名字用粤语应该怎么说。我看了看她的名牌，她叫熊珈瑜，其实我很想尝试一下的，但又怕把别人的名字说错，毕竟自己的名字还是练了很久才说对的。澳门的同学们鼓励着我们："没事说吧，错了也没关系。"于是我张开嘴说出了第一个字的粤语版，其实是凭借着一点点猜测和一点点印象说的，但没想到真的就对了！看着她们期盼的眼神，我又说了第二个字和第三个字，完全答对！喜悦的情绪是我无法掩饰的，于是高兴得蹦了起来，可能因为是我自己第一次用粤语说对一个不认识的人的名字，所以她的名字才会令我印象深刻。

直到分别的那天才突然发现七天的时间原来这么短，大家才刚刚建立好友谊就要被迫说再见……根据航班时间，我们凌晨就要从酒店出发，所以很多港澳的好朋友来不及说再见就要分别，相遇是一种缘分，相信我们的情谊不会因为时间，不会因为距离而说永远的再见。

青春港澳行，一次与众不同的旅行，一次意义非凡的旅行。谢谢这次的旅行，让我在青春的记忆中又增添了美好的一笔，让我在正值青春的年龄认识了本以为永远不会认识的朋友！

大澳的故事

李思妍

位于大屿山的大澳，是香港最容易抵达的离岛渔村，距离繁华的香港仅需一两个小时路程。岛上居民仍然以传统的捕鱼为生，偏居一隅地过着小日子。我想要了解这个与世隔绝的小地方，但一道鸿沟让我停下了脚步——语言障碍。

因为大澳与世隔绝、偏居一隅，所以村里的人都说粤语，导游也如此。这一盆冰凉的水从头一直浇到我的脚底，心里的欢喜也逐渐没落……

来到大澳的第一件事是学习咸蛋的做法，一位皮肤因出海打鱼而变得黝黑的老奶奶在桌子旁一边演示一边讲些什么。她好像是在解释自己的动作，但这只是我自己的猜想，直到……

她默默地走到我的身边，轻轻地问我："可以听懂吗？"我笑着摇摇头。后来，她在我的身后把老奶奶的话用普通话解释给我听，那一刻，我有一种说不出来的感觉蔓延在心里，就好像是一个走在沙漠里的人看到一汪泉水，一个失明的人看到了蓝天白云一样。那个屋子里很热，她好像感受不到一样，一直为我解释着，汗水从她的额头滑下，在脸颊上留下一道美丽的弧线，逐渐浸湿她的衣服，最终砸在木板的地面上，没了痕迹。

我以为她只会帮我解释一会儿，但没想到她一直陪伴在我的身旁。从小小的房间走出去后，又迎来了新的介绍。不同于木屋的是，我们在室外，没有风扇，没有遮阳物，这对我们每个人都是一种考验。站定了之后，她打着伞，朝我走来，没有多余的话，直接向我解释着这些木屋的历史。她告诉我，她曾经来过这里，听过导游的介绍，让我直接听她介绍就可以了，不用担心听不懂导游的介绍。我看着对面的棚屋，脚下的河流，天上的白云和身旁的她，心中充满了幸福的感觉，原来结识新的朋友的感觉是幸福的。

这是这次交流活动的第四天，是我们在香港的最后一天，是我真正认识柳琴的一天。

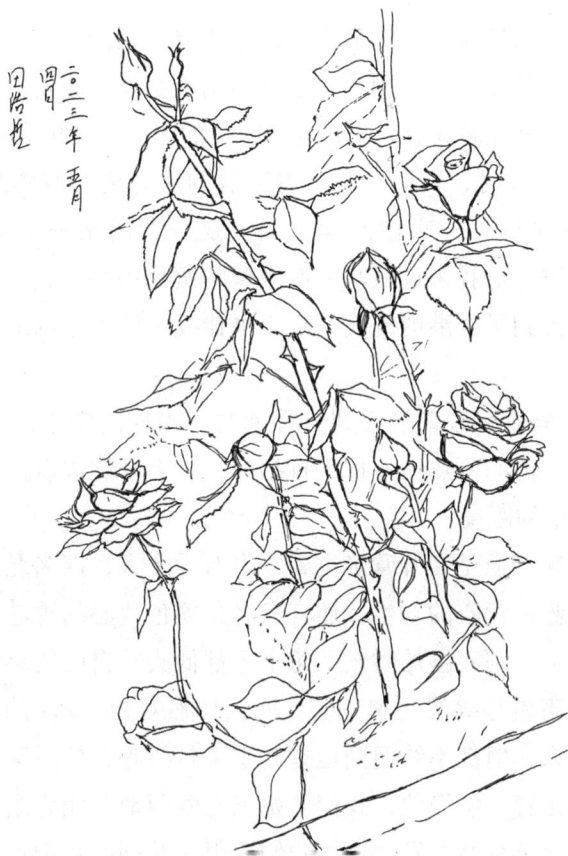

梦醒时分

范希平

　　我望着窗外斑驳的星辉，在灯光照耀下露出淡淡的身影，对面是一座熟悉又陌生，极其辉煌的建筑，它用几十米高的钢筋水泥和暖橙色的霓虹灯表现着自己的繁华。现在是凌晨 3 点，我置身于繁华的澳门，却体会着分离的孤独。

　　依稀记得第一天时，我们也是披着凌晨的星辉离开我熟悉的家乡——北京，去往青春港澳行——京港澳学生交流夏令营的第一个交流地点——香港。在此之前，香港对我来说只是一座繁荣的贸易中心，我从未去过。这次交流，不仅使我体会到了香港的现代气息，也让我了解了它的文化发展和悠久的历史。

　　当我们怀着激动又好奇的心到达香港时，当地的学生已经在门口等候多时。一见到我们，他们便热情地挥手打招呼，脸上都绽放着灿烂的笑容，一下便拉近了两地学生的距离。

　　第一次坐下来沟通是在开营晚宴，一桌有十个人，四名北京学生都是和我同一个学校的穿蓝色背心的女生，还有三名穿粉色背心的香港女生和三名穿绿色背心的澳门女生。刚入座的时候，每个人都低头干自己的事情，偶尔抬头看看其他同学，又害羞地笑笑迅速垂眼。两人偶然对视，露出了甜甜的笑容后，不知道再说些什么，但都不约而同地举起手来打招呼，然后又相视一笑，气氛就这么微妙地变化着。慢慢地，我们开始三三两两地互相介绍起来，开始聊自己的兴趣爱好、学习生活，发现原来我们有很多共同的兴趣点：比如，喜欢的音乐、电影，也会有高考的压力，气氛越来越和谐，一桌人都熟络了起来，我们也都享受于三地同学难得的友谊。

　　7 月 23 日是我的生日，生日当天，大家都沉浸在和新同学相见的喜悦当中，竟没人记得和我说一句生日快乐，说不难过是假的。晚上的时候，老师说去练习节目，而我因为得到消息晚，结果最后一个到达。当我气喘吁吁地跑到练习的房间门口，慌忙地打开门时，我看到黑暗的房间里，只有一片淡淡的光亮。同学们整齐地站在门口，做出祈祷的动作，然后，大声地祝福道：生日快乐！一瞬间，全世界像静止一般，我只能听到自己激动的心跳。像缺氧的人浮出水面，我终于反应过来，不住地深呼吸，想平复内心奔涌的惊喜。我看向他们一个个洋溢着笑容的脸，满心欢喜，眼泪决了堤，止不住地流下，这是开心的泪，惊喜的泪，感谢的泪。随后我们观看了出发前同学们准备好的生日祝福视频，我感动得难以言表，一遍一遍地说着感谢。这个远在他乡的生日，我想我一辈子也不会忘掉，它使我拥有了满满的幸福和感动，让我体会到了同学们的用心，我想，充满爱的我们，一定会用真心在港澳之旅中收获更多友谊！

第二天我们去大澳渔村做咸鸭蛋黄，因为当地的渔民接触不到普通话，所以讲解、介绍全程粤语，这让北京来的我们听起来十分费力。通车的香港同学看到后，毫不推脱地当起了我的翻译。无论当地渔民的语速有多快，她都应对自如，用流利的普通话和我娓娓道来。在渔民的木屋里，室内温度超过30摄氏度，每个人脸上都流下了汗水，但那个穿粉衣服的女孩，丝毫不被高温所打扰，耐心给我讲解。原本她可以安静地听，但现在却说得口干舌燥，只为能让我听明白，更好理解香港特有的渔村文化，不会对制作的物品不明所以。我看着她明亮的眼眸，感受着说话温柔的语气，突然希望时间过得慢一点，或许再也没机会和她见面，没机会听她耐心地翻译。在这个特殊的地点，特殊的时间，遇到的特殊的人，我愿意相信，一切都是最好的安排。对于两个素不相识的人，仅仅是相遇，便已经足够回忆。

时间过得很快，现在是凌晨3点。我的身边陪伴着几个港澳的同学，再过一个小时，我们就要分别了。这个夜晚，我们欢笑玩耍，高谈理想，却闭口不提即将面临的分离，希望我们最后记住的只有快乐，没有苦涩。

仿佛南柯一梦，不知道以后还能否有机会再见。拉开房间的门，静静挥手道别，眼中一片晶莹，但也只能忍住转身。

一场美好的梦醒了，梦中有我，有她们，但有些人和事情我是不会忘记的。

再见，严先生

鞠孟奇

当坐上大巴车隔着窗户和来送别我们的港澳老师、同学分别的那一刻，心中的不舍才一下子涌上心头。一边劝着别的同学别伤心，一边自己悄悄红了眼眶。七天，那么长，也那么短。晴朗的天气，美丽的风景，热情的同学全都给我留下了深刻的印象。在这次的旅程中我认识了很多人，而给我留下最深印象的是我们在香港时的导游严先生。

旅途的第二天我才开始接触到严先生。第一眼倒是没有特别的感觉：四十多岁的样子，略胖，微微有点啤酒肚还有点秃顶，人倒是一副很和气的样子。一开口，他那独特的港台腔普通话就莫名给我一种亲近感，拉近了我们间的距离。因为他总是自称严先生所以我们也都这样叫了起来。

照理说，一般的导游只负责介绍景点，而严先生却不这样，他会结合自身的经历感受为我们讲解，显得更加生动形象。几天的接触，让我对这位和气幽默的大叔产生了很大好感。

第二天在海洋公园前，因为公园很大，在规定时间内肯定不能转完，严先生就很热情地帮我们推荐路线，告诉我们怎样玩才是最省时最高效的。根据他的路线，我们几乎玩到了所有想要玩的游乐项目还参观了许多动物馆，玩得不亦乐乎。

第三天在香港历史博物馆，由于我们车的讲解员声音很小，我们北京同学在后边基本都听不到，严先生便主动出面商量由他带我们班北京的老师同学参观，帮我们解决了问题。他考虑到在规定时间内无法转完全馆所以选择了我们最感兴趣，也最应该了解的历史讲给我们听。因为他是在香港长大的，所以对这儿的历史很了解，讲起来也很清晰，独有一番韵味。尤其是在一个旧时房间的展室前，他为我们讲述起自己小时候生活在十一平方米小屋子的真实经历。幽默的讲解中也透着那时生活的苦涩，这是他独特而难忘的记忆。

严先生除了带给我们快乐与亲切外还令我非常感动。第一天与他相处时我就注意到他的胳膊上贴了一小块像输液贴一样的胶布，起初我以为他只是刚刚抽过血，直到他无意中提到他的手臂刚刚做过手术，送我们到目的地后还要去换药，心里一下就被这个萌大叔感动到了。既为他的敬业感动，也对他感到心疼。后来我看到他的胶布变得更大了，也不知道是由于伤口更严重了还是什么原因，但他一刻也没有耽误自己的工作。香港的天气很热，容易出汗，我好几次看到严先生好像是怕伤口贴翘起似的轻轻压着胶布边。那一刻对他的感动与感谢真的无法言表。

其实严先生身上也折射着香港人的特点。香港人总给人留下热情温暖的印象。无论是主动为我们介绍景点、拉着我们一起做游戏的香港同学，还是谦谦有礼，总是认真与我们交流看法的老师，抑或是微笑着为我指路的陌生人都令我这个异乡人在这座繁华大都市中感受到了独属自己的小确幸。

拿着船票排队，终于要与严先生告别，与这座拥有独特魅力的城市告别。我在门前最后一次朝他挥挥手，看着他朝我们微笑。终于，我不舍地走过了那道门，门内，依旧喧嚣，好像什么都没有改变。我相信如果有缘一定能再次相见，香港，再见！严先生，再见！

在交流中寻找差距，在谈笑中自我进取

文一涵

香港天际 100 观景台上，我忙着收集各种印章、拍摄各种照片的节奏，被背后传来的略不标准的普通话打断了。"环球贸易广场三期工程，可用水平高度 490 米，总楼面积为 2822.039 平方英尺，在钢筋混凝土剪力墙体系建筑中高度名列第七，2012 年落成。"他那听起来略带生疏的普通话中流露出理科生严谨缜密的逻辑。

在香港这座繁荣的城市，不难看到科学技术留下的影子。现代化的码头、现代化的交通线、现代化的摩天大楼……这里有群一腔热血、喜爱科技的学生，他就是其中一个，是其中最有代表性的一员，一副标准的技术宅的形象。如果说香港的高楼林立震撼了我的眼睛，那么他站在天际 100 上，背靠海湾，面朝城市，对香港每一系统工作原理讲解的背影则深深地震撼了我的心灵。每次见到他侃侃而谈我都会想，为何我们班，我们学校，少有这样的人？

在天际 100 上，他对这栋摩天大楼的介绍一定超越了导游的讲解。我虽对环球贸易广场不甚了解，但对建筑还是有一定了解的。不久，我们便围绕着这栋大楼的减震系统开始了辩论。

"你看，这里经常刮台风，这么高的建筑一定会受到风的影响而左右摇晃，那么这里是如何解决这个问题的呢？"我问道。

"你说的这个问题是各个地区设计摩天大楼时都必须要考虑的问题。每栋大楼一定都有自己的减震系统，这里也不例外。"他回答说。

"那么它用的是什么办法呢？我知道中国台湾有一栋台北 101 大楼，大楼的高层设立有一个摆锤，以抵消晃动。这里也有摆锤吗？"我继续问他。

"我觉得没有。原因有二。第一，环球贸易广场在 2008 年末已有各大小商户进驻营业，楼内的空间非常有限。安装类似台北 101 那种大型阻尼器，会造成巨大的空间浪费。第二，这栋大楼的高层有一个大水池，水池里的水也能起到抵消振动的效果，所以我觉得不需要安装这种阻尼器。"

不论这栋楼实际的减震系统到底如何，他的回答都令我感到非常震撼。这种回答，不就是在课堂上老师经常训练，力图让我们做到的"有逻辑的回答"吗？而眼前的香港学生，已经将这种严谨的逻辑融入到生活中了。我在敬佩他的同时，深深地感受到了差异的巨大。将严谨作为一种生活态度，不是一朝一夕能练成的。或许，当我们玩游戏时，当我们上网闲聊时，他都在阅读各种材料，提高着自己的知识水平。

乘坐电梯从大楼上下来的时候，我一直在想：香港的学生何以拥有广博的科学知识？我想，无非是他们能够做到自主学习，并在学习中找到快乐。我很感谢这次活动的举办方，感谢他们的高瞻远瞩。通过这次活动，我真切地感受到了同在华夏大地上读书的香港学生的优秀。更重要的是发现了差距，也找到了努力的方向。比起那些美丽的夜景，那些舒适的酒店，这些才是这次港澳之行留给我的最难忘的回忆。

澳洲之行的收获

姚禹彤

今年寒假，我有幸和其他几位同学一起，前往澳大利亚进行为期九天的访问和交流活动。在这次活动中，我们通过参观当地学校，住在当地寄宿家庭，体验了别样的澳洲生活，深刻地感受到了中澳文化与生活的差异和教育机制的不同，同时英语的学习，尤其是口语听力这部分收获很大，获得了在学校学不到的知识和体验。

这次澳洲之行最令我难忘的就是为当地的小学生用英文介绍中国的春节文化。介绍之前我做了充分的准备，不仅参考众多英文材料写了稿子，还和寄宿家庭的妈妈讨论了发音、语法等问题，学到了一些地道的英文用语。介绍那天，开始我是很紧张的，但当开始之后，我熟练地将预备好的故事娓娓道来，那些玩闹的孩子们竟纷纷停下了手中的事情，一个个抬起头来，用充满兴趣的眼光看着我，侧耳仔细听着，有的甚至激动地举起手来，要进行提问。我受到了鼓舞，自信倍增，听着那些天真可爱的小学生们用稚嫩的语气问着稀奇古怪的问题，看着他们一个个兴奋而灵动的眼神，我竟在不知不觉间放松了下来，表达也更加随心所欲，而不仅仅拘束于一张提前拟好的草稿。我逐渐融入了这个轻松而快乐的氛围，感觉英语不再是一门用于考试的科目，更是一种沟通工具。那一刻，我忽然感觉很骄傲，骄傲我是一个中国人，骄傲祖国五千年灿烂的历史文化；骄傲我可以掌握英语这门语言，骄傲我可以凭自己的力量将祖国的灿烂文化传播到世界各地。

澳洲之行中令我记忆深刻的莫过于在寄宿家庭和当地学校的生活了。这几天来，我体验了地地道道的澳洲当地生活，在不知不觉中融入了寄宿家庭和谐的氛围，虽然内心很想家，但在澳洲朋友的关心下，我渐渐放开了自己，不再因为身在异地而处处拘束。我和当地孩子一起玩、一起笑、一起闹；我们一起参加了 Party，一起漫步海边，一起逛书店，一起疯狂购物……在这样的环境中，英语表达于我似乎变得更加自然、流利了，我的与人相处的能力也在慢慢提高。

这次澳洲之行的收获是出乎意料的。不仅提高了英语水平，更学到了有关中澳文化和生活的知识，开阔了视野，日后若是有机会留学国外，这也是一笔不可多得的经验累积。

放飞梦想从游学起航

丁雨鑫家长

这是第三次送孩子"远行"，虽然少些第一次送行时的忐忑和担心，但依然是恋恋不舍地看着送站大巴远去而久久不肯离去。

在互联网百科中"游学"的英文名字是"Study Abroad"，字面意思是"留学、出国留学、国外学习"，而现代教育意义上的游学，是20世纪随着世界和平潮流和全球化发展进程而产生，并逐渐成熟的一种国际性跨文化探究式教育模式。中国有"读万卷书，不如行万里路，行万里路，不如阅人无数"的说法，就验证了这种探究式教育的益处。而今，大巴又一次带着孩子的梦想远航了，作为家长，又要与孩子一起度过难忘而有意义的一周了。

通过老师们的现场直播，我也"参观"一下南京的博物馆，"游逛"了夫子庙，"登上"了紫金山，"探究"了贴金箔和中山杉耐水淹功能基因克隆实验，"分享"了精彩的科学探究的课题汇报，这种探究式的学习模式锻炼的不仅是孩子的动手能力，而且也培养了孩子的集体协作和对未知世界探究的意识。

现在的课本改版后，都出现了很多的探究式学习。探究式学习强化的是一个主动探究知识的过程，而我们现在的学生就是缺少主动的学习态度、缺乏合作能力，而有了探究式的学习，有利于培养我们的合作、与人交流的能力。探究是孩子获得关于这个世界的知识的重要途径，正所谓授人以鱼不如授人以渔。通过这种游学探究式学习，引导孩子自主获取知识或信息，通过与同伴的共同努力，取得研究成果，虽然不能与科学家的研究工作相比，但其过程和形式是相似的，为我们获得科学知识，培养能力，锻炼素质奠定基础，同时对于培养孩子学会学习、终生学习亦具有重要意义。联合国教科文组织终身教育科科长保罗·郎格郎在《论终身教育》的发言中说：未来的文盲，不再是不认识字的人，而是没有学会怎样学习的人。可见，这种探究式学习模式多么重要。

有了探究的精神，就能做到"打破砂锅问到底"，做到真学、真会、真懂，久而久之，这种习惯就培养了一种能力，一种探索未知世界的创新能力。创新是一个民族的灵魂，是一个国家兴旺发达的不竭动力，我们国家无论经济建设还是教育事业，都需要创新，目前实施的新课程改革不也是创新吗？使学生能够具有初步的创新精神和实践能力的教育已经成为数学教学的一个重点。在实际教学过程中对学生创新能力的培养要体现在教育观念上，渗透在数学教育活动中，而游学这种探究式教育模式就是京源学校给予孩子最好的教育。

品尝着孩子游学归来带回的美味土特产，回忆着孩子游学中丰富多彩寓教于乐的探究式学习课程，仿佛看到京源的孩子们带着梦想，乘着游学的航船去探究那浩瀚无垠的知识海洋。

2003.5.18 AYM

跨越海峡

董　舟

桃花烂漫春风日，又是故友相逢时。暮春三月，台北市私立静心中学和京源师生再度相聚云端，共同举办第三届海峡两岸中学生线上交流活动，品味中华文化、共叙两岸情谊。

时光飞逝，仔细算来，这已经是静心、京源师生的第八年相聚了。自2016年两校缔结友好姊妹校关系以来，我们在中国台湾，在北京，在济南，在线下，在线上，亲历了一次又一次难忘的海峡之约。

唐校长、庄主任、李主任，当屏幕前出现那一个个熟悉的面孔，传来那一声声亲切的问候，我的思绪也一下子飞回到了2017年台北的那个夏天……

那年暑假，静心学校举办第二届台北、香港、北京、济南四地中学生文艺营，在唐校长的盛情邀请下，白宏宽校长派我带着学校小记者团的孩子们前往台北参加活动。拜读静心发来的邀请函，我心中不由得赞叹，好文采——文白兼具，雅致谦和，让人一下子感受到两岸文脉的一脉相承，倍感亲切。

7月2日，我和同学们怀着无比期待的心情踏上了宝岛，开启了两校师生的第一次亲密接触。飞机上，有的孩子问我：老师，您说，台湾的同学好相处吗，我们能互相听懂大家说话吗？我有点哑然失笑：肯定能听懂，就像咱们看台湾电视剧一样，放心吧。——话是这样说，但是我心中也确实有些忐忑，毕竟有着太多的隔阂与不同，孩子们的初次相遇，会是怎样的呢？

事实证明，我的担忧是完全没有必要的。下了飞机一出闸口，我们就被来接机的静心李主任和台湾同学们热情地围住了，"怎样，飞机上还顺利吗？""累不累？""是不是很热？"带着浓浓台湾腔的嘘寒问暖让我们瞬间宾至如归。我们的行李不少，台湾同学们争先恐后地帮着拿。前往酒店的路上，李主任和静心同学们还一直为我们介绍台湾的风土人情。

夜晚的欢迎餐会上，唐尚智校长亲自为我们接风洗尘，礼遇有加，餐桌上，静心的同学们热情地为我们介绍台湾的传统菜肴和特色小吃，孩子们兴高采烈地聊起自己的学习和生活，以及各种新闻趣事，好像有说不完的话。一顿晚餐下来，男孩子们称兄道弟，女孩子们手挽着手，俨然成了老友一般。望着他们结伴而行的背影，我们老师们不禁感叹，赤子之心啊，真是最容易互相贴近的。

本次文艺营的主题是"唱自己的歌"，台北、香港、北京、济南四地的同学们一起分组合作，把诗词，写作，谱曲，视频等多种元素糅合在一起，形成一个完整的艺术短片作品。短短的四天里，孩子们同听大师的讲座，共议创作的细节，真诚交流，互相帮助，思维火花碰撞，欢声笑语不断。在最后的视频制作中，孩子们更是各显身手，写歌词，谱曲子，录视频，做剪辑，即使到了吃饭时间，也依然在集体奋斗，让人深深地为他们的执着和团结而感动。我想，这也许就是同根同源、同文同种的力量，虽然海峡相隔，但我们的心与魂是在一起的。

相见时难别亦难，分别时，不争气的眼泪早已从女生的眼中夺眶而出，男孩子们也努力地吸着鼻头，没关系，还会再见的，我们互相安慰，但或者说，这其实不是安慰，因为其后的每一年，在北京、在济南、在云端，我们真的再见了，而且每一次，都是更多人的再见，我也相信，今后，我们会有更多更多的再见，延续这跨越海峡的约定！

助人之乐

辛飞翔

皎洁的月光下，小勇的泪水晶莹闪亮。我拍拍他的肩膀，也热泪盈眶。

认识小勇，还要从参加"扶贫攻坚"夏令营说起。

那天，当我看到活动海报时，好奇心一下子被激起：西北山区是什么样的？那儿和我同龄的孩子是怎样学习生活的？带着憧憬，我报了名。

可到了小山村一看，我顿时傻眼了：这里地处偏远，别说电影院、商场，连去趟小卖部都得爬过一座小山。我寄宿的小勇家，几乎可用"家徒四壁"来形容。小勇虽然只有十四岁，可家中里里外外全得靠他。假期里，他做家务、干农活，还得照顾生病的妈妈。我来后，他把家里最好的被褥都让给我用，有时候还会到山上给我采野果吃。我虽然也很想帮他，但由于平常不干活，老给他帮倒忙。

我来时带了一面小国旗，送给小勇当礼物。小勇非常珍惜，经常拿出来仔细端详。山里的夏夜清冷幽静，没有网络，没有电影，我们常常在月夜下倾心交谈。小勇说，他最大的愿望是去天安门广场看升旗。我说："那还不容易，你成绩那么好，将来考到北京的大学就能天天看升旗了！"小勇深深叹了口气，沉默了许久才说："上北京的大学一定需要很多钱，我家里没有。今年表哥考上了西安的大学，他家里正为学费的事发愁呢。"说这话时，小勇的眼里有泪水在闪亮。这是我第一次感受到钱的珍贵。过去，我买零食、买衣服，对钱没有什么概念，爸爸妈妈一般也会满足我的要求。如果我当初能节省一些，现在就可以帮助小勇了。

我准备把攒下来的压岁钱送给小勇，以后也不再买零食和不必要的消费品了，把省下的零花钱都寄给他。夏令营结束前的夜晚，我把这一打算告诉了小勇。小勇没说话，两行热泪从他明亮的眼睛里滚落下来。这一刻，我感到了帮助别人所带来的巨大快乐，这是零食和漂亮的衣服远远不能带给我的。

在山区里度过的这些夏夜，我会永远铭记，因为我第一次感受到了责任的重大、付出的快乐，以及生命的坚韧。我感谢这些夏夜，它们让我的内心充实而温暖，让我对未来充满希望。

阅读课程

白宏宽

序

　　阅读应是校园生活的常态，教师、学生原本就是读书之人。在这个阅读渐渐远离人们生活的年代，学校的语文老师们坚韧地开展各种各样的读书活动，努力地留住阅读这道风景，这里选择了 2023 年世界读书日，语文组举办的读书演讲活动中几位同学的演讲稿，向读书人、向坚持鼓吹读书的人致敬！

——白宏宽

最是书香能致远

莫宇轩

敬爱的老师，亲爱的同学们：

　　大家好！我是高一（4）班的莫宇轩，很高兴能在世界读书日这一天向大家分享我与阅读的故事，以及我对读书的认识。

　　"最是书香能致远"，说的是读书能使人开茅塞、除鄙见、得新知、养性灵。通过读书了解世界，从外界汲取自己生命的养料，坚持下去，我们的品位、审美、境界会从量变向质变跨越，成为像苏轼那样的"腹有诗书气自华"的人。

　　我真正读到的可称为文学的书，是初二时看的《平凡的世界》。那真是一种现在回想起来都十分怀念的感觉，我几乎是除了吃喝，夜以继日，手不释卷，浩浩荡荡百万字，三天后我的手是恋恋不舍地放下。在梦里，我常身临黄土高原，与书中那些或可爱、或惋惜、或意难平的角色见面。这沉浸式的读书体验大大地改变了我对于读书的认识，原来书不只有教育必读书目，不只有晦涩难懂的严肃文学，当你与自己喜爱的书籍相遇时，它会将你从世俗中抽离出来，带你穿越到一个遥远的、新奇的世界，你会与这个世界的人们共情共鸣，体验各式各样我们现实生活中可能永远也不会拥有的经历。我想，这就是"最是书香能渐染灵魂"的最好写照。

后来，我在书海中自在地畅游着，读余华，让我认识到不论经历多少不幸与苦难，都一定要抗拒死亡，因为活着本身就有其无可代替的意义。读金庸，那"侠之大者，为国为民"的风范，那荡气回肠、快意恩仇的江湖义气都令我心驰神往。读马尔克斯，方知生命中曾经有过的所有灿烂，原来终究都需要用寂寞来偿还。之后上了高中，于我意义最重大的一定是《我与地坛》。史铁生的书总是让人感到一种温柔的坚韧，他自己在痛苦和黑暗中摸索出低谷中的道路，付诸笔尖，给迷茫中的我带来了指引和救赎，这是书香独有的精神力量。

书的香气氤氲在我的胸膛，弥漫在我的血液里，一次次的与书的亲密接触，使我从智者处借到慧眼，从仁者处淘到博爱，从勇者处获取前行的力量，使我在青春的大道上一路绿灯。书就是这样拓展人生的厚度广度，使我们了解不同的文化和思想，培养我们的人文素养。

其实哪怕读书没有以上这些好处，我想我依然会固执地读下去，因为，在这个趋利避害到极致的社会中，学业可能是功利的，感情可能是功利的，生活可能是功利的。这样处处紧绷的节奏令我倍感压抑，而阅读是一个让我们偷得片刻宁静的地方，然后背上行囊再出发。毛姆写过一本随笔集就叫《阅读是座随身携带的避难所》，我觉得很有道理。所以，请尽情心无旁骛、不带任何顾虑地读书吧，哪怕看完很快就忘了也无所谓，就像没有人记得自己上周早上吃了什么，但它们却实实在在地成为了构成我们身躯的养分，让我们茁壮成长，这便是读书的意义。

最后，我想说，最是书香能致远。读书固然不像吃喝玩乐那样能带来即时的口腹快感，但它却能为我们的思想插上翅膀，飞出柴米油盐酱醋茶的一成不变，飞向更辽阔的远方，这种精神上的富足是任何物质都无法比拟的。我希望借此机会，鼓励更多的人加入到阅读的行列中来，不必抗拒读书，哪怕是去读小说都是一种新的开始，让我们一起推广阅读，让书香弥漫我们的班级和学校。谢谢大家!

我心中的一朵百合花

杨艺璠

尊敬的老师、亲爱的同学们:

大家好!我是初一(1)班的杨艺璠。

今天我为大家演讲的题目是《我心中的一朵百合花》。

"在一个偏僻遥远的山谷里,有一个高达数千尺的断崖。不知道什么时候,断崖边上长出了一株小小的百合。"这是著名散文家林清玄先生作品选集中的《百合花开》,也是我与经典相遇的故事的开始。那是一个明媚的午后,老师在课堂上深情地为我们朗读《百合花开》。林清玄先生优美语句之下蕴含的是百合坚毅的品格、纯净的绽放,是一株小小花朵实现自我的最高价值与愿望。百合花从断崖破土,美丽的花姿遍满每一寸山谷。沉浸在那样迷人的散文中,不知不觉间,我感到自己心中的百合花也在悄然吐蕊。回到家,我迫不及待地打开了林清玄的作品选集,津津有味地读了起来。

在这之后,我便对文学经典格外着迷。从朱自清的《春》到余光中的《乡愁》,再至李清照的《武陵春》,散文、诗歌,唐诗、宋词……古今中外无数文学作品吸引着我,那是自百合花而起的一次次盛开,是我与百合之间的经典盛宴。我还将文学经典融入实际,在爸爸的指导下背诵唐诗宋词,参加了各种各样的经典诵读比赛。无数文学作品如雨露般浇灌着我心中坚定的百合花苞。

这枝心中坚韧的"百合"一直激励着我、鼓舞着我,每当我遇到困难、困惑、踌躇不前时,想到《百合花开》,想到百合的盛开,我都会充满勇气与动力。

"百合花一朵一朵地盛开着,花朵上每天都有晶莹的水珠。"五年级时,我接到了一个艰巨的演出任务,要在很短的时间内经过层层海选,参与中国教育电视台的新春节目录制,表演三分钟的独诵。"只有十天,这时间根本来不及啊!"那时的我烦闷地来回翻看足有五页的文稿,心烦无比。随后,我干脆把稿件扔在桌子上,打算放弃。一晃五天过去了,爸爸微笑着问我:"你的演出节目准备得怎么样了?"我不好意思地说道:"爸爸,这个节目我不参加了,准备时间太短、难度又大,要经过数次选拔,我参加了也选不上!"爸爸依旧笑呵呵地对我说："我尊重你的想法！我记得你很喜欢那首《百合花开》吧！"我的思绪忽地一下又飘到《百合花开》的情境，不禁喃喃回应出声："我要开花，是为了完成作为一株花的庄严生命；我要开花，是由于自己喜欢以花来证明自己的存在。"

爸爸赞许地点点头，和我一块儿吟诵起来。我再次被《百合花开》鼓舞、激励！在接下来的五天里，我抓紧了一切能利用的时间，无论清晨、课间、午休，还是睡觉前，一遍遍地反复打磨、练习，最终顺利通过了层层选拔，圆满完成了演出任务。《百合花开》的力量陪伴着我经历、完成了一次次复杂的考级、比赛；让我克服了初学自行车、滑冰、滑雪运动的恐惧……每当我遇到难题，我都会想起它，想起那次花开，想起那些文学经典，想起林清玄先生笔下，掷地有声的那句"我要开花！"

摔倒了，勇敢地爬起来；失败了，从头再来！努力地开花、结籽，让种子随着风，落在山谷、草原和悬崖边上，让到处都开满洁白的野百合。《百合花开》告诉我：无论何时、身处何地，都要像百合花一样，无畏于外界的艰难险阻，守住初心，由内而外散发能量，活成自己希望的样子。"大其愿，坚其志，细其心，柔其气"，信心倍增，坚韧前行，让人生充满意义！

百合花的一次盛开，是由文学到生活的体悟，是读书带来的不断成长。一株百合花开，最终便会有遍野的百合，每一篇经典作品都是一朵百合花，我阅读的经典越来越多，我心中的百合花盛开得自然也越来越美。

如今，我心中的百合花已是一片花海……

谢谢大家！

苏轼在黄州

杜博文

我曾经略读《苏诗全集》和《苏东坡传》，见东坡之文浩如烟海又璀璨千年。其文章广博、深厚、晶灿，宛若中国文学和思想史上的不灭烟火，照耀后人。故特选择苏轼在黄州期间所著的诗文作为今日分享的焦点。

身系乌台诗案的苏轼曾写下："与君世世为兄弟，更结人间未了因"，词句中饱含的是对生的无奈，对死的恐惧和对命运的悲戚；而经过黄州后的他写下"莫听穿林打叶声，何妨吟啸且徐行"，他的生命中增添了一抹超然，一抹豁达，一抹厚重和一抹沉稳。到底是什么促成了苏轼的转变？他又是怎样泯灭痛苦的？通过研究苏轼在黄州期间的经历，发现其原因有二——一是现实生活之慰藉，分为劳动和饮食；二是玄妙世界之超脱，分为领悟和修行。在这里着重分享后者，即玄妙世界的超脱。

起初，苏轼是痛苦的，初到黄州时的他写下《卜算子》：

缺月挂疏桐，漏断人初静。谁见幽人独往来，缥缈孤鸿影。

惊起却回头，有恨无人省。拣尽寒枝不肯栖，寂寞沙洲冷。

他用"缺"字和"漏"字营造一种不完满的感受和氛围，"独往来"和"无人醒"二处又直接写出只身一人，身在他乡，无人问津的孤独。诗中有无奈之声，亦有怅然慨叹，凄冷萧瑟作为全诗的基调贯穿始终，这一夜注定充满苦痛。

苏轼曾在生活拮据时阅读，他写道：

偶读《战国策》，见处士颜蠋之语：晚食以当肉。欣然而笑，若蠋者，可谓巧于居贫者也。菜羹菽黍，差饥而食，其味与八珍等；而既饱之余，刍豢满前，惟恐其不持去也。

美恶在我，何与于物？

这是现实与理想，生活与诗文的交错之处，诗书世界既为苏轼提供精神慰藉和寄托，又为他提供现实经验——他按照《战国策》中颜蠋的做法推迟吃饭的时间，待饥饿时享受，便可取得和吃肉一样的鲜美体验。在如此实践的过程中，苏轼透过文字与古人发生连接，跨越千年抚平内心孤寂。由此，苏轼现实生活的最终的目的是指向吾心，吾心的豁达，吾心的平和，吾心的快意……

另一个助力苏轼成长的是玄妙世界的超脱。苏轼有选择，有目的地阅读，他向宗教典籍中寻找生命智慧，渴望超越黑白的现实世界。如在《答毕仲举书》中将高深的佛学理论比作龙肉，将自己的毕生所学比作猪肉。二者虽然天差地别，但苏轼更关注的是它们的现实作用——即"真饱"。这里的"饱"指代对心灵的慰藉和疗愈，可知苏轼读玄的目的始终指向现实，而玄妙世界的确如他所期望的那样带领他走向豁达。

苏轼广泛阅读，圆融思想。他从不拘于门派，如在《续养生论》中，他将易经与佛道两家理论相合：

戒生定，定则出入息自住，出入息住则心火不复炎上。火在《易》为离。离，丽也。必有所丽，未尝独立，而水其妃也。既不炎上，则从其妃矣。水火合则壬癸之英，上流于脑，而溢于玄膺，若鼻液而不咸，非肾出故也。此汞龙之自火出者也。长生之药，内丹之萌，无过此者矣。阴阳之始交，天一为水。凡人之始造形，皆水也。

在此文中，我们既可以看到"戒定慧"等佛学禅宗理论，又有"火在《易》为离"的《易经》痕迹，还包含阴阳五行的道家法门。从而看到苏轼学识的渊博和思想的圆融。圆融是超脱的前兆和前提。正如黑格尔认为的那样：自由的真正意义在于没有外物与他对立。而圆融的真正内涵是将吾心包揽万物从而实现真正的自由即超脱。

苏轼又在《安国寺记》中记录他日常的修习：

焚香默坐，深自省察，则物我相忘，身心皆空，求罪垢所以生而不可得。一念清净，染污自落，表里翛然，无所附丽，私窃乐之。

苏轼在书的指导下走入现实，深入修炼。不论是静坐禅定，还是瑜伽修行等，这些在追求身体平和的过程中也在追求心灵的清净，从而完成对痛苦的释放，终于超脱凡心走向豁达。豁达是"谁怕？一蓑烟雨任平生"的潇洒，是"归去，也无风雨也无晴"的自立，是"人生如梦，一尊还酹江月"的释然，是"天地曾不能以一瞬"的超脱，是"物与我皆无尽也"的满足……

苏轼在黄州之时，"回向"是关键词，而超越是结果。回向本是佛教用语，意味将自己的智慧功德与众生分享，在这里分开做解。他回"锐"向"钝"，回"外"向"内"，回"儒"向"玄"，回"达"向"穷"，回"政"向"文"，完成境遇、性格、思想和事业中心的转变。造就了他对自我思想和成就的超越。"问汝平生功业，黄州惠州儋州。"对于苏轼而言，黄州是跳板，是修道场，也是另一个巅峰。

我读苏轼，常感慨：现实是书的来源和指向，书是现实的引领和指导，苏轼的超然离不开二者的兼备。"最是书香能致远"，"远"是心灵的广度也是生命的厚度，而"书"是精神的延展也是"致远"的桥梁；痛苦时可以向书中逃遁，与智慧相接；也可以在书的指导下走向现实，与生活做伴。这样便可以在克服中沉潜积淀，积蓄厚度，实现跬步千里，实现厚积薄发，实现自我超越。诗歌是他开辟前路的锄头，而文字是他破土而出的生活。

更有价值的阅读方式——整本书阅读

安佳博

尊敬的老师，亲爱的同学们：

大家好！

在上周对高一年级同学们读书现状的调查中，我发现同学们对阅读的兴趣很高，会积极主动地阅读。大部分同学会根据兴趣调整自己的阅读时长和阅读计划。使用纸质书阅读或综合使用纸质书和电子书阅读的同学较多。在接受调查的同学们中，喜欢阅读文学类、科幻类和类型化小说的同学居多，他们认为阅读有丰富生活，增添生活乐趣；滋养心灵，提升文化素养等好处。

我演讲的题目是《更有价值的阅读方式——整本书阅读》。

那么读整本书的好处是什么呢？我认为有以下三个方面：

首先，在信息质量方面。每一本好书经过了作者的千锤百炼，可以说是一种艺术品。为了达到这种艺术品的水准，作者通常需要经历长时间的写作、反复的推敲修改、深入剖析各章节之间的连贯性。比如，曹雪芹历经十年时间，写下《红楼梦》；为创作《平凡的世界》，路遥翻阅了十年的《人民日报》《参考消息》等各种报纸，并亲自到煤矿等地体验生活。当书稿送到出版社后，出版社还会对书籍进行多次的编辑、校对和审核，从而确保内容的准确性、完整性和可读性。此外，一些可以称得上经典的书籍更是经过一代又一代人的检验，就如《论语》和《红楼梦》，它们从古代流传至今却依然屹立不倒，可见它们所蕴含的是经过多代人检验而留下的精华。一本书的出版，作者付出了大量的心血和汗水；一本好书的流行，更是历经了多代人的检验。所以书籍自然能称得上优秀之作。

其次，整部书阅读，可以让我们获得完整的信息。和现在流行的短视频相比，整本书里的信息是完整的而非碎片化的。以"非暴力沟通"为例，网上有许多关于非暴力沟通的教学视频，这些视频也就三四分钟。通过这些视频我们很容易知道怎么进行非暴力沟通：说出事实、表达感受、表达需求、提出需求。这套方法很容易理解，但是看完视频后我们真的能够做到吗？我们其实还有许多疑问没有得到解答：为什么要进行非暴力沟通，常用的沟通方式有什么问题吗，所有情况下都适合使用非暴力沟通吗，怎么样才算表达感受，等等。

没有理解这些问题，就会阻碍我们运用非暴力手段沟通。而这些其实在读完《非暴力沟通》整本书的过程中都会得到解决。当我们对自己的痛点十分明确时，碎片化的视频是一种很好的学习方式，但对于大多数情况来说，阅读知识体系更全面的整本书更有优势。

最后，整本书信息的密度小。在单位时间内我们所获取的信息相对于短视频较小，这使我们有时间进行深度的思考、判断、分析、探究、比较等。这也是经常看书的人会被认为独立思考能力较强的原因所在。对比之下，视频的信息密度实在太大了，正常情况下，我们通常理解了这个信息，下一条视频又会带来新的信息。我们的大脑在不断地进行感知和理解，却常常忽略掉深度思考，这让我们在解决实际问题时常常束手无策。

如何整本书阅读呢？下面我向大家分享整本书阅读的一些方法：

在《如何阅读一本书》中介绍了读书的四个层次：基础阅读，认字与基本的阅读技巧；检视阅读，在较短时间内了解一本书的大致轮廓；分析阅读，更复杂更优质的阅读，反复咀嚼反复理解一本书，直到这本书内化于心为止；主题阅读，也是最高层次的阅读，在一个主题下分析阅读多本书，比较它们的异同。

我将着重介绍第四个层次——主题阅读。我们经常会遇到这样的情况，在试图进入一个新领域的时候，总会被不同流派的不同说法所影响。我们有时分不清哪些是更优的，或者说这些说法之间根本没有孰优孰劣的差异，但我们分不清要如何运用到不同的情况之中。这个问题就像在知乎上一个问题下的不同回答，但我们在阅读的时候，缺少知乎这个平台，让大家在同一个话题下进行交流。这个平台需要我们用主题阅读的方法搭建起来。

主题阅读分为四步：

第一步，根据主题，找到书籍或材料。要进行主题阅读，首先要有一个比较宽泛的主题，这里以《红楼梦》为例。比如，"女性的命运""建筑与人的关系""男性形象"等，类似这些主题往往通过书名就能找到你想读的书了。再进一步缩小主题，如"封建社会丫鬟的命运""大观园中建筑与人物的关系""贵族公子的人物形象"等。随着主题的不断缩小，符合的书的数量也越来越少。

第二步，理清问题。找到了相关书籍和情节，接下来就是要寻找相通的主旨了。我们可以以提问的方式从材料中找出不同作者对这个问题的回答。比如，以"封建社会丫鬟的命运"这个主题为例，我们可以提出如下问题：丫鬟这个身份的内涵是什么？她们身上发生了什么故事？她们的地位如何？与他人形成何种关系？她们有什么共同的特点？她们有什么结局？我们希望所提出的问题有不同的回答，这样我们才好进行下一个环节。

第三步，界定议题。我们已经找到了一个问题下的不同回答。针对不同的答案，我们就可以细化我们刚刚提出的问题，即提出议题。把这些议题整理下来，我们会看到不同的观点在这些议题上激烈地争论起来。这里举一个例子：在《红楼梦》第四十六回中，对于鸳鸯抗婚，就存在不同的观点。有人认为鸳鸯抗婚是一个错误的决定，若她嫁给贾赦，在贾府的地位便提升了许多，她的后半生便可以无忧无虑地生活下去。但也有人认为鸳鸯抗婚，体现了她的刚烈敢为，也体现了封建社会女性的悲剧，颂扬了女性与命运顽强斗争的精神。从这些观点中我们就可以整理出很多议题，比如，为什么鸳鸯要抗婚？如果她不抗婚会怎样？和她相同地位的人是如何选择的，命运如何？这体现了封建社会的哪些问题？

第四步，分析讨论。到达了最后一步，在这里我们的要求就是把议题下面的争论的联系和区别找出来。看看各位作者是用什么样的事实来支撑自己的观点的。在整理的过程中，要保持客观与理性，不断阅读甚至引用作者的原文，以求不要曲解作者的本意。我们还可以查阅相关资料，和同学一起分析讨论。然后从结论中取长补短，这样对整个主题的认识也就深化了。

我自己通过主题阅读，获益良多。尤其在阅读名著经典时，主题阅读是一个能获得深入认知的有效途径。因为经典的人物形象立体，人物关系复杂，内蕴丰富，历史文化含量高，如果我们运用这种方式，在读每部经典时选择一到两个主题进行深入探究，与同学和老师交流，那么我们对整本书，对经典的认知会更上一个台阶，这也有助于我们认识人生，认识世界。

以上就是我对整本书阅读的分享，希望对大家在阅读上有所帮助。

读经典之书学做人　抱鲜活之心待世界

何浩芊

老师们，同学们：

大家好！我是初二（1）班的何浩芊。今天我演讲的题目是《读经典之书

学做人　抱鲜活之心待世界》。刚才杨艺璠同学说，阅读让她的心里开出了一枝百合花。我想古今中外的名著也同样在我心中留下了一片灿烂的花海。今天，我就要以这花海中最灿烂的一朵花来作为代表，开始我的分享——老舍先生的著作《四世同堂》。

林语堂先生曾言："智者阅读群书，亦阅历人生。"《四世同堂》便是这样的一部书，让我们阅历人生。虽然它写的是抗日战争时期的百姓群像，但在今天，这本书同样促使我们审视自身。我想书中提出的核心问题，就是面对痛苦，是选择麻木、逆来顺受，还是敏感、奋起抗争？书中就有一个敏感而且矛盾的人——祁瑞宣。他身上既有老一辈人留下来的性格特征，又接受了前辈不曾接受过的新时代教育，新旧的冲突给他的生活带来了无尽苦闷，内心充满重重矛盾。一个敏感的人无疑会在战乱中思考得更多，也更痛苦。所以在当时的抗日战争中，无尽的炮火与硝烟使许多人选择了麻木，甚至失去了痛苦的能力，正是因为整个中国的大部分人民是麻木的，国土才会沦陷。那么究竟怎样可以改变麻木？我的答案是，阅读。

在阅读中，我们提高共情能力。《四世同堂》中写了一个比我们还要小的女孩，妞子。她死也不吃共和面，最终饿死在了胜利前夕。书中描写了她瘦小的身躯和灰黄的面色，我一次又一次与妞子共同经历、共同感受，因而将心比心，在她死时格外心痛。这便是共情的能力。

在阅读中，我们开阔自己的胸怀。通过读书，我可以于心中构建一个比现实更宏大的世界。在这个世界中，我，这个微小的个体，不过是沧海一粟，是家国的一分子，世界的一分子。就像钱默吟先生，因为他明白家是最小国，国是千万家，所以日寇入侵后他极力抗争，狱中受刑时坚贞不屈，展示了中华民族对外来侵略不低头、不妥协、洒热血、大义凛然的爱国精神。正是这些人将家国情怀植根到我心中，让我有了博大的胸怀，也就不会"事不关己高高挂起"。

在阅读中，我们了解他人的思想观念。传媒学中有一个词叫"信息茧房"，当个人被禁锢在自我建构的信息环境中，生活必然变得程序化、定式化。而阅读可以让我们看到大千世界，走出误区，以更客观的态度看待事物。

深入的共情，博大的胸怀，多元的思想，这样的人才是一个不冷漠和麻木的人、一个鲜活的人、一个能看清世界的善恶美丑的人。这便是阅读的力量。

小时候，我们从书中初识世界，《爱的教育》《格林童话》让我们懂得什么是至善至美。长大些，《四世同堂》《骆驼祥子》这样的作品，开始带领我们了解社会与人性的另一面——它的恶与丑。而在我已经看过了美丑善恶后，读书让我探寻生活的真谛，让我一步一步，慢慢看清这个世界后依然热爱生活，以鲜活的态度面对世界，更有改变世界的决心与勇气。我想这是书带给我们的最大收获。

《四世同堂》中的瑞宣瑞全兄弟俩，正是因为在不断学习，不断读书，才能胸怀大义，拿起笔杆子、枪杆子，为抗日战争贡献力量。今天，面对百年未有之大变局，我们更需要以阅读不断提升思维的深度与广度，对外，看清事物变化，对内，充盈自己内心，一如当时的青年投身于他们的时代那样，有一份力发一分光，投身于这个属于我们的时代。我始终相信，"最是书香能致远"。

谢谢大家，我的分享到此结束。

ChatGPT 来了，我们还用辛苦读书、认真阅读吗？

刘嘉一

2015 年，马斯克等人成立了一家非盈利组织，也就是我们熟知的 OpenAI。2018 年这个组织发表了一篇论文，介绍了一个新的语言学习模型，简称 GPT，这是一个自我学习系统。

2018 年 6 月，这个组织推出了第一代 GPT，2019 年 11 月，推出了 GPT-2。半年后推出了 GPT-3。随后，在 2022 年 11 月，GPT-3.5 推出。2023 年 3 月，最新一代——GPT-4 推出。

GPT-4 的能力震惊了世人，人们看到了 AI 的巨大潜力，当然也看到了 AI 的局限性。同时，AI 的超强能力也引起了我们的担忧。有人提出疑问，AI 智能技术发展至今，我们还有必要辛苦读书、用心阅读吗？

先让我们来看看 AI 有多大潜力吧。ChatGPT 以其强大的数据库和算法，能迅速帮提问者找到答案，甚至完成提问者需要的论文、发言稿等任务，其速度和知识体量远超人类，能极大地提高效率。不只是这类回答问题的 AI，绘画 AI、歌唱 AI 等最大的优势也是他们完成任务迅速且质量不算低。另一方面，AI 的更新迭代速度极快，从 GPT 3.5 到 GPT 4，仅仅过了四个月左右的时间，但它能完成的任务却增多了不少，如增加了快速建立简单网站的能力、理解人类笑点的能力，提升了通过各种考试的成绩，等等。即使 OpenAI 不推出新一代 GPT，它依然可以自我更新。在这个人人都能在网络上发布内容的时代，互联网上的信息增长速度飞快，而能不断接纳这些信息、进行自主学习的 AI 也能不断完善自身能力，这便是非更新换代的情况下，GPT 的自我更新。

AI 也有它的局限性，如今，AI 的算法都是将"吃"进来的信息整合，进而形成答案或完成任务。也就是说，AI 所"吃"的信息的质量决定了它形成的答案质量。网络信息良莠不齐，没有甄别能力的 AI 很容易"以讹传讹"，传播谣言。也正是因为这样的算法，AI 没有真正的思考能力，也就没有基于理论和知识，发明创造的能力。

但是这也足以让我们担忧了。特别是对我们学生来说。

首先，AI 的信息整合能力可能被学生利用，如使用 AI 完成作业、快速获得一本书的梗概等。那么，这些可以提升同学们整理能力、写作能力、思考能力的作业可能完全无法发挥其效用；同时，这样一个节约时间成本的"读书方式"也可能会使学生不再愿意踏踏实实地读一本书，一方面，只看一个几百字的梗概是难以体会到几百万字的书籍中的"黄金屋"的，是无法基于一本好书进行深入的思考探索的，那么，书籍带给我们的思维能力的提升也会随之停滞，对于解决现实问题的探索和由此引发的为社会奉献的使命感也就减少了；另一方面，学生们可能因此变得更加浮躁功利，不再踏实肯干，这无疑是给如今本就浮躁的社会添了一把柴。如此想来，使用 AI 来完成作业、读书，不仅会阻塞学生的能力发展，让同学们染上陋习，还容易助长社会不良风气。

再者，若开发者努力使 AI 的回答越来越与真人相似，很可能会有人因此对 AI 产生情感依赖；退一步讲，即使以如今 GPT-4 的能力，也足以使一些人沉溺其中。就像许多人沉迷于手机，沉醉于游戏，把时间、精力都给了手机、游戏一样，沉溺于 AI 中，也会使自己将大部分的时间和精力献给 AI，那么，分给阅读和学习的时间也就会相应减少。然而作为学生，我们的精力应该更多地投入阅读与学习。阅读是学习的助推器，也是学习的扩展。说它是学习的助推器，是因为阅读不仅能够通过实际的事件增进我们对所学知识的深入理解，还能给予我们多种角度的思考方式，让我们对一个问题的看法更加全面深入，提高我们的思考能力，进而助力我们学习；说它是学习的扩展，是因为阅读在给我们展现更广阔的世界，拓宽我们视野的同时，也让我们从书中那些我们无法遇到或很难遇到的人或事中找寻生活的智慧和方向，同时让我们学习书中人物的优秀品质，将从在课本上单纯地学习知识，扩展到在书籍中学习品质与智慧。而学习是我们作为一名学生的重要义务，是我们未来能立足于社会的基础，也是我们给国家和社会奉献力量的前提。沉溺于 AI，分给学习和阅读的精力与时间减少，我们自身的见识和能力难以提升，未来，国家和社会又靠谁来发展呢？

这时，让我们再次回到这个问题：ChatGPT 来了，我们还用辛苦读书、认真阅读吗？答案是肯定的。自己认真阅读带给我们的收益远超使用 AI 阅读给我们省下的时间成本。那么，就让我们亲手抓住书中的精彩吧。

ChatGPT 来了，人需阅读丰富自"心"，而非为"芯"所困

李睿鹏

大家好，我是高二（5）班李睿鹏，今天我演讲的题目是《ChatGPT 来了，人需阅读丰富自"心"，而非为"芯"所困》。

最近，ChatGpt 引发了大量的讨论，它有着包纳万物的资源库，随问随答的本领，让越来越多的人面对问题时依赖于人工智能的解答，那这是不是意味着人工智能有朝一日会代替我们思考？而我们也会因为人工智能的发展而渐渐忘记思考的感觉呢？我们要用人工智能解决问题，而不是被其控制，我们也不会被人工智能控制，因为我们拥有一颗心，而人工智能的能力却来源于人造芯片。

我们怎样才能让自己的"心"更加丰富呢？一言以蔽之，阅读！用阅读丰富内"心"方能不被人工机"芯"控制！

心之所重，在于灵感。心之所重，亦在于情感。人类科技的发展靠的就是一个个从无到有的创造过程，这些创造离不开经验的积累，更离不开灵感的捕捉。飞机、雷达、声纳等发明皆是人依托自然，循着心中的灵感而创造的；"清泉石上流""澄江一道月分明"等这般优美有灵性的文字也皆是古人创作灵感的展现、情感的附着。《乡土中国》中有言，中国是一个人情社会，由浓烈的情感所构筑，假如将这种生活比作富含色彩的画卷，那么人工智能所构筑的就只有黑白草稿，虽有形式，却是冷漠，缺乏温度。更遑论世界各国皆有属于自己的文化精神，感情寄托。心能使生活充满温度。这种有温度的文字不看不知，不听不知，未印在心中，就不可能产生共鸣。

自古以来，人们都道"腹有诗书气自华"，而要达到此境界，必须要念好

"学""践""思""悟"四字诀。

若"学"和"践"是前提，那达成内在升华的"悟"便是最终目的，学即读书积累的过程，如荀子所言："学无止境"，人一生都需要学习，这是不可置疑的真理。"思"即阅读生活社会，从中获得生活经验，这些都是达成"悟"的好材料。但只让积累浮于表面不可，需要"思"来加以内化，用思将学践所积累的好材料筑为一条通往"悟"的道路。

接下来在让我们将目光聚焦于学践与思。

读书能将悟这一远大目标分成几小段，大大提高成功的可能性。冯友兰先生的"人生四境"——物质、功利、精神、天地，便是一个循序渐进的过程。一个人不可能越过前三境而径入天地之境，但却可以不急不缓地读书，不断向内修缮自身，从而实现境界的逐层提升。

随着时代进步，各种类型书籍出现在人们的视野中，虽将我们学的范围拓宽，但并非每一本都适合我们，学须读好书，可能每个人对好的定义不同，但寻根问底总是：首先，内容正确。无论内容通俗或高深，正确是基本的，不可歪曲强解。其次，于人有益，在阅读后回味时应使人有相应的感悟成长，而非毫无收获，浪费时间。最后，言之有物。好的作品总能使人清晰地找到他所写的对象和想表达的内容，而非无病呻吟，泛泛空言。唯有好书方可撑起学的框架。

尽管读书是成本最低的旅行，让你足不出户，便能看到世界，甚至跨越时间同作者相交流，但仅限于读书亦然不可，须与践相结合。人如果空读书，那与只依靠于人类输入知识而进步的机器有什么不同呢？践能使人感受生活，让人富于情感，从而区别于机器。试想你面前有两条通向悟的路，一条埋头于书海，一条走在上面时，能手中捧着书，身边亲人相陪，好友相伴，老师教导，如此顺利多彩，我们又有什么理由选那条机器人似的空读书之路呢？

至此，既然已经学践以积累经验了，又何不加以思考，将浮于表面的知识内化于心，从而提高内蕴，不断向悟靠近。我们固然无法如机器人一般延续生命的长度，但可以增加生命的宽度和厚度，不断提高内蕴，学践与思结合便是最好的方法。

从互联网到云计算再到仿制创造，从传递人类信息到自我创造信息，人工智能技术在不断进步，那我们又有什么理由不进步呢？

我们来看一组世界经济论坛发布的《2020年未来就业报告》所呈现的数

据，到 2025 年，企业更加倾向于使用机械，这将颠覆全球八千五百万个工作岗位。难道就放任我们被它们取代吗？答案自然是否定的。思维和内涵是人类的独特优势，为保持并扩大优势，学践与思可助我们一臂之力。

恰如《少年中国说》中所言："今日之责任，不在他人，而全在我少年。"我们所处的这个时代，人工智能发展趋势不可逆，唯有读书以发展自我，思考以提高内蕴，方能不被人工机"芯"控制！

谢谢大家！

AI 时代我们还要不要读名著

张鑫颖

敬爱的老师，亲爱的同学们：

大家好！我是高二（3）班的张鑫颖，今天我演讲的题目是《AI 时代我们还要不要读名著》。

在高度信息化的今天，AI 一词在大众视野中格外活跃。面对不断发展创新的 AI 人工智能产品，有人积极追赶潮流，有人担忧自己会被 AI 取代，有人怀疑人文思想存在的必要性，甚至产生了 AI 时代我们还要不要读名著的疑惑。

我认为不论在什么时代，我们都要读名著。因为名著不仅能增强读者的语言文化底蕴，还能促进人类独立思想能力的培养，更能涵养我们的人文情怀，传承民族精神。名著的这些优势决定了在任何时代、任何情景下，想要获得更好发展的我们都要坚持读名著，坚持好好读名著。

首先，对个人而言，名著能增强语言文化底蕴，提升个人的文化气质与文化水平。名著是人类创造的语言的艺术，是语言的伟大作品，而个人的生活与成长离不开这样的语言。提升个人的语言艺术，文化修养，这样才能更好地同他人交流合作，使得个人更好地在社会中长久生存，持续发展。名著语言的这些独特价值是目前的 AI 产品所无法代替的，对此，相信拜读过 AI 凭借超级数据库拼凑出的所谓的"诗""文"的读者都深有同感。

其次，对于社会而言，读名著可以熏陶大众的思想，让人们的心在浮躁的社会里沉淀下来，以清醒的头脑对自己和社会进行反思观察，培养"自由之思想，独立之精神"。在阅读名著的过程当中，我们全身心投入，跟随作者笔下的人物一起探索寻找，与作者的思想进行碰撞、交流，进而提升自己的思维能力，思考水平。由此，从书本回到现实，我们便可以冷静思考，应用所读所学，思考当下社会现象，剖析问题本质，更好地解读现实。仅仅沉浸于 AI 算法的研究中，在科技带来的便利中沉醉，在科技创新带来的众说纷纭中惶恐迷茫，都不利于培养这些优势。

此外，对于国家而言，名著是人类智慧、思想精华的载体，能够传承民族文化，帮助人类涵养人文情怀，不断凝聚并丰富民族精神，培养国家意识。对人民来说，文学家、史学家、革命家的语言中饱含着对国家，对民族，对文化的热爱与认同，继承与创造。在我们读名著的时候可以感受到这份热烈的爱意，体味到这份为国忧心的热切，进而被感染，被感动，也愿像他们一样对国家奉献出自己的一片真心。对于国家治理来说，基于文化认同的人民的团结精神、归属意识是必不可少的。仅仅靠提升科技、经济、军事等物质力量对于一个国家长久稳定高质量发展来说是远远不够的。人心齐才可成大业，正如毛主席所言："单丝不成线，独团结一致，同心同德，任何强大的敌人，任何困难的环境，都会向我们投降。"

读《红岩》，我看到了无数共产党人为了国家复兴，民族解放的伟业，忍受万般折磨，将生死置之度外的忘我精神；读《红星照耀中国》，我看到了共产党人为了民族解放而艰苦奋斗和牺牲奉献的精神；读《书愤》，我感动于"位卑不敢忘忧国"的情怀自古而然；读《呐喊》，我敬佩"我以我血荐轩辕"的热切与赤诚……阅读这些名著，我们为有着他们这样的先辈而自豪、骄傲，也愿像他们一样，为国奉献，一腔忠诚。如此这般，真挚的爱国情感被传承，浓厚的国家认同被传扬。这对社会风气的营造，对国家凝聚力的增强，对未来伟大精神的传承起到至关重要的作用。所以，阅读名著是必须的和必要的。

综上所述，我认为 AI 时代我们不仅要读名著，更要用心读名著，不被科技的发展蛊惑，不被躁动的风气裹挟，保持精神的独立和内心的坚定，让名著来引导我们不断进步，持续前行。

我的演讲到此结束，谢谢大家。

我的科幻领路人

杨小鲁

刘慈欣是我最崇敬的科幻作家，是引领我走入科幻殿堂的领路人。

初识刘慈欣，是在小学四年级。那时，同学们开始对文学作品如饥似渴，《哈利·波特》《福尔摩斯》等小说几乎人手一本。也正是那时，我第一次接触到了《三体》。看同学们读得津津有味，我好不容易借来一本，但我的科学知识积累较少，读"门槛高"的《三体》系列简直如阅天书，很快便丧失了兴趣。

直到 2019 年，《流浪地球 1》这部电影让我大受震撼，使我决定再一次挑战阅读刘慈欣的科幻小说。不同于第一次，这次我找到科学课老师，只要有名词不懂便追着老师刨根问底。老师也十分有耐心，详细向我解释"洛希极限""超新星辐射""重元素聚变"等名词，令我至今难忘。也正因如此，我如鱼得水，本来阅读速度就快的我用了不到两个月便读完了《三体》系列。看完后我意犹未尽，沉浸在"大刘"的世界中无法自拔，夏夜中经常望着夜空与繁星回忆小说情节，对浩瀚宇宙充满遐想。

步入中学，我每逢周末便钻进图书馆里大饱眼福。图书馆中有一个长书架，摆满了刘慈欣的小说集，在半年里，我几乎通读了一遍。《朝闻道》中，物理学家对真理的不懈追求令人动容;《吞食者》里，人类面对外星文明入侵时的无畏反击震撼人心。与此同时，我开始更广泛地接触科幻小说，也阅读了不少外国科幻作家的作品。刘慈欣的写作风格也逐渐影响到了我，我模仿他的《命运》一文，在语文考场上写下了想象文《漂流的羽》，得了 38 分，使我备受鼓舞。

在一次采访视频中，我了解到，刘慈欣原本是工程师，阅读并创作科幻作品只是爱好，后来，他坚定地选择了科幻写作之路，在那个中国科幻不被看好的年代里成为了孤勇者。十余年中，他突破瓶颈，专心创作，他的成功带动了整个中国科幻小说界的发展。

感谢"大刘"带我进入神奇的科幻世界。等我长大以后，也要创作出优秀的科幻小说作品，为中国的科幻文学增光添彩。

自信

谢文娟

在我的整本书阅读选修课上，曾经发生了这样一件事……

璟明背着书包走进阅读课教室，拿出自己的书，静静地看了起来。

前面一个穿帽衫的同学回过了头："哥们儿，看啥书呢？"随手抢过璟明手中的书。"《周易》？哥们儿，你太老土了。""你瞅瞅这书，情节一流，网上话题热度也很高！现在谁还看你那个呀？！"帽衫男的同桌回头附和道，并扬了扬手中的《盗墓笔记》。

璟明环顾了一下四周，有的同学翻着玄幻小说，有的同学翻着侦探小说，有的同学阅读外文小说……璟明的脸微微发热，我选错书了吗？我的趣味很老土吗？他合上了手中的《周易》，从书包里掏出了作业本。

"同学，请把作业收起来。现在是阅读课时间。"老师温柔的声音在耳边响起，有一种坚持的意味，势要把璟明拉回阅读的轨道。璟明从抽屉里抽出了那本《周易》，不好意思地抬头看了看老师："老师，同学说我这书有点老土，我想放学回家再看。"老师好像知道璟明的顾虑，笑了笑，说道："如果读自己民族的经典是老土，不读是时髦，那我希望你做那个有坚持的'老土'，不要做那个没想法的'时髦'！自信点，大大方方地读！"老师意味深长的话像一颗小石子，投进璟明心里激起了涟漪。这涟漪击退了那两个同学的嘲讽，击退了侦探玄幻的时尚阅读风，看《周易》很老土的说法好像不那么有力了。

回家坐在公交车上，璟明收到阅读课老师微信传来的小视频："用5个细节告诉你中国人的文化自信，看完很自豪！"璟明点开视频，画面中闪现过《只此青绿》《水下洛神舞》等飘逸华美的影像。这些彰显传统文化之美的节目让璟明感到深深的震撼。璟明想起阅读课老师讲的"文化自信"，文化自信就是对本民族优秀传统文化、传统思想价值体系的认同与尊崇。《周易》作为群经之首而生出中华群经与中华文化，它讲述着这个世界最深奥玄妙也最朴实简洁的道理，是我们民族智慧的结晶，是中华文化之美的源头。

华灯初上，璟明坐在书桌前，他迫不及待地翻开那部《周易》，一边阅读圈批，一边查阅资料。他已决定，阅读汇报课要向同学们讲述《周易》之美。他要用自身行动告诉大家，大大方方、自觉自信地阅读《周易》，传承中华文化，才是青春阅读应有的模样。

通过这个故事，我们可以看到老师通过课堂将传统文化的内容、文化自信的情怀传递给学生们，学生们在老师、媒体和社会整体氛围的影响下，一步步走上文化自信的道路。

今年寒假，在白宏宽校长的指导下，我设计了以下实践性作业，以进一步引导学生发现、探究文化之美：

班级开展"走进北京"文化实践活动，请你完成以下任务：

（1）阅读《百年文脉——开启中国现代出版事业的商务印书馆》全文，用思维导图的形式梳理商务印书馆的发展历程，注意包括时间节点、人物、活动等要素。感兴趣的同学可以打卡商务印书馆涵芬楼书店。

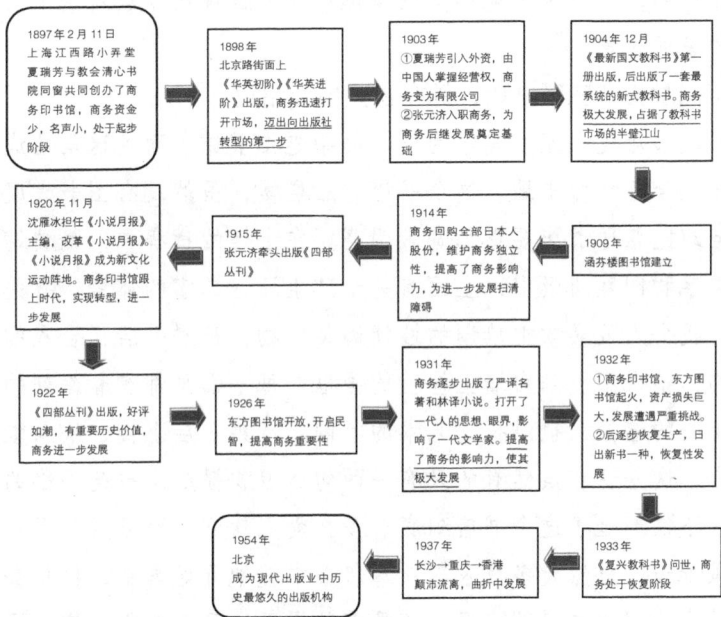

高一（2）班林熙然制作的思维导图

（2）请你打卡某一名人故居、博物馆、特色书店或特色街道等，制作一个短视频，向大家介绍你打卡的地方。内容可以包括打卡时间、地点、建筑风貌、内部布局、展览内容、空间氛围、感兴趣之处，等等。

桂宁同学打卡鲁迅博物馆，他的视频文字如下：

在挑选视频素材地时，我第一眼就注意到了北京鲁迅博物馆。三年前我曾来过这里，我想看看如今的我能否对一代文豪鲁迅有更加深刻的认识。我依稀记得三年前只有初一的自己趴在鲁迅博物馆刚进门处绍兴老宅的模型上写参考册的时候，周边的同学一直在问我为什么鲁迅会这样、为什么鲁迅会那样……这次我看到了更具体、更细节的东西，比如，鲁迅就读的矿务铁路学堂的毕业证书《执照》，上面清晰地显示着鲁迅当年各科成绩都很优秀，他以一等第三名的优异成绩毕业。而鲁迅所搜集的古钱币、手绘的汉墓图、简洁大方的名片、四合院的设计图纸……展现鲁迅多才多艺的同时，也让鲁迅的形象更加的丰富和立体。而他和许广平的书信、状告张世钊的诉状、鼓舞学生运动的信件也让他的爱与憎清晰地呈现在我们面前，让人在对他"横眉冷对千夫指"的斗士形象之外，有了更多维度的思考。整个博物馆通过种种物件，将鲁迅的故事和国家命运有机地结合在一起，让我深刻地感受到鲁迅作为一位现代作家对这个民族深深的忧虑和深沉的爱。

朱润芊同学打卡三联书店，她在视频中介绍道：

三联书店是一座以美学为核心的杂志图书馆，而今这里已成为三里屯新的文化坐标和打卡地。这个书店有三层楼，虽然没有图书大厦磅礴的气势，但却比普通书店要更加宽敞明亮。在上楼的过程中，我被墙上密密麻麻的文字和图案所吸引，上面有关于"生活"二字的体悟，有关于读书的名句。我个人很喜欢把单调的墙铺满装饰物，三联书店正合我的口味。说到装饰，不得不提到白墙上挂着的画框，每一幅画都有着深刻的寓意，装点了单一的墙壁，也烘托了艺术的氛围。从第一层下楼，映入眼帘的是读者留言，这些留言虽然有的只有一两句，但积攒起来也是不小的数目。读者留言不仅彰显了这个书店到底有多么受人欢迎，而且成为了一道独一无二的风景线。虽然大多数人喜欢拿起书本就地开始享用，但总会有人喜欢坐在尽头的那个专属阅读区，享受着独属于自己的一份安宁。区域里有坐垫和椅子，可以让读者以自己最舒服的姿势走进书的世界。阅读区有一堵巨大的书墙，应该是读书爱好者最喜欢看到的墙壁了。麻雀虽小，五脏俱全，这个书店不仅藏书量丰富，还独具艺术特色，好似这里已经不再是一个交易的场所，而是人们与书本共存的一个桃花源。

特别令人感到惊喜的是，学生王科翔和家长一起参加了"厂甸庙会·元宇宙"活动，在基于现实构建的虚拟场景里参与"拼手速·吹糖人""猜灯谜·云探店""放烟花·迎福气""逛非遗·买年货"等春节民俗事项，用积分在琉璃厂老字号商铺换取非遗礼物，成为厂甸庙会首位癸卯新春"非遗小达人"。王科翔同学的故事发表在"西城非遗"公众号、光明网等官方媒体，令同学们感到每一个人都可以为传承文化、传播文化做出贡献。

我期待我的学生走进书本，走进城市文化空间，将自己对传统文化、对社会主义优秀文化的发现、体会讲述给同伴、家人和更多的人；我更期待他们成长为文化强国的新生力量，成长为中国故事的讲述者！

北京市京源学校
Beijing Jingyuan School

教师成长

带教师走上专业发展之路

曹彦彦

专业是社会分工、职业分化的结果，是社会分化的一种表现形式，是人类对自然和社会有了一定认识，并达到一定深度的表现。"专业"一词最早是从拉丁语演化而来，原始的意思是公开地表达自己的观点或信仰。与之相对的是"行业"（Trade），包含着中世纪手工行会所保留的对其行业的专门知识和技能控制只能传授给本门派的人的神秘色彩。德语中"专业"一词是指具备学术的、自由的、文明的特征的社会职业。

凯尔·桑德斯认为，专业是指一群人在从事一种需要专门技术之职业，这种职业需要特殊的智力来培养和完成，其目的在于提供专门性的社会服务。根据这个定义，凯尔·桑德斯指出传统上最古老而典型的三大专业是牧师、医生和律师。

专业化是指一个普通的职业群体在一定时期内，逐渐符合专业标准、成为专门职业并获得相应的专业地位的过程。这里的"化"是指"过程"，一个动态的不断完善的过程。

教师专业化是指教师在整个职业生涯中，通过专门训练和终身学习，逐步习得教育专业的知识与技能并在教育专业实践中不断提高自身的从教素质，从而成为一名合格的专业教育工作者的过程。包含双层意义：既指教师个体通过职前培养，从一名新手逐渐成长为具备专业知识、专业技能和专业态度的成熟教师及其可持续的专业发展过程，也指教师职业整体从非专业职业、准专业职业向专业性职业进步的过程。

一、专业化教师最突出的特征就是以研究的态度对待工作

对待自己这里有三个词汇：第一个词汇是"职业"；第二个词汇是"事业"；第三个词汇是"专业"。

假如一个人认为自己从事的工作是职业，也就是说为生存而工作，那么他的工作方式有什么特点呢？那就是对职业技能进行重复操作。如果教师视自己的工作为事业呢？他就会为这个事业的意义而奋斗。他可以是"老黄牛"，他可以任劳任怨，勇挑重担，甚至他也会去创造、改革，而且这种改革是自发的。如果一个人视自己的工作为专业，那就要在事业的基础上沿着专门的方向去研究、去改良、去改革、去创新，所以专业的灵魂是研究（见图1）。

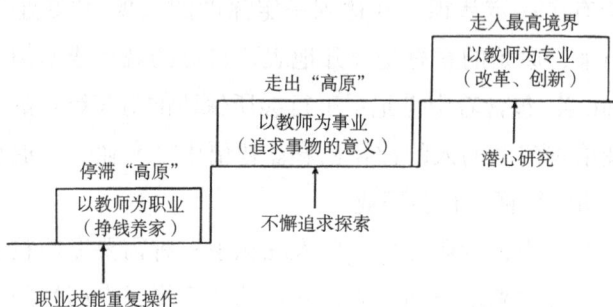

图 1 职业、事业、专业

二、专业化教师的素质结构是在专业理想与
教育实践间的循环往复中形成的

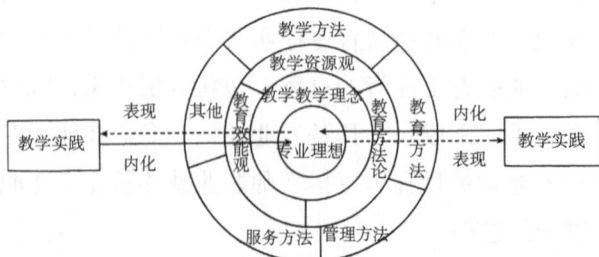

图 2 专业化教师素质结构

专业化教师素质结构的核心是专业理想（见图2），专业理想是教师对国家教育方针的解读和对个人价值观的确认。不论是有意识的还是无意识的，每个人都在用自己的行动表现着自己的专业理想。教师的教学实践就是教师专业理想的行为输出。

不同的专业理想，会产生不同的教育教学理念，这是指：教师想促进全体学生的发展，还是想促进部分学生的发展？是想促进学生全面发展，还是准备"做铁路警察，各管一段"？

特定的教育教学理念决定了教师特定的教育资源观，即"我给学生什么东西更好？"是照本宣科，还是像中医一样审慎地思考："给学生哪味药？给多少？"

特定的教育教学理念还决定了教师特定的教育效能观。教师是盲目地补课、练习，把学生推到题海里去，把浪费学生的时间和精力不当回事，还是详细地"诊断+治疗"，争取多快好省？

特定的教育教学理念还决定了教师特定的教学方法论。是讲完就大功告成，还是按照学生发展的内部因素和内在规律去建立自己的方法论？在特定的教育资源观、教育效能观、教学方法论的基础上，专业理想进一步表现为具体的教学方法、教育方法、管理方法、服务方法，等等。这些理念、观念、方法最终表现在具体而真实的教学实践中。

反过来，这个专业理想是怎么来的？专业理想是在教学实践中逐步积淀内化而形成的。

教师的专业素质就是在这两种箭头的往复对流中形成的。

我们首先关注向外、向内的箭头，专业教师的成长首先应从向内的箭头入手，即从实践入手。

三、提高教育能力和专业水平是教师形成 专业素质结构的切入点

影响教师发展的最重要的诱因是什么？是教学质量。因为这是教师、学校、家长、社会最关注的东西。从教师的角度看，影响教师教学质量高低的因素有五个：教育能力、专业水平、教育理念、职业理想、人格魅力。人的正确思想从社会实践中来，教师最基本的社会实践是教育教学工作，所以优秀的专业化教师往往是先从提高教育能力和专业水平入手，在教育教学中获得成功体

验，在成功体验中积淀教育理念，当这些理念积累到足够多时，才能提升到专业理想，当这位教师或这位教师的工作得到社会的认可时，才会产生人格魅力。这个过程可以概括成一幅流程图（见图3）。

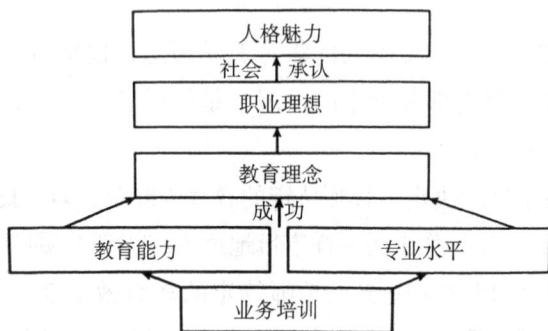

图3　提高教育能力和专业水平是教师培训的切入点

不妨讲一则不太令人愉快的小故事：

几年前，学校招聘来一位硕士毕业生，因为她很喜欢当老师，所以她从参加工作起就满腔热情地干起来了。她英语很好，于是开始给学生用英语上历史课，她教育理念很先进，带领学生跑遍石景山区去搞调查，研究石景山区的农民哪儿去了？这不挺好吗？是，学生刚开始也很有热情。但慢慢地，麻烦就来了。她辛辛苦苦地找了很多资料给学生讲，但学生听不懂，也不爱听，于是课堂纪律就不好了，再往后，学生开始不喜欢这个老师了，老师也一肚子委屈，一肚子怨气，于是也越来越心灰意冷，越来越不喜欢教书了。当领导发现问题时，一切已为时过晚。最终，这位老师满怀失落地离开了教育岗位。

这位小硕士为什么会掉到泥坑里去了？因为她没有掌握扎实的教育教学基本功，进而在失败中失去了自信。

四、教师专业发展的不同阶段

教师的专业发展有四个阶段：

1. 合格教师。这个阶段教师的特征是：能胜任教学、能把关、能带班、能参赛、能保证教学质量，学校、家长、学生信得过。

2. 教学研究型教师。这时的教师已经能胜任教学了，但还不满足于自己的发展，于是开始根据自己的兴趣、爱好、实际场景研究教学问题，但这个阶段，他的研究特征是零散的、不成系统的。他们往往喜欢跟从别人的大课题，因为他要学习并尝试教学研究。

3. 研究教学型教师。这个阶段的教师已经基本具备研究能力了，他有一套整体计划，能以研究的态度从事教学，他的教学研究有了较明确的系统和方向。

4. 专家型教师。这个阶段的教师有自己独立的研究系统，并用自己的研究影响社会，得到社会认可。

五、不同阶段有不同的学习任务

我们在教师发展的不同阶段，为教师提供了不同的培训课程，使教师发展课程化。这样，不同阶段教师有不同任务、不同目标，始终处于追求专业化发展的琢磨和研究之中。

我们围绕两个热点进行教师培训课程的设计：1. 培训新教师，充分利用憧憬期，帮助他们做好专业化起步；2. 培训青年骨干教师，帮助他们走上研究之路，避免"高原现象"。

热点 1：新教师培训

我们要求新教师参加八次培训，完成三项任务，做出五个作业，通过一次考试。不写论文、不当正班主任、不把关、不参赛。节省下来的时间和精力干什么？专心致志提高业务，专心致志学教学。憧憬期教师在学习、研究、切磋的状态中开始了专业化的历程。

以下是新教师三年培训的课程安排：

第一年　新教师起步培训

八次培训课：

1. 怎样编制和表述教学目标。

2. 怎样写常规教案。

3. 怎样练习讲的本事。

4. 常规课设计。

5. 教学探究与教学过程设计。

6. 如何对教材进行实践还原。

7. 什么样的课是好课。

8. 点评新教师片断课。

一次考试：

参加高三第一次模拟考试五份作业：

1. 在指导教师的指导下写任意一节的教学目标。

2. 在指导教师的指导下写任意一节的常规教案。

3. 做一节十五分钟片断课。

4. 做一节四十五分钟整课。

5. 做一本高三练习册。

第二年　青年教师专业培训

1. 实践还原 + 案例化 + 活动化。

2. 诊断 + 治疗。

3. 学科本底研究。

第三年　青年骨干教师专业培训

1. 继续本底研究。

2. 小课题研究。

热点 2：中青年骨干教师培训

中青年骨干教师怎样培训？一眼看去，骨干教师的任务非常繁杂，既有自修任务，又要承担学校教育教学重担，又要做教学研究，又要培养新教师。骨干教师的发展阶梯在哪里？在于有一个系统的任务链条，就当前而言，这个任务链可以归纳成十项工程。我们要引导中青年骨干教师在十项工程中找到自己的位置。

1. 建立"新教学基本技能"，也就是锻炼"新基本功"。

2. 建立新的应用教材观。

3. 研究新课型。

4. 进行综合能力发展评价的研究。

5. 建构实践场地。

6. 探讨学校实验室功能拓展和资源重组。

7. 探讨信息技术与教学的整合和开发。

8. 构建校外教学业务联系网络。

9.构建综合实践活动教学中的"团队精神"。

10.区域教育资源校本化。

六、教师专业发展的途径

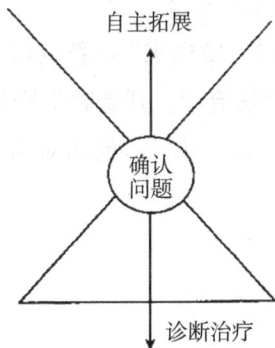

图4　教师专业发展的途径

教师专业发展的途径在哪里？如图4所示，向下的箭头表示用"诊断治疗"扎根，中心的圆表示"确认问题"是发火点，向上的箭头表示在目标方向上进入"自主拓展"空间。

在职学习不同于在校学习，在校学习是系统性学习，而在职学习是嵌入式学习。在哪里嵌入？教师在实践工作中遇到问题，解决问题就成了摆在教师面前的任务，任务驱动是在职学习的原动力，也是嵌入式学习的最佳切入点。

七、讲究规格

我们强调教师在专业发展的道路上必须有较强的规格意识。

一个学校在业务上应该有规格。一个年轻教师跨入学校的第一年，学校应该对他负什么样的业务责任？他应该给学校一份什么样的答卷？——这些都应该有规格。

培训必须对年轻人负责，没有规格的培训等于白干。讲究规格的培训既是对新教师的培训，也是对新教师的师傅（即对骨干教师）进行的"培训者培训"。

八、做出来

在北京市教育科学研究院组织的会议上，王能智老师的发言最简短，但给听众留下的印象最深刻，他的发言只有三个字"做出来"。

"做出来"是他最鲜明的工作作风。

他鼓励参加培训的教师们"做出来"：新教师写教学目标，写教案，上片断课；骨干教师上研究课、诊断治疗、开展教学研究。

王能智老师自己也坚持"做出来"：他面对面地辅导青年教师，千方百计地帮助教师获得成功体验。

我的恩师——王能智

曹彦彦

我是京源学校的一名地理教师。1993年我有幸在从教伊始成为王能智老师的学生。1996年，老师带我参加北京市青年教师基本功大赛，赛前，老师一笔一画地教我画板图；比赛中，我在屋里赛，老师像父亲一样站在外面等着我。1997年，老师推荐我参加北京市地理教育年会论文比赛，老师一句一句地教我写论文，一点一滴地用他的学术思想浇灌我。1998年，我讲市级公开课《洪水后的思考》，老师亲自挖土浇水，教我制作地理模型。1999年，老师针对我们实践能力差的缺欠，带我们走遍法海寺、隆恩寺、永定河、八大处……跋山涉水，教我们识别一块块岩石、一道道冰川擦痕、一个个地质构造。2000年，老师带我们参加全国《科学》教材的编写工作，每一个标点符号老师都细细斟酌，帮我们修改。2002年，老师带我去安徽参加全国高中地理优质课比赛，夜幕中我们师徒二人走遍屯溪大街小巷，老师打着手电教我野外测量。2000年，我开始做教学副校长工作，老师每周都到学校来培训青年教师，下班后灯火通明的培训教室里挤满了积极进取的新教师……而今，一幕幕严师慈父悉心教诲的情景仍然历历在目。

有人说王能智老师带徒弟有"点金术"——带一个成功一个。陈国秀、张爱娣的论文屡次获全国一等奖。王守民、朱海燕和我先后获得"全国优秀地理教育工作者"的光荣称号……

有人说王能智老师教学设计有"灵丹妙药"——设计一节成功一节。我们代表北京参加全国地理学科教学大赛，何英茹从哈尔滨捧回全国一等奖，我从安徽捧回全国特等奖……

有人说王能智老师教地理有"秘密武器"。他带高考，我区地理学科连续六年夺取全市冠军；他带成人自考，本应8：30下课，8：00就讲完了，而且学生回家还不用背，学生们高高兴兴听课，轻轻松松过关，地理课成了难得的享受。

他设计了一条培养我们的"生产线"，即"基本功培训—课堂教学设计培训—承担课题研究"。

他首先列出了教师的十项基本功，要求我们一项一项过关。图形思维是地理学科最重要的思维方法之一，因此徒手画地图是第一关。炎热的假日，我们汇聚在教师进修学校，老师站在黑板前画中国，画日本，画欧洲，画美洲……画了一遍又一遍，画遍了世界的每一个角落。我们的板图技能从变形到准确，从粗糙到精致，我们自以为合格了，得意扬扬地在照板前画给王老师看，但王老师随手勾勒的精湛技巧又使我们心服口服地回去老老实实地苦练。那段时间，全区每一个地理老师的办公桌下都有一个废纸箱，白纸用完了，在废报纸上画，正面用完了，在反面画，铅笔画完再拿钢笔画，蓝笔画完用红笔画，一页页纸上层层叠叠着五湖四海。我们明白：一日几千元的高薪邀请他不去，一年寒来暑往每一个假日他不歇，他只是想看到我们尽快成长。类似这样的培训还有练板书、练讲解、做软件，甚至连眼神、动作，王老师都一个个辅导我们。正是在王老师的严格要求和耐心点拨下，我们这批青年人才找到了努力的方向，逐渐成长起来。1998年北京市召开"王能智老师教学思想研讨会"，会上地理教育界的专家会聚一堂，专家抽签考我们，抽到一个上台一个，无论多复杂的地理界线每个人都能在一分钟内一笔勾勒，全市专家叹为观止。在北京市青年教师基本功大赛上，我区三个选手不仅全部获个人单项奖，同时获团体优胜奖，朱海燕更是以总分全市第一的优异成绩捧回"全能奖"。

对于常规课教学设计，王能智老师提出"找话题—话题案例化—案例问题化—问题系列化"的设计方法。

2002年，王能智老师带我去安徽参加全国高中地理优质课比赛，我们带去的录像课获得了特等奖。东道主邀请三个省份的选手为当地屯溪一中的学生做一节现场课，实际上这是全国赛场上的一次公开技术比擂，也是其他省对北京的挑战。其他选手为保险起见都决定重上一遍录像课的内容，这无疑是最稳妥的办法，因为每个省的录像课都已经过千锤百炼。但王老师却做出令人出乎意料的决定：我们以当地的教材为准，不打乱学校的教学进度，学生该上哪节，我们就讲哪节。这个决定无疑是"明知山有虎，偏向虎山行"，同时也体现了王老师不耽误学生一节课的高尚师德。于是，我们师徒二人成了会场上的异类，每天早晨天一亮就出发，一遍遍徒步穿越屯溪小城，去寻找贴近学生生活实际的案例。老师领着我站在黄山市规划局的会议室门口，等到会议间歇时请教当地的规划思路；我们一遍遍穿越著名商业街——"老街"，不看服装，不看纪念品，不是为了游览，而是眼睛朝天，测量了每一个房屋屋檐的长度；屯溪一中的每一个角落——窗台的夹角、围墙的高度、楼房的间距都被我们仔细测量过。天黑了，回到宾馆大厅，老师帮我整理资料、设计教学。当时王老师由于腰椎间盘挤压坐骨神经，走路都已经很困难了，但奔波一天后，六十岁的他不顾劳累和疼痛，每天都在阴冷的大厅里辅导我至凌晨2点。2点时，老师都会对我说"太累了，你去睡吧"，但每次我推门进房间时回头看他，他却还在大厅里踱步思考。在王老师的精心设计和辅导下，这节外地人讲当地事的课产生了轰动效应，讲台被围得水泄不通。

从黄山回来后，王老师躺在担架上由徒弟们抬着上了救护车，致力于实践研究的王老师此时已经连翻身都不能了。王老师的徒弟们都来了，徒弟的爱人孩子也都来了，在送老师去医院的路上，我们每个人的心都沉甸甸的。

王老师以开发区域教育资源作为培养青年教师综合实践能力的落脚点。他认为区域资源绝不仅仅是经济资源，同时也是教育资源，虽然石景山区很小，但实践证明，现有资源已足够我们这十几个学科用了。他对我们说，对区域资源进行教育开发，我们教育工作者责无旁贷。在王老师指导的一个个课题中，青年教师和学生们成为了石景山区积极而负责的公民。王老师还积极争取区属各业务单位对教育的支持，在规划局王亦兵局长的帮助下，学生们研究《模式口大街改扩建方案》；在八宝山派出所的帮助下进行《八宝山地区中低收入流动人口生活状况调查》；在公交车队的帮助下进行《965路公共汽车客流量调查》，还有《石景山区热岛现象研究》《石景山区市场绿叶蔬菜农药残留状况调查》，等等。在这些实践研究中，有更多的不同学科的教师得到了王老师的精心辅导，并获得教学奖项。化学学科的孙清亚、物理学科的柯霞在中央新影为全国教师做新课程培训讲座；物理学科的吴朝晖、任秀丽应邀赴国家级实验区做培训讲座。生物学科的吴春萍等数十名不同学科的教师为全国教师新课程培训录制了示范课光盘，八十节课的录像资料被中央教科所选入国家教育资源库，这里的每节课都凝结着王老师的心血和汗水，王老师也有收获，他的收获是一个中国教师厚重的职业快乐和崇高幸福。

王老师既是严师，更是慈父。何英茹的父亲去世了，王老师把她当作自己的女儿；林中泓的职称评定总是不能如愿以偿，王老师一直为他揪着心；陈国秀是回族教师，每次加班王老师都请大家去吃清真面；甘育山的儿子生病了，王老师拿出几千元来帮助他，我们每一个人在王老师心里的分量都很重很重，每一个人都觉得自己是王老师最疼爱的学生。但王老师对我们的期望又远不只普通的儿女情长。每一次王老师过生日我们都欢喜地聚在一起，每次我们让王老师许个愿时，他每次都想换一个说法，但每一次他都在沉吟之后坚定地对我们说："祝你们事业成功！"

王老师教会了我们讲课，更教会了我们做人。吴云用她获奖的奖金给地理实验室买来饮水机和挂钟，我们人人分享了她的收获。这种处理奖金的方式秉承了王老师的作风，平时王老师获得的奖金少则几百元，多则上万元，全部都用在了我们这些徒弟身上。他给我们买了《综合自然地理学》《微格教学》等各类专业书；他带我们外出参观、学习、搞科研；他资助家庭有困难的老师。1998年他获曾宪梓教师奖5000元，全部捐给了学校。曹永利带学生外出考察，赶上下大雨，他把借来的八把雨伞给学生打着，自己淋着雨讲课，学生感动了，他却说："没什么，我的老师就是这样教我的，遇到酷暑，一定是他面对烈日，学生背对太阳。遇上下雨，一定是他淋雨，学生在伞下。"王老师淡泊名利的品格影响着他周围的每一个人，在全区评选学科带头人和骨干教师时，为学科建设立下过汗马功劳的王守民、张丽华、王改荣等几位老教师纷纷主动把名额让给年轻人，他们对王老师说："年轻人更需要激励，名额给他们吧，您放心，我们该怎么干还怎么干，我们一起给年轻人撑腰打气！"一次次这样的经历，使我区地理学科形成了纯洁的人际氛围和浓郁的学术氛围。

以上我所讲的只是王老师工作生活的一个侧面，他为人宽厚，品格高尚，对教育事业孜孜以求的事例讲起来还有很多很多……

王老师说："我已经到了日薄西山的职业年龄。人到了这个年龄，对金钱、地位一类的事情看得淡漠多了，也深沉得多了，但在淡漠中升腾起来的却是自己的职业理想。为了这个理想，我已经苦苦效劳了大半生。我欣赏'飞蛾投火'的精神，我认为，为了自己心中的那片光明，就应该勇敢地迎上前去。我希望我所钟爱的地理教育事业有光明灿烂的未来，但我深知，光明并不在我身上，而在那些生机勃勃的年轻人之中，他们就是地理教育的未来！为了他们，我绝不会吝啬自己余下的光和热。"

长白山中的科学问题

——记长白山地质生物实习

侯小波

王能智老师曾对我们说，旅游资源的美有四个层次：形式美、形象美、科学美、哲学美，不同审美水平的人在旅游时能体会不同层次的美。怎样才能让学生体会到"科学美"？怎样在旅游景点中挖掘有思考价值的科学问题？

2006年暑假，在王能智老师的支持下，我们地理组、生物组、高一年级组的几位老师一拍即合，决定一起带领学生去长白山进行生物、地质实习考察，挖掘长白山中的科学美。考察路线是：北京—通化—二道白河—长白山—牡丹江—镜泊湖—哈尔滨—北京。其中主要考察的地点是长白山。长白山火山是中国最大的火山。

我攻读硕士学位时主攻五大连池火山地质，但从未去过长白山。在这次考察中我承担地理指导教师的任务。我在北京时搜集了所有关于长白山火山地质的资料，并且比学生们提前一天赶到长白山，拿着专业书籍徒步上山下山，反复对照辨认地质构造，提前选择了四个观察点，并准备好讲稿。当时王能智老师把这个任务交给我，是因为他知道我想要什么——我渴望我的火山地质专业有用武之地。经过这番实践，我对长白山的地质状况又清楚了很多。

回京后，王能智老师又指导我向全区地理老师介绍实习指导过程，为大家进一步揭示了长白山中的科学问题。这些科学问题不仅吸引了走进大山的学生们，也吸引了那些还没有去过长白山的地理老师们。

以下内容是我向全区地理教师介绍这次长白山之行的讲稿。

我们在长白山共设立四个观察点。主要的目的是培养学生野外地质、水文、土壤、生物等方面的观察能力。

第一观察点：山门附近

它的位置大致在长白山北坡山门西 200 米处的小河边。

问题 1：这个地方为什么会有这么多浮石？

浮石，顾名思义，起初给它起这个名字就是因为它能漂浮在水面上。浮石是火山喷发过程中形成的孔隙状岩石，它的气孔大小不一，大的气孔可以达到 2—3 厘米，看起来就像蜂窝一样，岩性主要是玄武岩。爆炸式火山喷发时，会有很多泡沫化和碎屑化的岩浆，它在喷出地表之后，根据形成岩石的粒度不同，可以分为火山灰、火山砂、火山岩块等。其中粒度较大的形成火山岩块的就是浮石。

那么在这个地方为什么会有这么多浮石？

主要应该有两个原因：1. 火山喷发过程中落在这个地方的。2. 由于此处位于小河边，其中有一部分浮石是因为水流的作用，即被水流搬运到这个地方的。

问题 2：气孔状的玄武岩的气孔分布很有规律：由内部向表面，气孔越来越多，同时气孔也越来越大。为什么？

长白山区的火山岩由造盾阶段的玄武岩类、造锥阶段和近代的粗面岩和碱性流纹岩组成。早期的玄武岩是由火山喷发出的岩浆冷却后凝固而成的一种致密状或泡沫状结构的岩石，它在地质学的岩石分类中属于岩浆岩（也叫火成岩）。泡沫化和碎屑化程度低的岩浆喷发冷凝后形成致密的玄武岩，而泡沫化和碎屑化程度高的岩浆喷发冷凝后形成泡沫状结构的玄武岩。有的玄武岩表面为多气孔构造，这种玄武岩的气孔分布很有规律：由内部向表面，气孔越来越多，同时气孔也越来越大。为什么会有这样的规律呢？因为在熔岩流淌的过程中，内部气体不断地向表面移动，同时，越向表层移动，外部压力越小，于是，气泡也逐渐变大。

其实熔岩流在冷却的过程中，表面温度低，与外界接触充分，因而冷却速度很快，而内部熔岩流则是缓慢冷却，因而熔岩表面的结晶程度往往没有内部充分。不过这需要实验室的仪器才能具体鉴别。

问题 3：土壤分层的原因是什么？

我们在距离小河边 30 米处找到一个土壤剖面。起初我们认为这是一个非常典型的土壤剖面，根据土壤的颜色特征，除了淀积层（淀积着上层淋漓下来的物质，使土壤质地偏黏，土体紧实）不太明显之外，其他层（枯枝落叶层；腐殖质层——淋溶层；母质层）都非常清晰。

但后来仔细一想，就会觉得这里存在一定的问题：长白山曾经经历过多次喷发，每次喷发条件都不一样，因而其产生的火山灰（火山砂）性质颜色也都不一样，而长白山区的土壤又多由火山灰构成，那么单从颜色的不同来作为这里土壤分层的依据，我觉得是不科学的。土壤分层的根本依据主要应该是上下层的成分以及有机质含量的多少，所以我们在这里取了不同层的土壤（火山灰），准备在实验室鉴定之后，再下结论。

既然说到火山砂了，这里我简单介绍一下火山砂在火山研究中的作用：

1. 不同期次的火山喷发，其火山砂的颜色、粒度、岩性都不相同，因而根据火山砂的层数，可以推测火山喷发的次数。

2. 不同强度的火山喷发，火山砂的分布面积（或者说火山砂分布距离火山口的远近）不同，因而，可以根据火山砂的分布面积来估计火山的喷发强度。据史料记载，长白山1702年的喷发所产生的火山砂上升到平流层，一直漂到了日本的北海道。

问题4：在地层中发现炭化木有什么意义？

首先，什么叫炭化木？原始森林在火山爆发的热液活动下（热液可能是火山灰、熔岩流，或者是火山碎屑流），深埋在封闭的地层里，发生不完全燃烧，经过长期的演变，逐渐石化，就形成了炭化木。

发现炭化木的意义：

1. 首先我们可以依此断定，长白山火山不同期次的喷发间隔时间比较长，因为在间隔期间，这里已经长满了木本植物。

2. 据炭化中的碳元素，可以对其进行测年。除了我们很熟悉的同位素测年法之外，还可以采用热释光的方法进行测年。

第二观察点：长白瀑布

位于天池锥体东北边缘。

问题5：U形谷的成因。

关于白河谷地的成因有很多种说法。

从成因上说，它主要是由早期冰川作用所形成的U形谷，但在谷底则有一部分是由于白河的常年侵蚀所形成的U形谷，这里是两者共同作用的结果。冰川的证据冰川擦痕由于常年的风化作用已无处可寻，流水现实就可以看到。

对于此处 U 形谷的形成原因，还有一种说法，就是它也有可能是由于火山碎屑流的冲击而形成的。当然，这两种说法现在还存在争议。

问题 6：天文峰南坡的湖面上，为什么有一片湖水常年不冻结？

天池水温很低，摸上去冰凉。可能是由于海拔比较高的缘故，这里海拔大概有 2200 米左右。同时天池位于我国东北，是高纬度地区，湖面每年都有 7—8 个月的冻结时间。但是在天文峰南坡的湖面上，却存在着一片常年不冻结的湖水，水温常年保持在 4℃左右，估计是天池底部存在温泉的原因。

问题 7：为什么天池周围的岩壁风化严重而且存在柱状节理？

我们观察天池周围的岩壁，跟山下的岩石相比，这里的岩石风化得很厉害而且存在柱状节理。为什么呢？柱状节理好解释，它刚好符合玄武岩的特征，可以说明岩石的岩性是玄武岩。风化严重则是因为这里处于高纬度地区，同时海拔又比较高，季节温差和昼夜温差都比较大，所以风化剥蚀得比较厉害。

问题 8：长白山从山底到山顶植被是怎样变化的？

倒站车顺着山路开了将近 20 分钟才到达山顶，一路上，学生除了兴奋之外，我们还指导他们观察了自然带的变化。

从长白山山脚到山顶，分布着温性针阔叶混交林带→寒温性针叶林带→亚高山矮曲林带→高山冻原带（高于 2100 米，即高山苔原带），是讲解植被垂直地带分异的典型实例。

第三观察点：天池

位于长白山顶，也就是天池天文峰附近。

问题 9：为什么在长白山火山锥体旁边会形成一个如此平坦的熔岩台地？这片台地上的熔岩流来自哪里？

上了天池之后首先看到的就是这片熔岩台地，这里地势平坦，已经开发成了一个停车场，它和长白山火山的锥体之间形成了鲜明的对比。

据资料记载，这里曾经是一个副火山口，后来在建设停车场的时候给填平了。通过观察可以断定的是，这片熔岩台地是火山喷发后期的产物，为什么？

原因有两个：

1. 这片熔岩的岩性是碱性流纹岩，长白山火山前期喷发主要是玄武岩，后期逐渐转化为粗面岩和碱性流纹岩。

2. 岩浆在岩浆房中进行分异，岩浆房上层主要是泡沫化和碎屑化的岩浆，中间为密度和黏度都比较小的岩浆，而最底层才是密度和黏度都比较大的岩浆。只有黏度比较大的岩浆在这种地势比较陡的山坡上才能形成平坦的熔岩台地。

问题 10：山顶小房子里住着什么人？

在这片熔岩台地上，除了停车场之外，还有两所小房子。一个是气象站，一个是哨所。

长白山顶的气候非常不好，主要是风特别大，而且特别冷，我们是 8 月份去的，到了上面都要穿长袖的厚衣服，可想而知，常年生活在这样的地方会是什么感受。但是这里依然有人常年驻守，一个是哨所的官兵们，一个是气象站的科学工作者。其实我们想想，在中国 960 万平方公里的土地上，无论是多么艰苦的地方，总是有这两类人的足迹和身影。

问题 11：长白山天池的水从哪里来？

终于可以看到天池了。其实看天池全景是一件很不容易的事情，因为天池顶上总是烟雾缭绕，非得赶上大晴天才能看见。所以我们当时是非常幸运的。

天池其实就是长白山火山口塌陷之后形成的一个火山口湖。湖水面积大概有 10 平方千米，那么这些湖水从哪里来，是靠什么来补给的呢？

一般来说，长白山天池的湖水主要来自于两个方面：主要的补给是降水和冰雪融水，另外还有一部分则来自于地下泉水。天池的水质特别好，我们喝的农夫山泉起初用的是千岛湖的地下泉水，现在用的则主要是天池的水。

第四观察点：小天池

我们顺着西北坡下山，到达倒站口，坐旅游大巴来到了小天池。

问题 12：药王头顶的岩石是怎样形成的？

小天池是台湾版《雪山飞狐》的拍摄地，这里现在还供奉着一个药王。但是让我感兴趣的却是药王头顶的那片岩石。

我以前是研究火山的，主要的研究对象是熔岩流，而药王头顶的那片岩石正是我非常熟悉的一种熔岩形态——熔岩舌。

熔岩舌是熔岩流末端常见的一种熔岩现象。熔岩流在流淌的过程中，边流淌边凝固，而且表面往往最先凝固，而这时，内部还是热液状态的岩浆在内部压力的作用下会重新熔融前面已经凝固的熔岩，继续向前流淌一段距离，这样就形成了像舌头一样的熔岩舌。

问题 13：大片塌陷是怎样形成的？

在这里还存在着一个小规模的熔岩塌陷。熔岩塌陷是在熔岩的中部塌下去的一个大坑，为什么会形成这样的现象呢？

刚才我们说了，熔岩流在凝固的时候，是表层首先凝固，而内部的岩浆仍然处于热液状态，在内部压力的作用下，内部岩浆要继续向前流淌，当这个地区的内部岩浆流走，就会在熔岩中形成一个空洞，这样的空洞，我们把它叫作熔岩隧道。也就是说这个地区熔岩只是一个表层，因而它很不坚固，一旦上部表层承受不了自己的重力，就会产生塌陷，也就是我们看到的这个现象。

后面我们所看到的小天池和地下森林，都是由于这样的原因形成的，只是规模比较大而已。但是，关于小天池和地下森林的成因，还有另外一种说法，即它们是由火山碎屑流形成的（火山碎屑流是火山喷发时所形成的一种高温且同时高速运动的固液混合物）。

二〇一三年五月四日 祁坤

今年春游去哪里

王宏甲

2000 年，曹彦彦升任京源学校副校长，仍承担地理课教学。这年一开学，王能智同她设计了一个课题《今年春游去哪里》，希望吸收数学、语文、外语、历史、生物、计算机、政治，包括地理，共八个学科的老师参加，试图通过这样的活动，打破学科之间的壁垒，在初中学生中开展"多学科融合的探究性学习"。

各学科的老师都对王能智挺尊重，但觉得这地理课把腿伸到野外尚可理解，为什么还要把腿伸到这么多学科里来呢？讨论时，老师们也各有说法。比如，数学老师说，对旅游点做客流量趋势分析，需要用到"数学建模"，但初一刚学代数，高中的学生都不见得能运用这一方法。语文老师说，要说服大家为什么去某地春游最好，这需要议论文的本领，但初一上的是记叙文，初三才上议论文，现在怎么讲议论文呢？……由于老师们都跟曹彦彦关系不错，于是说，我们可以配合你，但这毕竟是你地理课的事，要让我们当作自己的事来做是不现实的。总之，愿意"友情接受"，不愿有多大的投入。

"开完这个会的那天黄昏，老师们都走了，我和王老师坐在黑暗中。能说老师们固守在自己原有的心智模式上吗？他们说教学要循序渐进，难道没有道理？我不知道下一步该怎么走了。王老师说，先干起来吧，把题目告诉学生。理论上还说不清的事，实践会告诉你。"曹彦彦这样回顾道。

于是她告诉学生，自由组合小组提出方案，最后大家投票，得票最多的入选。学生们听明白后立刻兴奋起来。

王力小组七个同学选择了沿着北京城中轴线考察的旅游方案，这条线从最南端到最北端，承载着北京城历史上最重要的各大建筑，他们去论证，皇帝没

新育文库
北京卷

有用标语说皇权至高无上，但用建筑体现了皇权至上。在这些建筑中凝聚着怎样的历史内涵和建筑知识？他们知识不够，就去请教历史老师、政治老师。要用数学方法分析故宫的客流量趋势，不会，就去请教数学老师。他们还在电脑上做出网状的图来表达线路选择的优势，试图用定量的方法来说明他们的观点。起初，这也不会，就去请教计算机老师。

"老师，求求您，教我们吧！"

各科的老师都突然"遭遇"同学们空前的求学热情。老师们感动了，固有的心智模式开始动摇，被学生的热情融化。奇景出现了，老师被学生发动起来。

语文老师开始辅导学生说服别人的技巧，生物老师开始教给学生如何制作植物标本，有的同学则要求英语老师帮助他们增添英文解说，以增加吸引力……有些知识，有些方法，老师自己还未必懂，那就赶紧学，学了好教给学生。

所有的组都学会了在电脑上制作软件，公认这是将来发表方案时最基本的竞争平台，否则你就"免谈"。如此一来，计算机老师"会不会累死"？不会。王力小组学会在电脑上做图了，其他组的同学都去向他学，大家就都会了。

孙宁霄问："两人一组行吗？"老师说行吧。

孙宁霄就与郭钟铃两人一组。他们选择去密云县（现密云区）看司马台长城，认为司马台长城是"奇、险、峻"之最，此去还包括考察密云水库，参观"京都第一瀑"，时间两天一夜。他们在软件里插入了动画，设计出几点从学校出发，电脑里就出现了小汽车，标示出走到哪儿是第一站，路途多长，需多少时间，几点几分到达……动画的引入立刻在班上引起轰动。

很快，别的组也学会了，大家都插入了动画。

一天，羡辛同学给软件加进了声音，大家又去向她学，都加进了声音。

大家都学会了合作，而且不仅是小组内部的合作，不只是八个学科的老师教学生，同学间也有无穷的交叉联系，总在互相学习。"同学们并不像我们想象的那样会由于竞争的原因而保密，而是乐意告诉别人，也乐意向同学学。"

为这次春游，他们准备了一个多月，学到了过去几个学期都未必能学到的知识，比如，他们再看手里那本计算机课本，就说是小儿科了。

曹彦彦说："我除了给他们一个题目，就只做了两件事，一是给他们钥匙，我办公室的电脑、电话，让他们随便用。二是不断告诉他们某个组的新创造，说完你就不用管了，他自己就会去找那个同学学。整个过程中，老师只是组织者、促进者、帮助者。"

董琦提出了一个去延庆考察"天漠"的方案，她说那地方周围都是绿地，中间出现一块沙漠，那是从天上飞来的？她说我们想去探究那片"天漠"的成因，并把出游设计得充满神话般的迷离色彩。

全班五十一位同学分成七个小组，提出七个方案，每一个方案都凝聚着同学们的心血，包括家长的智慧，每一个方案都很有吸引力。如何决断还真是个难题。

投票的时刻终于到来，教室静得就像考场，只有笔和纸接触的声音。揭晓，只有两个人的孙宁霄、郭钟铃组获胜。两位同学蹦起来，叫着，快乐得无法形容。

"接下来我只做一件事，就是给他们一张某个旅行社的名片。"曹彦彦说。

此后，孙宁霄先从网上查出密云县所有宾馆、招待所和旅游景点，然后逐个打电话，了解设施条件和价钱……做完了这些，才使用老师交给他的那张名片，给旅行社打电话。后来旅行社的人告诉老师，你这个学生太厉害了，宾馆里要能洗澡，大巴上要有电视，该有的都有了，哪里哪里，什么价格，他比我们还清楚。我们拉你们这一回，几乎就没有钱赚。

出游之日到来了。过去，老师会担心学生吃得好不好，有什么不安全，会不会不守纪律。这次，到哪儿要注意什么问题，孙宁霄都嘱咐了。看上去，他好像比大人更怕出事。以前，早上什么时候起床都是老师叫学生，这次都是学生叫老师。老师，该出发了！老师，该吃饭了！

"这次大家投他的票，他非常珍惜。"曹彦彦评价孙宁霄时不知不觉地从说他是个男孩说到他的成人，"他那么负责，我敢说他将来成家后一定是个很负责任的男人。"

就这一次经历，孩子们真的长大许多。今天他们已进入高中，仍久久挂念着还有六处没有去的路线。家长也说，孩子都说总有一天还要聚在一起，那六种方案都要去走一趟。到那时，我们也跟孩子一块儿去。

京源学校的老师们都被感动了，汇报会上，许多老师都没想到自己会为一次春游活动流下眼泪，他们要求学生们把七个春游方案软件都放到校园网上去。学生们放上去了。老师们相继把这些方案拷贝到自己的计算机里去细细品味。

"理论上还说不清的事，实践会告诉你。"现在想想王能智这句话，多么有力。

静心一想，这次春游活动便是一堂大综合课，在游玩中综合了八个学科的知识，并进行综合运用。在这过程中，主持课程的曹彦彦老师并不是在"教"，而是在"导"。教给学生知识的也远不仅曹彦彦一人，而是八个学科的老师，还有家长和旅行社、宾馆的工作人员。

学生走上去，老师走下来

王宏甲

进入 21 世纪，石景山区委、区政府专项拨款近百万元，由王能智领衔，建立了一个面向全区各学科中青年骨干教师的研习班，这是个融合了十三个学科的教师培训组织。

京源学校的历史教师安丽萍是学员之一，她珍藏着两本连环画笔记。我问缘由，她说是学生画的。

其中一个学生叫季鹏。安丽萍说他上课爱说话，爱画小人，就是不爱记笔记。以往老师碰到这种情况，通常是把学生画的东西没收上来。安丽萍琢磨，有没有更好的办法？一天，她发现季鹏又在课堂上画小人，就问他：

"你为什么不记笔记？"

"我都记住了。"

"哎，你画得不错。要不，你就用画来记笔记，行不？"季鹏果然用画图代替笔记。

安丽萍说，我看了眼睛一亮。虽然画得比较粗糙，但构思不错，很有趣，这种形式在班上独一无二。我赞扬了他，同时对他说：就是文字表述太少，关键的时间、地点、人物、事件，要是在图上有所提示，没学过历史的人一看就知道怎么回事。多少年后，你自己再拿起来一看，这就是历史。

"那天他特别虚心，特别诚恳地接受了我的意见。从那以后，他坚持了下来，越画越好。"安丽萍说。

又一天，安丽萍对季鹏说："就用你画的笔记，一页一页给同学们讲讲，怎么样？"

季鹏同意了。安丽萍说，我至今记得那天他讲的情景，班上特别静，大家都听得非常专注。我一边听，一边想，当他构思这些图时，并不是机械地抄我的板书，而是把那些历史事件在他心中反复酝酿，变成了"酒"，是知识内化了之后才产生出的这些图。所以他讲得都很到位，也很简洁。他这么一页一页地讲下来，等于以非常形象的形式，带着全班同学复习了一遍，同学们一看一听都记住了。

"我喜欢。我记得特别牢。"有同学说。

安丽萍说："这是学生对我的教育，孩子自身有很好的学习能力，有无穷的创造力，你让他发挥出来，不得了。

"又一天，在另一个班，有学生对我说：'老师你看鲁茜不听课，在画小人呢！'我一看，我都讲到后面了，他还在画前面。我对他说：'你可以把画补充得更完整一些，把情节连续起来，但现在你先收一收，课后再干。'

"后来，我索性问大家，班上有没有人喜欢画画的，请举手。举手的有五六个，有男孩有女孩。我说，你们既然喜欢，就可以用画画代替记笔记。不久我把笔记本收上来一看，春秋五霸、战国七雄，五个同学画同一内容五种样子，绝不雷同。我真是眼界大开，从这里我再一次看到孩子的思维特别敏捷，如何让学生自己动起来，真是太重要了。"

这些孩子的学习都非常好，初中读完相继考到市重点高中去了。学生毕业前夕，安丽萍对季鹏说："把你的笔记本留一本给老师做个纪念好吗？"季鹏就把他受到鼓励的那"第一本"送给了老师。

"这是我们京源学校第一本连环画笔记，我会向下一届，再下一届的同学展示。你是开创先河的！"

"安老师，谢谢你！"

"我谢谢你！"

那以后，安丽萍不仅利用学生喜欢画画的特点让他们记笔记，还让学生以这样的表达方式做单元小结。她说："从前我做小结时时常忽略我认为比较容易的问题，但学生的小结就能针对他们自己的弱项在小结中体现出来。也有我认为是比较难的，一些学生认为不是难点。让学生自己做小结，可以发现学生的不同情况，再针对不同情况帮助他。"

安丽萍表述的已经是一种"个性化教育"。她说最让她赏心悦目的还是学生们那些个性化的图说笔记、图说小结，有绘画的、图表的、结构图的。结构图比较难，但通过结构图，把事件之间的内在联系和逻辑——谁跟谁有关系，谁引出谁——描绘出来，一目了然。安丽萍就选那些最精彩、最精辟的，让同学上讲台去讲解，这叫"优质资源，全班共享"，也等于让学生带学生再复习一遍，大家都印象深刻。

再后来，安丽萍不但让学生带着学生复习，有些课就干脆直接让学生去讲。比如，初三的世界史，安丽萍问学生，对"二战"这一块儿了解比较多的有哪些同学？举手的多是男生。

同学推荐："安老师，让孟超讲吧，孟超讲得好！"

"孟超，你愿意讲吗？"安老师问。

"我怕没人听。"孟超说。

"大家想听吗？"

"想听。"

"你看，大家都这么要求，你还不讲？"

于是孟超没做任何准备，上去就讲。安丽萍坐在孟超的座位上听，非常惊讶，孟超从作战计划，各国的实力对比，到武器装备，武器型号，以至战争过程，谁打谁，在哪里发生，一口气讲下来，头头是道。安丽萍说："他比我知道得多，根本用不着我讲导火索、经过、结果、意义。全班同学听得津津有味，他向大家展示了，中学生的脑子里就能装着多么丰富的一个世界。"

后来，安丽萍在她教的每个班都进行这样的实验，"学生走上去，老师走下来"，让许多同学都上去讲。当然，为了让更多的同学受益，她让大家都学习备课，分学习小组，各组先在课外时间讨论，在讨论中发现谁讲得好，由各组推荐代表到大课给全班同学讲。

于是同学们上图书馆、上网查找资料，写教案，做课件。每个班都有大背投、大屏幕，学生在电脑上做的课件，点一下鼠标，屏幕就换一个画面，主讲的学生就据此讲。空前的学习和探究兴趣被调动起来。

于是就像1982年王能智让同学们准备"如何改造黄土高原"那样，学生们在家里就向家长请教，把家长也动员起来，家庭气氛融洽了，父母感到孩子在兴趣盎然地潜心学习，非常高兴。有的父母把朋友、邻居中的能人也调动起来，社会力量被运用了，所谓"老师不是学生唯一的知识来源"，在此生动地体现出来。

最后，经过大家推举，同学们分开讲，有的讲"一战"，有的讲"二战"。再分，如陈东伟讲太平洋战场，杜月波讲欧洲战场。还有一男一女两个同学搭伴讲。科学性、准确性、趣味性，以至语速要达到怎样，口齿如何，同学们都研究过，都很讲究。他们说："体验了做老师的感觉，也更理解老师了。"

安丽萍老师的体验是："我坐在下面听，真正体验到老师也在学习，从学生那里学到很多东西。他们在课堂上讲出来的仅仅是他们准备了大量内容的一小部分，而且，关键不在于他们能表达出自己已经掌握了多少知识，而在于为讲好这一小部分，他们集体学习的能力、思索能力、分析能力、概括能力、综合运用众人智慧的能力、与人打交道的能力、求助的能力、语言表达能力、聆听别人表达的能力，等等，都全面得到了锻炼。同学们的学习兴趣空前高涨，把上这样课的日子变得像过节一样兴奋。"

历史老师安丽萍的实验，只是其中之一。她证明了王能智老师教地理的方式是可以运用到其他学科的。王能智主持的这个班，十三个学科的老师都相继把这种方式运用到语文、数学、物理、化学、生物、英语等各科的教学中去。由于学习的积极性被调动，学生即使去对付中考，成绩也不错。

以京源学校为例，曹彦彦这样说，我们是一所新办的学校，早先高中录取通知书下来，我们把通知书分类，考上重点高中和一般高中的学生顶多一半对一半，短短几年间，考上重点高中的录取通知书放在办公桌上那一摆，不断长高。现在上市重点、区重点的录取通知书已经是"高楼"，上一般高中的通知书变成了"平房"。

当然，像现在这样把学生分成"重点"和"一般"，恐怕并不科学。对任何家长和孩子来说，每个孩子都是重要的，教育需要在今后的变革中继续寻找更好地发挥学生潜能的方式。王能智以及安丽萍等教师们的探索性实践已经一再告诉我们，新世纪的教育，即使在中小学领域，一个"教师"的时代正在成为历史；而一个从基础教育到高等教育全面呼唤"导师"的时代，正在诞生。

搭建成长的台阶

赵 月

七八位老师聚在一间普通教室里，教室后架起了摄像机，讲台上英语组张欣悦老师正在进行八分钟的微课例呈现，今天聚焦的主题是迁移创新学习活动的设计。

一个小时之后，全体英语组老师来到会议室，回顾刚才所有老师的微课堂设计，针对"如何设计有效、有趣的迁移创新活动"各抒己见。

葛老师谈道："在王老师的微课堂活动设计中，除语言知识之外，还关注到了从书本到生活的迁移。她选用低年级学生十分熟悉的外出郊游场景来设计语言活动，让学生词不离句、句不离篇。"入职不满两年的小石老师紧接着说道："在看课过程中，我发现，当孩子们听到设计一日外出时间表任务时，他们眼睛都亮了。在小组讨论和制定过程中，孩子们七嘴八舌，这节课的核心语言在无形中都运用起来。"组长盖老师适时地说道："关联生活鲜活真实的拓展活动设计，才是有趣的。"这时，王老师提到了李老师的微课例："我很欣赏李老师这节微课的设计。她在迁移创新活动中所使用的思维工具，是与学习理解和应用实践环节保持一致的，但是在内容维度上又是有难度进阶的。学习完本课，孩子们就会有意识地用这一思维架构和经验去学习其他同质性的语言知识。不仅在语言迁移活动中关注知识，还关注学习策略的培养。"张老师插话道："在葛老师组织学生通过小组合作完成任务时，孩子们用手势来表达自己。""是这样，之前我总是习惯在课堂上一遍一遍地询问学生是否已完成、是否同意别人的表达。后来发现这样很浪费时间，便想着能不能尽量减少我的话。在跟同办公室的语文崔老师沟通时，她说他们学科设计了一些合作学习手势，我就'偷学'了过来。当孩子们完成任务时，抑或是有不同看法时，都可以用手势来代替语言，这样老师一眼望去更清晰，也更高效。比如，'V'代表已完成，'大拇指'代表同意，'1'代表有不同见解。"葛老师解答了大家的疑惑。"真不错，我明天也用起来！"小石老师如获至宝般欣喜地说道。

就这样，在微课例展示后的交流中，老师们针对迁移创新活动如何设计进行了较为透彻的研讨，逐一重复观看了每位老师微课例的录像片段，在相互评析与借鉴中互助、互长。

金秋十月，本年度的区教育教学大赛如期而至。英语组的小石老师作为工作三年内的新教师，备战迎赛。"我初步设计了一个导图工具，想着让这节课较为零散的节日信息结构化，引导孩子们从三个维度进行学习、理解。""我还在想，我的三个课堂主要活动，应该形成一个任务链，彼此关联。最好能在一个整体的情境中。"在备课组研讨时，小石老师的想法一个又一个地冒出来。两天后，在小石老师的试讲课上，看到二年级的小豆包们在朗读对话结束后，纷纷举起稚嫩的小手，熟练地做出"V"的手势。一堂课下来，虽仍显稚嫩，但却处处看得出老师的巧思。"不错呀，不仅站稳了讲台，还有了些许自己的风格。"组长盖老师夸赞道。小石老师谦虚地说道："其实都是从每次微课例教研里，比照着组内老师们的好设计'临摹'出来的。"

自 2019 年始，每月中旬，小学部都会聚焦一个小的主题，各个教研组围绕该主题进行微课例实践，比如，合作学习任务的确定、合作问题的适切性、合作小组的建立、成员分工的合理性、作业设计与实施、思维工具的开发、复习课综合实践活动的设计等。

小石老师在回顾自己工作时这样说道："在一次次的微课例实践中，我历经了为了一个小环节反复推敲的过程。也正是在这样特别的校本研修中，我边学边做，边做边思。从最开始的紧张无措走向了现在的从容笃定。"经验丰富的骨干教师潘老师谈道："微课例让我们能在更短的时间内聚焦更多的小问题，而这些小问题都是多数老师日常课堂中所困惑的真问题，也是很多老师亟待解决的实问题。"

随着每月一次的实践，小学部每一位教师都在行动中反思，在反思中完善。以"微课例"的创新形式，践行"教·科·研·培·评"五位一体的校本研修新思路，实现以行践思，以思促行。

如切如蹉　如琢如磨

刘　华

如果把教育比作一场修行，教研就是这场修行中不可或缺的一部分，高质量的教研活动设计离不开整个教研组的团结协作，精心打磨。

2021 年 9 月初的一次组长例会上，周校长说："今年教学大赛的任务区里已经下达了，和以往不同，本次是以教研组活动的形式比赛。"接到通知，我心里不由得咯噔一下，自我当上教研组长以来，我们组的教研组活动一般都是传达一些事务性工作或者就某个老师的课大家进行讨论，这怎么能拿出来参赛呢？于是我查阅了一些资料，什么是教研活动呢？"教研活动以促进学生全面发展和教师专业进步为目的，以学校课程实施过程中教师所面对的各种具体的教学教学问题为研究对象，以教师为研究主体，以专业研究人员为合作伙伴的以校为本的实践性研究活动。"这段书面语我理解为"教师要上符合本校学情的课程"，这不正是我们每次都在研讨的主题吗？这么一想也没那么困难。

于是我召开了教研组会，大家一开始面面相觑，十分茫然，于是我鼓励大家说："之前没有教研组活动比赛的先例，这种开创性的活动既是挑战也是机遇，而且咱们组目前齐聚老中青三代教师，教学经验丰富，还有区骨干、兼职教研员、博士，而且咱们年青的老师们都干劲十足，我相信咱们组集思广益，肯定能完成任务。"大家听完都挺激动，开始鼓起勇气尝试发表自己的看法。德高望重的邢老师率先发声："教研组活动应该有一个核心的主题。"年青有为的原主任总是能把握住最新的政策，他接着补充说："课堂是教学的主阵地，不如就以课堂提质增效为主题。"作为区里兼职教研员的杨老师见多识广，她及时指点道："我赞成以提质增效为主题，把大家做过的和即将要做的公开课作为内容，具体研讨如何在课堂上落实提质增效。"几位老师的发言得到全组一致赞同。专业、团结的化学组在确定了这次教研活动的主题、策略之后，明确分工，迅速从各个年级选择代表教师开始着手准备。

参加学校的初步展示后，中午正在给学生答疑的我接到了周校微信电话："经过学校领导的研究和讨论，最后决定由化学、生物、体育三个教研组代表咱们学校参加今年的教学大赛，正式比赛是在 10 月 9 日，在准备过程中需要学校提供哪方面的支持直接找我。"当我把这个消息通知给组员教师时，大家既兴奋又紧张，能代表学校展示教研组活动是一种光荣，但是这毕竟是首次，心里不免有些忐忑。接下来连续一周，大家在每天放学后各自分工，通过查阅文献、学习理论、开展讨论，迅速确定了教研活动的三个核心问题：1. 突出教研的"研"，那就是一定得有研读、有研究、有研讨、有钻研，具体解释为：研读课标、研究教材、研究学生、研讨课例、钻研教法；2. "以小博大"：切入点要小，立意要大，实验是化学学科的基础，证据推理能力是实验探究要培养和训练的重要能力，因此，确定"证据推理能力的培养"为切入点；3. 突出学校特色，突出初高中一体化的育人特色，因此研讨的课例既要求有实验而且要初高中全覆盖。

方向、重点统一之后就进入了细节打磨的关键阶段。参与展示的三位教师一遍又一遍逐字逐句修改发言稿，其余老师边听边提修改意见，在张老师的汇报案例上，大家的意见有比较大的分歧。张老师的课例是一节高三的复习课，是由老师自己收集的素材，属于课前说课，课例中要呈现教师的实验创新。因此最开始我在和张老师一起备课的时候，把这个实验创新定为现场演示的实验，目的是突出实验的创新性，但是经过两轮展示后，教学经验丰富的杜老师就提出："能否把演示实验提前录好，改为播放录像。原因有两点：其一，这个实验有盐桥，需要现场制备，时间不好把握；其二，实验有一定的随机性，不能保证次次现象明显，现场展示有一定的风险性。"我想了想说："这个实验有很强的创新性，现场演示是为了让评委看了眼前一亮，增加胜算。"我说完后大家想了一会儿，牛博士说："我建议录成实验视频展示，如果是实验创新大赛，肯定要把这个实验放大，但是咱们是教研组活动，它只是其中的一个小环节，还是要突出功能性，不能喧宾夺主。"我和张老师听完两位老师的建议后觉得很有道理，就进行了修改。在后续的演练中大家又提出了细节优化建议："每位教师的课例既要突出研修主题，又要相互连贯""不能各自为政""既要连贯还得有进阶""重点突出证据推理，其他的一些环节可以简要介绍""时间要把握好，发言老师的时间是确定的，只能靠调节讨论展示环节的时间来把握"，包括语言要进一步精炼，讨论结果展示的布局和优化，等等。除了在平时放学后，在国庆放假期间老师们也专程赶到学校继续打磨展示过程。在一次一次的切磋交流中，我们教研活动的一个个细节一点一点丰富、清晰、精准起来。

10月8日晚上，白校和周校两位校长亲自旁听了我们教研活动的整个预演过程，并提出了一些修改建议："研讨过程都是趋同，没有体现出求异，一个课例不同的人有不同的思考""进阶再体现得明显一些，让评委能听出不同年级的差异化发展"……尽管第二天早上第一场就要参加比赛，大家还是连夜做了调整，把两位领导的建议整合了进去，完成了对这个凝聚着京源教育智慧和化学组专业素养的参赛作品的最后一次精雕细琢。

10月9日上午8点，我们教研组作为石景山区第一支参赛队伍进行展示。上半场三位老师结束展示时我看了一下时间，比计划快了两分钟，于是在讨论环节之后的展示过程中，我趁粘贴海报的机会悄悄告诉即将发言的杜老师："时间快了两分钟，你要多说几句。"擅长随机应变的杜老师在接下来的展示中发挥了强大的控场能力，从容流畅地完成了比赛，时间也刚好。岳校全程陪着我们参赛，结束后她问我："咱们组这是提前演练的还是今天生成的？"我反问她："你觉得呢？""特别像当场生成的。"听到她这么说，我心里美滋滋的——初战告捷！决胜赛场，整个化学组近一个月精益求精的打磨功夫没有白费。

值得一提的是我们此次的教研活动设计的是系列活动，比赛结束后在后续的教研活动中大家还是继续研究了下去，根据此系列主题我申报了课题，同年12月被立项为区级重点课题。

《诗经》说："有匪君子，如切如磋，如琢如磨。"先民把培养德才兼备的君子比作切磋打磨玉石，精雕细刻成就其美。经此一赛，我深感做教研活动也像打磨一块璞玉，如果凝聚组内众人智慧精心切磋琢磨，定能彰显其莹润华彩。

记一次语文探究活动

刘　艳

"为：wèi……① 介词……② 被。《战国策·秦策三》：'主辱军破，天下笑。'"看着眼前的这一行行小字，我不禁翻了一下这本字典的封面，"商务印书馆"五个字赫然在目。"果然，还是躲不过去啊！"我腹诽着。"老师，那'为'字表被动，到底是读二声还是四声呢？"是啊，到底读几声呢？按照以往的经验，"为"做介词使用应该读四声。可是……我又看了一眼案头的《王力古汉语字典》和《古汉语常用字字典》，那里可是读二声的呀……看着学生那期盼的眼神，我心里一动："莫急！为师自有妙计，课上即见分晓。你先去吧……"

语文课，一道"悬赏令"新鲜出炉：辨析"为"字表被动之读音和用法，判断正确且论据充实，举例恰当，逻辑严密，能够解决同学的疑惑，受上赏；判断正确，有理有据，有助于解决同学的疑惑，受中赏；有自己的判断，自圆其说，能带给同学以启发，受下赏。于是，我们9班的小组合作学习又轰轰烈烈地开始了……

令初下，孩子们兴奋莫名，使出浑身解数来刺探各级奖项为何物。在得到老师一个个故作神秘的微笑后，孩子们终于认清了现实，迅速地把有限的时间投入到无限的合作探究之中。

"作为依据的工具书要选择权威性强的出版社出版的……论据不能只有一个，哪怕它再具有权威性，要知道'孤证不立'……除了工具书还有专家论著、教材可供我们参考……"看着孩子们像小蜜蜂一样忙碌的身影，这些话一次又一次冲到嘴边却又被我咽了下去。"放手，让他们尽情地碰撞，现在还不是你出手的时候。"我默默地对自己说。

忐忑中，各小组的学习成果汇报开始了。前两个小组的汇报非常精彩，尤其是答辩环节，当发言的同学不能很好地回答同学的质疑时，小组其他成员能迅速地进行纠正和补充，展现了组员之间的默契，更充分体现出其成果是全组共同合作的结晶。

正当我以为今天的汇报会继续顺利地进行下去时，意外出现了。第三组的发言出现了自相矛盾的情况，尤其是他们认为，应该用《现代汉语词典》中的内容来解决古汉语的问题，以适应时代的发展。这一观点引发了同学们的坚决反对。在同学们的质疑声中，发言的同学脸涨得通红，他在极力地解释着，可是面对排山倒海般的反对声浪，他的声音显得如此单薄与无力。

"好了，孩子们，我想，这位同学的表达可能存在一些问题，但是他们小组给大家提供了一个崭新的视角，那就是：语言是在不断发展变化的，我们不能把古代汉语与现代汉语割裂开来，我们要发现它们之间的联系。"我顿了顿，同学们也安静了下来，"也许他们的观点并不完全正确，但是他们为大家找到了一条新的路，而且是正确的路。在探究的路上，每一次尝试都是可贵的！"话音未落，班里响起了热烈的掌声。

汇报还在继续，各小组的发言一个比一个精彩，尤其是最后一组。但我还是要把这篇文章最后的篇幅留给略显"失败"的第三组。当我看到，韩同学默默走到发言同学身后揽住他的肩膀；当我看到，高同学拿着手机在知网上搜索；当我看到，他们三个头碰头地凑在一起继续讨论，我提着的心终于放下了。那一刻，我仿佛看到了小组合作带给孩子们的除了学习以外的更大的收获。

也许，我的"悬赏令"可以变一变了……

和"诊断"做朋友

李文革

初识的"朋友"

2016年3月，白校长邀请李凌艳教授和她的团队，为我们带来《教育评价——基于学校发展的自我诊断》的讲座，当时内心只有"震撼"两字，学校评价还能这样做？

"诊断的最根本目的是帮助学校回答三个问题：要去哪儿，走到了哪儿，下一步怎么走。"

随着李教授的讲解，我觉得我的评价观得到了彻底"洗礼"。"诊断应该是基于学校发展的自我诊断"，"每一年的基础诊断将围绕以下八个核心要素进行，第一是安全，让师生感到安全放心的学校和氛围；第二是文化，以师生为本、引领学校持续进步的先进文化；第三是组织与领导，服务于学生快乐成长、有效学习和教师幸福工作的学校管理与运行；第四是资源，为学生成长学习和教师工作提供有效支持的各类学校资源；第五是同伴，对学生有帮助、激励、正向引导的同伴关系和群体；第六是教师，有效陪伴学生快乐成长、帮助学生有效学习的教师；第七是课程，可供学生选择的满足学生个性需求、可以引导未来发展的课程；第八是教学，激发学生学习内动力的教学"。

"我们要向老师们讲清楚学校的诊断工作一定不会与评职称、绩效'高厉害'挂钩，让诊断成为老师的朋友，学校办学的'净友'。"白校长给诊断组定了"调子"，亲自在全体教职工大会上向老师们宣讲诊断的意义，分析学校现状与发展前景。

　　基于学校发展的自我诊断绝不是"评好坏、评优劣"，八个诊断核心要素首先关注的是人的感受，服务于人的成长，致力于学校发展。每个人、每所学校都有不断成长的基因，基于科学诊断的评价，就是帮助我们发现进步的基因，迈开高质量发展的步伐，为了人的终身发展和一生幸福破解成功的密码。

　　诊断带来了对我们以往工作流程的全面变革，如果说前面我还欣喜于先进的诊断手段给我们减去烦琐的工作，"自我诊断"这四个字就将学校所有部门都调动起来。周春红、雷锋利、黄海群、岳玲等所有主管校长各负其责，将诊断组提供诊断工具的具体题目分别呈现在各自主管部门的教职工面前，进行讨论和校本化分解，再由科研部门编制汇总出具备京源学校特色的个性化定制诊断工具。不要小看这个过程，老师们通过讨论每一个量表、每一个题目，会理解学校对其本职工作的具体引领方向，是"下一步我该如何走"的行动指南，诊断结果一旦形成，就意味着下一阶段的改进目标、工作内容同时确立。

真心的相伴

　　诊断组通过诊断动员、诊断实施、结果反馈、改进监督等方式，让教师们以自我发现—自我改进—自我提升的诊断文化在京源学校生根发芽。

　　"华仔，这学期的数据漂亮吗？"我开着玩笑问刘华老师。"必须的！不过我更关注孩子们给我的主观留言，今年留言数量明显高于往年，学生真不错，我心里暖着呢。"刘华老师是学生喜爱满意度非常高的老师，每次诊断报告推送后，她第一时间是看学生的主观留言，她说："老师看到点赞的留言，会很欣慰，但是负面的声音更使我警醒，我会一直想这件事，想想办法，看看我能做什么改变。"

　　"咦，气氛有点凝重啊！"我走进了体育组，看到刘瑞芝老师、齐颖老师、姬晓菲老师一直盯着手机看。"这学期高三备课组数据不好，太低了，历史最低。"刘瑞芝老师表情很严肃。要知道体育组连年诊断都是高分数据，当年被孙清亚校长称为"京源现象"，这次怎么了？

　　"是不是学生不爱跑八百米，我说话有点重啊。"

　　"学生不愿意总拿自己班弱项与别的班比较，就是'别人家的孩子'那种。可能我说得有点多。"

　　"学生给我留言，让我多笑笑，是不是跟这个也有关系？"

"咱们针对高三学生特点，根据不同项目，每节课设计一些体能运动类游戏，既能达到锻炼目的，还能释放紧张情绪，学生愿意参与的。"

我默默看着她们，本来准备安慰的话，看来是不需要了。这"自下而上"看自己的视角，从自己身上找原因，从自己做起求改变，让她们更理性，更客观。她们从懵懂忐忑对待诊断，到渐渐融于日常教学行为，使诊断成为了教师成长的风向标，这个过程有砂砾成珠的痛楚，亦有成长蜕变的喜悦。

七年的历程，更像京源学校全体教职员工围绕"为了人的终身发展和一生幸福而努力工作"这一永恒主题而开展的项目式学习，我们都在项目中学习成长，诊断数据给我们提供了持续改进的依据。

2016 年 12 月，学校开展了处室诊断，了解学校各处室的工作是否有效服务于学生学习和成长，以及教师的幸福工作。然而数据结果却不尽如人意，共三十六个观测点，亮起十九处"黄灯"（"绿灯"代表得分在 4.5 分及以上，表现优秀；"黄灯"代表得分在 4 分至 4.5 分之间，表现良好；"红灯"代表得分在 4 分以下，表现一般），虽然没有红灯，但黄灯的数量已是一种警醒，让我们看到一些人的工作状态已经进入瓶颈期。学校校委会组织中层干部学习培训，提升工作能力和更新服务理念，2018 年的处室诊断黄灯下降了十个，其余全部亮起绿灯。深入分析诊断结果，确诊真问题，各处室以诊促改，知不足而努力。

越来越美的样子

"午餐的面食品种增加了""上操的音乐更新了""足球场草坪变新了""乒乓球的台面都修好了，还比以前多了""北花园的地面换透水砖了""食堂二层增设了饮水机"……

"我们的提案有用啊！"一期期的校团委公众号，满是学生心中诉求得到满足的惊喜。我们的校园越来越美，越来越好了。你看，校团委的同学们在所有同学用餐离开后，将食堂一层和二层的厨余垃圾进行称重，记录当日剩饭情况，张贴在食堂门口，提醒同学们减少浪费。他们通过《京源食堂｜你最 pick 哪一个？揭秘同学们心目中的"五宗最"》校团委公众号文章，倡导大家节约粮食，践行光盘行动，也是他们每天观察和提醒、设计和发放问卷，分析剩饭的原因，反馈学校，帮助学校食堂管理工作进行改进。

回应和满足学生需求，使我们的学校更健康、更有活力。重新装修后的体育馆、艺术馆、微博物馆、京剧教室、科技教室等所有场馆资源向学生开放，科艺节、艺术节、体育节、公益节、学生社团、学生公司等得到学生一致赞誉，"负责、幽默、爱心、温暖"是学生对教师们的高分点赞；学校食堂满意度稳步提升，用李教授的话说："学校食堂是学生们意见最大的地方，百人百味，千人千味，众口难调，可京源学校的食堂令很多学校羡慕。"学校正在一步步变成学生心中理想的样子。

2017年，学校开展《我们怎样当老师——基于数据的启示》教师交流分享会；2018年推出《致敬身边榜样　汇聚前行力量》系列活动；2019年开展《京源教研组风采展示》活动；2020年开展《树身边典型　展党员风采》活动；2021年和2022年开展《争当四有好教师　做好四个引路人——京源学校"四有好教师"系列风采展示》活动，等等，凝聚了京源学校不断进步、追求卓越的教师力量。

"望、闻、问、切"是中医了解患者病情，对症下药，解除疾病的手段。作为一所现代化的学校，我们与"诊断"一起，经历了自我体验，自我诊断，自己开处方，共同成长的岁月。

教学相长

——博物馆课程老舍故居任务单

贺海竹

  还记得在我进行的博物馆课程教学中，设计任务单的过程。那是我第一次带领学生走进"老舍纪念馆"。当我把设计好的任务单发到学生手里时，就听到"这些任务，回家查一查资料就 OK 了。""嘿嘿！不用参观就能完成！""今天晚上回家就写，参观时就可以玩了！"……看着同学们高兴的表情，听着他们的讨论，我的心沉了下来：本来想好的给学生任务驱动，让学生在研学旅行中开展深度学习，可是这样的设计完全达不到预期效果。我赶紧调整：同学们，这张任务单是参观前的学习内容，大家查阅博物馆网站的相关学习资源完成，为下周参观做准备。

  回到家，打开电脑，翻出之前我参观老舍纪念馆的照片和视频，一张一张照片地回忆，一个一个视频地观看，把内容记录下来，筛选出典型的内容，还要避开网站上普遍可查的内容。这样，模拟学生参观时的所见所闻所感设计的第二稿学习单新鲜出炉。

  参观时，我看到同学们拿着任务单认真听着讲解员的讲解，边听边记。讲解结束后，还围着讲解员边问边写，我的心中有一丝欣慰，感觉同学们没有盲目地参观，是一次有一定收获的老舍纪念馆之旅。告别老舍纪念馆，刚一到返回的大巴车上，学生们就争先恐后地上交任务单，谈笑风生，"这次参观，收获很大，我知道了老舍客厅的画是每隔一段时间就要换的。""是呢！老舍还是个书画爱好者，书画收藏家。""老舍家一年四季都要摆果盘，他的家每一天都飘着果香，老舍真讲究呢！""这个学习单，也挺好完成的，只要跟着讲解员就可以了！"……

　　看着同学们完成任务后如释重负的轻松，本来也应该轻松的我，又陷入了沉思：这张学习任务单缺少了学生们自己的所思所想，它只是展现了一个硬性知识的传递过程，缺少了学生自己的思考探究过程。我还是需要整合、捕捉学生参观时的信息，让学生参与讨论，启发学生挖掘参观材料，让学生在参观学习时有更多收获。通过思考，我认为这张学习任务单还要再进行改良，还要再设计。

　　回到学校，我按照同学们的学习小组，进行小组合作学习指导。我给同学们布置了一个学习任务：如果你是老师，要带领同学们参观"老舍纪念馆"，请你根据参观情况给你的学生出一份任务单。因为学生刚刚参观完，正有着很多可以说的感受。在这里，我整理选取五个小组的合作学习成果：其一，参观完后，请你在老舍纪念馆的"留言簿"上写下留言。其二，根据参观的三个展馆，你了解老舍先生是一位怎样的人。其三，从老舍客厅的布置和院中种植的植物，来探究老舍的生活情趣，以及对我们写作的启示。其四，阅读老舍的《我的母亲》一文，从中了解老舍母亲对老舍的影响。其五，建议同学们去"首都剧场"看一场话剧《茶馆》，说一说老舍作品的现实意义。

　　通过这一次老舍纪念馆学习任务单的不断完善的过程，我感受到在教学过程中老师要不断思考调整教学内容和策略，这样才能不断提升教学质量。在学生学习过程中，小组合作学习是一种很好的学习方式，只要运用得合适，就一定能充分发挥学生的主体作用，让学生们积极参与到学习中来，同学们互相启发，碰发出思维的火花，深入思考，才能有更大的收获。在教学中，我们要不断思考探索适合学生学习的方法，让学生积极参与到课堂中来，逐渐使学生产生由被动学习到主动学习的转变，让学生在合作学习中不断成长，提升教学效果，从而提升学生的语文素养。

关注学生的成长过程

柯 霞

一次在上《研究电磁感应现象》实验课时，我设计了这样一个实验思路：导体不动，磁场运动，观察实验现象。我预计学生能设计出三个实验：螺线管不动，将磁铁相对于螺线管插入、不动、拔出三种情形。在小组实验时，我发现班里一位男同学做得很有意思：他把磁铁放入螺线管中，上下、左右移动螺线管。这是我最初没有预计到的，他做的实际是磁场不动，导体运动的实验情形。我想他刚才肯定没注意听课，决定训斥他一番，没料到他很着急地让我看他的实验过程，当看到电流表的指针有了偏转，他就像哥伦布发现新大陆一样高兴。我突然意识到他能有不同的发现，说明他正在感受探究带来的乐趣。他没有按照老师的意图去完成，不也恰恰反映了我在教学中设计上的缺陷吗？限制过多的"探究"并不是真正意义上的"探究"，我决定让这位同学代表他们组向全体同学做实验展示。他很紧张，加之自己没认真听课，设计意图就更描述不清了，但他的实验却给同学们带来了极大的兴趣。同学们纷纷设想探究不同的实验情形、实验思路，整个课堂的教学程序完全改变了，自然这节课没有完成预定的教学任务。但到了下课，同学们仍意犹未尽。

我们常说，物理教学应注重还原学生的思维过程。这节课应该感谢这位同学，如果我当时把他的举动简单地理解为幼稚、可笑，学生受的打击可想而知。而法拉第为他的"转磁为电"的设想整整艰苦探索了十年，才有了重大的突破性发现。仅凭一节课就想让学生水到渠成地领悟到实验思想的精髓，对学生未免太过苛求了，势必会扼杀学生的自由思维，缺乏真正意义上的探究。

实际上这位同学的物理成绩很一般，即便是在这节课后也没有很大起色，但这一阶段他的学习兴趣、自信有了明显的提高。事后我常想，每个班可能都有这样一些学生，他们在课堂上很少有机会表现自己，也不会以成绩引以为荣，多年以后，当初的学习过程会给他们留下怎样的记忆呢？

这也让我想起另一位学生，是一个已经毕业五年的孩子，文科生，都已经工作了，一次她回学校看望老师，见到我对我说："老师，高中时我的物理可差了。"每每听到这样的话，我就赶紧安慰学生："这科太难了！"可这个学生不像是在诉苦，她又笑着说："有一次我才考了三十多分，您就在班里使劲地表扬我！"

这两个同学让我有了一个相同的感受：在学习过程中，可能有些学生自始至终都不能感受到成绩给他们带来的成功乐趣，但能让他们笑着面对他们曾经有过的故事，这似乎远比让其考了多高的分更有意义。就如同在马拉松比赛中，我们常常会把热烈的掌声送给第一位冲过终点的运动员，那是因为他的胜利；也会把更热烈的掌声送给最后一位冲过终点的运动员，那是因为他的坚持。作为教师，我想我们更要如此，因为我们关注的是学生的整个发展过程。

"绿刺含烟邪，红苞透月开。"

癸卯年三月廿三　高一一班　姚幸蓉　月季

善待学生的"违规"

刘瑞芝

在一节实心球课上，我安排的练习是双手从头顶上抛实心球，在讲解示范后让学生两人一组开始练习。

一开始学生练习很认真，课堂井然有序，我巡视讲解着，几分钟后，突然发现有两名同学不再按要求练习，她们一会儿像是在打保龄球，把实心球随意地滚来滚去，一会儿又从体侧甩实心球，还在小声嘀咕着什么。别的同学都在认真地按老师的要求进行练习，她们竟然无视老师要求，明目张胆地违反纪律，面对这一"违规"行为，我很恼火，准备立即过去批评她们。

快走到她们跟前时，我忽然意识到，也许她们并不是故意在捣乱，是不是在讨论、尝试另外的投球方法？于是我没有大声呵斥她们，而是用一种肯定和鼓励的语气说："你们两个一定是在探讨用什么方法能把球抛得更远吧？"这两名同学听了我说的话，眼睛里充满了惊喜的目光，其中一名同学说："我们练了几次您要求的投球方法，觉得用不上力，投不远，就想试试其他的方法。"

听完那位同学的话，我立即召集所有同学靠拢过来说："同学们，她们俩在练习过程中善于动脑筋，能够尝试其他方法，下面请她们介绍一下感受，一会儿我们也来体验一下吧！"两名同学很认真地谈了她们的体会，看得出她们是兴奋和满足的。

接下来课堂活跃了起来，学生们用各种各样的方法投实心球，互相比较着、模仿着、讨论着，气氛热烈。学生们不仅活动了身体，思维也活跃起来，收到了意想不到的效果。

这节课给了我很大的启发，也使我开始思考：在以往课堂上出现的所谓调皮学生的"违规"行为，我们常常会认为影响了课堂纪律，破坏了整堂课的连续性，使教学计划不能顺利进行，往往会十分恼火，不是严厉批评，就是大声呵斥。可能多数情况下学生会顺从老师，在课堂上没有反驳，然而，有没有考虑学生是否身顺而心违呢？与其他学科相比，体育课的形式独特，学生更容易出现不遵守纪律，不听话的情况。如果学生在纪律上一有违纪的"风吹草动"，就停下来"整风"，那么这节课必将是支离破碎的。守纪律不是要学生除了教师规定的动作，不做其他任何多余动作。也许正是学生的这些看似多余的"违规"，才是学生生动的个性和活泼的天性的正常表现，过分强调纪律，抓规范，就会忽略关注个体享受的学习过程。

反观自己以往的教学行为，我发现在师生关系等许多方面，迫切需要改变自身的许多教育观念和教学行为。愿以这一次对"突发事件"的处理作为我转变观念的开始，愿我的学生快乐、幸福地享受体育课的学习。

"不速之客"

金红铃

"啊——"一声尖叫让我立刻停下了讲课。这样的尖叫声在做生物实验的时候时常会听到，比如，观察金鱼的血液循环的时候，金鱼的一个翻身，总能让某些女生发出尖叫，所以我并不吃惊。咦？——不对呀，等一等，现在是在教室里上课呀。

循声望去，只见一个女生脸色苍白："金老师，刚才一个东西从我脚上爬过，我低头一看，是……是一只小老鼠。"她嗫嚅着说。"老鼠？"我一听懵了：教室里哪来的老鼠啊？心跳也跟着加快了。虽然小时候连老鼠肉都吃过，但是当老鼠从我身旁走过的时候我还是特别害怕的。还没有等我回过神来，"啊——到这里了！""妈呀——"尖叫声此起彼伏，许多女生都以迅雷不及掩耳的速度站到了椅子上。"哪里？哪里？""这里！这里！"许多男生都下了座位捉老鼠，于是尖叫声、呐喊声此起彼伏，好不热闹。我的大脑一片空白，怎么办？怎么办？镇静！镇静！不能乱！学生们看着我呢！

不行，这样乱下去怎么行？首先得把女生镇住。"女生们，不要尖叫了，不就是一只小老鼠吗？都给我坐下！"我假装镇静地站在讲台上"声色俱厉"地喊道，果然有了一定的作用，有些女生虽然仍站在椅子上，但是停止了尖叫。不过男生仍在执着地捉老鼠。怎么处理这只老鼠呢？打开门让它自己出去吧？我走到门口将门打开了又合上，不好，这样它会跑到别的教室里去吧？还等不及我决定它的去留，就听到这样的声音："捉到了！""打死它！""踩死它！"见到塑料袋中的小灰鼠时，我的第一反应是：不能在教室里杀了它，太残忍了！"祝荣昕，你把老鼠送到小花园去，其他同学继续上课！"我拿出老师的威严下达命令。我开始上课，提高了声音，学生们很快又进入了学习状态。

以上我如实地记录了发生在 2005 年 10 月中旬初二（6）班生物课上的一次突发事件。如果以后课堂上再出现这样的"不速之客"，我怎样处理更好一些呢？为此，我课后采访了一些学生，对自己的课堂进行了反思。

反思一　应该怎样对待尖叫的女生？

男生的回答几乎都是："金老师，你那样做是对的，她们太大惊小怪了，应该先让她们安静下来，要是让她们一直尖叫，只会增加恐怖气氛，更加混乱。"女生有两种观点："金老师，我当时害怕极了，所以跳到了椅子上。虽然我按您的要求坐下来了，但是我还是害怕老鼠会跑到我的身上来，所以我觉得老师不应该命令我坐下，至少应该等老鼠被逮住了再让我们这些害怕老鼠的女生坐下。"另一部分女生是这样的观点："金老师，我觉得您做得挺对的。同学们不管男生或女生都不应该太惊慌，因为一惊慌其他同学也都会跟着惊慌起来，并且会吓坏小老鼠。我看您就挺镇静的，我们应该向您学习。"

总结一下，对待尖叫的女生们，我做得好的是严肃地要求她们安静下来，但是不应该强行命令她们坐下来，毕竟那时候小老鼠还没有被捉住，如果真的跑到哪个女生脚上去了，可能会对她造成心理阴影！

反思二　应该怎样对待捉老鼠的男生们？

一个男生这样说："金老师，你应该和我们一起捉老鼠，老鼠是有害的，你上次讲传染病的时候，告诉我们老鼠是好多传染病的传染源，所以应该和我们一起捉住它。"一个男生这样建议："金老师，你应该带着女生跑到教室外面，让不怕老鼠的男生留下捉老鼠。"一个女生分析得很有道理："金老师，我觉得将老鼠驱赶出去就可以了，您允许男生捉老鼠，万一在这一过程中，老鼠咬了谁一口，后果真不敢设想啊。"

在整个事件中，我对男生是"无为"政策：既没有鼓励和帮助他们捉老鼠，也没有阻止他们捉老鼠，毕竟我自己是怕老鼠的。所以，这节课能够继续上下去，我应该感谢这些捉老鼠的男生们。但是在课上我一句表扬这些"捉鼠英雄"的话也没有说，想来有点遗憾。当然，也非常庆幸没有人因捕捉老鼠而受伤。但是如果以后出现这样的问题，我应该提醒学生注意安全问题，不要直接用手去抓老鼠，应该做些保护措施，比如，用塑料袋等工具去捉老鼠等。

反思三　如果久久没有捉住老鼠，怎么办？

对这个问题也有两类答案。一种观点是："有小老鼠在，肯定没有办法安心上课，所以我觉得不管多久，都应该将老鼠弄出教室后再继续上课。况且，如果不把它捉住，今天剩下的课也没有办法安心上。"另一种观点是："如果它躲起来了，就应该让大家安静下来，等下课后再抓老鼠。"

幸亏课上小老鼠很快就被捉住了，否则剩下的时间肯定没有办法安心上课。我想，假如真的久久没有捉住，我估计会让学生继续抓老鼠吧。

反思四　应该如何处置"不速之客"——小老鼠？

这个问题的答案很多，男生甲说："金老师，你应该让同学把小老鼠送到实验室去，这样以后我们就可以观察了。你要是组织我们成立一个老鼠研究小组，以后每天去实验室观察，就更好了。"男生乙说："把小老鼠关起来做实验，我觉得不对，世界动物保护协会一直在倡导不要用动物做实验呀！"男生丙说："老鼠是对人类有害的，它传播疾病，又损害植物和偷吃粮食，所以应该当场把它踩死！以免它继续危害人类！"

女生也有两种观点："老鼠好恶心，应该杀了它，金老师，你将它放到小花园，说不定哪天它又跑到教室里来了，当然不一定是我们初二（6）班，但去了别的班的教室，也会有很多女生受到惊吓，不是吗？""所谓老鼠上街人人喊打，应该踩死它，你有情它无义啊！所以虽然不忍心，但还是要下决心啊！"另一类回答则是放了小老鼠："小老鼠好可爱啊，当场踩死它太残忍了！金老师，您不是常常教育我们要珍爱生命吗？小老鼠也是有生命的，不能让男生们踩死它！"

真是"仁者见仁，智者见智"啊！我为学生们的精彩观点喝彩，他们对待事情已经有自己的独特见解，并且有理有据，这说明学生学会了思考。尤其是那位说要研究老鼠的同学，真的蛮有创意。而那句"尖叫声会吓坏小老鼠的！"更是让我忍俊不禁。

结　语

到底应该怎么做呢？很多做法可能都是有利有弊的，你更在乎什么？也就是说你的价值取向直接决定了你怎么做，比如，在这个事件中，我认为踩死小老鼠是很残忍的。价值取向是不会随意改变的，所以虽然认为观察老鼠很有意义，我还是更愿意将它放生。"世外人法无定法，然后知法非法也。"通过访谈和反思，我认为反思的价值并不在于找到处理这一突发事件的"完美"答案，而是通过反思这件事情，在未来的教学过程中，更好地处理其他的突发事件。

在教学过程中还有许多有趣的事情发生过，还有许多尴尬的事情发生过，还有许多左右为难的事情发生过：比如，有个可爱的女生放了一个响亮的臭屁；比如，有个学生突然流鼻血了；比如，一进教室，刚准备上课却发现有个女生在哭；比如，拿着男女生殖系统的模型或出示了男女裸体图片，正准备讲解男女差异，却发现全班哗然……应该怎样处理这些突发事件呢？我想这将是我以后需要继续研究的课题。

"路漫漫其修远兮，吾将上下而求索！"工作着、反思着、幸福着……

2023.5.25
王晓庄

做个有心人

安丽萍

在初中的一节历史课上，我正在讲第一次世界大战。借助先进的媒体，生动的画面和老师精彩的描述，同学们都沉浸在那血与火的战争场景里。

突然，纪律班长举手，没等我叫他，他就急不可待地说："老师，季鹏在画画。"我正讲得带劲，突然被打断了，于是没好气地走下讲台，来到季鹏身边，伸出手。他很不情愿地交出画本。"老师，他一上历史课就画画。"旁边的同学还在添油加醋。我翻着这本"历史笔记"，好家伙，多半本，几乎一个汉字都没有，顶多就是一些"哇""嘿""哈哈"之类的情感词，画的内容真是五花八门，一看，就知道这是一个日本卡通迷。不过，说实话，画得真不错，我由衷地赞叹了一句："画得真好！学过画画吗？"大家都被我这句话弄懵了，季鹏更显得有点手足无措，茫然地摇摇头。我脑子里突然闪出一个念头，把本子还给他，然后对大家说："纪律班长忠于职守，值得表扬。季鹏的事下课再处理，我们接着上课。"后半节课，我发现季鹏始终没有再碰那个本。

下课后，我把季鹏叫过来。他很紧张，没等我开口，他就说："老师，我以后上历史课再也不画画了。""为什么不画？我倒有个想法，既然你不愿意记笔记，不如用画来画笔记吧，你觉得怎样？""画笔记？这能行吗？""那就看你的本事了。说不定你会开创一种新的学习历史的方法呢。"季鹏显然受到了极大鼓舞，兴奋地说："那我试试看。"

从那以后，季鹏上历史课特别专心，也开始饶有兴致地"画历史"。每节课的笔记，他都让我过目，我给他提出修改意见，他都虚心接受。就这样，他坚持下来，而且越画越好，他的历史笔记自然也就成了新颖而有创意的独一无二的了。

更难得的是，他能把这种连环画式的笔记讲得有声有色，那些久远的、陌生的、背起来就令人头疼的历史事件、历史人物似乎在他笔下变活了，有血有肉，有思想有感情，再也不是枯燥难记的文字了。季鹏因此爱上历史课，历史学习也很出色。后来，我把这种学习历史的方法加以推广，并鼓励大家开动脑筋，不断推陈出新。更多的孩子爱上了历史，历史课也因此变得生动有趣、丰富多彩。

将学生的兴趣爱好转化成学习的有效方法和手段，如果方法得当，"他山之石，可以攻玉"，自然会收到意想不到的效果。

这件事发生在几年以前，可我每当想起这件事，都感到庆幸，庆幸自己在当时的冷静和事后巧妙的处理方法，也庆幸季鹏带给我的灵感和启发。如果我当时采取简单而草率的处理方法，很有可能扼杀一个孩子的兴趣与爱好，更严重的是浇灭他对学习的热情，也许会给他带来无法弥补的伤害和损失。

在课堂教学中，经常会遇到一些突发事件，在这种时候，特别需要老师保持冷静，用理智与智慧去应对，才有可能趋利避害，变坏事为好事。我想，要做到这一点，最关键的是树立"以学生为本"的教育理念，用平等、平和、欣赏的态度去关注他们，尽可能地发现孩子们身上宝贵、闪光的东西。更何况，教学相长，老师同样可以从学生身上学到很多有意义的东西，只要你是一个有心人。

秋·花
温馨

2022.11.3.

从读懂学生做起

周春红

学校组织老师观看一部印度电影:《心中的小星星》,我被影片中的师生之爱深深打动。小主人公伊翔是一个九岁的小男孩,他读了两遍三年级,但数学语文仍然考 0 分。他常常因为上课回答不出老师的问题而罚站,被认为是智障,遭到学校开除。家长为他找了一家寄宿学校,期待半军事化管理的寄宿学校能够让他专心学习,然而适得其反,这所学校就连美术课都要打手板,使这个非常爱画画的孩子都不画画了⋯⋯直到遇到了尼康老师,从专业的角度读懂了孩子的内心世界,发现了小伊翔成绩差根源在于读写障碍,从而改变了一个孩子的命运。

我能不能像尼康老师那样真正找到学生问题的根源,从而破解美术生学数学难的困难呢?当我把想法和心理教师何虹、仇光霞交流后,她们的专业指导让我看到了希望:"每个人都有自己的学习风格,学习中只有扬长避短才能事半功倍。"于是我采用心理老师推荐的《所罗门学习风格调查问卷》,对全体高中美术生做了调查。通过调查还真发现了一些与平时观察不同的地方,比如,从学生的信息加工方面看,有 72.31% 的学生属于活跃型,这与平时课堂中学生的表现大相径庭。这是怎么回事?通过请教、学习和查阅资料我认识到:这里的活跃型并不是我们表面到的学生爱发言、爱思考、爱动手,而是指学生在学习时比较喜欢与人讨论做事,喜欢合作学习。而我在课堂的提问一般是让某一个学生回答,学生本来就有畏惧心理再加上学业不精,难怪都闷不作声了。从信息输入方面看,大多学生偏向于视觉型,也就是说学生在学习时喜欢图片、视频类可读性的学习材料,而高中数学课堂大量出现的则是数学符号、算式和推理,难怪学生课堂提不起兴趣⋯⋯

找到了学生问题的根源，首先需要改变的就是课堂教学设计，就像刚才结束的这节《数系的扩充》，按照以往的课堂形式，简单介绍下有关数系发展的知识，直接给出复数的定义与表达方式，接下来就是例题讲解、反复练习习题了。但这次我针对美术生的特点设计了明暗两条主线贯穿课堂始终。其一明线是数学发展过程中不断产生的矛盾，生产生活中不断的需要，由问题链步步深入，矛盾不断地被解决。另外一条暗线是与数系发展相关的数学史的贯穿。让学生在不断的启发引导下，自觉进行类比探究，感受数学文化的魅力。

在课堂一开始我设计了让学生做一个小游戏：

问题1：你能将整数10分成两个部分，使它们的乘积等于16吗？

问题2：你能将整数10分成两个部分，使它们的乘积等于15吗？

问题3：你能将整数10分成两个部分，使它们的乘积等于40吗？

由于问题起点低，学生可以主动入手解决，果然一下子把学生带入到教学情境中，学生们纷纷口算就得到第一个问题的答案，第2、3两个问题学生也十分顺利地得到一个有解、一个无实数解。紧接着我又提了一个问题：对于无实数解这种情况是不是就意味着在数学上不能求解？学生很疑惑，我又给出以下四个小问题：

问题1：在自然数集中，方程$x+4=0$有解吗？

问题2：在整数集中，方程$3x-2=0$有解吗？

问题3：在有理数集中，方程$x^2-2=0$有解吗？

问题4：在实数集中，方程$x^2+1=0$有解吗？

这组问题也并不复杂，但随着问题的解答，学生渐渐体会到随着数系的扩充，在原数系范围不能求解的方程是可以有解的，从而启发学生要想使得第四个方程有解，可类比着前三个方程解决的方法，这样就解决了数系扩充的必要性——突出了本节课重点内容，从而自然引出课题——数系的扩充。

在接下来的教学中我又向学生提出以下三个问题：

问题1：我们已经学过的数集，经历了哪几次扩充？

问题2：每一次扩充解决了哪些问题？

问题3：这几次数集的扩充有什么共同的特点？

这组问题就需要学生有一定数学积累与概括能力，于是我就采用让学生以小组合作的形式进行研讨。在学生小组研讨的过程中，我发现平时不爱说话的学生，在小组讨论中也会把自己的想法积极表达出来，有的甚至被小组推荐为发言人。各组发言学生的表现更是令我惊艳，无论是语言表达的流畅度还是数学思维的逻辑性都令人称赞。一同听课的外校教师也是频频点头。

而另一条主线我则采用大量图片再现历史上数学家卡尔丹的问题，法国数学家笛卡尔命名，瑞士著名数学家欧拉的符号表示，让学生经历与数学大师一起发现问题、思考问题、解决问题的过程，感受到数学家就在自己的身边，数学大师并不神秘，数学的发现也并不神秘。只要我们"更新观念"，敢于探索，就会有新的发现……数学的文化内涵在历史的脉络中体现得淋漓尽致。

正如一个学生所说："这节数学课向我展示了数学极富魅力的一面。不是以往数学课上的定理、公式、计算和题海，而是数学的思想、精神和方法。我第一次用美学的眼光来看待数学；第一次了解到数字在各个时期所发挥的重要作用；第一次走进数学史的长河，去追随数学家的足迹；第一次体会到数学中浓郁的人文主义精神。"

回顾美术班的教学经历，我深深地体会到：要根据美术生的学习特点，有意识地发挥他们的特长，找出适合他们的教学方法，比如，在这节课中我有意识地融入数学史中复数的发现、发展历程让学生体会数学与社会生活的密切联系；又如，针对学生画画的特长，在课堂上发挥其优势，函数学习可以从他们所熟悉的函数图像入手，使学生积极参与到课堂教学中来，随后再逐步深入研究，这样既揭示了数学的本质，又让学生没有距离感。另外还有很重要的一点，那就是要关注学生的情绪变化，美术生一般感情细腻、敏感，老师要多关心、多鼓励，比如，在作业批改小测后用笔留下对学生问题的分析及鼓励的语言，这样会收到意想不到的效果。

礼物

马明月

9月，星期四，下午第七节课，初二（2）班教室同平常一样，并没有什么特别之处，然而，随着下课铃声的响起，学生们全体起身深鞠躬，我一时感到莫名其妙。接着学生们齐声道："老师，教师节快乐！"一瞬间，我恍然大悟。然后，一个戴眼镜的男同学走向我，送给了我一朵用皱纹纸折的牡丹花，那一刻我感到很幸福。我拿着花往办公室走，边走边读着学生附在花上的几行字：

马老师：虽然仅跟您上了两节课，但您用自然的、美的艺术感染了我们，让我们一不小心"爱"上了美术课。

祝您教师节 happy！

初二（2）班全体学生

读到这，我不禁被感动，眼泪一下子涌出了眼眶，落到了花瓣上。这使我联想起以前读过的季羡林老先生写过的一篇散文——《两行写在泥土地上的字》，老先生也是看到门前的地上学生用树枝写给他的问候，被感动得老泪纵横。是啊，这些孩子给予我的、无法用言语形容的这份信任和厚爱，我要怎样去回报呢？

作为一名美术老师，我会经常给自己提出这样的问题：美术课应该怎样上？当设计一节课时我想得最多的应该是什么？通过一节课的学习，我最希望学生学到什么？这些问题体现了美术课的"有效"和"有魂"。有效是指学科教育应达到的结果，有魂是指学科价值、学科思想的体现。如果能抓住并彰显这两个问题，这样的美术课就应该是成功的。

2011年我参加了北京市中小学优秀课堂教学设计大赛，我设计的《招贴设计》一课荣获一等奖。这一课的设计集中体现了我对美术课的理解：美术教学必须更加贴近社会、贴近生活、贴近实际、贴近学生的经验，唯其如此，才能激发学生的求知欲和好奇心，进而发挥美术学科学以致用的功能。

"招贴设计"源于生活，在我们身边随处可见，但如何选择典型事例并将之有效融入我们的课堂教学，则体现了一个教师的匠心与智慧。我在备课过程中遇到的重要问题就是需要对教材进行加工处理。承载着新课程理念的美术教材，无疑是老师最重要、最直接的教学资源。对于教材，既要能"钻进去"，也要能"跳出来"，教材只有不断处于被创造性地理解和加工的过程中，才会具有生机与活力，源于教材且高于教材的创造性处理会使课堂教学变得更加有效。恰逢此时，学校以首钢为什么要搬迁为课题，组织学生开展了看、画、写、研、学首钢的系列教育活动。这一活动激发了我的灵感，随即此课的教学设计思路产生了，即用招贴的形式表现首钢搬迁，让更多的市民了解首钢搬迁的意义。结合教学内容，立足区域资源，成为我设计这节课的主基调。为了更好地掌握学生情况，我在课前做了一个调查问卷，针对高二（2）班调查结果显示：家住首钢附近的占45%；30%的学生亲人在首钢工作；对首钢不了解的有20%；5%的学生父母要随首钢搬迁到曹妃甸工作。接着我以首钢搬迁这一重大而具有深远影响的现实问题为抓手，展开教学，采用多种教学方法，帮助学生找到设计与现实的结合点，以此来增强学生学习的兴趣，树立正确的信念。从而使本课所承载的价值观念，以及美术学科所应体现出来的强大的教育功能，巧而不硬、润物细无声地渗透到课堂教学中，在一种真实、有效、自然的原则下达成良好的教育效果，使学生将课上所学的知识与他们能够感受到的现实联系起来，增强教学内容的直观性，从而让学生深入设计、感受设计的魅力、探讨设计的规律，在感悟中汲取设计智慧，增强设计意识，从而更好地理解、认识本课教学内容的精髓。这样的选题不仅具有鲜明的地域特色，还能让学生走出课堂，到现实生活中的一切事物、现象和情境中去寻找有探索价值的问题，引导学生扩大视野、热爱生活、关注社会。

我坚信源于生活之中的有情感的教育才是鲜活的、充满生命力的，只有在这样的状态下，学生的思想才会自然流畅，我们的教育才能水到渠成，这正是美术课的"灵魂"。

回头看到办公桌上那朵学生送我的小花，依然娇艳、美丽。回想起来，为什么时常能够为教学中的一个环节的设计反复修改，彻夜难眠？大概是因为我想把我的每一节课都作为一份精心准备的礼物送给我的学生们吧。

董娜老师教育故事两则

李文革

在 2022 年 10 月 31 日上午，我们又来听董老师的试卷讲评课了，这是学校科研室组织新入职教师培训的必修课——《提升教学基本功之——讲好试卷讲评课》，董老师的课堂就是我们雷打不动的培训资源，同事们对她评价的高频词是"聪明、招多"。

董老师教学的那些"招"

与董老师结缘还是 2018 年 10 月的一次新入职教师培训工作坊上，我问大家入职以来的听课感受，讲一讲印象深刻的人和事。曹丽欣和宋秋滨两位老师就滔滔不绝地谈起了董娜老师。"董老师太神奇了，课堂上反应怎么那么快，课上学生做的事、说的话，董老师都能接得住，语速快还特别可乐，语气抑扬顿挫的，学生可以通过老师的语气知道课堂的重点难点，都把我 hold 住了。"由于课堂教学的复杂性，新手教师面临着课堂管理、学生指导、课型组织等诸多困境，如试卷讲评课，极容易陷入全程讲解答案的误区，让青年教师多模拟、多体会，有针对性地听课是加快新教师积累实践知识的重要方式，我当然会给老师们"安排上"。

董老师的试卷讲评课别具一格，她会把常规错题分析的 PPT 标题设计成《那些让我欲哭无泪的错题》《那个我一直不会，直到考试前一天都懒得去问的问题》《那个明明很简单，却被我做得无比复杂的问题》《那个很难我却不愿花费时间去思考的问题》《那些老师讲我就明白，自己做就一塌糊涂的问题》。一张张 PPT 展示着学生错题，望着学生们那或懊悔、或生气、或不解、或深思的表情，我觉得董老师成功抓住了学生的痛点，一针见血的标题，让学生的知识漏洞和不良学习态度习惯无处遁形，让想抱怨试题难的学生只能从自己身上找原因。

同样的试卷讲评课，我们年年听，董老师的课堂却年年不一样。这不，今天课堂的引入变成了"彷徨诗"："我以为，2.5V 的小灯泡电阻很好测。我幻想，电阻不加电压时阻值变为零。我不知，滑动变阻器到底去左还是右。我不懂，电表为啥还要有个取值范围。我怎知，核电站还有复杂的能量转换。我最终，将自己葬在小于 36V 的电压下！"学生根据诗句的蕴意重新审视试题和自己的困惑点。随后董老师又出招了，通过"熟悉的陌生人""绝对的老熟人""我好像认错了人"几个环节设计，将试卷上所有的试题进行了类型分析和知识链接，易混淆易错点明明白白地呈现在学生面前，帮助学生把复杂的事物进行分解，形成对整体把握。

再看看课上董老师与学生有意思的互动。

"23 题你熟悉吗，你熟悉的是什么，××× 你回答一下。"

"老师，我不会。"

"不，你会。"这是比学生本人还自信的老师啊，听课的老师都笑了。老师们碰到这样学生，又有听课的教师在场，为避免冷场，一般情况下是不会让这个学生继续站起来回答问题的，可董老师不同，让我们看看她的"套路"。

"你站起来回答就会了。""其他同学注意了，会的同学扮演老师，想想怎么给她讲明白；不会的同学，更要注意了，赶紧与她一起回答老师的问题。"

接着，便是董老师与学生标准式快问快答的互动。"——公式你背一下，测电阻找什么？""相等看哪里，变化看哪里？""所以电流关系是——电阻关系是——""对了，本质就是变与不变的关系，你真棒，老师为你自豪。"

"物理悟理，不悟哪来理！同学们别害怕思考，人就要不断跟地跟自己过不去，别扭着，别扭着就通了，这个别扭就是负责，是严谨认真的学习态度，所有学习都是一通百通，同学们，让我们共勉加油。"

随后董老师的说课更是给青年教师打开了一扇窗。她说，课堂不仅是学科教学，还应该是学科教育，试卷讲评课应该是"鼓劲"的课，不是"秋后算账的声讨课"，要让考得好的同学知不足，考得不好的同学不沮丧，认真学习有动力。这样的课就要精心设计，我用各种生动形象、抓人眼球的文字"包装"，帮助学生分析得失，就是隐喻，它能唤醒与呵护学生学习的上进心，让学生觉得有意思又能主动反省。当然备课量要超过平时的几倍，只有做足准备，才有底气面对学生。我每次考试后都要将试卷中所有学生的错误都记录下来，分析错误类别，进行抄写，附上学生名字，这一点尤其不能马虎，这是精准把握每个学生的重要机会。课上提问也是我设计的，学生会的，我不问，学生不会的，并且不会的那个人，我要重点问，多次问，我要让她在课堂上学会。

这样的课堂当然高效，我们常说学情分析是教师进行教学的基础，学情分析不仅是知识层面，还包括学生心理、智力、情感以及成长发展的方方面面，在教学实施过程的各环节更要与学情分析的结论具有一致性和针对性。董老师的课堂将学生摆在课堂的正中央，又将学习效果实时反馈给学生，生动有趣的介入和点拨，使得课堂生成有趣而精彩，启迪着学生智慧。读懂学生，"读懂"以后我们能做什么、如何做，董娜老师的课堂为我们做了示范。

董老师育人的那些"招"

由于物理学科的开始限制，董老师的班主任经历只能从初二年级开始。"半路"接班对班主任是很大劣势，但她送走的毕业生个个是她的迷弟迷妹。我曾翻过初三毕业生留给她的毕业礼物，那是全班同学为董老师写作的个人成长日记。有一个叫缪政翕的学生留言，给我留下了深刻印象，他写道："您可能都想不到我在小学上课是什么样，呆愣、耿直，唯一的乐趣是接老师的话茬，一节课内容知识没听多少，但老师说的话我能一句不差接一遍。"就是这样喜欢抬杠的学生，让任课教师"又爱又恨"。

董老师说，这样的学生，往往非常聪明，我就发扬他的这种喜欢探究的精神，我买了一个DIY的杯子送给他，杯子上写着"国家一级抬杠运动员"，在全班同学的见证下，送给他，承认他善辩的天赋。告诉他："抬杠是内心有矛盾冲突的表达，说明有思考，但是表达方式上我有个建议，我支持学术上的抬杠，希望你在学科知识上，有能力与老师杠一杠。"他听了特别高兴，接受了我的礼物和挑战，并当着全班同学发誓上课一定好好听讲，以后只在学识上发表见解。最后孩子不负众望，中考取得了非常好的成绩。后来毕业到高二选科选考时，他也会微信征求我的意见，将自己最真实的选考想法与父母对于选考不同的见解告诉我，认真听取意见，他说："董老师是最尊重与理解我的人。"

王浩轩同学一直练拳击，仗着身手好，超级捣蛋，他与同学们相互不对付。董老师为了感化他，在这个班设了两个物理课代表，让他承担一个，时刻把他带在身边。他考体校时想着，离开这个班时也不会有人去想念他，喜欢他，结果班里另一个物理课代表林依依同学知道了这个消息，给董老师打来电话说想让全班同学一起送送他，写了一封信，在全班念给他听。一米八的大男孩，听完后趴在课桌上放声大哭。因为这个班级的同学们喜欢他，他是真的没有想到。其实董老师带着他为大家服务的时候，大家就已经慢慢转变了对他的看法。他后来发生很大的变化，再也没有欺负同学的现象发生，物理学习也一直很努力。

初三（6）班的陈张俍，踢足球把腿摔断了，董老师陪着他一起叫120，跑301医院，跑儿童医院。车上，孩子腿疼得全身哆嗦，董老师紧紧握着孩子的手，陪着孩子去拍片子，给他脱鞋，给他穿鞋，全程都在给他讲有趣的故事，分散孩子的注意力。治疗过程虽然疼，但有董老师的陪伴，孩子始终都没有掉眼泪。疫情期间线上教学，陈张俍的姥姥给董老师发微信，反映他卧室的脏乱差。陈张俍的父母都是医务工作封闭在医院，姥姥管不了他。董娜马上视频连线陈张俍，给他两个小时做卫生，然后发照片做前后对比。随后，姥姥高兴地拍下了他带着弟弟一起打扫的照片，发给了董老师。

人可以笨，但绝不能懒，他们班的脏活累活一定是男孩子干得最多，董老师常说，干得越多，就越有担当，越有责任感，用大的孩子才是人物，才会成为真正的男子汉。她也从不反对孩子们参加学校的足球赛和篮球赛，学生在团体作战中懂得了进攻，懂得了防守，还能知道规矩，这是引导学生领悟做人做事道理、培养学生的智慧和胆识、用努力赢得胜利的最好契机。

做董老师的学生是幸福的，身份与年龄并没有成为董老师与学生之间的代沟，她用孩子都懂的谐音梗拉近与孩子们的距离。初三（8）班中考前，她送给每一个学生一块儿多芬的香皂，就是取谐音，"多分"。董老师给每一块儿香皂都精心包装好了，贴上亲手剪的小黄鸭，取谐音"冲呀"，在其上写上美好祝福的话语，嵌入学生的名字，送给每一个人。

当我问董老师这些"招"都怎么来的，她说："无他，唯手熟尔。"这些"招"的背后是她对学生的情绪情感，以及习惯意志的敏锐洞察力，是春风化雨般的教学智慧。把孩子当人，一个有情感的"人"的最大的特点就是具有丰富而独特的思想情感，教师的教育离不开对学生思想情感的关注和培育。教育应该是真、是善、是美，否则"手熟"也可能麻木。教师首先是要敞开自己真善美的一面，将之投射于日常教学和班级管理中，让学生感受到爱、感受到尊重、感受到是非对错，从而走进学生心灵，形成紧密的师生交往互动共同体。你给孩子的世界，将会影响到孩子将来成为什么人，这是教师高品质教育生活的表征，是教育智慧的不竭源泉和动力。

董娜老师用自己的智慧，让教育散发着魅力。

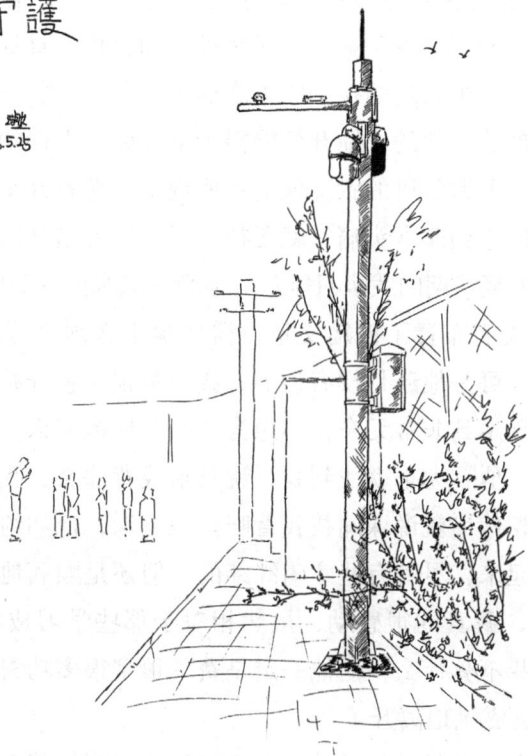

珍惜晨露夕晖

王秀莹

从前我容易多关注那些学习成绩好的学生，从不吝惜对他们的夸奖和赞赏，对于那些所谓的"差生"更多的还是批评和急躁，直到遇到那个孩子——我任教的班级中，有个顽皮的孩子叫王晓楠（化名），刚入学时孩子表现很好，但是随着时间的推移，他的成绩开始慢慢走下坡路，上课状态很不好，作业完成得也非常潦草，上课听讲的状况就更不要说了，总是开小差，甚至还曾经顶撞过老师。我对他感到非常头痛，就要初三了，这种糟糕的状况怎么成呢？带着这种心理，期末复习期间我也只能是对他睁一只眼闭一只眼了。

期末复习，我们布置了四篇文章，需要学生必须会背默。其他学生都已经背得差不多了，可是他还是没有动静，我心里很快就开始起急了。问他，他说还不会背呢。我感到非常无奈，心想为什么对他抱那么大希望呢，别强求他了。谁知第二天，他一大早就找到我，说是给我背课文，我听后一愣，但心中还是隐隐觉得不相信，就说课间找我背吧。一下课，他如约找到我，开始认认真真地给我背诵起来，尽管有些磕磕绊绊的，但还是顺利地独自背完了全部内容。在那一瞬间，我真的很感动，虽然相对于那些学习成绩不错的孩子的表现，他所做的这些不算什么，但他一定是费了很多很多功夫才背下来的。我立刻表扬了他，他美滋滋地离开了。

第二天，我在自己任教的另外一个班级里把他当作范例表扬了一番，也跟他的班主任表扬了他的努力进步表现，他们班的班主任也在班里对他进行了表扬。中午他匆匆跑来找我，对我说："老师您在您班，也表扬我了？我真是没有想到，我们老师也表扬我了！"他的眼里闪着喜悦的光芒。那一瞬间，我实在不知道该说什么好了，自己无心的一句表扬，对他竟然有着这么大的影响。我说:"是,你这次确实表现得非常好嘛!做得好当然就要表扬了!"谁知他竟然说:"这学期都没有人表扬过我呢!老师明天我找您背另外一篇文章。"说完美滋滋地离开了办公室。那句话猛然撞击了我的心房,这是我们老师的疏忽。对于好学生来说,表扬几乎是家常便饭了,可是对于那些所谓的"差生",却是多么珍贵啊!过去我犯了多少次错误呢?接下来的几天,他也积极地找我背课文,课下居然也给一些同学讲一些他知道的英语知识了。我欣喜地发现他在一天天地进步着。

教育的"真"在于用教师的爱心点燃学生心中的希望,关爱学生、赏识学生,你将是成功的教育者。在实施素质教育的今天,我们教育工作者更要用博大的师爱,去造就未来的栋梁之材。

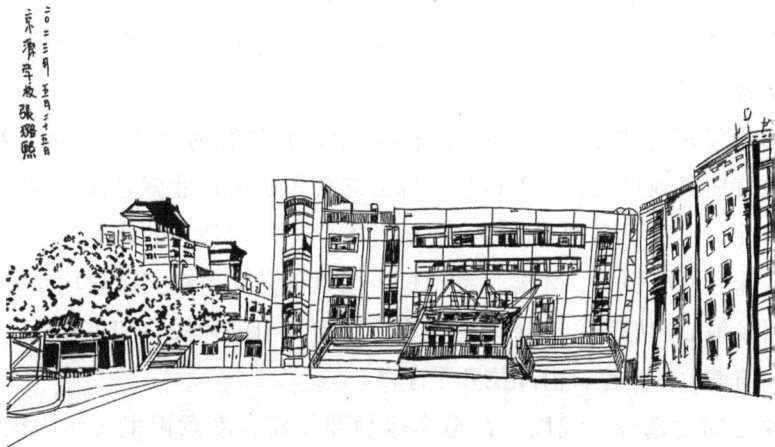

作业大变身

王　薇

如何能让美术作业成为陪伴孩子成长的支架？

我首先在高年级学生中征集"小记者"，进行作业大调研。利用下课、大课间、午休，他们拿着摄像机穿梭在教学楼及校园内，兴致盎然地记录下了不同年级的学生们给予的反馈。其中的问题引起了我的关注。

"我画不好，所以不爱画画。""画着画着就画坏了，就不想再画了。""我觉得太简单，没有挑战性。"还有的学生说："画完画后就没有用处了，放着久了就找不着了。"

我慢慢发现这些孩子在平时的美术课上，是最容易走神、不带美术用具，以及很执着地只画自己喜欢的内容，除此之外不是写作业就是在看课外书的一部分。由此，我意识到对于这些"难搞"的学生，对他们的作业布置上，需要更强的趣味性或吸引力，才能带动他们。而且部分学生在实践阶段是需要一定帮助，引发他们的好奇心，调动他们在课堂上学习的积极性和主动性，而"量身定制"的美术作业也就由此拉开了序幕。

主题方向的选择，我以大部分学生想要了解，潜意识里又认为很难的国画为方向展开这次具体的作业大变身。以四年级上册国画课程为突破口，此阶段在整个国画学习中起到承上启下的关键作用，我以《画家齐白石》《中国画——学画荷花》《中国画——学画青蛙》这三课为单元，由此设计研发国画单元伴学手册，并为它起了一个好听的名字——《荷塘月色伴学手册》。

手册的开篇是思维导图"我眼中的齐白石"，让学生自主去收集齐白石的相关资料，了解过后，以学生自己感兴趣的角度进行导图拓展。"我要以齐白石的人生经历、绘画过程，分析他是怎么成名的。""我从印章和书法来介绍他。"不仅可以写，还可以画出导图，"王老师，我要画齐白石最有名的虾，来一个虾的进化史！""我用线描画出他不同阶段的代表作品，这样去认识齐白石。"……

班里的学生小城，不爱画画却非常喜欢做手工，我问道："小城，可以用手工的方式做一个立体的思维导图吗？""立体的？没问题！"说着立马就动了起来。班里其他同学听到后，也纷纷表示："老师，我也可以！""我想和他一组，我们能合作完成！""我也有一个好想法，可以像盲盒一样抽取导图信息。"越说越热闹，就这样，学生们都忙了起来。有的沉静其中，有的招募队友，还有的在分工合作，大家都干得热火朝天。到汇报的时候，可想而知，更是精彩极了。不需要整顿纪律，也没有写其他作业的，大家眼神一致，听着格外热闹。

这一节课，学生们真正地走"近"了画家齐白石的世界！用各种形式呈现出他们眼中的齐白石。而我也看到了学生们的变化，他们相互启发、相互补充、激动讨论的样子，真好！在分享活动中，既增强知识的趣味性，又提高了知识的广度和深度。而这也是美术当中非常重要的一点，即对于小学生的创新能力的发展需求。

接下来，我为手册设计了微信聊天的界面，在这里，可以和白石爷爷进行一次跨越时空的对话："世人都知道我善画虾，不知道我爱荷花。小朋友们，请你看看我的作品与真实的荷花有什么不同？""白石爷爷，您画的荷花比真实的荷花更加抽象。""您画的荷花更简单。""您的荷花更加概括，并且很生动。""小朋友们，那你知道我为什么喜欢荷花吗？是因为荷花具有高洁的品质，符合我的心性。"通过设置对话，让大师齐白石"亲自"为学生们解答本节课的重点问题，用焕然一新的形式增强学习的趣味性。

第三部分学画青蛙阶段，作业难度增加了，部分学生的实践产生了障碍，无从下笔，同时也困扰着我。在一次课间活动时，看到有的学生在拼摆华容道，有的在 DIY 手账……这让我有了一个想法，能不能将当下学生们喜欢的"游戏"，有效结合教学目标进行设计。由此有了"青蛙一家"的活动。将大小不一，不同姿态的青蛙进行拼摆组合，在动手中解决动态以及前后遮挡的构图问题，不断观察调整后，再下笔尝试。就这样，换一种方式，让学生们"动"起来。再到荷塘月色主题创作，让部分学生结合本单元的所有知识来完成一幅创作，将知识打通，产生关联性，从而递进式地展开教学，提升学生的综合能力。

在装订和版式的选择方面，怎样更吸引学生？怎样体现学科特色？如何去渗透传统之美？突然想到组长王宏老师常常拿着册页练习书法的场景，何不利用传统文化本身册页的形式呢！瞬间有了这样的思路，形式的确定到纸张的选择，尽可能去还原经典之美，将手册的内容打印在宣纸上，再一张一张贴到册页里，一本本的手册就这样定制完成了。到现在我都清晰地记得，学生们拿到《荷塘月色伴学手册》后，立马发出此起彼伏的惊叹声，久久没有停息。"这也太精致了！""哇！我好喜欢。""是给我们的吗？可以写吗？"看到他们惊喜的脸庞，并且很爱惜地去轻轻翻阅，再到学生们不自觉地开始仔细浏览里面的内容，渐渐地孩子们根据手册展开讨论。这样的画面也深深地印在了我的脑海里，刻在了我的心里。

最后我将学生们完成的作品一一挂在了墙上，举办了一场二楼特展。课间络绎不绝的学生总会驻足观看，给足这些小画家们自信心。由此也告诉学生们，这就是艺术作品最大的魅力，鼓励学生们把自己的作品挂到家里或送给自己的长辈或亲朋好友，不再让它被藏起来或是丢到一边。展览过后，有学生跟我说："王老师，这幅荷花我打算放在自己的书桌上，学习荷花出淤泥而不染的高洁品质。""我还准备画一幅百合，摆在家里，我妈妈喜欢百合。"还有的同学说："奶奶快要过生日了，我要画一幅万年青送给奶奶，希望她永远身体健康。"其实学生这样的想法不仅为自己的作品找到了价值，更是对国画背后传统文化的理解，同时跟生活紧密相连。为了鼓励这些小画家们，我们青年教师们衍生出制作系列文创小品的思路，让学生将画好的作品用热缩片的方式制作成胸针、钥匙环，让这些漂亮的艺术品走进学生的生活，将美融入生活。

就这样，作业大变身后，学生运用伴学手册，展开与同伴、老师的深度交流，在学习中不断提升对美的理解。伴学手册中的一个个活动通过其内在的关联性，引导学生从关注生活到表现生活。学生深度学习的过程，也在潜移默化中接受了美育，在这个过程里，我们彼此都收获满满！

儿童脱稿自主剪纸活动中的教师角色

王　珣

发现与创作的引导者

创意剪纸活动中，幼儿的审美经验是否丰富直接关系到他们的剪纸创作，因此，我们特别注重引导幼儿通过积极参与去感受、发现周边环境中美的事物。我们经常带领幼儿到周边社区中进行观察采风，同时引导他们以写生的形式将自己眼中的美记录下来，开阔创意剪纸的思路。在教学中，教师的作用主要体现在引导幼儿发现剪纸作品中的形式美和内容美，如在欣赏剪纸"马"的活动中，教师出示了一幅写实的图片马和剪纸马，引导幼儿积极讨论两匹马的不同，从颜色、花纹、材料上逐一比较，从而感受到剪纸作品大胆、不拘一格的表现形式，了解花纹的镂空、图案的对称。此外，教师还进一步引导幼儿进行深层次的观察，说出"两匹马的动作有什么不同"，让幼儿通过观察分析，感受马高大、神奇的形态特征，从而提高其审美活动的质量，最后引导幼儿大胆表达自己的感受，说说自己喜欢哪匹马。

教师在引导幼儿运用剪纸基本技巧的同时，将创作的余地留给了幼儿。如刚开始学剪纸的中班幼儿，只会无目的地随意操作，剪出的是简单的图形，这时去要求他们创作出一幅完整的作品，显然是不符合幼儿的年龄特点和实际水平的。于是，教师引导幼儿剪出两种或三种图形的组合，可组合成树、汽车等，引导幼儿逐渐由无目的、无意识地剪，转入有目的、有创造地剪，进而设计了"树上的水果大又圆""汽车比美"等内容，引导幼儿创造出简单的造型。

孩子创新活动的激励者

以创新的态度去欣赏、评价幼儿的创造，可以激发幼儿的创作欲望。如在一次剪苹果的活动中，有一名幼儿把苹果剪成了方形的，教师问全班小朋友："你们见过方形的苹果吗？"回答："没有。"于是，教师请这名幼儿谈谈他的想法。幼儿说："因为我喜欢吃苹果，可苹果是圆的，我老拿不住掉在地上，苹果要是方的，我就不会拿不住了。"于是，教师对大家说："噢，原来他是这样想的，今天我们班的小朋友只有他的苹果跟别人不一样，他真爱动脑筋，我们希望他长大后真能发明出方形的苹果。"这种鼓励创新的态度可以进一步激发幼儿的创造力，促进幼儿创造性思维的持续发展。

同时，教师要以创新的思维敏感地捕捉幼儿的创作火花。幼儿的创作火花有时是转瞬即逝的，如果教师不能以创新的思维敏感地捕捉到，很可能错失大好的教育机会。一次，一名幼儿剪了两只没有耳朵和尾巴的老虎，老师问及其原因时，他却用了歌曲中的一句话来回答："两只老虎，两只老虎……一只没有耳朵，一只没有尾巴，真奇怪！"听了这番话，教师敏感地发觉幼儿的创作可以与他们熟悉的歌曲联系起来，于是在全班小朋友面前剪出了一只眯眼的小猫，边剪边唱："波斯猫，眯着它的双眼"，接着问幼儿："你们的歌声能变成什么样的小动物呢？"幼儿的情绪一下子被调动起来，有的剪出了长鼻子象，唱着："大象、大象，你的鼻子为什么那样长？"有的剪出了一只小狗，唱着："一只哈巴狗，想吃肉骨头。"由此可见，教师只有敏锐地捕捉幼儿的创作火花，并以创新的思维加以运用，才能真正体现创意剪纸中"创意"二字的深刻内涵。

一个年轻老师的十年

宋　波

　　这是我在京源工作的第十个年头。记得刚工作那年，陈其昌、韩天宇两个学生想组建一个航模社团。孙副校长问我能不能带这两个孩子，我对航模本来就有兴趣，于是抱着试一试的态度答应下来。我和学生们一起学习航模，看国内外教学视频、课程和书籍，参观航模展览，设计、制作、试飞模型，一有机会就跟资深模友请教，我们几个航模门外汉成为了狂热的航模业余爱好者。

　　航模是众多模型活动中最有挑战性的一项，很有可能制作半学期，上天两秒钟，"炸机"是常有的事。学校处在紧邻西五环和莲石路这样的交通要道边，但凡出点事情可能就会造成严重的后果。苦于学校周边环境，得四处寻找适合的飞行场地，王逸云成为第一个在永定河森林公园海棠谷成功试飞的学生。航模活动还很敏感，每到首都有重大活动举办，我们社团就会受到公安部门的"特别关照"。

　　飞机的制作和调试过程充满了风险。有一次赵天翔给热熔枪插电的时候，电线短路，"砰"的一声炸到了手，还好没什么大碍。大六轴多旋翼无人机调试，我让张子涵抓住飞机起落架，我来调试，孩子没抓住，螺旋桨转起来，飞机失控在教室直接起飞，高度旋转的螺旋桨差点"砍"了我俩的头。

　　无人机的智能控制需要用到飞行控制器，它是一套由飞控程序驱动基于单片机和传感器的装置，于是又带学生折腾了单片机和基于 Arduino 的智能硬件等，其间尽管困难重重，但学生的成长让我欣慰。陈其昌高考自主招生进入南京航空航天大学，现在已经是飞行器设计博士，韩天宇考入北京航空航天大学飞行员，王逸云考入北京航空航天大学自动化专业，赵天翔考入首都师范大学遥感专业，张子涵攻读北京大学理论物理博士学位。学生的成长和学校领导的支持是我坚持下来的动力。

两件事让我从技术宅变成了野外达人。

2013 年，我初登讲台，有个女生叫武官仪，家住门头沟，说是从小就看见门头沟满山石头，想研究研究校园内的景观石。她找到我，我说可以拟一个题目叫《京源石头记》。孩子特积极地对校园内所有景观石拍照记录整理，结果发现没人认识，后来也就不了了之了，"京源石头记 .doc"这个文件至今还留在我的电脑里。想起这些总有些遗憾和惭愧。

2015 年讲断裂构造时，我偶然提到，"咱们学校附近就有一条规模较大的断层——八宝山断裂带"，李晨马上好奇地问："能看见痕迹吗？"我借机说："我们可以找找看。"在北京这样一个城市化飞速发展的地方，想要找到这样的地质景观是很不容易的。带着试一试的想法，我多方打听、查阅资料，并且利用休息时间骑车去学校周边的工地、公园、小山坡寻找。功夫不负苦心人，断层破碎带、糜棱岩、断层擦痕等说明这个断裂带存在的证据都被我找到了。利用课外时间，我带学生骑车去八宝山东北部看断裂带，糜棱岩质坚硬，地质锤砸在上面起火星，高睿龙砸坏我一个地质锤。这项活动后来发展成了"京源学校及其周边地区地质遗迹寻踪"选修课。在此基础上我申请了北京市教育科学"十三五"规划 2016 年度青年专项课题《中学跨学科教学实践基地的开发研究——以八大处及其附近地区为例》（课题编号：CCDA16115）（已结题，获石景山区第四届教育教学成果特等奖）。

通过指导学生开展小课题研究的方式，引导学生多角度、多方法、多学科研究，在收集信息、观察记录、工具使用、思维层次等方面师生共同进步。在实践基地的建设过程中，师生都处于一种不断学习探究琢磨的状态，在师生的共同努力下，基地学习资源不断扩展和丰富，师生也得以共同成长。

初一《以实践之手，创文明之城——八大处公共厕所服务水平调查》，通过野外调查和访谈，运用空间分析方法研究公共厕所配置的问题。学生基于"问题"的实践过程（真实问题—活动方案—获取信息—比较分析—建言献策），通过多次考察、论证，不断发现问题并试图解决问题，这是学生实践能力、跨学科思维能力的提升过程。

初二《寻景观差异，享时序之美——八大处公园物候观测》通过生物学中植物物候的观测来探寻区域内部的环境差异，利用发现的差异来为西山文化带景观建设提供建设性意见。寻找差异—感知差异—利用差异。学生说，"我们是来寻找差异的"。在这样的活动中学科间的界限模糊了，对问题的发现能力、研究能力提高了，思维链条延长了。

高一年级学生开始基于真实问题，灵活运用不同学科的思维和方法来研究解决问题。寺庙和地形的关系、公园排水系统是否合理、公园小商品售卖点分布、茶文化、楹联等都是他们感兴趣的地方。

高二年级的学生在相关学科知识积累和校本选修课学习的基础上，研究的问题科学性更强，甚至能够部分填补区域研究的空白。

李晨、穆羽佳撰写的《北京八大处碑刻故事研究》运用文献分析法和实地考察法对八大处碑刻的文化价值挖掘进行了研究，并就作为旅游资源进一步开发和如何利用数字技术让这些碑刻"活起来，传下去"提出了建议。

一般情况下，城市扩张过程都会对一个地区的植被造成较大的破坏性影响，而银浩博《基于 TM 卫星影像数据的小西山地区植被变化动态监测》的小课题选取位于北京西部的小西山及其周边地区作为研究区，利用遥感技术进行动态监测。研究选择 1992 年、2001 年与 2010 年三年的 TM 数据，采用监督分类，并基于 ENVI 平台对检测结果进行分析。研究结果表明，小西山地区城市扩张对该地区植被影响不大，说明政府以及周边居民在城市建设过程中对其进行了有效保护。

唐子涵、张雨航、高睿龙、武泽鹏、鞠昊辰、马泽豪撰写的《八大处游客调查及旅游资源分析评价》在对北京八大处公园旅游资源实地考察和问卷调查的基础上，应用模糊数学综合评价法根据游客满意度进行旅游资源开发现状及存在问题的综合评价，并从饮食、交通、游玩、购物、娱乐等方面提出旅游资源开发的相关建议。

王骁宇以北京市八大处公园内的两处泉水（龙泉庵和中华精印谷）为研究对象，基于水化学和同位素的方法，对其进行氢氧稳定同位素、水质常规离子、pH、电导率、TDS、溶解氧的时空特征分析，顺利通过了北京市"翱翔计划"学员的论文答辩。

屈向睿撰写的《北京西山八大处地区地质科普资源开发建议》研究了八大处地区的地质构造和岩石地层，建议结合八大处地区本身的地质构造和岩石地层开发地质科普资源，让八大处成为一个有地域特色的"地质公园"。

曹子琪、安宇泽撰写了《八大处楹联的赏析、价值及保护》，张莫宁、严梓芸、肖思雨、王静淳撰写了《八大处古道地图绘制》，等等。我特别感谢这些学生，是他们让我的一些想法能够实现和落地，我们一起共同成长。

这就是我，一个年轻教师关于个人成长与学生需求、学校发展相结合的故事。

我的"三大战役"

秦　雯

一转眼，毕业来京源整整九年了。九年的时间，三拨学生，我经历了很多，收获了很多，其中最大的成长，就是当班主任的三个阶段，被我戏称为"三大战役"。

第一阶段：初出茅庐

那是 4 月的一天，课间操结束后，我回到办公室，准备继续判作业。谁知红笔还没拿起来，我班的生活委员就喊着报告急匆匆地冲了进来，神色慌乱。

"别着急，慢慢说，怎么了？"我问。"秦老师，咱班丢钱了！"他紧张地说。原来，他把收齐的饭费放在了自己的书包里，准备上操回来以后交到食堂，谁知在清点时发现少了两张一百元的纸币。

"你当时把钱放在书包里时有人看到吗？"我问。"有一些同学看到了，因为当时班里虽然大部分人已经开始下楼了，但还有一小部分人陆陆续续地往外走呢。""还记得都有谁吗？""有 ××、×××、×××，还有三四个人没记清楚……"学生委屈地说。

"好，你先去上课，不要声张，回去也好好仔细回忆一下当时在场的同学还有谁，别担心，能找到。"安慰学生之后，我仔细分析，排除了很多可能，最后觉得本班学生拿走的可能性最大，而且很可能就是见到生活委员将钱装进书包里的那六七个同学中的一个。然而，如何顺利地找到这个人呢？

这是我的第一批学生，初出茅庐的我，作为一枚"菜鸟"班主任，对于这类突发事件，没有任何经验。但是我在心里不断地鼓励自己：要冷静，要理性分析，用什么方法在保证不伤害他自尊，不引起班里其他学生注意的前提下顺利找到这个学生呢？将那六七个学生逐个找来谈话？万一不是他们中的呢？而且这样的话会不会让孩子觉得自己受到了不公正的对待？被人怀疑的感觉肯定糟透了，而且班里还会因此弥漫着猜忌、怀疑等"负能量"，影响班级的安定团结。这个办法被我果断地 pass 掉了。

随后想出的几个办法，在仔细斟酌后都被我一一否决了。思前想后，突然想起了曾经在一本教育杂志上看到的一篇文章，写的是一个小学低年级班级出现丢钱情况后老师的做法，这给了我启发，使我想出一个好办法。

上午第四节恰好是数学课，我拎着一袋子的废报纸走进教室，开门见山地说："同学们，今天咱们班发生了一件很让老师失望的事——我们班里丢钱了。"话音刚落，同学们纷纷议论起来。我借机观察了每个学生的表情，并无异常，脸上大都写满了吃惊和不可思议。

"现在，请在座的每一位同学配合老师完成一个任务。"我边说边将事先准备好的报纸亲自发到每个学生的手中，"我和同学们在一起一年多了，凭着这些时间的相处和对大家的了解，我知道，你们都是善良、诚实的好孩子，今天的事情，老师相信，只是你的一念之差，如果你真的需要这些钱，老师可以帮你，真的。"

"我相信现在你一定知道自己这样做是错的，肯定很后悔吧？现在老师和同学就帮你将这个错误改正，好吗？"望着孩子们一双双真诚的眼睛，我继续说，"现在，请每个同学在我发给大家的报纸中放入一张草稿纸，然后我们用报纸把它包起来，当然，那个同学，我想你也知道自己应该放什么吧。"

同学们都很认真地开始找草稿纸、包报纸。随后我拿着之前准备的塑料袋，走到学生面前，看着大家依次将包好的报纸包放入袋子中，随即像往常一样继续上课。

下课后，我并没有和孩子们一起去食堂吃饭，而是提着这个装满了报纸和草稿纸的大袋子快步回到办公室，开始拆报纸包，一边拆一边想："他"真的会把钱还回来吗？

一个、两个、三个……随着报纸包越拆越多，我的心也越来越忐忑，真的没有吗？那该怎么办？正想着，突然，在塑料袋的底部我发现了两个一元硬币大小的粉红色纸团。我的心顿时飞速跳动起来。我小心翼翼地一点点将纸团展开，居然真的就是两张一百元纸币！展开后的纸币皱巴巴的，但我的心里却是瞬间从阴云密布转为艳阳高照。真的找到了！要知道，我在班里并没有说丢钱的具体数额，而两张带着"千沟万壑"印记的百元大钞的出现说明"他"真的被我打动了，真的知道错了。

正在感叹间，随着一声"报告"，一个学生走了进来。"有事吗？"我问。"没事，老师您怎么没去吃饭啊？啊，那两百元真的找到啦！"

随着这句话，我敏锐地意识到：原来是他！我将褶皱的两张纸币对齐了压着，一般根本看不出到底几张，而且他进来后眼睛就始终盯着那个装报纸包的塑料袋。种种迹象表明，居然是他！

这个发现的确让我很吃惊：他的家境很好，父母给的零花钱据我了解也并不算少，是什么原因让他这样做呢？我一边思考，一边神色如常地对他说："是啊，真没想到这么快就找到了，我就说嘛，咱们班的同学都是诚实善良的好孩子，这个人也一定是事出有因的，还好他及时改正了错误，你说对吗？"

"是，老师再见！"他不敢直视我，只是眨了眨眼睛，如释重负般呼出一口气，随后转身就走了。

拿着失而复得的两百元钱，中午我再次走进教室，向同学们报告了这个好消息："同学们，谢谢你们和老师的积极配合，让它失而复得。我希望大家把最热烈的掌声送给这个同学，他勇敢而诚实地面对自己的错误，并很快地改正了错误！而且我相信，经过今天这短暂而纠结的一个上午，他的内心也一定意识到了问题，今后不会再这样了，你们说是吗？"

"是！"随着坚定的回答，掌声也随之响起，我的眼睛不经意地瞥过他，发现他神情坚定地鼓着掌，眼睛亮亮的。事后我曾一直犹豫是否要找他或他的家长来一起谈谈，想知道他是出于什么想法这样做。但斟酌再三，我最终放弃了这样的想法。我想，有些事情保守着秘密也未尝不可，"天知地知你知我知"的心照不宣从某种程度上来说也是对一个曾经犯错但努力改正的孩子心灵上最好的保护吧。

一周后，我特意召开了一次特殊而简短的班会，题目就是《诚信》。在班会上，同学们针对这次"突发事件"发表了他们的看法——居然有相当一部分同学觉得不会这么快找到，"以前小学时我们班也出现过一次这样的情况，最后是大家用班费垫上的，真没想到咱们班这次真的找到了，而且居然这么快！"一个学生感慨地说道。"我想，这是因为我们每个同学都是懂得诚信，尊重诚信，敬畏诚信的结果吧！"我笑着对大家说，孩子们的眼睛亮亮的。之后，我们的班级还像往日一样阳光，直到毕业也没有再出现过此类事情。

一年多后的中考，他考入了其他学校，后来他还专门回学校来看过我，也打过电话，我们谁都没有再提这件事，看着他阳光般的笑脸，我想，至少在这件事上，我做对了。就让这个秘密随着时间消逝吧，保留一些秘密，不去揭开它，其实也未必不是一件好事。

这一阶段的我，在班级管理上任何事情都亲力亲为，生怕学生们有一丝一毫做不对、做不好，还没有形成让学生自主管理的意识，虽然最后班级管理得还不错，但那时的我却是真真正正的初出茅庐、战战兢兢。

第二阶段：协同作战

送走了第一拨学生后，我认真地反思了自己的班主任工作，发现班级干部的作用发挥得太少，也没能发掘学生的特质和管理潜质。因此，在迎来第二拨学生之后，从军训开始，我就仔细观察每个学生，将他们的言行默默地记在心里。经过三个月的磨合，形成了比较稳定的班级管理团队，保证团队中的每一个人都是班级里最适合这个位置的人，真正做到群策群力，协同作战。

在这一阶段，使我印象最深的一件事，还是和交饭费有关，和钱有关。

月初的一天中午，班长王安磊告诉我班里到食堂交饭费的时候发现了十块钱的假币。在我看来，十块钱的假币，面值也不高，即使查监控也未必能看到是谁交的这张假币，那就从班费里拿出十块钱垫上好了。我刚要做出决定，又转念一想，自己什么都管的毛病怎么又犯了，还是先听听我的这些"小帮手"的意见。

这时，王安磊继续不慌不忙地和我说："老师，您别着急，我已经让各小组的组长去查他们每个组员交钱的情况了，一会儿同学们都回来了我再问问全班同学，大家一起回忆回忆。"

这个来自门头沟的男孩子遇事不慌不忙，做事沉稳，少年老成，全班同学都亲切地称呼他"老班长"。看来，老班长是已经将事情安排好才来找我的。既然如此，我也想借此机会看看孩子们的本事。

此时，班里同学们陆续都回来了，十元假币虽然面值很小，但也在班里引起了小小的波动。而我的目光此时完全被班里的生活委员朱开元所吸引，这个号称平生只爱大笑和数钱两件事的男孩儿低着脑袋坐在座位上，一言不发，始终做沉思状。又过了一会儿，他又仔细地看了看那十元假币，目光笃定地朝我走过来，恢复了往日大笑和数钱时的欢乐表情说："老师，我知道这十块钱是谁的了！"

"早晨一共有三个人交了十块钱的纸币，一个是陆唯一他们组，一个是我们组的朱晨钰，还有卫生委员肖云飞，他下楼去查值日了，回来晚了就把钱直接给我了。陆唯一这一组交给我的十块钱是崭新的，我们组朱晨钰的那张十块比较旧，而这张假币是七八成新的，应该是肖云飞给我的那张。"

我惊讶于朱开元的观察力和记忆力，同时也庆幸自己"挖到宝了"，我的这些小干部个个是人才啊！正是由于有了这些得力助手，在第二拨学生的管理上我不再孤军奋战，和他们一起协同作战，省力不少，孩子们的潜力得以挖掘，而班级也在大家的共同管理下越来越好。

第三阶段：班内无"战事"

第三拨学生是我教的第一拨高中生，与初入校门的初中生不同，他们对学校已经相当的熟悉，很多问题也都有了自己的想法。经历了初出茅庐和协同作战两个阶段的我迎来了新的挑战，这样的一群学生一个班级我又该如何管理呢？我尝试着融入其中，和他们一起上其他的课，也当值日班长，变成班里的一员。

在这一阶段，给我印象最深的，是文科班刚刚成立时的故事。班级成立伊始，我们就遇到了这样的问题：班里没表，看时间不方便，学生告诉我不少老师都建议买个表放在班里。在我看来，这件事太简单了，和初中时一样，让生活委员或者谁家离小商品市场近买就可以了，实在不行我亲自出马，保证物美价廉，二三十块钱就能搞定。谁知学生们却告诉我他们要全班一起商量买一个有个性的表，还带我去看了我们年级二班的表，表示也要像他们一样有个性。可当我看到二班的表时，顿时凌乱了。在我看来，表就要白色的表盘，黑色的数字和指针，一目了然，清晰简洁，而二班的表却是白色的表盘，白色的数字和指针，这时间怎么看，要猜的吗？孩子们，你们确定要走这么高冷的路线吗？学生给我的反馈是，我说的那种简约风格的表太俗了，没特色，而我们大四班要有自己的特色。

于是，本着尊重学生的原则，我妥协，我让步，看着他们折腾了好几个中午，千挑万选地从淘宝上确定了一款萌萌的走温馨路线的表，虽然五十九元还不包邮的价格又让我整个人都不好了，但我还是对同学们的选择给予尊重，对大家热情而积极的参与给予肯定。这款萌萌的表也为大四班定下了温馨暖心的基调，后来，学生们还陆续为班里添置了一些花花草草和小摆件，让大四班随时洋溢着温暖的家的氛围。

以前我当初中班主任，很多时候充当的是班级的引领者，而高中班主任更需要倾向去做学生们的陪伴者，给他们空间，放手让他们去做，尊重学生的选择。或许在这个过程中学生会走弯路，会出现问题，但这也是成长的一部分，对学生来讲未尝不是一件好事。

三拨学生，三大"战役"，我感觉自己在班级里的角色也从一开始的"king"到"leader"再到"member"，虽然地位越来越低，但我甘之如饴。

九年，我从菜鸟走向成熟，再过几天，我将迎来职业生涯的第十个年头，而我大京源也将在不久后迎来自己的二十岁生日。我在成长，京源在成长，我在京源这棵枝繁叶茂的大树下成长，京源见证了我的成长，我也见证了京源的不断壮大。新的十年，二十年，许多年，不忘初心，砥砺前行。

"老教师"的新起点

刘瑞芝

时光如白驹过隙，在京源工作生活已经十六年了，十六年中发生了许多让人难忘的故事，在此，我想与大家分享几件让我记忆犹新的事。

"老教师"的新起点

记得那是刚调来京源不久，石景山区举办第一届教学大赛，这是第一次全区所有学校参与的全学科大比武，各个学校都很重视，学校推荐我代表体育学科参赛，这是我第一次代表京源参赛，我深感荣幸也倍感压力。当时学校里浓浓的学术氛围、先进的教学理念给了我很大冲击。同事们的那种充沛的精力、旺盛的斗志也感染着我。那时候就像是着了魔，甚至夜里做梦都在纠结着某个教学环节，好几次夜里突然惊醒想起了一个好方法，就赶快记在床边的本子上……我突然发现虽然教了十几年的体育课，自认为是一名老教师了，但教学上还有这么多可推敲、可琢磨的地方，越是学习越是觉得差距大。这次大赛可以说是点醒了我，让我重新审视自己的教学。

那段日子全校领导一直陪我们加班加点，陪我们一起熬夜，研究教学设计，为我们提供强大的理论和技术支持，就像是与我们并肩作战的战友，让我体会到了上下一心共同奋斗的力量！让我至今特别感激的还有，当时教数学的李文革老师、王珏老师，教物理的李扬老师自愿变成了我们的"编外"体育教师，她们和体育组的老师们一起听我一遍一遍试讲，提出的问题一针见血，还提醒我注意很多教学细节，想尽一切办法帮我减压。这一年我获得了教学大赛的双项一等奖，然而对我而言，比这个奖项更重要的，是我自己对以往教学有了深刻的反思，是自己教育教学能力的提升，是收获了最宝贵的同事间的友情。我在心里埋下了这样一颗种子，那就是要强练内功，钻研教学，在同事需要的时候毫无保留，倾尽所能，鼎力相助。而这也成为了体育教研组的一个传统和精神。

三十八岁的新兵

2006年白校长找我谈话，让我当班主任。毫不夸张地说，虽然我心里没底，但还是特别兴奋，因为真的没有想到已经三十八岁的体育老师还能被学校如此信任。把一个四十九人的班级交到我的手上，我深感责任重大，因为四十九个学生的背后就是四十九个家庭的希望。担心胜任不了这份工作，紧张焦虑引起了经常性的失眠。记得那时候简书记做德育主任，我找到他诉说了我的担心和迷茫，书记对我说："用心、真心地去做事情，你肯定没问题！"我记住了这句话，在自己的心里确定了三个标准：做到把自己的学生当作自己的孩子一样去教育，去爱护；做到把家长当作自己最好的朋友一样去交往；做到把自己当作学生一样，向老班主任们学习。白校长更是为了鼓励我这名新兵，亲自驾车带我和刘莎莎老师到书店购买图书作为奖励。这件事对我的触动很大，让我下决心一定做好班主任工作，更加用心地去爱每一个学生，无愧于学生对我的爱戴，无愧于学校对我的信任。

很幸运能成为京源学校班主任团队中的一员，更幸运的是遇到这几十个可爱的学生，他们心地善良，能理解老师的辛苦，连续两年评选我为学生最喜爱的班主任。带了两届学生，当了六年的班主任，我认为老师对于学生的付出只是一时的，而学生给予我们的回报则是一生的。教师节，已经大学毕业的学生给我发来短信：刘老师，谢谢您当年没有放弃我，您的那些教导方式对我来说真的是有效，当时让您心凉太多次，但您没有放弃过我这个学生，那会儿如果不是您的规劝，我可能就成为边缘人物了。

做班主任这六年，付出了辛苦，但想到能在学生的一生中有一点点影响，起到一点点作用，我感觉真的非常值得，更何况人生中又多了那么多份彼此的牵挂，真的非常美好！我一点儿都不后悔，感谢学校给了我这六年做班主任的机会，这是我一生中重要的一笔财富！

京源这所年轻的学校给了我新的支持、新的活力，带动着我不断挑战自我、超越自我。

难忘的三句话

张欣悦

在七年的班主任工作生涯中，有这样的三句话让我印象深刻，格外难忘。

"张老师，您真是十八般武艺样样精通！"

那时我刚入职不满一年。作为一个新教师和年轻班主任，正是我最困扰焦虑的时候。自习课，我打算进班突击检查。在楼道便听到了屋里乱乱嚷嚷的聊天声，我紧皱眉头，压下怒火走到教室门口，眼前的一幕却使我血压飙升——凌乱到无处下脚的地面，隔着"十万八千里"互相扔纸团的学生，看到我来后装模作样喊了句"别说话了"的班干部……

"你们在干什么！知道现在是在上课吗？"我忍不住咆哮出口。教室里顿时安静了下来。接下来的一节课，我在教室里吼到嗓子"劈叉"。然后时隔一天，噩梦重现。

我曾以为，孩子们不听我的话，是因为不"怕"我，但后来我才知道，是因为不"认"我。别看孩子小，他们很会"见人下菜碟"。一个刚入职的年轻老师，没有老教师成熟干练的风采，没有一个眼神便能让学生鸦雀无声的气场，而是处处透着手忙脚乱和脆弱心虚，便绝不会获得孩子们的认可和尊敬。可是作为新教师，我又如何打开这扇"认可"之门呢？

我在某一次画板报时得到了答案。

当时班级出黑板报，没有同学愿意画，我只能趁同学们上体育课的时候，撸起袖子亲自上阵。我花了一节课时间，在光秃秃的黑板上变出了一个构图清晰、书写美观、色彩亮眼的板报。下课后，我还剩几笔完工，孩子们陆陆续续回到教室，围在我身边，纷纷惊讶地说道：

"张老师这是您画的吗？画得也太好了！"

"张老师居然这么厉害！"

"张老师，您字写得真漂亮！"

……

我站在椅子上，看着他们扬起的小脸上露出崇拜的表情，感受到了那段"昏暗"时光里从未有过的开心——他们在崇拜我，他们在认可我！此时突然一个想法闪电般划过脑海。我紧接着孩子们的话说："我觉得×××你画画也很棒，这样的板报你也一定能做出来。""×××你写字很漂亮啊，你们几个合作肯定能创造出更完美的作品！""张老师会的不光是画画写字，还有很多呢，以后给你们一一展示！"

从那之后，很多孩子开始愿意下课就围着我。我逐句指导他们排练朗诵，给他们听我配音的英文动漫歌曲，向他们展示我手账上写的花体英文，跟他们一起写语文老师留的作文练笔，给他们讲我自己的写小说经历，和他们聊我旅游参观博物馆时的种种见闻……"张老师，您真是十八般武艺样样精通！"听到这句话，我的心里骄傲又欣慰。

久而久之，班级里的孩子们都成了我的"粉丝"，甚至连许多家长都得知了张老师"十八般武艺样样精通"。得到了孩子的认可后，班级工作的开展对我来说似乎突然变得容易了许多。这时，我也开始进一步思考，如何构建班级管理体系，让这些已经愿意"听我话"的孩子们变得更加自律。

"张老师，我们长大了，交给我们吧！"

孩子们已经四年级了，但各项班级工作还一直依赖我。小干部们主动性不强，其他同学也没有建设班级的动力。我深感疲惫的同时也发觉，必须调动起同学们的积极性，才能让班级更加团结，班风更加向上。小学中年级的孩子正处于大脑迅速发展的时期，他们的神经系统发育较快，自我意识逐渐增强。基于此特点，我召开了一次特别的班会。

"同学们，今天我们要开展一次特别的班会。在这节班会中，张老师将作为一个倾听者，不参与任何的讨论。把话语权交给你们，大家可以各抒己见。"

听了我的开场白，孩子们坐直了身子，眼睛里闪烁着期待的光芒。而后，孩子们在班会课上分组讨论，自主寻找班级中存在的问题。小组汇报时井然有序，同学们格外认真，纷纷皱着眉头反映了班级中一些亟待解决的问题："我们组认为，咱们班的卫生情况不好，张老师不提醒的话没人做。""我们组认为，咱们班作业交得很慢、很拖拉，还总是不齐。""我们组认为，咱们班小干部不管事儿，有时候自己还不遵守纪律。"……

问题提出后，解决问题的"重任"同样也交给了他们。大家跃跃欲试，每个人都提出了对班级的期望和今后想要达成的要求，争先恐后地想做班级的小主人，为班规的建设出一份力。"我觉得我们可以重新选拔更加认真负责的小干部。""我们可不可以做一个沙漏计时器，让大家更加珍惜时间？""我觉得小组长可以把教室分区域分配给组内同学，让每个人都专注自己负责的部分。"……我将孩子们提出的问题和建议进行归纳整理，在班会最后跟同学们一起制定了本班的专属班规，帮助学生明确在校的一日行为要求。

规矩立下了，孩子们的积极性调动起来了。我准备趁热打铁，重新设立班干部。为了照顾到所有学生的情绪，我给班级设置了三十五个的职位，如图书角管理员、电教员、杂物柜管理员、楼道值周员等，给那些想要为班级做贡献的同学机会。最终全班同学或多或少都有自己负责的部分，充分展现自己的长处。同时，我还设置了小干部总结会。会议完全由孩子自己做主，班长主持，各个委员汇报一周的学习生活情况，台下的同学们提出建议。这个活动充分调动了小干部的积极性，让他们的工作在所有同学的监督下更加认真负责、细致全面。

某天几个小干部围着我，他们递给了我两张纸，对我说："张老师，我们长大了，交给我们吧！"我拿过纸一看，真是一个大惊喜！他们居然建立了一套"班级银行"评价体系！他们把评价细则拿给我看：这个评价体系中有"中央银行"（班级公共财产）、"地方银行"（小组财产）、"流通货币"（奖励物品）……在小干部给我详细说明后，我也给他们提了些建议，比如"存钱制度"（防止纸币丢失）和"商品兑换"（用"钱"能买到的奖励清单）等，将这个评价体系完善并推广至全班。在此过程中，我也逐渐把班级从手中"还"给了学生们。

"老师，他进步可真大！"

当我的班级工作逐渐步入正轨，所有同学都能够在努力建设班集体的过程中逐步养成好的习惯时，我们班级中的"特殊"学生小明依旧给我带来了很大的困扰。小明的脾气不是很好，格外爱生气，总会因为一些小事不顺心而大喊大叫，甚至动手打架。他会因为课上没叫他回答问题而趴在桌子上生气；也会因为作业改了几次没改对而摔笔不写了；甚至会因为午饭时少分到了些肉汤而拒绝吃饭……

有一天，小明跟班干部发生了冲突。由于前几天请假，他第一天上操时不知道自己应该站的点位，班长只是让他站好，他就被气哭了，冲着班长大喊大叫，死活不进队了。在了解事情的过程中，我发现原来小明觉得自己不是故意没站好的，凭什么班长要责怪自己。随后我通过改变跟小明交流的方式，发现他"吃软不吃硬"——当我怒斥他的时候，他也跟我对着干，脾气很拧；但当我轻声细语地跟他讲道理时，他却听话了。既然不是油盐不进，那就好办了！

我跟他说："班长忘记了队伍更换，没给你安排好位置，是他的问题，张老师已经说过他了，一会儿他也会来跟你道歉，好吗？"看他脸色好多了，我接着又温和地从为他好的角度指出了他的问题："可是你有没有发现，你也有问题呢？首先，你看，全班同学都在做操，你因为这件小事，耽误了锻炼身体的时间，多不值啊！一定要知道，咱们的身体健康是最重要的！"他点了点头，认可了我的说法。见状，我又"乘胜追击"，说出了核心问题："另外，你还有一个问题。你要求别人理解你，可是你有没有尝试理解别人呢？你有没有为班级思考呢？你朝班长大喊大叫的时候，是不是不尊重人家？你破坏纪律的时候，是不是影响了班级所有同学排队呢？"他"嗯"了一声，看表情是真的明白了自己的错误。最后我又对他提出了要求："以后出现任何事，能不能不发脾气，尝试着用语言跟别人沟通？因为在张老师跟你沟通的过程中，发现你其实是个特别明事理的孩子，相信你能做到的！"最后，他接受了我的建议，慢慢走回队里正常做操了。

经历了这件小事，我摸清了小明的脾气。他其实是一个很需要其他人认可的孩子，并且对自己是有一定要求的。他会因为别人的否定而情绪激动，也会因为他人的认可而慢慢变好。后来，我在班级中给小明安排了课间安全员的职位，他非常喜欢这个职位，工作时尽职尽责，得到了同学们的一致好评。我也会趁小明不在的时候，和整个班级的同学们进行沟通。我告诉同学们：大家要善待所有人，包容各种性格的朋友，特别是在和这样性格的同学相处时要尽量温和，如果他各方面有进步都可以多多给予他肯定。看着班级孩子们坚定又善良的眼神，我感觉格外的温暖。

直到后来有一天，一个孩子跟我说："老师，小明他进步可真大！脾气也好了很多！"我笑着拍了拍他的头，告诉他快去亲自夸夸小明……通过与小明的相处，我发现，最好的教育并非批评指责，而是充满包容、理解和爱的教育。

这三句从孩子口中说出却令人难忘的话，将会伴随着我的整个班主任生涯，让我时刻记得，做一个好的班主任不但要认真、负责，更要学会如何赢得孩子的认可，如何把班级还给学生，如何用"心"沟通、用"爱"教育。

幸福像花儿一样

孔　娜

　　2005年对于我来说是幸福的一年，那年，我大学毕业，成为了京源学校的一名舞蹈教师。至今我仍清楚地记得入职后白校长与我的一次谈话，让我构思面对普通中学生开设舞蹈课的发展规划，这让我深深感受到了学校对年轻教师的信任与器重。从那时起，京源学校课程体系中出现了舞蹈课，也燃起了我的舞蹈教育梦。

　　印象中的第一节课，我紧张而又兴奋地站在舞蹈教室的门口，等待同学们来上课，同学们你推我，我推你，羞涩而好奇。一个胖胖的女生让我印象深刻，她长得很可爱，却又因为自己的形体而略显自卑。上课时，她羞涩地看着同学和我，但我能看出她的内心充满了对舞蹈的渴望。我让学生们欣赏舞剧《天鹅湖》片段，请同学们用自己的语言描述一下看到的故事情节和感受。轮到这个小女孩时，她一边讲一边不自信地看着我。"你讲得很棒，我非常欣赏你对这部作品的理解。"我及时给她以肯定的鼓励，小女孩的眼睛睁得大大的，一脸的惊喜。之后的学习中，她越来越自信了，每次上课都是第一个到教室，大胆地用肢体语言表达自己的情感。后来她带领本组的同学成功地完成了一部名为《课间》的校园舞蹈作品，参加北京市校园舞蹈比赛，获得了非常好的成绩。

　　除了开设舞蹈必修课，2005年我创建了校舞蹈团，为热爱舞蹈的学生提供更为专业的学习机会和搭建艺术实践与展示的平台。每一次的舞蹈排练与演出，孩子们都在沉醉的状态中充分感受到舞蹈带给她们的美的熏陶和快乐。

　　创建舞蹈团没多久，教师节收到的一份特殊的礼物给了我深刻的印象。那天，我的办公桌上摆放了一只很精美的橙色的纸鹤卡片，我小心翼翼地将纸鹤打开，里面秀气的钢笔字写道：孔老师，祝您教师节快乐！落款：喜欢您的学生杜思思。我好惊喜，脑海里快速地回想对这个小女孩的形象：平时不爱说话，上课也总是站在边缘位置。没过多久，我的办公桌上又摆放了一只精致的淡蓝色纸鹤卡片，我兴奋地打开纸鹤，却看到了一个大大的"哭脸儿"，下面密密麻麻写了很多字："孔老师，我是杜思思，您还记得我吗？我非常喜爱舞蹈，小学时还参加了学校舞蹈团。上了初中，妈妈怕我因为跳舞而耽误学习，就不让我继续跳舞了！……我还想学跳舞，想加入舞蹈团，却又害怕文化课考试考不好，这几天晚上我躲在被窝里偷偷地哭了好几回了……孔老师，您能帮帮我吗？"我的眼睛湿润了，决定弄清情况，帮助她实现学习舞蹈的愿望。第二天，我带她去了舞蹈团，并向同学们介绍了她，小女孩儿激动地为大家跳了一段她最喜欢的舞蹈，舞蹈中她是那么的自信、阳光、美丽。我悄悄地走到她身边，对她说："你的舞跳得那么用心，文化课学习成绩也一定不会差，因为你比别人更懂得珍惜，我相信你！"没过多久，办公桌上又出现了一只粉色的纸鹤卡片，上面写着："谢谢您能如此信任我，我特别高兴在学校里有了第一个朋友——就是您。"就这样，她只要遇到不好解决的问题就会用纸鹤卡片和我谈心，我们彼此之间建立了一座信任的桥梁。如今这个女孩已经大学毕业了，还依然热爱着舞蹈，并准备做一名舞蹈教师。

2010年9月，一个新的学期开始了，手中的课程表预示着京源学校的美育教育开始有了新的变化，我的舞蹈课授课对象将是初一年级的全体学生，也就是说，无论男生、女生都能上舞蹈课了。

这天，初一年级的第一节舞蹈课已经开始七分钟了，一名男生姗姗来迟，手里还捏着一只小虫子，滑稽的动作和表情瞬间引来了班中一阵狂笑。"老师，你别生气，他就这样，是个怪人，不用管他。""老师，他是个外星人，是来地球旅游的。"当时可以用"崩溃"两个字来形容我的心情。我上下打量着这个男孩：戴着眼镜，白白净净。课后，我将这名男生叫住，询问他迟到的原因，孩子毫不客气地对我说："老师，我是男生，为什么要学舞蹈？饶了我吧！还是让我去捉虫子吧！"一句"饶了我吧！"让我陷入了一个多月的深思。"饶了我吧！"——如此强烈拒绝的话语，可想而知他在面对这门新课程的时候，内心是多么的痛苦和排斥。这也让我不禁思考，在大力提倡艺术素质教育的今天，在普通中学怎样开设舞蹈课程？怎样才能让学生们快乐地接受舞蹈学习？

没过多久，在一节创编跳跃舞蹈课上，这名男生因为没带舞蹈鞋和另外一名男生各穿一只舞蹈鞋上课，引起哄堂大笑，见此情景，我并没有批评他们，而是请这两名男生共同完成一组同脚、同步的跳跃创编动作组合。在课堂上，两名男生开始积极地创编动作，最终编创出了一组非常有创意的跳跃舞步，博得全班同学阵阵掌声。本来还很倔强的男孩自己也惊呆了，没想到舞蹈课还可以这么有意思。从此，他从一个排斥舞蹈学习，上课故意迟到的男孩，转变成一个下课了还留在我面前讲述自己编排舞蹈创意的男孩。

这个孩子的转变给了我很大启发，舞蹈课除了给予学生美的感受和肢体协调性的锻炼外，还可以给学生带来创造的成就感和合作的乐趣。对于充满好奇与探索精神的中学生来说，创新和想象力的展现对他们更有吸引力，更能激发他们参与舞蹈活动的热情。之后，我申请了区级教育科研立项《校园舞蹈创编校本课程开发与实践研究》，经过四年的实践研究，建立了一套比较完整的校园舞蹈创编课程体系，我的舞蹈教育专业水平有了很大提高，得到校长和上级教育科研与领导部门的肯定，还被聘为区舞蹈教学的教研员。

我在自己热爱的舞蹈教育事业上努力探索着，京源的孩子们也在舞蹈课上快乐学习着，这是一种幸福，愿我和我的孩子们在快乐的舞蹈课中幸福得像花儿一样。

在发现美中成长

张榕铎

"榕铎，今年的新教师赛课，你要努力准备，争取拿到好名次，在区里好好亮相一回！"

随着领导的一声令下，区级赛课的重担落到了我的头上，作为一名刚入职不满三年的新教师，去年的赛课我也参加了，不过去年是小组赛课，我抱着组内老教师的"大腿"顺利度过了比赛。今年的赛课可没有这么轻松了，是教师个人赛，作为新人的我倍感压力，完全不知道从何入手……

在组内几番讨论和推敲后，我选择了色彩单元中四季如画这一课作为参赛课程。有了课程内容后，导入的环节却成了"老大难"。因为四季如画是这个单元的最后一课，综合了前几课的内容，如何让学生保持学习兴趣，并且能够继续创新就成为了一个"老大难"。

三年级的学生很善于画思维导图，这成为了我的一个切入点。课上我让学生们以季节为主题，进行思维导图的创作，希望可以以此作为前期的导入环节，开阔学生思维。但两节课过去后，到了该验收成果的时候，我发现，孩子们的导图内容相对单一，也不是那么的美观，大大偏离我的预期。问题究竟出在哪儿呢？课下，我找了几位同学，用聊天的语气问他们："你们这个导图画的，跟之前的水平明显不在一个等级呀，怎么回事？"学生们的回答几乎口径一致："上什么课之前都要画思维导图，语文课画、数学课画、科学课也画，我们早就画腻了，觉得没意思，自然就画不好了。"找到了问题所在，接下来如何推进又成了第二个难关。

导图的问题一直困扰着我，直到有一次午休时，我看到好几个同学围在小凝的桌旁，饶有兴致地讨论着什么，走近一看，原来他们正在看小凝桌上放着的一个铁盒，盒子里面是现在学生们之间很流行的手账贴纸、火漆印章与咕卡等小玩意儿。小凝向我介绍道："我把自己喜欢的东西，都收藏在这个盒子里，这是我的神秘宝盒。"这一下给了我灵感，我试着引导这几位学生，能不能根据小凝的藏宝盒来进行一个思维导图形式的"大变身"。小宇率先给出了答案："我可以把跟季节有关的东西收藏在一起，也放在一个盒子里。""当然可以啦，思维导图不一定是在纸面上的东西，也可以是一些具体的事物。"我马上给出肯定的结论。"那我能不能加入一些之前课上的作业呢？我觉得这些也和季节有关。"明明抢着提问道。就这样，思维盒子 1.0 在一个阳光明媚的午后，在同学们你一言我一语的讨论声中诞生了。

有了新形式，同学们的制作热情空前高涨，自发地利用课间、午休与自由活动时间收集信息，整合创作材料，并时不时与我交流他们的最新情况。在课间我经常能看到他们拿着小盒子，进行小组研讨的画面，有时候他们也会出现分歧，在脸红脖子粗的争论过后，他们学会了心平气和地以理服人，谁说得更有道理，就听谁的。可喜的是包括平时那些在课上注意力不太集中的同学，在有了思维盒子这个任务之后，也能更加专心地听讲了，为的就是不错过任何一个可能在课上获得的灵感。看到孩子们这么踊跃地参与制作，我知道，这个主意成功了！我将思维盒子 1.0 作为范本，在整个年级中进行了展示推广，同时也是为了集思广益，让全年级的孩子一起开动脑筋，不断完善思维盒子。课上的时间，教学有条不紊地进行着，而孩子们在课后自发地根据兴趣、特长与喜好自行分组，开始了各自小组盒子的制作，每两周进行一次课堂内的交流。在交流的过程中，依旧存在一些新的问题——一组四五个孩子，总有那么一两个不能积极地参与创作。在观察了两组后，我发现，他们在其他同学制作的时候也会认真观看，提提意见却不动手。原来，这些都是平时课上对自己的画作不那么自信的孩子，我猜想他们是怕自己一旦动手，会破坏思维盒子的美感。这时候，我叫停了大家手中的工作，让学生们组内进行头脑风暴，重新分工，给每位同学都派遣一个需要实操的小任务。"以季节为主题，并不是只能画画，还可以加入手工、书法等元素。""也可以让不擅长画画的同学，拍照片，记录我们的工作进度，放到盒子里，见证盒子的制作全过程。""我很喜欢植物，还能用周末的时间收集落叶，制成标本，代表秋天。""我更擅长国画，我可以找志同道合的同学一起制作一个国风主题的盒子，里面以国画与书法为主。"……学生们激烈的讨论声在我看来不仅仅是他们学习兴趣高涨的表现，同样也体现了孩子们思维过程的进阶。随着思维盒子的不断完善，从平面到立体，从单一的美术学科到与书法、科学、劳动等学科相融合，在一次次的自主学习过程中，思维盒子 1.0 进化为 2.0。

随着本单元课程的推进，终于到了正式录课的这一天，我和同学们都做好了充分的准备。在一开始的导入环节，我请小凝这组思维盒子"创始人"组上前介绍了自己的盒子。他们在介绍的时候每位同学都给自己带入了一个身份：春姑娘、夏哥哥、秋风姐姐和冬雪弟弟，然后以第一人称的视角，兴致勃勃地在全班面前介绍起了自己组的作品——他们的盒子以四个不同的季节为主题，分为春、夏、秋、冬四个部分。里面有描绘"小荷才露尖尖角，早有蜻蜓立上头"的诗配画书签；有象征着冬天皑皑白雪与松枝色彩的火漆印章；还有用颜料滴染的火红枫叶作品，最有趣的是，小栩在里面放了一颗辣椒味儿的糖果，他说火辣的味道很像夏天太阳晒在身上的感觉。在介绍的时候，全班三十多双小眼睛都紧紧地盯着他们的作品，生怕有一点遗漏。他们用诙谐的语言，有趣地阐述着自己的创作灵感，为其他同学们打开了新的思路，在接下来的过程中，更多同学展示了他们独特的创意，有的盒子里放着自制的植物书签；有的放着记录制作过程的照片；还有的放着代表季节色彩的手工与纸艺作品……在这次课堂上，孩子们将自己的思维盒子分享展示给大家，并且面面俱到，声情并茂地为其他同学介绍自己组的作品。在这个过程中，孩子们利用盒子学习、创作、交流。沉淀已久的思维相互碰撞，打开了新的灵感之门，不断涌现的新想法成为了创作课堂作业的依据，让接下来的课程环节也非常顺利地进行了下去，因为前期的准备工作非常充足，通过思维盒子的陪伴，学生们对色彩与季节有了更深刻的理解，促使本堂课出乎意料的精彩，最终每个孩子都超常发挥，用不同的形式完成了自己《最喜欢的季节》这幅作品。有的孩子运用各个季节的独特色彩，完成了一幅具象的风景作品；有的孩子根据色彩感受，运用酒精、墨水等综合材料完成了抽象作品；还有的孩子利用手工的形式，结合色彩，将季节拓印在了折扇上……课后，孩子们把自己的作品放入思维盒子中进行展示，内容形式更加丰富，并且包含了本单元的所有知识重点，思维盒子通过这堂课又完成了一次进化，演变为 3.0。

通过一节活动与形式多样的色彩课程，让孩子体会到美是无处不在的，且来源于我们的生活，让孩子不仅拥有发现美的眼睛，更了解到美源于生活又服务于生活这样的概念，对于孩子们的美术学习是一个巨大的进步。其实思维盒子 3.0 并不是它的最终形态，孩子们对于它的制作不会因为课程结束而结束，在今后的学习中，有了新的想法也可以随时帮助思维盒子升级进化。这不单单是一个立体的思维导图，也是学生学习成果的一种展现，从每一个盒子都能清楚地看到孩子们的学习过程以及思维模式的进阶。愿孩子们继续在发现美中成长，在探索的道路上越走越远。

仰望星空的孤独与快乐

宋秋宾

德国科学家康德曾经说过：世界上唯有两样东西能让我们的内心受到深深的震撼，一是我们头顶浩瀚灿烂的星空，一是我们心中崇高的道德法则。星空正是因为它的浩瀚才让人感觉震撼，而震撼之余，一种孤独之感油然而生。现实中也是如此，只不过现实中的孤独是在于真正学了天文的"同类"太少，而想仰望星空的孩子们很多。我很庆幸，自己能够成为他们的指路人，能够在观测时用指星笔带领他们探寻幽暗星空下的一抹快乐。

我记得七年前第一次走进教室，踏上讲台面对学生时的感觉。在面对学生之前，我的内心一直隐隐的有着紧张和不安，也在一直保持着自我怀疑和对学科教学的思考：我行吗？学生会喜欢我吗？讲课时会不会冷场？天文这个难学到让人痛苦的学科到底应该怎么样传达给刚升入初中的孩子们呢？算了，走一步算一步吧！就这样，在当时教学经验较少的我就那么一咬牙，在做好"万全"心理建设的情况下站上了天文社团课的讲台。

"老师，所有恒星死亡之后都会变成白矮星吗？""老师，为什么有的恒星是白色的，有的恒星是红色的？""为什么我们不同的时间看见的天上的恒星的位置都不一样？""为什么月亮每天升起的时间也不相同？"一个个问题向我抛来，让我有目不暇接的感觉，但也正因为这样的提问和交流，我的紧张感也随之慢慢消失，取而代之的是欣喜。我感叹于孩子们对天文知识的好奇心和他们丰富的天文知识面，也对以后的天文社团活动增强了信心。

七年时间里，为了拉近与学生们的距离，每学年的第一节课都会"立新规，识新人"；为了让学生们关注热点天文时间和天文天象，训练表达能力，每节课，每一组学生的"一周天文咨询"从未间断；为了更好地识别星空天象，我们组织中秋赏月，日全食、月全食观测，流星雨观测，用实践去带动思考；为了创造更好的观测和交流环境，我们走出学校，去到郊外光污染较少的区域进行观测。北京天文馆是我们的学习基地，学社孩子们也曾带着望远镜不远千里奔赴恩施参与支教。我们建立了自己的公众号：京源银汉天文社，也设计了属于自己的社团LOGO，每年市区级的天文竞赛奖项不多不少也能有十几项……

在社团里，我对自己的定位更像是一位陪伴者、引导者和沟通者，为他们创造活动的条件，而孩子们的热情反过来也会激励自己，努力去充实自己、接受挑战，不辜负他们的期待。

那是2019年12月底，学校难得能联系上我们国家最大的光学望远镜观测基地——兴隆观测站，由我带领社团的孩子们去参观考察。孩子们跃跃欲试的都想参加，想看一看科研级别的望远镜的魅力，也想在那个神圣的地方自己组织观测。计划三十人的活动最后超额报名，其中，在当时已经上高三的孙放联系我："宋老师，我也很想参加，机会真的很难得，可能失去了这个机会，以后再想过去参观不知道是什么时候了。"当时的我真的很犹豫，高三的课业要求重，时间紧，分秒必争，耽误两天可能后续就得用更长的时间补回来。纠结再三，我又跟他进行了沟通，最终，他选择跟我们一起去往兴隆。我问他，为什么对这件事情这么坚持？他跟我说，天文是他从初一开始就在心底埋下的一颗种子，一直在默默地生根发芽，那时用望远镜进行观测，就好像给了他一个探索宇宙探索世界的新途径，让他知道，世界不止局限在书本中，更在远方和深空。

2020年6月，经历了高考的孙放在考试结束后给我发微信，提到了高考报志愿的事，他说基于对天文学的兴趣，他有意向在未来从事天体物理方向的研究，因此向我咨询北京师范大学天文系的情况以及天文学未来在职业规划中的方向等。说实话我很惊喜，因为他在六年的天文社团活动中，并没有因为一些升学过程中的客观因素而放弃这一感兴趣的方向，甚至希望有机会能够将其当作未来投入和付出的职业理想，我想，这里除了他对于这个学科本身的热爱，会不会在这几年的社团活动中，作为教师的我也或多或少也给他产生了一些积极的影响呢？但我也很矛盾，因为学科本身的深度和广度远比孩子的理解要复杂，他是否仍是一个没有理解学科全貌却想盲目选择的人？我和他聊了挺久，小到学科研究方向，大到学习内容的安排，再到未来职业方向，说得很细，想尽量让他全面了解并且客观地做出判断。

最后，孙放同学被南开大学录取了，从而没有如愿选择天文学专业，但是在他毕业后的这些年，从我们的联系中，从他的朋友圈，他的个人 B 站账号，仍然能看见他在课余参加观测活动，参加支教活动讲授天文课，分享天文小知识的身影。

这件事给我带来的感触还是挺深的，天文学作为一门神秘且相对小众的自然学科，吸引着很多人想一探奥秘。每个人都能仰望星空，可并不是每个人都能成为天文学家，但每个孩子都需要被赋予认知和学习的权利，认知我们所处的地球在宇宙中的环境，了解我们头顶星空的斗转星移，学习我们使用望远镜探索星空的方法，这些举动看似没有普通观念下的实际意义，但谁又能说，探索思维与认知这事儿本身不是意义呢？我们可能就是创造这些意义的人吧！仰望星空这事儿，本身就是孤独且快乐的呀！

教育戏剧改变了我

郑　伟

"孩子们！谢谢你们来看我！"一个戴着老花镜，弯腰驼背的老奶奶拄着拐杖走出来。这是我的第一次组织教育戏剧活动，使用"教师入戏"教学策略，果然有很强的带动性。"张奶奶，听说您生病了，您好些了吗？""张奶奶，这是我给您带的点心，您多吃点！""张奶奶，我给您买药了，我病的时候就吃的这个药，特别快就好了！""张奶奶，我也给你带水果了！"……孩子们七嘴八舌、争先恐后地问候张奶奶，给张奶奶看自己带来的礼物。张奶奶笑着对孩子们说："我的病啊好多了！哎哟！瞧瞧你们来看我还带礼物，真是好孩子啊！"这时有的孩子搀扶着奶奶，有的给奶奶倒水喝，还有的给奶奶搬来了椅子……

你能相信吗？所有的礼物、水和椅子都是孩子们想象出来的，属于戏剧中的无实物表演范畴，而我就是那个张奶奶。在郑老师和张奶奶之间，我只是把眼镜架在了鼻尖上，手里拿了一支登山杖而已。这就是教育戏剧中的教师入戏，简单的形体表现、恰到好处的道具的利用，使得原本书中的角色真正活了过来，与孩子们真实互动，推动着活动的发展，从而发生一系列的能动效应。

教育戏剧它吸引着我，更吸引着我的孩子们，我们从教育戏剧中共同成长，获得快乐！2018年那个秋天，园里组织了教育戏剧的培训，这是我入职以来参加的最快乐的一次参与式培训，没有之一。为什么这么说？因为这哪里是培训，简直就是让我重返童年，让我这个天性爱玩儿的老教师，过了一把游戏瘾。活动就是一个游戏接着一个游戏，开心之余我发现，老师竟然巧妙地运用这些游戏把一个故事串联了起来，一点都没有违和感，反而如此顺畅，如此理所当然。投入了、喜欢了才会有所思考，我问出了一连串的问题，"游戏之间如何才能连贯?""怎样设计游戏?""如何把想要的内容融入进去?""游戏是否可以以另一种形式进行?"……老师并没有一一解答,而是让我来带领开展一个游戏,在游戏上设计新的玩法,再思考如何把这个游戏运用在某个绘本上……实践—思考—再实践—再思考—总结—反思……无形当中在老师的引领下,我把之前就知道的教育理论实践了一次又一次,还理解了什么叫迭代。

很快,实践之路开始了——

今天一个邋遢又魔法总失灵的女巫出现在了班里,用沙哑的嗓音告诉孩子们:"我最喜欢的颜色是紫色,最喜欢的动物是小黑猫,请孩子们想办法帮忙把小黑猫变成我最喜欢的紫色小猫吧。"于是一场运用光、色等方法进行变色的游戏展开了。

后天又有一只伤心的小猪来到了班上,告诉孩子们它因为不小心吃了木瓜籽,而担心自己身上会长出木瓜树来。于是一次猜想小猪身上到底会长出什么样的树、从哪长的绘画活动开始了。

……

每一个幼教人都会说:"游戏贯穿幼儿的一日生活。"为此,我一直都在努力尝试各种方式的道路上,直至现在我想我终于找到了方法,能够用游戏贯穿幼儿的一日生活。教育戏剧带给我的不仅仅是新教学方法的尝试,更帮我突破了多年来被无数教育理念模式束缚的条框,让我找到了以游戏为中心的教学抓手!让我在游戏中爱上教学!更让孩子们在游戏中获得成长!

我和"正念"的故事

何　虹

那颗"正念"的葡萄干，我十年前就在刘兴华老师的课上吃过。但那时的我刚参加工作，有太多未知等着我去探索，无暇深品。2021年3月，工作内容突然增多，每晚醒来都在思考筹划，搞得自己连续一周只要醒来就整晚无眠，冥想、音频各种方法只能维持短暂的睡眠，身心极度疲惫。

心理工作者需要具备"像大树一样扎根在大地上"的稳定去支持学生！"扎根在大地上"，我才有很微弱的稳定感觉，我如何去抱持我的学生？我在焦急期盼中寻找出路……

就在这个时候，感谢张景芳老师再次带来了正念的机缘。过程中，我感受着曾静老师的稳定，也让我欣喜地看到，竟然还能"如此地"接纳自己，感受到久违的"拥抱自己"的感觉。

经过几个月的正念学习，我能够和自己的情绪共处，情绪更加稳定，觉察能力也增强了。自己有变化，也特别想让学生受益，于是我联系曾静老师的团队，以课题研究的方式，开启了初一学生为期八周的正念课程。看到那些躁动的处于青春期孩子，在练习正念的那一刻忽然安静下来，我心里充满了感动！感慨道："如果在这么小的年纪，就能种下这颗'不被外界扰乱心境的稳定的种子'，这对未来是多么大的意义啊！"同时，在对学生的个体辅导中，我也添加了正念的技术。

一天，一位文静的高三女生特别焦急地向我求助，她说："考试时，有人抖腿就心烦，没办法考试。马上就要高考了，好担心考场上有人抖腿，老师，我该怎么办？"我带她进行正念呼吸练习，引导她把注意力放在自己的呼吸上，允许教室里有抖腿的学生，允许自己受到影响。当发现注意力游移的时候，就轻轻地把注意力带回到呼吸上来。经过几次练习，她不再与抖腿对抗，体验到自己能够掌控自己的注意力，对自己的掌控感也更有信心，不再受环境影响。最后高考考上了自己心仪的学校。

有了这些效果，更坚定了我学习和运用正念的信心。2022年8月我自费报了"MindUp（心升）师资认证课程"，现在八周课程已学完，获得了认证证书和教材，现在每周一次的团体教研还在持续进行中。

"如何让心理课真正解决学生的实际问题，助力学生成长？"是我一直在思考的问题。初中生的情绪困扰是各类困扰中最主要的一个，看到第一节课学生画的情绪图谱中写到影响情绪变差的那些事儿：作业多、睡不够、考试或小测、不擅长的科目、体育课身体酸痛、被批评、朋友争吵……课下与学生的交流成了吐槽大会，都是"它们"惹的祸，都"如我意"才能开心，我在心疼他们的同时，也引发了一些不一样的思考。

于是，第二节课，从困扰情绪的那些事儿谈起，引导学生回忆上节课讲过的重点内容——情绪ABC理论，学生也意识到，"我们的情绪不是由事件或情景本身引起的，而是由我们对事件的看法引起的"。接着，我说事件或情景本身会直接带给身体上的"痛"，体育课上的身体酸痛、好困了还要坚持写完作业、考试中的心跳加速……这些身体上的"痛"都是真实存在的，但是想要逃脱、抗争这些"痛"的烦恼，这种"苦"却是由我们自己决定的，我们可以选择"痛"而不"苦"的人生。青春期的神经可塑性很强，我们可以帮助大脑塑造出新的神经回路。

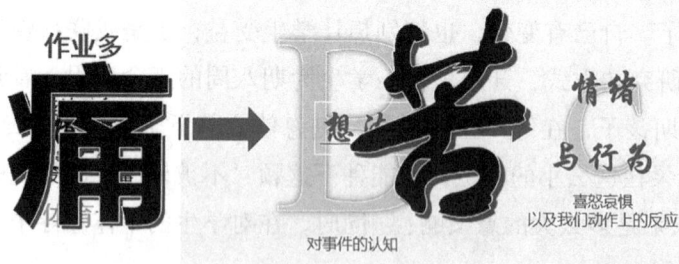

正念就是安心陪伴当下所有的欢喜和疼痛，不纠结、不抗争，感受情绪本身的起伏变化，可以"痛"，却不"苦"，提升自己应对各种情绪的力量。

回顾这十年，开始是为了能胜任工作而努力，后来变得是牵挂学生的成长，感觉自己的成长像是在和学生的成长赛跑，我的能力增长快一些，为学生种下"心灵的种子"多一些，就能为孩子们在最重要的青春年华多增添一份心理能量。

"只要对学生有爱，成为一名合格的老师，只是时间问题"，导师的这句话一直激励着我，我想我需要做的只是"用心播种，静待花开"！

川亭
黄新
高二(11)

这次，我是一名"学生"

金红铃

游学过程中，我不仅是一名老师，也是一名"学生"，我也和学生们一样听讲，参与研究活动，在工作十年后重新做回学生。从科学家们身上我学到了什么呢？

首先，通过听讲座和实地讲解，我知道了很多新知识。例如，以前对火山知之甚少，更不知道火山弹的存在；之前不知道人参的根居然不是向下生长，而是横向生长……总之，游学过程中我学到了很多科学知识。

其次，专家组织研究的时候，我亲眼看到了科学方法的规范，以观察蘑菇为例，将一个蘑菇分为几个部分，每部分命名，每部分的图文并茂、规范的说明，采摘的时间地点等，都涵盖在内，这样学生才能科学记录和观察。通过游学，我学到了观察法、调查法和实验法在科研中的实际操作过程。

再次，科学研究的过程使我体会到科学家研究的态度。例如，用红外相机拍摄野生动物，一晚上拍了两千多张照片，回北京后，我失望地浏览了一个多小时，一无所获。又看了一个小时，突然惊喜地找到了一只花栗鼠！暗自庆幸的同时，感叹野外动物研究专家们每天要看成千上万的照片，那得需要多少耐心和细致才行啊！

最后，专家们身教重于言教，让我们看到了科学的真善美！去三叠泉，专家们坚决不坐缆车，沿途发现了地质现象就停下来给学生们讲解，这让我看到了科学家们探索自然的激情。去原始红松林时，中科院植物所的专家们不带任何驱蚊水和蚊香，他们说这会干扰和威胁到这个原始红松林里的生物们。专家们这种"喂蚊子"的勇敢，让我们自叹不如！

在传统的课堂里，学生也能学到科学知识和方法，也能培养一些科学态度，但是我认为，真善美的科学精神却只能通过耳濡目染，因为身教重于言教。在游学中，我是一名学生，我非常感谢科学家们对我的指导和教导！而学会的这些，我也会教给我的学生。路漫漫其修远兮，吾将上下而求索！

我的轮岗故事

潘晶虹

温热的风调皮地吹拂着，吹红了人们的脸颊，将汗珠挂上一个个如盛放的月季般灿烂的面庞。日历被它翻到了 6 月，毕业季，我可以毕业了吗？思绪被拉回到一年前——我轮岗的起点。

从碰撞到融合

"潘老师，本周三下午您有课吗？我可以听您一节课吗？"开学第三周，京源学校语文组教研组长王燕芳老师发来了听课的要求。

"有的王老师，周三下午第一节有课，欢迎您莅临并批评指正。"我立即回复。虽是意料之中，却还是有些突如其来的紧张。

认真准备，精彩发挥。我默默为自己打气。

周四中午，食堂。

"潘老师，说说昨天的课吧！"王老师直奔主题。

啊？在这儿？我是不是应该放下筷子拿出纸笔呢？

"昨天的PPT是你自己做的吗？"还没等我从犹豫中回过神来，王老师已抛出了第一个问题。

"坦白说，不是的，王老师。我之前在北京市空中课堂看过这节课，觉得那节课讲得不错，就直接把那位老师的PPT拿来用在了自己的课堂上。"在分校时记得组长说过，青年教师不会设计课堂活动，不妨先模仿、借鉴优质课堂资源。我坦然地把这一情况据实相告。

"那你有没有想过你的学生看了这样的PPT会怎么想？"

我一愣，顿时无言以对，难不成学生已经看过，发现了什么端倪？

看我没有说话，王老师轻笑了两声，似乎早猜到了我会如此反应，便接着说道："学生想看的是我的老师对于这篇课文，对于这节课的理解，而不是一个陌生人的指导。我的老师会根据我的需要来设计这节课，在上课的过程中会更加关注我的表现和问题，而不是老师讲得很精彩，我听得很痛苦。"我的脸腾地红了，羞愧得无地自容。

"还有你的板书……"

"你知道小组合作的时候学生都在干什么吗？"

……

这顿饭吃得我汗如雨下，食不甘味。

"潘老师，你入职几年了？"

"七年。"我尴尬地笑笑。

"哦，七年，按理说应该是一名比较成熟的老师了。今天先说这么多吧，中午还有学生找我，我先走了，你慢慢吃吧。"

匆匆而来的王老师又匆匆离开了，食堂仿佛又恢复了之前的嘈杂。

收拾着餐盘的我心情五味杂陈，我该难过吗？还是羞愧？抑或是一笑了之？沉思良久的我终于反应过来——我该庆幸。庆幸有这样专业的领导，庆幸有这样敬业的前辈，庆幸有这样直言不讳的新同事！王老师既然能帮我发现问题，那么能帮助我提高的也一定有她！七年不成熟怕什么？七年不是用来成熟的，而是用来为成熟做准备的。

经验不够，虚心来救。除了我的师父，我打定了跟王老师"死磕"的主意。终于，让我等来了机会。

没过多久，王老师在教研组群里发布了北京市征集"基础教育精品课"的通知。我认真拜读了每一个文件后开始着手构思，并拿着这些想法主动向王老师请教。王老师非常支持我的参与，并且诚恳地给出了一些关于教学设计方面的建议，还鼓励我说只要有需要，她可以去听我试讲，帮我一起磨课。

听到王老师这样说，我的心情是激动的。不只是因为能请到她来帮我磨课，还因为王老师并没有因为上次那节课而对我产生什么刻板印象。王老师对我的帮助是真诚的，无私的，我再次印证了那时的庆幸！

不出所料，听完第一次试讲，王老师又提出了很多问题，但比她更细致的，是语文组初三年级的备课组长——刘艳老师。

刘老师不仅在听课过程中做了详细的笔记，还在听完课后进行了细致的梳理。第二天是周末，刘老师占用着自己的休息时间帮我把问题一个一个指了出来。怕我记不下来她说的要点，于是用了二十多条一分钟的语音把她昨天听到的问题详细地为我进行了分析并提出了修改建议。

在两位"知心大姐姐"的帮助下，我成了全校"唯二"抓住了这个宝贵机会的幸运儿。

从陌生人到一家人

"亲们，又到了每学期一次的抽签时刻，这次会'花落谁家'呢？"

"别抽了组长，让小潘上吧，多给年轻人表现的机会。"

假期培训的汇报怕是新学期的第一份挑战吧。还记得轮岗伊始的那个暑假，在最后决定汇报人的时刻也有人提出了这样的建议：

"让小潘老师代表咱组发言吧，其他组也都是让新老师当代表，多给年轻人机会。"

"人家潘老师是来学习的，这次还是先观摩吧！"

……

"小潘，有困难吗？如果你觉得有困难我可以向组长提议我来汇报。"师父的话将我的思绪拉了回来。

"没关系的，师父，只要大家相信我，我很荣幸能得到这个宝贵的机会。"

"小潘，我那儿有很多学生的作品，一会儿我回办公室开了电脑发给你！"冯文老师的声音从后排传来。

"潘儿，这是我们初一的时候做过的一个线上博物馆的案例，有需要随便用。"宋钰老师的声音温柔中带着霸气。

"潘潘，我们年级组的诗歌单元实践活动我直接打包发给你了，希望对你有帮助，加油啊！"手机里传来了春辉老师温柔的鼓励。

"小潘，这是下午讨论的时候我提到的那个理论，我刚刚找到了原文，发给你看看。"小谢老师是全组学历加智慧的天花板。

晚上 11 点。家里。

"娃睡着了？""嗯。""那你快干吧，预计还要多长时间？""不大好说，今天讨论的时候我原来的设想几乎被推翻了，大家给了我很多新的建议，我得慢慢消化整理。""嗯，抓紧点儿吧，过会儿娃该醒了。""嗯，你先睡吧。"

凌晨2点。

"还没弄完啊夜猫子？""嗯，还差点儿。娃醒了？""没有，娃醒了有我呢，放心吧，快弄吧，争取能睡会儿。"

早上9：30。学校四层报告厅。

"……最后，感谢语文组的全体老师。我不是语文组的代表，我只是一个资料的整合者，在座的老师们才是真正伟大的设计师！"伴随着最后一句话的结束，我的汇报也终于画上了一个圆满的句号。怀着忐忑的心情走下讲台，拿出手机，一条条鼓励的话语在屏幕上跳跃着：

"小潘是最棒的！"

"潘晶虹，思路清晰，讲解细致，非常棒！"陈江平老师高度评价。

"准备得很充分，很不错啊！"燕芳老师从不打诳语，我终于如释重负了。

觥筹交错，欢聚一堂。

这不是为我庆祝，而是数月之后相亲相爱的"语文一家人"在为他们敬爱的刘国英老师光荣退休而庆贺。逝者如斯，想不到两次齐聚竟已隔数月之久。

"莫道桑榆晚，为霞尚满天……与您相处最大的遗憾是相逢太晚！"我只能将最美好的祝福诉诸笔端，留在纸笺。

"帮我和小潘潘合影一张！"刘老师热情地招呼着我。

"潘老师""小潘老师""小潘""潘潘"……

我们从陌生人变成了一家人。

走出舒适圈

"你就是那个主动申请过来的小老师吧，宝贝儿？"

"您怎么知道？"

"我什么都知道！"

"您真是火眼金睛！"

天津英华实验学校，以PDC先进理念而闻名于教育界。这是我和英华学校初中部主管校长张校长初次见面所说的第一句话。

时钟拨回到两个月前。

在白校长的牵头下，我们几位"不安分"的老师尝试对"国家中小学智慧教育平台"资源的自主化应用进行探索开发。我以七年级下册第三单元鲁迅先生的散文《阿长与〈山海经〉》为例进行了课堂设计的初尝试。白校长亲自来听课。

听课这天，白校长带着一本我们这学期正在使用的语文书，穿着笔挺的西装出现在初一（7）班的教室里。白校长时而微笑，时而严肃，我不敢分心，专注地组织着我的孩子们进行着一个又一个的课堂活动。

下课了，我顾不得跟孩子们交代什么，赶紧追上就快"消失"在走廊尽头的校长，诚恳而又小心翼翼地问道："白校，请问您有时间能帮我说说这节课的问题吗？"

校长微笑着说："没问题，咱们找个教室吧！"

"这节课的设计很新颖，优点就不说了，我主要说说我的一个建议。你可以尝试采用小组合作的形式组织课堂活动，这样能给更多的孩子在课堂上说话、展示的机会。我们学校之前开展过一个'好课堂'项目，主要就是研究小组合作学习模式的，我们计划跟天津的一所学校合作，他们在这方面已经做得初有成效。将来我们会组织有意进行教学改革尝试的老师去天津学习。"

"白校，我可以去吗？"

"可以呀，如果你愿意尝试的话。"

就这样，6月3日，我们语、数、英三科教师一行四人来到了英华实验学校。

在紧锣密鼓的听课安排中我感受到的是一种教学方式的变革，我被那些面庞稚嫩的孩子震撼了：他们的展示是那样的充分而漂亮，他们的姿态是那样的自信而大方，他们的语言是那样的流畅而优美，他们的想法是那样的丰富而独特。这不禁引起了我深刻的反思：同样是稚气未脱、豆蔻年华的孩子，为什么会有这么大的差别呢？

这趟天津之旅是我步入职业生涯以来的第一趟差旅，它不是一次普通的学习之旅，它拓宽了我的眼界，改变了我的认识，让我相信小组合作学习这样的任务驱动型学习方式、上课方式是可以成为现实的！每个孩子都能发挥他的聪明才智，每个孩子的价值都能在课堂这个短短的时间内得到实现！

从分校到总校，在地图上是一段短短的距离，而从不成熟到继续成长却还有一段很长的路要走。感谢学校给予我一个成长的机会，感恩校长给予我一个改变认识的机会，感动前辈给予我一个融入的机会。我的故事未完待续，我的精彩即将上演……

后　记

　　编辑《京源故事》的动议起于 2016 年，当时是为纪念建校二十周年而作。现在这部书稿中近一半的文稿是在那一年编辑整理的，但因种种原因最终抱憾放下了。如今，建校快三十年了，在一种紧迫感的驱使下动议再起，决心不达目的不罢休。数月间回望来路，找人约稿，再经三番五次的修改，五十几万字不知反复几回，可谓呕心沥血。时隔七年，书稿的编辑工作终于完成，行将付梓。

　　由衷感谢每个故事的撰稿人，他们奉献的不仅是稿件文字，更是他们育人智慧的实践结晶和个人学习、成长的感悟与历程，这中间每个人都是京源学校历史的创造者和记录人。他们的名字连同他们讲述的故事一起印入了这部带有京源学校校史性质的书稿之中。

　　这里要特别感谢三个人：王宏甲、王能智、曹彦彦。

　　王宏甲，国家一级作家。2004 年 8 月，他的力作，长篇报告文学《中国新教育风暴》出版，在全国范围内着实引发了一场关于中国教育改革和呼唤新教育的超强风暴。他的作品获得全国"五个一工程"奖和鲁迅文学奖等一系列大奖。在这部作品中，宏甲老师用大量笔墨记述了京源学校和学校中的教师们所进行的教育创新实践。当我向宏甲老师请示，想把作品中的几个片段收入《京源故事》之中时，宏甲老师慷慨应允，并给了许多鼓励。

　　王能智，北京市资深特级教师。他是京源学校课程创新和教师队伍建设的导师，因此也就成了我的恩师和忘年交，京源学校能走进宏甲老师的作品也是因为王能智先生把这里当作他实践其教育理想和改革主张的试验田。

　　曹彦彦，北京市特级校长，北京市门头沟区教委主任。1996 年至 2008 年在京源学校担任地理教师、教研组长、副校长，王能智先生的得意门生。

　　我也从他们师徒二人的著作《为师与师承》中选取了部分记录京源老师课改

案例的篇目，收入《京源故事》中，同样得到了无私支持。

宏甲老师和王能智、曹彦彦师徒二人的慨然允诺成了《京源故事》的压舱石，大大增加了这部书稿的分量。

再次感谢所有京源学校历史的创造者们和为推动学校发展做出过贡献的人们，也祝愿这里的故事永远续写下去。

主编：白宏宽

副主编：李伟　董冉

2023 年 6 月 10 日

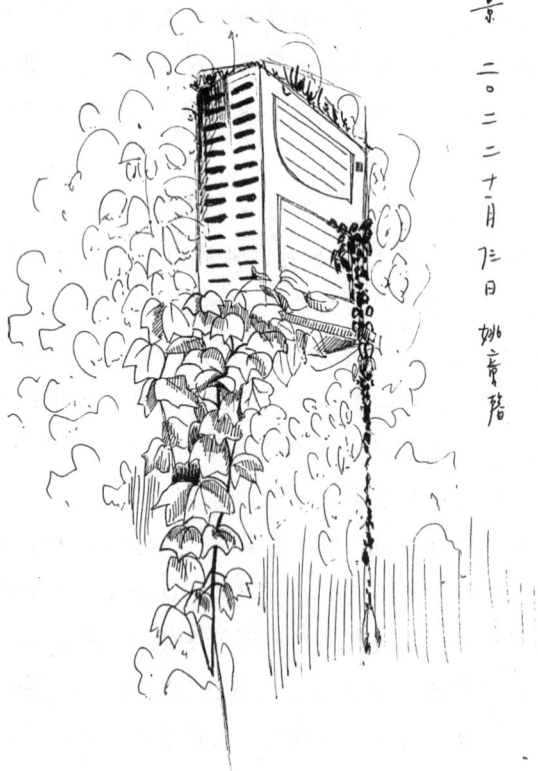